W0040181

Karl-Wilhelm Weeber

LATEIN – DA GEHT NOCH WAS!

Karl-Wilhelm Weeber

Rückenwind für Caesar & Co

Mit Zeichnungen von Ferdinand Wedler

Die Deutsche Nationalbibliothek verzeichnet diese Publikation in der Deutschen
Nationalbibliographie; detaillierte bibliographische Daten sind im Internet über
http://www.dnb.de abrufbar.

Das Werk ist in allen seinen Teilen urheberrechtlich geschützt.
Jede Verwertung ist ohne Zustimmung des Verlags unzulässig.
Das gilt insbesondere für Vervielfältigungen, Übersetzungen,
Mikroverfilmungen und die Einspeicherung in und Verarbeitung
durch elektronische Systeme.

Der Theiss Verlag ist ein Imprint der WBG.

© 2016 by WBG (Wissenschaftliche Buchgesellschaft), Darmstadt
Die Herausgabe des Werkes wurde durch die Vereinsmitglieder der WBG ermöglicht.
Lektorat: Rainer Wieland, Berlin
Gestaltung und Satz: Mario Moths, Marl
Einbandgestaltung: Christian Hahn, Frankfurt a. M.
Gedruckt auf säurefreiem und alterungsbeständigem Papier
Printed in Germany

Besuchen Sie uns im Internet: **www.wbg-wissenverbindet.de**

ISBN 978-3-8062-3341-4

Elektronisch sind folgende Ausgaben erhältlich:
eBook (PDF): 978-3-8062-3430-5
eBook (epub): 978-3-8062-3431-2

Inhalt

STARK IN DER GEGENWART,
FIT FÜR DIE ZUKUNFT –
WARUM LATEIN LEBT

Quousque tandem …? Wie lange noch … soll Latein mit knapp 800 000 Lernern die drittbeliebteste Sprache an weiterführenden deutschen Schulen sein? Wie lange noch soll eine „tote" Sprache ohne Muttersprachler ein allgemeines Bildungsangebot in unseren Gymnasien, Gesamtschulen und Kollegs bleiben? Wie lange noch sollen das Alte Rom, seine Kultur und seine Bedeutung für Europa Gegenstand von Latein-Lehrplänen und -stunden sein?

Die Antwort wird Sie, verehrte Leserinnen und Leser, angesichts des Buchtitels wenig überraschen: Möglichst lange noch und möglichst intensiv. Dieses Buch möchte einen Beitrag dazu leisten, indem es aufzeigt, wie lebendig, farbig und spannend das scheinbar tote Latein in unserer gegenwärtigen Welt einschließlich der deutschen Sprache ist; wie sich vieles in der Vermittlung des Faches verändert hat und zeitgemäß geworden ist, ohne indes atemlos hinter dem Zeitgeist herzukeuchen.

Als Indiz dafür, wie das scheinbar verstaubte Bildungsfach Latein sich von bestimmten Klischee-Vorstellungen und -Erwartungen abgekoppelt hat, mag unsere Eingangsfrage dienen. Sie ist eine Variation der berühmten Frage, mit der Cicero den Verschwörer Catilina vor dem versammelten römischen Senat frontal angegriffen hat: *quousque tandem, Catilina, abutere patientia nostra?* „Wie lange noch, Catilina, willst du unsere Geduld missbrauchen?" (Cic: Cat. 1,1). Die von Cicero erwartete Antwort war natürlich: keinen Augenblick länger! Eine unterstellte Antwort, die wir in unserem neuen Kontext selbstverständlich empört zurückweisen, indem wir uns für das Gegenteil, gewissermaßen die Ewigkeit, stark machen. Latein *ad infinitum*! „Latein bis zur Unendlichkeit" – das ist unsere Botschaft.

Wir könnten auch neudeutsch sagen: unsere *message* – und wären damit sogar näher am Latein. Denn das zugrunde liegende Wort ist mittellateinisch *missaticum*, das „Geschickte", der „Auftrag". Zu diesen überraschenden Lateinwurzeln des Englischen gibt es ein eigenes Kapitel (S. 315ff.).

„Richtig Grammatik habe ich im Lateinischen gelernt" – sagt der Kritiker

Wer so vollmundig formuliert, sollte hinreichend argumentative Pfeile im Köcher haben, um sich bei Bedarf gegen Angriffe von Latein-Gegnern zur Wehr setzen zu können. Gibt es die denn überhaupt? Doch, schon, auch wenn sie ihre Argumente häufig aus Zerrbildern und falschen bzw. überholten Vorstellungen von Lateinunterricht und dessen Zielen gewinnen. Daran sind die Lateiner und mancher frühere Paukunterricht nicht ganz unschuldig. Aber es hat sich in der Didaktik und in den Methoden, im Selbstverständnis des Faches und in seinen Schwerpunktsetzungen in den letzten Jahrzehnten einiges getan. Da hat sich ein modernes Schulfach entwickelt, das die Herausforderungen der Gegenwart angenommen hat und über Alleinstellungsmerkmale im Gesamtcurriculum verfügt, die kein anderes Fach bieten kann.

„Richtig Grammatik" hätten sie nur im Lateinunterricht gelernt, räumen selbst Skeptiker und Kritiker des Lateinunterrichts ein. In der Tat ist das Arbeiten an der Struktur von Sprache, sozusagen in ihrem Maschinenraum, mitsamt dem Erlernen der entsprechenden Fachbegriffe wie Adverb, Akkusativobjekt oder Partizip nach wie vor eine Domäne des Lateinunterrichts. Was man dort an grammatischem Rüstzeug lernt, lässt sich auf fast alle anderen Sprachen übertragen. Dass der Deutschunterricht vielerorts zu wenig Wert auf grammatische Schulung legt, dass die neuen Sprachen weniger Wert darauf legen als der Altsprachliche Unterricht – dafür muss sich das Lateinische nicht rechtfertigen. Es bietet sozusagen eine Grundversorgung als Universal-Dienstleister in Sachen Sprache an.

Latein kann das nicht zuletzt deshalb leisten, weil es nicht auf aktives Sprechen und Hörverstehen abzielt und insofern Zeit für einen anderen Zugang zu Sprache gewinnt. Fachdidaktiker sprechen von einer „Reflexionssprache". Wenn sich weltweit einschließlich des Vatikans, wo Latein nach wie vor Amtssprache ist, keine *native speakers* finden, ist das eine sehr sinnvolle Aufgabenteilung im Herangehen an das Kommunikationsmittel Sprache. Was aber keineswegs einen langweilig-staubtrockenen Grammatik-Unterricht zur Folge haben muss: Lassen Sie sich im Kapitel über den Zauber der Grammatik davon überzeugen (S. 149ff.)! Grammatik mit Glamourfaktor? Aber sicher! Warum es gar nicht anders geht, erfahren Sie dort.

Latein macht fit – und zwar für Deutsch

Im Lateinunterricht wird übersetzt – und zwar aus dem Lateinischen ins Deutsche. Das Hinübersetzen ist weitgehend passé. Auch das ist ein Alleinstellungsmerkmal – und es ist, wenn es sorgfältig geschieht, eine ständige Übung in Deutsch. Wie das? Weil es eine Form gelenkter sprachlicher Kreativität ist, bei der passende Begriffe im Deutschen für manche wenig spezifischen Allerweltsbegriffe im Lateinischen gefunden und typisch lateinische Konstruktionen umgeformt werden müssen, damit sie der deutschen Sprachnorm entsprechen. Diese Schulung in deutschem Wortschatz und deutscher Ausdrucksfähigkeit wird bei freien Sprachproduktionen wie Aufsätzen und Berichten nicht erreicht, weil man dort aufgrund der größeren Freiheit leicht „ausbüxen" kann. Das lässt eine Übersetzung nicht zu.

Sie kennen aber Übersetzungsprodukte aus dem Lateinischen, deren latinisiertes, hölzernes Deutsch alles andere als kompetenzfördernd in der Muttersprache wirkt? Zugegeben, auf solche schrecklichen Aneinanderreihungen bloßer Wortgleichungen stößt man gelegentlich noch. Mit dem Anspruch, den das Fach Latein an sich selbst stellt und den auch die

Lehrpläne aller Bundesländer dem Lateinunterricht abverlangen, haben solche Produkte indes nichts zu tun.

Die neuen digitalen Kommunikationsformen und die (nicht immer so) sozialen Medien haben ihre Vorzüge. Dass sie jedoch zu besonders guter, differenzierter Ausdrucksweise im Deutschen anleiten oder sogar sprachhygienischen Anforderungen genügen, hat noch niemand behauptet. Umso wichtiger erscheint ein Gegengewicht in Sachen Ausdrucksfähigkeit und Sprachschulung. Übersetzen *ist* ein solches Gegenprogramm. Wir zeigen es am Beispiel dreier lateinischer Begriffe auf (S. 79ff.).

Latein für Schülerinnen und Schüler mit Migrationshintergrund oder, wie man politisch korrekter formuliert, mit der Zweitsprache Deutsch? Sollten sie nicht erst einmal „ordentlich Deutsch" lernen? Ohne dass wir uns den damit verbundenen Vorbehalt grundsätzlich zu eigen machen, gibt es sicher im Einzelfall Anlass, die Frage zu stellen. Viel mehr Anlass gibt es indes, auf die kompensatorische Wirkung von Lateinlernen hinzuweisen: Ein aussichtsreicher Weg für Mehmet und Aylin zu besserem Deutsch führt just über Latein. Das zeigen, für viele überraschend, für Lateiner sehr einleuchtend, belastbare wissenschaftliche Untersuchungen (S. 97ff.).

Spannende Kulturgeschichte – nah und doch exotisch

Gleichzeitig erhalten auch sie – aber sie nicht allein – einen spannenden Einblick in die Welt der Römer, die in mancher Hinsicht die Grundlage Europas war. Die Römer haben die Geschichte und Kultur Europas bis heute geprägt. Diese Bildungsleistung des Faches Latein kommt in der öffentlichen Diskussion regelmäßig zu kurz: Latein ist nicht nur ein Sprach-, sondern auch ein Sachfach, das Basiswissen (und häufig noch deutlich mehr) über die Zivilisation der Römer vermittelt, und zwar erheblich umfassender, als es der Geschichtsunterricht tut. In Sachen antiker Kulturkunde – einschließlich griechischer Mythologie und anderer kultureller Leistungen der Griechen, die sich Rom zueigen gemacht hat – ist Latein ebenfalls konkurrenzlos. Um die lateinischen Texte zu verstehen, benötigt man Wissen über ihr geschichtliches und kulturelles Umfeld. Was die Landeskunde für den Unterricht in den modernen Fremdsprachen ist, ist die Kulturkunde für den Lateinunterricht.

Es ist kein Geheimnis, dass sich das Interesse mancher Schülerinnen und Schüler mehr auf diese römische Kulturkunde als auf die lateinische Sprache richtet. Sie kommen im modernen Lateinunterricht voll auf ihre Kosten. Er vermittelt ein anschauliches, abwechslungsreiches Bild römischer Lebenswelten. Dabei fallen manche Parallelen zu unserer heutigen Gesellschaft auf – z. B. der Schaugenuss und die Liebe zur Show, wie sie auch bei der römischen Massenunterhaltung im Vordergrund standen –, aber auch manches Fremde oder sogar exotisch Anmutende. Diese partielle Andersartigkeit der Antike weckt Neugier und fordert zum Vergleich mit der eigenen Gegenwart heraus.

Dass das Alte Rom aus heutiger Sicht nicht die Ansprüche erfüllt, die wir an eine humane Gesellschaft stellen – Stichworte Sklaverei, Menschenrechte, Rechtsstaat, Gleichstellung von Mann und Frau –, wird weder ausgeblendet noch beschönigt, sondern ist Gegenstand historischen Vergleichens, das man modisch, aber zutreffend auch einen interkulturellen Dialog nennen kann. Worum es im Lateinunterricht nicht geht, ist ein normatives, idealisiertes Römerbild. Keine Angst, wir wollen keine kleinen Römer backen, sondern eine Zivilisation erfahrbar machen, die uns fern und doch auch nah ist. Uvo Hölscher hat in Bezug auf die Antike vom „nächsten Fremden" gesprochen. Auch die x-te Wiederholung dieser glücklichen Formulierung ändert nichts daran, dass sie nach wie vor zutrifft und die anregende, motivierende, mitunter auch verstörende Spannung beschreibt, die das Lateinische als Kulturkunde-Fach so interessant und beliebt macht. Auf damit verbundene didaktische Tücken gehen wir exemplarisch im Gladiatoren-Kapitel ein (S. 229ff.): Darf man mit solch menschenverachtenden „Spielen" werben?

Latein als Sachfach – dieser Gesichtspunkt ist zum einen in der Unterrichtswirklichkeit immer wichtiger geworden, zum anderen wird er allgemein nicht so zur Kenntnis genommen, wie es seiner Bedeutung entspricht. Deshalb haben wir ihn zu einem Schwerpunkt dieses Buches gemacht: Graffiti im Alten Rom – gab es das? (S. 169ff.). Unser heutiger Kalender – ein römisches Erbe? (S. 204ff.). Kochen wie die alten Römer – kann das überhaupt schmecken? (S. 194ff.). Archäologie und Lateinunterricht – wie passt das zusammen? (S. 241ff). Diese und andere Kapitel zeigen, wie eng Latein und Kulturgeschichte zusammengehören. Der römische Alltag war vielseitiger und überraschender, als Sie denken.

Genießen Sie Kostproben auch *dieser* Latein-Welt (S. 210ff.) – und erfahren Sie, warum „Klienten" und „Prolos", „joviale" und „grazile" Zeitgenossen, „Populisten" und „Kandidaten" ihre sprachliche Existenz allesamt den alten Römern und ihrer Sprache verdanken (S. 116ff.).

Spott, Humor und Witz – Neue Stars auf der Bühne der Schulliteratur

Neben den drei Alleinstellungsmerkmalen – Übersetzen, Kulturkunde und Grammatik – gibt es eine Reihe anderer guter Gründe, Latein zu lernen – nicht zuletzt die lateinische Literatur. Sie umfasst nicht nur die Autoren der Antike, so dass zunehmend auch literarische Passagen mittel- und neulateinischer Literatur in den modernen Lateinunterricht einfließen (S. 276ff.). Allerdings stehen die „Klassiker" der Antike durchaus noch im Vordergrund, werden sie doch auch von vielen Autoren der späteren Latinität als mehr oder minder unerreichbare Vorbilder oder jedenfalls als Gradmesser literarischer Qualität angesehen und bewundert. Im Unterschied zu früheren Zeiten ist der Umfang der Autorenlektüre im Lateinunterricht zurückgegangen. Das liegt an den reduzierten Stundentafeln, aber auch daran, dass viele Schüler, wenn sie das Latinum sicher haben, sich weiteren Sprachen zuwenden und das Lateinische abwählen bzw. aus organisatorischen Gründen abwählen müssen.

Deshalb wäre es auch unredlich, Latein vorrangig von der Autorenlektüre her zu begründen, sozusagen nach der Devise *per aspera ad astra*, „durch raues Gelände zu den Sternen". Die sogenannte Spracherwerbsphase, die für viele Lerner zeitlich das Gros ihres Lateinunterrichts ausmacht, ist alles andere als eine bloße Ansparphase, in der „nur" das Fundament für die Fähigkeit geschaffen wird, Originaltexte zu lesen. Sie ist auch in sich sinnvoll und gut begründbar. Alle drei Alleinstellungsmerkmale, die wir vorhin als zentrale Fachleistungen skizziert haben, werden in dieser Phase „bedient". Wäre das nicht so, könnte man nicht guten Gewissens für einen Lateinunterricht eintreten, bei dem die ersten drei Jahre wenig mehr als die Vorbereitung der (bei vielen Schülern eben nur) restlichen anderthalb Jahre wären.

Aber selbstverständlich wird nach wie vor auch „große" römische Literatur im Lateinunterricht gelesen – Weltliteratur, um es ganz deutlich zu sagen, nicht etwa irgendwelche mediokren Autoren, sondern Schriftsteller, die aufgrund ihrer „Klassizität" – ob man diesen Begriff nun mag oder nicht – seit 2000 Jahren unzählige andere Literaten und Künstler nachhaltig beeinflusst und Europas Geistesleben bestimmt haben. Ovids „Metamorphosen" und Senecas philosophische Briefe, Ciceros Reden und Vergils Nationalepos, die *Aeneis,* gehören nach wie vor mit guten Gründen zu den literarischen Höhepunkten, wenngleich Seneca und Vergil im Latinums-Horizont kaum Berücksichtigung finden.

In diesem Buch haben wir indes den Akzent auf literarische Newcomer gelegt, die seit einigen Jahrzehnten in den Kanon der Schulschriftsteller aufgestiegen sind. Latein und Humor? Für viele passt das nicht recht zusammen. Ein Vorurteil, das mit dem modernen Lateinunterricht, seinen Methoden und seinen Texten eigentlich längst überwunden sein sollte (auch wenn es hier und da noch „Widerstandsnester" gibt). Aber Klischees sind zählebig, daher unsere Konzentration auf die leichte Muse: Petrons Schelmenroman (S. 40ff.), Martials Spottepigramme (S. 30ff.) und Ovids berühmte „Liebeskunst" (S. 49ff.). Und wie passt Caesars *Bellum Gallicum*, dieser alte Hut – manch einer wird sagen: dieser Uralt-Langweiler –, in dieses literaturdidaktische Novitäten-Kabinett? Weil er, im Hinblick auf seine literarische Meisterschaft und geschickte manipulative Leserlenkung gelesen, alles andere als ein Langweiler ist. Und weil man ihn zudem als hochmodernen Autor lesen kann, der uns in mancher Hinsicht die Augen über uns selbst zu öffnen vermag. Das glauben Sie nicht? Wir haben uns bemüht, es anschaulich zu beweisen: Kriegsreport war gestern, Grundtext europäischen Selbstverständnisses ist heute. Entdecken Sie einen klassischen Langweiler neu (S. 62ff.).

Ein Hinweis an die Latein-Skeptiker: Sollten Sie grundsätzlich der Meinung sein, dass Literaturunterricht Zeitverschwendung oder zu wenig zeitgemäß sei, dann müssten Sie konsequenterweise auch Goethe und Schiller, Shakespeare und Molière aus den Lehrplänen streichen. Auch sie sind literarische Klassiker – aber dass sie zeitgemäßer wären als Ovid, Martial und Cicero, nur weil sie ein paar Jahrhunderte jünger sind, das ist bei allem Verständnis für die „Ausmistung" von Lehrplänen nun wirklich kein Argument, sondern eher ein Indiz für peinliche Ignoranz. Seit wann entscheidet das Alter eines literarischen Kunstwerkes über seine Relevanz? Wenn also „Entrümpelung" von Lehrplänen im Hinblick auf Literatur, dann doch bitte mit einem nachvollziehbaren Maßstab, der das Alter eines literarischen Meisterwerks außen vor lässt. Sonst könnten wir gleich die Vergabe zeitgenössischer Literaturpreise als ausschlaggebendes Kriterium für die literaturdidaktische Bedeutung der Preisträger definieren – wobei Goethe und Shakespeare ähnlich alt aussähen wie Cicero und Ovid.

Bremsklotz auf dem Weg zum „trilingualen Europäer?" – Ganz im Gegenteil!

Ein weiterer Aspekt, der für das Erlernen der lateinischen Sprache spricht, sind ihre Töchter. Latein hat Tochtersprachen hervorgebracht, die weltweit von rund 700 Millionen Menschen gesprochen werden – unter anderem in einem Erdteil, der bezeichnenderweise „Lateinamerika" heißt. Es ist sicherlich kein ausreichender Grund, Latein *wegen* seiner Tochtersprachen zu betreiben, auch wenn deren Erlernen besonders in lexikalischer Hinsicht demjenigen leichter fällt, der Latein kann (S. 134ff.). Aber es ist, wenn man nach einer praktischen Nutzanwendung des Lateinischen fragt, durchaus ein nicht unwesentlicher Gesichtspunkt. Ebendas zeigt auch die Statistik: Lateinschüler wählen überdurchschnittlich viele zusätzliche moderne Fremdsprachen – sicher auch, weil Latein eine gute Grundlage für Französisch, Spanisch und Italienisch schafft.

Eines der übelsten Verleumdungs-„Argumente" bei der Frage „Latein – ja oder nein?" heißt: Latein steht dem Idealtypus des „trilingualen Europäers" entgegen, der neben seiner Muttersprache zwei moderne europäische Sprachen beherrscht. Schaut man sich die einschlägigen Statistiken der Kultusministerien an, so ist das ein nur auf den ersten Blick einleuchtender, de facto aber widerlegbarer Anti-Latein-Einwand. Das Gegenteil ist nämlich der Fall: Wer Latein lernt, lernt durchschnittlich *mehr* andere moderne Fremdsprachen als der „Nichtlateiner". Eben darunter leidet der Lateinunterricht auf der Oberstufe vielfach: Dass Schülerinnen und Schüler, die das Latinum in der Tasche haben, neugierig sind auf eine weitere in der Sekundarstufe II einsetzende Fremdsprache und zu deren Gunsten Latein abwählen. Für Lateiner bitter, aber im Sinne des „trilingualen Europäers" zu begrüßen. Womit aus dem scheinbar so einleuchtenden Anti-Latein-Argument, wenn man bereit ist, einfach nur nüchterne Zahlen zur Kenntnis zu nehmen, ein veritables Pro-Latein-Argument wird. Was ja auch, Rom-freundlich und damit genderspezifisch verdächtig, wie wir Lateiner nun einmal sind, Sinn ergibt: Wer die Mutter kennt, erfährt schon eine ganze Menge über ihre Töchter …

„Nüchtern" und „Kumpel", „claim" und „Test" – Wo Deutsch und Englisch draufsteht, ist oft Latein drin

Wer Latein lernt, lernt nicht nur Latein – dieser Slogan gilt nicht nur für die romanischen Töchter der „Königin der Sprachen"; er gilt auch für das Deutsche, für dessen Fremd- und Lehnwörter, für vom Lateinischen stark beherrschte Fachsprachen wie das Juristen-, das Mediziner- und das „Bio-Latein" (S. 293ff.). Die Tatsache, dass man in all diesen Bereichen mit Lateinkenntnissen besser fährt, ist ebenso wenig bestreitbar, wie es unsinnig wäre, diesen Aspekt als vorrangigen Legitimationsfaktor für das Schulfach Latein überzubetonen. Latein mag Teil einer breiten und vor allem vertieften sprachlich-historischen Allgemeinbildung sein, doch es ist nicht die unabdingbare Voraussetzung dafür. Aber es ist schon so: Latein bietet neben der Fähigkeit, viele lateinstämmige Begriffe im Deutschen und in anderen Sprachen Europas – sogar den slawischen – zu durchdringen und sie auf ihren ursprünglichen Kern zurückzuführen, spannende Einblicke in die Welt der Lehnwörter, die als besonders gut integrierte „Sprachmigranten" ihre lateinische Herkunft zu vernebeln bemüht sind. Oder hätten Sie gedacht, dass so scheinbar urdeutsche Wörter wie „nüchtern" und „nett" aus dem Lateinischen stammen und selbst der „Popo" eine lateinische Vergangenheit hat? Im Kapitel über den lateinischen „Kumpel" (S. 125ff.) erfahren Sie Näheres.

Latein und Englisch als Sprachkonkurrenten? In Sachen internationale Wissenschaftssprache ist das so, da hat Englisch das Lateinische abgelöst, das allerdings manche vor Jahrhunderten abgesteckte sprachliche *claims* zäh verteidigt. Wie schon der Begriff *claim* zeigt, ist das Englische eine lexikalisch sehr treue Stieftochter des Lateinischen. Rund die Hälfte aller englischen Wörter ist, rechnet man alle Fachsprachen ein, lateinstämmig. *claim* beispielsweise leitet sich von *clamare*, „rufen", ab. Weshalb der Lateiner auch ganz *relaxed* mit dem manchmal durchaus etwas peinlich (*po-*

ena, „Strafe"!) wirkenden Denglisch-Neusprech umgehen kann: Ist doch eh zum großen Teil recyceltes Latein (S. 315ff.)! Das „Original" von *relaxed* ist übrigens *relaxatus*, „entspannt". Die vielen lexikalischen Entsprechungen zwischen Englisch und Latein werden im Lateinunterricht selbstverständlich auch zum (wechselseitigen) Vokabellernen genutzt; die Lehrbücher bieten entsprechendes Übungsmaterial an, und es gibt an einzelnen Schulen interessante didaktische Modelle einer Kooperation zwischen Englisch- und Lateinunterricht. „Synergieeffekte" haben sich im Sinne praktizierter Lern- und Verstehenshilfe, nicht nur als wohltönender Slogan, bis zum Lateinunterricht herumgesprochen.

In vielen Bereichen des Deutschen stoßen wir auch außerhalb des Fremd- und Lehnwortsektors auf zahllose Relikte oder auch wiederbelebte Elemente des Lateinischen: in der Werbe- und in der Jugendsprache (S. 296ff., S.324ff.) sowie im „Alltagslatein", für das wir Ihnen auf S. 327 ff. einen Test anbieten. „Test" klingt eher englisch. Ist aber im Grunde Latein; *testa* war für die Römer der „Topf" und die „Scherbe". Die Alchimisten des Mittelalters bezeichneten damit die Versuchsschale, in der sie sich abmühten, Gold künstlich herzustellen. Das misslang bekanntlich, Ihnen aber wünschen wir beim Alltagslatein-Test mehr Erfolg.

Sie sehen: Wer Latein lernt, lernt doppelt. Er lernt das Lateinische selbst und er lernt gleichzeitig manches am Lateinischen, das er sich sonst mehr oder minder mühevoll beibringen müsste. Gewiss könnte er das ohne Latein – Fremdwörter beherrschen auch viele des Lateinischen Unkundige, wenngleich ohne tiefere Einsicht in die eigentliche Bedeutung dieser Wörter. „Kom-pati-bel" ist z. B. etwas, das fähig ist (-bel aus *-bilis*), sich „mit" (*con*) etwas anderem zu „vertragen" (*pati*). Lateinkenntnisse liefern, wie das Beispiel zeigt, den Schlüssel zum eigentlichen Kern vieler Fremdwörter gleich mit; auch in dieser Hinsicht darf man Latein, ohne den Mund zu voll zu nehmen, als generellen Passepartout für Sprache und Sprachen bezeichnen. All das ist, um es in der Sprache der Ökonomie zu sagen, ein *windfall profit* – nicht das eigentliche Ziel von Lateinlernen, aber ein zusätzlicher Gewinn. Wobei uns das englische *profit* sogar lieber ist als der deutsche „Gewinn", leitet es sich doch von lateinisch *profectus*, „Fortschritt", „Erfolg", „Vorteil", ab.

Nutzen als Werbeargument für Latein –
Eine „Begründungsfalle"?

Darf man mit diesen utilitaristischen Argumenten überhaupt für Latein werben? Sie werden staunen: Es gibt tatsächlich eine kleine Gruppe von Hardcore-Lateinern, die sich daran stören. Das sei „Apologetik", behaupten sie. Man solle doch lieber die Schönheit, Klarheit und Eleganz des Lateinischen in den Vordergrund stellen und allenfalls noch mit ihrer Literatur argumentieren. Freilich: Mit *dem* Argument allein stünde man bei Präsentationen des Fachs Latein vor Schülern und Eltern auf verlorenem Posten – und anschließend ziemlich allein im Klassenzimmer da. Die Leute wollen wissen, warum sie eine „Sprache von vorgestern" lernen sollen, was man damit „anfangen" kann. Recht so. Sie fragen nach dem Nutzen, ohne dabei unbedingt einen unmittelbar verwertbaren im Auge zu haben. Nichts anderes bedient übrigens eine utilitaristische Argumentation. In „utilitaristisch" stecken *uti*, „gebrauchen", und *utilis*, „nützlich", „brauchbar" – womit sich schon mal ein ganz konkreter Nutzen von Lateinkenntnissen zeigt.

Der „Zeit"-Journalist Ulrich Greiner hat auf dem Kongress des Deutschen Altphilologen-Verbandes im Jahre 2000 sogar eine „Begründungsfalle" ausgemacht. Wer sich auf die Anfragen der Effizienz-Apostel und neoliberalen Bildungspolitiker einlasse, denen es nur um die sofortige Verwertbarkeit schulischer Lernstoffe gehe, der habe schon verloren, meint Greiner. Dann schnappe die Falle zu. Greiner hat dafür eine Menge Beifall von Lateinern erhalten. Das mag verständlich sein, weil sie es leid sind, sich im Unterschied zu anderen Fachvertretern ständig rechtfertigen zu müssen. Trotzdem hat mir diese These von der Begründungsfalle nie eingeleuchtet, und das scheinbar ansprechende Bild auch nicht.

Erstens: Ich muss mich, wenn ich Latein in meiner Freizeit lernen und betreiben will, dafür vor niemandem rechtfertigen. Möchte ich es aber weiterhin als Fach in öffentlichen, vom Steuerzahler finanzierten Schulen etabliert wissen, dann muss ich einer fragenden, oft auch kritisch fragenden Öffentlichkeit Antworten darauf geben, worin ich den Bildungswert und den Nutzen dieses Faches sehe. In einer demokratischen Schullandschaft ist das doch wohl selbstverständlich. Und ebenso in einem pädagogischen Umfeld, das auf Transparenz, Offenheit und Argumentationskraft setzt.

Zweitens: Wieso ist das eigentlich eine Falle? Wenn ich gute Argumente habe – bessere als für manche Materie, die sich nicht rechtfertigen muss, sondern von der Gesellschaft als selbstverständlich akzeptiert wird, ohne das bei näherem Hinschauen zu sein –, dann schnappt die Falle doch überhaupt nicht zu. Dann eröffnet mir doch gerade das kritische Fragen der Öffentlichkeit, meine Karten auf den Tisch zu legen und meine Trümpfe auszuspielen. Dann zeige ich gerade den Skeptikern, was mein Fach alles leisten kann.

Drittens: Man mag das als Zugeständnis an die „Direktverwertungs"-Ideologen sehen. Aber sie sind doch nicht die einzigen, die fragen und Antworten einfordern. Da gibt es durchaus auch bildungsbürgerlich eingestellte Latein-Skeptiker, denen es nicht nur um einen Instant-Nutzen geht, sondern die auch darüber nachdenken, ob da nicht überholter Bildungsballast mitgeschleppt wird. Im Übrigen darf man vielleicht noch einmal in Erinnerung rufen, dass man Latein auch lernt, wenn man es für etwas und nicht nur um seiner selbst willen lernt.

Viertens: Wer, des vielen Legitimierens müde – obwohl: Man blicke auf die beeindruckende Zahl der gegenwärtigen Lateinlerner: Die Legitimationsmühe war und ist doch nicht vergebens! –, meint vertreten zu sollen, der eigentliche Bildungswert des Lateinischen liege gerade in seiner Nichtverwertbarkeit im utilitaristischen Sinne, der wirkt schon reichlich elitär, auch wenn er gar nicht so denkt. Und er wird sich sicher hier und da auch fragen lassen müssen, ob das nicht ein ziemlich arroganter Standpunkt sei.

Bildungsprestige ja, Elitefach nein

Haben Lateiner es nötig, den Bildungswert *und* den Nutzen ihres Faches dazulegen? Ja, selbstverständlich. Und sie tun es vielerorts ganz wunderbar, höchst engagiert und mit großem Erfolg. Universitäre Altphilologen, die darüber die Nase rümpfen, sollten nicht vergessen, dass es die Schulleute waren und sind, die ihre Hochschulstellen sichern. De facto jedenfalls. Das ist Latein und heißt „vom Tatsächlichen her", wenn wir uns diese kleine Nutzanwendung erlauben dürfen.

Knapp 800 000 Lateinschülerinnen und -schüler gibt es zur Zeit, und das ohne nennenswerte politische Unterstützung, denn für Latein macht sich kaum ein Bildungspolitiker und schon gar keine Partei stark. Man hat offenbar Sorge, damit dem „Gestrigen" zugerechnet zu werden. Die Zahl zeigt gleichwohl sehr eindrucksvoll, wie Latein gewissermaßen in der Mitte der Schul-Gesellschaft angekommen ist. Vom Image des Elitefachs, des Fachs für die Söhne und Töchter der „höheren Stände", hat es sich gottlob gelöst. Auch aus sogenannten bildungsfernen Elternhäusern kommen seit einigen Jahrzehnten Lateinschüler – mag sein auch deshalb, weil Latein sich nach wie vor mit Bildungsprestige verbindet, sicher aber auch deswegen, weil der Lateinunterricht sich selbst nicht mehr als Elitefach definiert und sich in vieler Hinsicht geöffnet hat. In seiner Methodik und in den vermittelten Stoffen hat er deutlich an Schülerorientierung gewonnen.

Ein nicht nur vordergründiges Indiz dafür, dass Latein zumindest äußerlich den Anschluss an die Moderne gefunden hat, sind die Lehrbücher: Sie unterscheiden sich weder im Layout noch in der schülergerechten Art der Darbietung von Lerninhalten, weder in der Fülle an Zusatzmaterialien noch der selbstverständlichen Verknüpfung mit digitalen Medien von denen anderer Fächer. Sie nehmen die großen Trends der Pädagogik auf – täten sie es nicht, würden sie von den Kulturministerien gar nicht erst zugelassen. Man muss das eigentlich gar nicht erwähnen, aber es gibt doch – sicher auch aufgrund mancher wenig ermutigender Latein-Erfahrungen aus früheren Zeiten – bei nicht wenigen Zeitgenossen den Verdacht, der Lateinunterricht sei medial kurz hinter den römischen Wachstäfelchen stehen geblieben. Computereinsatz im Lateinunterricht? Ja klar – erst recht, wenn man bedenkt, dass *computare* ein lateinisches Verb ist, „zusammenrechnen". Und so lockern denn auch andere moderne Medien und „ungewöhnliche" Unterrichtsformen den Lateinunterricht auf: Filme zum Beispiel (S. 248ff.) und Unterrichtsgänge zu den Römern vor Ort (S. 241ff.). Auch in dieser Hinsicht geht noch so einiges, und zwar schon seit einiger Zeit …

Motivieren statt pauken, Einsicht statt „Dressur"

Sind das die kleinen Erholungen vom sonst üblichen Paukunterricht, das karge Zuckerbrot als klitzekleine Kompensation für die knallharte Lernpeitsche, die ansonsten im Lateinunterricht geschwungen wird? Bei manchen Zeitgenossen hat das Lateinische ja immer noch das Image des mehr oder minder erbarmungslosen Paukfachs. Das ist ganz überwiegend – für *jeden* Lateinunterricht kann ich die Hand nicht ins Feuer legen – ein Schreckensklischee, das nichts mit der Realität zu tun hat. Man könnte sogar sagen: totaler Quatsch, selbst wenn man unter „Pauken" etwas anderes versteht, als es eigentlich bedeutet. Die negative Färbung ergibt sich dadurch, dass man Pauken als sinnentleertes Lernen begreift. Pauken heißt: Kenntnisse in sich hineinschaufeln, deren Sinn und Zweck man nicht erkennt – und das Ganze möglichst noch in einer demotivierend-öden Form.

Dass Vokabellernen eine vergnügungssteuerpflichtige Tätigkeit wäre, hat wohl noch niemand empfunden. Aber es ist notwendig, und das lässt sich einsichtig machen. Und es lässt sich durch Lernspiele, durch Hilfen und Eselsbrücken, vor allem auch durch Erkenntnisse gewissermaßen am Wegesrand des Lernens versüßen: Fremd- und Lehnwörter im Deutschen, englische und französische Vokabeln, die aus einem lateinischen Ursprungsbegriff hervorgegangen sind, Verknüpfungen mit bereits bekanntem Wortschatz. All das schützt vor sturem Vokabellernen. Neue Vokabeln sind, bevor sie zum Lernen aufgegeben werden, grundsätzlich im Klassenverband zu besprechen und damit vorzuentlasten. Einfach „zu morgen Vokabeln L. 10" aufzugeben ist pädagogisch *out*. Oder besser: *ex*.

Beim Formenlernen fallen manche dieser Lernhilfen weg. Aber es gibt andere: Systematisierungen, „Gesetzmäßigkeiten" und auch hier motivierende Übungen, die das Lernen vorbereiten und das Gelernte festigen. Schauen Sie einfach mal nach, welch reichhaltiges, methodisch abwechslungsreiches und altersgemäßes Übungsmaterial die Latein-Lehrwerke dafür anbieten, welche computergestützten Lernprogramme es dazu gibt, die auf die digitale Generation zugeschnitten sind. Und lassen Sie sich erzählen, wie engagierte Lateinlehrerinnen und -lehrer sich bemühen, dieses harte kognitive Brot methodisch einigermaßen lecker aufzubereiten. Auch hier gilt: Nicht jeder alte Zopf ist mittlerweile abgeschnitten, aber die Faktoren Lernmotivation und Schülernähe sind im Lateinunterricht angekommen. Was man, um einmal der Versuchung zur Polemik nachzugeben, von so manch einem Mathematik- und Physikunterricht nicht behaupten kann.

Aber das pauschale Herumgehacke gerade auf Latein-Lehrkräften ist wirklich unfair. Ich will im Hinblick auf frühere Zeiten nichts beschönigen – obwohl es immer hervorragende, mitreißende, Schüler nachhaltig beeinflussende Lehrerpersönlichkeiten gerade unter den Altphilologen gegeben hat –, aber wir haben kollektiv eine ganze Menge hinzugelernt. Mag sein, dass noch nicht jeder Latein-Unterrichtende im Gelobten Land der Motivation angekommen ist, aber der Typus des „klassischen" Latein-lehrers – oder besser seine Karikatur –, der die Sachorientierung weit über die Schülerorientierung gestellt hat, gehört der Vergangenheit an.

Kann denn Lernen Sünde sein? – Anspruchsvolles fordert und belohnt

Indes lässt sich eines überhaupt nicht bestreiten: Lernen gehört zu La-tein – ebenso wie Gründlichkeit, Genauigkeit und Beharrlichkeit da-zugehören. Latein ist ein kognitiv anspruchsvolles Fach (weshalb es ja so wichtig ist, dass es auch Spaß macht). Man braucht einen langen Atem, wenn man Latein lernt – ein Durchhaltevermögen, das in ähnli-cher Weise wie die anderen gerade genannten Dispositionen wohl auch auf andere Stoffe und Situationen transferierbar ist. Und es sind Eigen-schaften, die der Einzelne in unserer Gesellschaft und auch unsere Ge-sellschaft als Ganzes gut gebrauchen können.

„Lernen" heißt auf lateinisch *discere,* und *disciplina* ist das Substantiv dazu. Ich kann nichts Schlimmes daran finden, wenn Latein allgemein einen Beitrag zur Lerndisziplin leistet: Disziplin und emanzipatorische Pädagogik, die die Stärkung des Individuums im Blick hat, schließen sich nicht aus. Lernen lernen ist durchaus eine Domäne des Lateinunterrichts. Das ergibt sich wesentlich aus der Struktur des Faches und der Sprache Latein. Und das ist auch gut so. Latein ist kein schulisches Billigangebot, aber es versteht sich ebenso wenig als Auslesefach, bei dem die Fünfen nur so rappeln und Schülerinnen und Schüler, die zu Hause keine Hilfe er-halten, von vornherein, umgangssprachlich formuliert, schlechte Karten haben. Die allermeisten Schulen haben, wenn es mal eng werden sollte, Fördermaßnahmen auch in Latein im Programm.

Latein und Schule sollen Spaß machen, aber es ist eine Illusion zu glauben, dass sie immer nur Spaß machen können – und ziemlich un-verantwortlich, den totalen Spaß-Eindruck zu erwecken. Lernen ist auch

Arbeit, und Latein lernen ist es hier und da mehr als in anderen Bereichen. Aber es ist keine vergebene Mühe; man kriegt auch eine Menge an Bildung und Nutzen dafür – mehr als in einem pädagogisch weichgespülten Wohlfühl-Ambiente, das auf Dauer auch nicht ganz so befriedigend ist.

Dieses Buch möchte Sie über das vielseitige Bildungsangebot des Lateinischen informieren, das sich mit der lateinisches Sprache sowie mit der Literatur und Kultur des Alten Rom verbindet. Der Buchtitel deutet an, dass dabei vieles Neue im Vordergrund steht, das in den letzten Jahrzehnten zu manchem Bewährten hinzugekommen ist und das Schulfach Latein in einer veränderten Bildungslandschaft und unter veränderten gesellschaftlichen Bedingungen zukunftsfest gemacht hat. Ich habe mich bemüht, mich im Ganzen an allgemein anerkannten fachdidaktischen Standards zu orientieren, aber Sie werden auch auf persönliche Akzente, Einschätzungen und Erfahrungen stoßen, die weniger repräsentativ sind. Wenn ich gelegentlich zu einer polemischen Formulierung greife, dann deshalb: Engagement und Leisetreterei passen nicht zusammen. In vielen Vorträgen und Diskussionen, in Präsentationen des Faches und bei Streitgesprächen über das Fach habe ich die Erfahrung gemacht, dass streitbares „Bekennertum" mit Augenmaß besser ankommt als eine windelweiche Diplomatie, die keinem wehtun will. Warum sollte es bei einer schriftlichen Werbung für Latein anders sein?

Ich bin gespannt auf die Reaktionen. Und fasse noch ein bisschen provozierend zusammen: Gäbe es Latein nicht, man müsste es erfinden.

Dixi.

Zum Lachen in den Keller? – „Humor" ist ein lateinisches Wort

Manche Leute haben den Eindruck, die Römer seien zum Lachen in den Keller gegangen. Jedenfalls bringen sie Römer und lateinische Literatur nicht mit Humor in Zusammenhang. Das Einzige, das an diesem Klischee tatsächlich lateinisch daherkommt, ist der „Keller". Das ist nämlich ein Lehnwort zu lateinisch *cella*, „Kammer", „Zelle". Ansonsten ist die Vorstellung vom Lateinunterricht als humorfreie Zone grober Unfug – allenfalls dort mit einem Körnchen Wahrheit, wo Vermittler des Lateinischen die Mundwinkel dauerhaft hängen lassen. Das ist aber weder typisch für die Spezies Lateinlehrer noch ist es im Einzelfall auf Altphilologen beschränkt. Es soll auch Mathematik- und Deutsch-Lehrkräfte geben, die noch kein Mensch hat lachen sehen. Oder auch Unterrichtende anderer Fächer, fügen wir vorsichtshalber hinzu, damit sich bloß keine verbeamtete Spaßbremse diskriminiert fühlt.

Latein eine humorfreie Zone? Dagegen spricht schon rein oberflächlich, dass *(h)umor* ein lateinisches Wort ist. Es bedeutet „Flüssigkeit" und wird in der mittelalterlichen Medizin verwendet, um die gelungene Mischung der Körpersäfte im Sinne ausgeglichener Heiterkeit zu bezeichnen. Schon ein bisschen weniger vordergründig ist der sprachliche Rezeptionsbefund: Das Deutsche verdankt dem Lateinischen eine Reihe von

Begriffen, die den Humor bzw. die humorvolle Stimmung zum Ausdruck bringen. „Spaß" gehört dazu, wenngleich es auf etwas verschlungenen Wegen ins Deutsche gelangt ist. Ausgangswort ist *expandere*, „ausweiten". Daraus entwickelte sich italienisch *spassare*, „sich die Zeit vergnüglich vertreiben", und daraus wiederum der deutsche „Spaß".

Erheblich kürzer ist der Rezeptionsweg bei der bayerischen „Gaudi". Die verleugnet ihre Abstammung von lateinisch *gaudium* nicht, und das heißt „Freude". Schließlich ist auch der „Jux" ohne lateinische Wurzeln nicht denkbar. Das Ursprungswort ist *iocus,* der „Witz". Wer es lieber zeitgemäß denglisch mag, spricht vom „Joke". Vom Lateinischen kommt er damit nicht los, denn selbstverständlich ist der lateinische *iocus* auch der Vater des englischen *joke*.

Zugegeben, eine schlüssige Beweisführung gegen die anfangs referierte These von den vermeintlich humorfreien Römern ist das noch nicht. Aber es ergibt sich doch eine Indizienkette, die zur Vorsicht gegenüber dem Vorurteil mahnt.

Lachlust als Teil des römischen Alltags

Stichhaltiger ist da sicher die breite Palette an humorvoller Literatur, die das Alte Rom hervorgebracht hat. Schon bevor sich römische Dichter am Vorbild der „neuen" griechischen Komödie orientierten, gab es Lustspiele und Possen, an denen sich das römische Publikum ergötzte. Von ihnen hat sich allerdings bis auf wenige Fragmente nichts erhalten, wohl aber rund zwei Dutzend Komödien aus der Feder des Plautus und des Terenz (3./2. Jahrhundert v. Chr.), die von hoher literarischer Qualität sind – und über die man „trotzdem" lachen kann. Gerade Terenz war lange Zeit über im Altertum wie in der Neuzeit ein beliebter Schulautor. Lateinische Komödien sind also durchweg Gegenstand des Lateinunterrichts gewesen; dass sie heutzutage eher eine Randexistenz im lateinischen Lektüreunterricht führen, liegt nicht an einer etwaigen progredienten Humorlosigkeit der Lateinlehrer, sondern an den gekürzten Stundenvolumina, die eine Ganzschriftlektüre von Werken mit rund tausend Versen erheblich erschweren. Umso erfreulicher ist es, dass es manchen Unterrichtenden und ihren Schülerinnen und Schülern trotzdem gelingt, die Tradition der Komödienlektüre im Unterricht aufrechtzuerhalten und mancherorts sogar eine Schulaufführung in lateinischer Sprache zu „stemmen".

In der römischen Kaiserzeit berauschte sich das Theaterpublikum am Mimus. Das war eine ziemlich derbe Komödien-Spielart mit volksnaher Handlung und Sprache. Wer über die Sex-and-Crime-Neigung des römischen Mimus die Nase rümpft, sollte heute bestimmte TV-Kanäle erst gar nicht einschalten – das Niveau ist auf weite Strecken vergleichbar. Im Übrigen sind die Mimen spätestens mit der ausgehenden Antike untergegangen. Es gibt außer isolierten Fragmenten kaum literarische Spuren dieser Gattung – was auch mit der geringen literarischen Qualität der Textbücher zu tun hat. Aber eines beweist die Popularität des Mimus immerhin: Wenn sie lachen wollten, gingen die Römer nicht in den Keller, sondern ins Theater. Und die Stars unter den Mimenschauspielern und Mimendichtern haben an dieser – sagen wir ruhig: tendenziell plebejischen – Lachlust prächtig verdient.

Clowns (übrigens abgeleitet von *colonus*, „Landbewohner", „Bauer"), Straßenentertainer und professionelle Spaßmacher (*scurrae*; daher das deutsche „skurril") lebten ebenfalls von humorvollen Darbietungen, mochte deren Niveau auch nicht jedermann gefallen. Auf den Partys der Reichen unterhielten *scurrae* und andere Humor-„Produzenten" die Gäste mit ihren Witzen, scharfzüngigen Bemerkungen und Sketchen. Auch da fühlte sich nicht jeder wohl, dem manche Vorstellung zu wenig geistreich erschien. Aber auch bei römischen Tafelgesellschaften (*convivia*) und den sich anschließenden Trinkerrunden (*comissationes*) wurde viel und laut gelacht. Es ist ja fast peinlich, diese Selbstverständlichkeit aufschreiben zu müssen. Aber wir wollen dem reichlich ahnungslosen Humorlos-Image, das die Römer bei nicht wenigen Zeitgenossen haben, jetzt ein für alle Mal den Garaus machen. Für diesen guten Zweck nehmen wir auch Peinlichkeiten in Kauf.

Cicero als Spaßbremse? – Eine verzerrte Wahrnehmung

An einem anderen Ort würde man Humor nicht unbedingt erwarten. Und gerade dort hatte er bei den Römern ein festes Zuhause: vor Gericht. Das *ridiculum*, „Scherzhafte", war im Rhetorikunterricht Teil des Lernstoffes für angehende Anwälte; der künftige Gerichtsredner sollte nach Möglichkeit Schlagfertigkeit und Witz erlernen, zumindest aber sich mit einem Repertoire an amüsanten historischen Beispielen vertraut machen. Kein rhetorisches Handbuch des Altertums verzichtet auf eine ausführliche Behandlung des *ridiculum* und seiner Psychologie bei den Zuhörern.

Alle bedeutenden Redner haben sich an die entsprechenden Empfehlungen der Theoretiker gehalten. Satirische Seitenhiebe, ironische Anspielungen und humorvolle Pointen finden sich in allen Cicero-Reden, und zwar in großer Zahl. Sie sind allerdings häufig so voraussetzungsreich und in eine bestimmte Situation eingebunden, dass der moderne Leser leicht darüber hinwegliest. Das *sal*, „Salz", „humorvolle Würze", des ciceronischen *ridiculum* droht fade zu werden, wenn der Kontext unklar bleibt, zumal rhetorischer Witz meistens espritvoll und *sophisticated* daherkommt. So besagt es auch die Theorie der Redekunst: Der Anwalt soll ebenso wenig wie der Politiker, der vor einer Volksmenge spricht, den Spaßvogel oder den Comedian geben, sondern *urbanitas* unter Beweis stellen, „städtische Kultiviertheit mit Sinn für den eher feinen Humor" – was nicht heißt, dass nicht auch Cicero und andere prominente Redner ab und zu das Florett des feinsinnig-ironischen Humors gegen den derben Säbel des polternden oder sogar pöbelnden Humors eingetauscht hätten.

Selbstverständlich kannten auch die Römer Witze-Sammlungen. Aus der Spätantike ist ein solches Witzbuch aus der Feder eines Philogelos, „Lachfreundes", überliefert, allerdings auf Griechisch. Man könnte diese Witze indes auch ins Lateinische übersetzen und hätte damit ein Dokument des römischen Humors der Kaiserzeit rekonstruiert. Neben solchen ausgesprochenen Witzbüchern waren auch Sammlungen witziger Aussprüche und Anekdoten berühmter Gestalten der griechischen und römischen Geschichte ausgesprochen populär. Ihrer bedienten sich Gerichtsredner gerne, um ihre Plädoyers aufzulockern, mit *sal* zu würzen und die Geschworenen und Zuhörer für sich einzunehmen. In römischen Gerichtssälen ging es ausgesprochen lebhaft und laut zu. Und es wurde ordentlich gelacht – sicher mehr und lauter als in den deutschen Gerichten unserer Tage.

Bei vielen hat Cicero eher das Image einer Spaßbremse. Das hat er sich zum Teil selbst zuzuschreiben durch die manchmal unerträgliche Selbstbeweihräucherung, mit der er Leser vor den Kopf stößt. Und mit dem Mangel an Selbstironie, wenn er auf seine eigenen Verdienste um den Staat zu sprechen kommt. Aber es gibt tatsächlich auch den anderen Cicero, der locker und spaßig sein kann, der Witze erzählt – und das bezeichnenderweise auch in seiner bekanntesten Abhandlung über die Rhetorik, den drei Büchern *de oratore* („Der Redner").

Sie sind skeptisch? Bitte, hier ein „O-Ton" Ciceros: „Hübsch ist auch eine Wendung, mit der man den, der einen Witz gemacht hat, mit seinem eigenen Witz lächerlich macht. Als z. B. der frühere Konsul Q. Opimius, der als junger Mann einen ziemlich schlechten Ruf gehabt hatte, den lockeren Egilius, der ziemlich weichlich wirkte, ohne es zu sein, fragte: ‚Wie steht's, meine Egilia? Wann kommst du mit Spinnrocken und Wolle zu mir', erwiderte Egilius: ‚Um Himmels willen! Das wage ich nicht: Meine Mutter hat mir doch verboten, Damen von zweifelhaftem Ruf aufzusuchen'" (Cic. de or. II 277).

Kurz vorher gibt Cicero eine andere amüsante Anekdote zu Protokoll. „Als Nasica den Dichter Ennius einmal aufsuchte, teilte ihm eine Sklavin an der Tür mit, ihr Herr sei nicht zu Hause. Nasica war klar, dass sie das im Auftrag ihres Herrn gesagt hatte und dass der in Wirklichkeit daheim war. Ein paar Tage später kam Ennius zu Nasica. An der Tür fragte er nach ihm. Nasica selbst antwortete, er sei nicht zu Hause. ‚Wie', erwiderte Ennius, ‚erkenne ich da nicht deine Stimme?' Darauf Nasica: ‚Du bist ein unverschämter Kerl! Als ich neulich nach dir fragte, habe ich deiner Sklavin geglaubt, dass du nicht zu Hause seist. Du aber willst das nicht einmal mir selbst glauben?'" (Cic. de or. II 276).

Was haben wir, um es spöttisch zu formulieren, auf den letzten Seiten gelernt? Dass Latein und Humor nicht nur zusammenpassen, sondern auch aus kultur- und literaturgeschichtlicher Sicht zusammengehören. Und dass sich die alten Römer doch höchst verwundert die Augen gerieben hätten, wenn man sie mit dem Vorurteil ihrer Humorlosigkeit konfrontiert hätte.

Wie Lateinunterricht mancherorts zur humorfreien Zone wurde

Wie aber erklärt sich die einseitige, römischen Humor ausblendende Rezeption? Zum einen natürlich schon mit der primären Wahrnehmung der

Römer als Eroberer und Besetzer fremder Territorien, als Herren der Welt, die sich oft genug auch als Herren aufführten. Da gab es genügend Gründe für die unterworfenen Völker, das nicht lustig zu finden – einschließlich der Tribute, die schwer auf den Bewohnern der Provinzen lasteten. Auch in der späteren Wahrnehmung galt das Interesse an Rom vielfach den „Taktikern der Macht" – so ein vor einigen Jahrzehnten populärer Sachbuchtitel –, den erfolgreichen Organisatoren von Raum und Zeit und nicht zuletzt den gewaltigen militärischen Leistungen nicht nur der Generäle, sondern auch der einfachen Legionäre. Wer einmal das normale Marschgepäck eines römischen Soldaten selbst geschultert hat, ahnt, welche Kraft, welcher Leistungswille und welche Ausdauer diese eher klein gewachsenen Männer ausgezeichnet haben müssen.

In der Neuzeit haben viele Denker und Forscher versucht, das „Geheimnis" der Größe Roms, sozusagen seine Erfolgsformel zu finden. So unterschiedlich die Antworten waren – Humor war nicht dabei. Schulmeister taten es ihnen nach und mühten sich samt ihren Schülern ab, die Ursachen für die (relative) Stabilität der römischen Herrschaft zu ergründen. Sie lasen dazu historische und philosophische Werke, die „Kriegstagebücher" Caesars und Vergils römisches Nationalepos, die *Aeneis*, die Reden Ciceros und den großen christlichen Gegenentwurf zu Ciceros „Staat", den „Gottesstaat" Augustins. Bei Plautus und Terenz suchte niemand, auch nicht in Ovids „Liebeskunst" oder in den Fabeln des Phaedrus.

Zu Recht natürlich, wenn es um das skizzierte Erkenntnisinteresse ging. Aber auch ganz allgemein fühlte man sich der anspruchsvollen Muse, den „hohen" Genera der Literatur eher verpflichtet und jener *gravitas*, „Würde", die diese Werke verströmen und die zugleich ein zentraler Wertbegriff in der aristokratischen Ethik Roms war. Wer auf sich hielt, legte in der römischen Öffentlichkeit Wert auf die Selbstdarstellung als *gravis*, „würdevoll-gewichtige" Persönlichkeit.

Für Angehörige der römischen Oberschicht war es indes kein Problem, diese *gravitas* im Freizeitbereich auch einmal abzulegen, sich beim „Feiern" – bei Gastmählern und Trinkabenden – locker zu machen oder auch sich gehen zu lassen. Für manchen Lateinlehrer und sein Unterrichtsverständnis war es das hingegen schon. Diese Einstellung bestimmte die Auswahl der im Unterricht behandelten Klassiker und vielfach auch die Atmosphäre im Klassenraum. Die leichte literarische Muse kam unter diesen Umständen zu kurz, und besonders viel zu lachen gab's im Lateinunterricht eben auch nicht. Kein Wunder, dass solche Einseitigkeiten das Bild des Lateinunterrichts und seiner Gegenstände im Laufe der Zeit nachhaltig prägten. „Lachen verboten!", dachten viele (Ex-)Schüler – und taten den Römern damit ebenso Unrecht. Wie sicher auch manchen Lateinlehrern, die genauso wenig wie die Römer zum Lachen in den Keller gingen.

„Schrecklich, wie pauschal da über den Lateinunterricht früherer Zeiten geschrieben wird!", höre ich manche Kollegen aufstöhnen. Deshalb drei Klarstellungen: Erstens hat es natürlich auch Ausnahmen gegeben einschließlich vergnüglicher Lateinstunden, in denen gelacht und Spaß gemacht wurde und die auch deshalb Spaß machten. Zweitens geht es nicht um Verurteilung, sondern um Erklärung. Wir möchten zumindest eine nachvollziehbare Antwort darauf geben, warum sich der Lateinunterricht für so viele als humorfreie Zone darstellt – wobei er das in dieser ausschließlichen Form nie gewesen ist. Was aber, drittens, viel wichtiger ist: Dieses Image ist total überholt. Heutzutage darf im Lateinunterricht nicht nur gelacht werden, sondern es soll sogar gelacht werden. Und was noch bedeutsamer ist: Es *wird* gelacht!

Martial – Ein Spötter als neuer Stern am didaktischen Firmament

Und zwar auch deshalb, weil sich der Lektürekanon geändert hat. Cicero und Caesar, Vergil und Tacitus sind nicht ins didaktische Exil geschickt worden, aber sie haben Begleiter an die Seite gestellt bekommen, die das Ganze ausgewogener machen – Vertreter der *Musa iocosa*, der „scherzhaften Muse", die zwar leicht geschürzt daherkommt, aber literarisch-künstlerisch keineswegs in der zweiten Liga spielt. Das Gegenteil von „gravitätisch" ist ja nicht „unseriös".

Zwei dieser neuen Begleiter sollen in diesem Buch kurz vorgestellt werden. Der eine, Petron, der Verfasser der *Satyrica*, erhält sogar ein eigenes Kapitel. Sein grandioser Schelmenroman ist ein singuläres Stück Literatur, das Satire und Gesellschaftskritik aufs unterhaltsamste miteinander verbindet. Der andere neue Star im lateinischen Lektüreunterricht, der sich in den letzten Jahrzehnten etabliert hat, ist Martial. Er schrieb im späten 1. Jahrhundert n. Chr. Spottepigramme, die zum Besten zählen, was die Weltliteratur in diesem Genus zu bieten hat. Man hat Martial auch als Schöpfer dieser Gattung bezeichnet. Dieses Urteil findet nicht den Beifall aller Literaturwissenschaftler, wohl aber die Aussage, dass er mit seinen pointensicheren spöttischen Kurzgedichten für spätere Epigrammatiker vorbildhaft gewesen ist. Aufgrund seiner stilistischen Brillanz und seiner geist- und anspielungsreichen Doppelbödigkeit eröffnet er ebenso anregende wie motivierende und intellektuell fordernde Interpretationsspielräume.

Martial nimmt alle möglichen Typen, Marotten und Verhaltensweisen aufs Korn, die nicht nur das pralle Hauptstadtleben seiner Zeit spiegeln, sondern auch unserer heutigen Welt nicht völlig fremd sind. Um eine oder zwei Ecken herum begegnet uns da auch manches Aktuelle. Dabei führt der Epigrammatiker mit seinem beißenden Spott in der Regel keine realen Zeitgenossen vor: *parcere personis, dicere de vitiis* ist sein Leitmotiv, „(echte) Personen verschonen, statt dessen über Fehleinstellungen sprechen" (X 33, 10). Da ist zum einen Rücksichtnahme im Spiel. Zum anderen verbaut der Angriff auf bloße fiktive Personen und damit die Konzentration auf reale Marotten, Laster und Schwächen dem Leser den bequemen Ausweg zu glauben, dass *er* ja gar nicht gemeint sein könne. Unter der Maske des fiktiv Verspotteten verbirgt sich oft genug der eigene innere Schweinehund, dämmert es manch einem Martial-Leser vielleicht. Und das wäre durchaus im Sinne des Moralisten.

Martial ein Moralist? Da wird manch einer, der das liest, tief durchatmen müssen. Denn was diesem Meister des Spottepigramms lange im Weg gestanden hat und viele seine Eignung als Schulautor hat bezweifeln lassen, ist seine ausgesprochene Freude am Obszönen – sowohl in der Sprache als auch in der konkreten Schilderung sexueller Praktiken, Vorlieben und „devianter" Verhaltensweisen. Da ist er unverblümt, oft regelrecht hemmungslos. Auch wenn die Prüderie vergangener Zeiten gottlob überwunden ist, taugt manches Epigramm auch nach heutigen liberaleren Maßstäben nicht als Unterrichtslektüre – einschließlich der Gewalt verherrlichenden Epigramme aus dem „Buch der Schauspiele".

Spott über Ärzte? – Natürlich nur von historischem Interesse

Aber das betrifft nur einen Teil seiner literarischen Produktion. Zahlreiche seiner rund 1200 Epigramme sind durchaus „jugendfrei". Wir stellen im Folgenden einige vor:

> *Nuper erat medicus, nunc est vispillo Diaulus.*
> *Quod vispillo facit, fecerat et medicus* (I 47).
> Neulich war Diaulus noch Arzt, jetzt ist er Leichenträger.
> Was er als Leichenträger tut, hatte er auch schon als Arzt getan.

Martial macht uns in diesem Zweizeiler mit der äußerst liberalen Zulassungspraxis für Ärzte im antiken Rom bekannt. Es gab keine staatliche Überprüfung der Qualifikation, keine Approbation, keine vorgeschriebene Ausbildung. Arzt war, wer sich so nannte. Der „Markt" entschied darüber, ob er „gut" war und genügend Patienten fand. Wenn nicht, musste er sich nach einer neuen Tätigkeit umsehen.

Der erste Vers ist parallel gebaut; die klangliche Entsprechung *nu(per)* und *nu(nc)* unterstreicht diese Parallelität zusätzlich, ebenso die Verbformen *erat* und *est,* die klanglich nicht so weit voneinander entfernt sind. Hinzu kommt der sprechende Name. *Di-aulus* ist eine „Doppel-Flöte": Der Herr ist also „fit" für zwei Berufe.

Am Ende des ersten Verses ist der Leser neugierig: Wie erklärt sich die so betonte Parallelität? Eigentlich würde man ja zwischen Arzt und Leichenträger eher eine Polarität erwarten. Der zweite Vers liefert den Aufschluss. Das Tun des Diaulus unterscheidet sich nur in der zeitlichen Dimension – *facit* und *fecerat* stehen direkt nebeneinander und unterstreichen damit die inhaltliche Gleichheit des Tuns: verschiedene Zeiten, aber „einheitliches" Handeln. Die Pointe kündigt sich mit *et,* „auch", an, wird aber erst im letzten Wort vollendet – der Idealfall der Pointenbildung. Gleichwohl bleibt es bei einer Andeutung, der Leser ist gefordert, die entscheidende Schlussfolgerung selbst zu ziehen. Die Parallelität des *facere*, „Tuns", erweist sich in seinem Ergebnis: Sie besteht darin, dass Diaulus die Leute in beiden Berufen ins Grab bringt.

Ein Witz, der sich nur auf das Alte Rom bezieht? Ja klar, Aktualitätsbezüge lassen sich hier nicht herstellen. Wirklich nicht.

Ärztliche Kunstfehler kamen auch in der Antike vor, manchmal sogar vorsätzliche, wenn wir Martial Glauben schenken dürfen:

Curandum penem commisit Baccara Raetus
rivali medico. Baccara Gallus erit. (XI 74)
Der Räter Baccara vertraute seinen Penis zur Behandlung
einem Arzt an, der sein Nebenbuhler war. Baccara wird zum
Gallier werden.

Ein großer Vertrauensbeweis oder eine bodenlose Dummheit? Baccara, ein Mann aus dem Alpenraum (Rätien), hat ein Penis-Problem. Heilung sucht er bei einem Arzt – so weit ganz normal. Aufhorchen aber lässt das *rivali* an der betonten ersten Position im zweiten Vers: Baccara und sein behandelnder Arzt bemühen sich um dasselbe Mädchen. Das Brisante ist der Körperteil, der medizinischer Hilfe bedarf. Wird das gut gehen?, fragt sich der Leser angesichts der knapp geschilderten Konfliktsituation.

Martial löst den Spannungsbogen mit einer Pointe, die sich auf die Mehrdeutigkeit von *Gallus* stützt. Das ist einmal der „Gallier". Auf der Oberfläche ändert Baccara seine Nationalität: Aus dem Räter wird ein Gallier. Dieses erste Verständnis legt die prononcierte Vorstellung des Baccara als Räter am Ende von Vers 1 nahe – auch das ist eine Tonstelle. Aber merkwürdig – und als Pointe völlig unbefriedigend. Indes, *Gallus* hat eben noch zwei weitere Bedeutungen. Zum einen der „Hahn". Das gibt aber auch keinen Sinn und schon gar keine Pointe. Anders verhält es sich mit der dritten Bedeutung: Auch die Priester der Fruchtbarkeitsgöttin Kybele hießen *Galli.* Von denen wussten Martials Zeitgenossen vielleicht nicht viel, aber eines sicher: dass sie kastriert waren. Jetzt ist klar, wie der Mediziner, ärztliches Ethos hin oder her, die pikante Konstellation zu seinen Gunsten nutzen wird. Zugegeben, dafür braucht man heute einen Sachkommentar. Aber dass das eine geniale, durch das erforderliche Nachdenken auch des römischen Lesers ziemlich lange herausgezögerte Pointe ist, teilt sich schon mit, wenn es denn endlich „klick" gemacht hat.

Vom Einfallsreichtum römischer Erbschleicher

Erbschleicherei war ein in der römischen Gesellschaft weitverbreitetes Übel. Das erfahren wir aus zahlreichen Quellen – und eben auch von dem Epigrammatiker, der das Thema mit bitterböser Satire aufspießt.

> *Munera qui tibi dat locupleti, Gaure, senique,*
> *si sapis et sentis, haec tibi ait: „Morere!"* (VIII 27)
> Wer dir, Gaurus, Geschenke macht, der du reich bist und alt,
> der sagt dir, wenn du klug bist und noch etwas merkst: „Stirb!"

Der erste Vers führt in die Situation ein und löst Erstaunen aus; Gaurus ist reich – er braucht keine Geschenke. Und Gaurus ist alt – auch da ist die Erwartung, mit Geschenken überhäuft zu werden, gewöhnlich gering. Und wozu auch für einen, der eh alles hat? Also: Was soll ein betagter Millionär mit dieser Gabenflut?

Der zweite Vers bringt den Aufschluss. Spannungssteigernd ist aber noch der *si*-Satz vorgeschaltet, dessen s-Alliteration (*si sapis … sentis*) ein zischelndes Raunen klanglich nachahmen könnte, in dem Gaurus die Wahrheit nahegebracht wird: Sterben soll er! Erneut wird die Pointe bis zum letzten Wort aufgespart. Und erneut muss der Leser mitdenken: Reichlich Geschenke geben, aber dem Beschenkten den Tod wünschen – wie passt das zusammen, eine überaus freundliche und eine überaus feindliche Haltung? Römische Leser wussten Bescheid. Die Großzügigkeit soll Gaurus geneigt machen, sich für die milden Gaben erkenntlich zu zeigen, und zwar in seinem Testament. Das ist das Kalkül der berechnenden Freigebigkeit: Alt und reich ist die ideale Kombination dafür, dass die Investition ebenso rasch wie üppig Rendite abwirft.

Geht's noch fieser? Aber sicher! Beim Thema Erbschleicherei ist der Spötter ebenso erfindungsreich, wie es die heuchlerischen Falschspieler im wahren Leben sind:

> *Nubere Paula cupit nobis, ego ducere Paulam*
> *nolo: anus est. Vellem, si esset magis – anus.* (X 8)
> Paula sehnt sich danach, mich zu heiraten. Ich aber will Paula nicht heiraten:

Sie ist ein altes Weib. Wollen würde ich, wenn sie wäre
– älter.

Die Situation ist rasch geklärt: Der Heiratswunsch der Frau wird vom
Mann nicht erwidert. Wo sie Subjekt ist, kann Paula so agieren, wie sie
will. Sie darf sich etwas wünschen (*Paula … cupit*). Wo sie indes grammatisches Akkusativobjekt ist, ist sie auch im Leben Objekt, abhängig vom
Handeln des neuen Subjekts „ich" (*Paulam … nolo*). Das aber sagt klipp
und klar nein. Und begründet die Weigerung einleuchtend: Paula ist zu
alt. Im Klartext: Sie ist nicht attraktiv, nicht begehrenswert. Unschön vielleicht, das so wenig charmant zu begründen, aber nachvollziehbar. Das
irreale *vellem* („ich würde wollen") deutet an, unter anderen Umständen
könnte das lyrische Ich es sich überlegen und das *nolo* durch ein *volo*
(„ich will") ersetzen. Aber eben im Irrealis: Wenn sie *jünger* wäre – das ist
die logische Erwartungshaltung des Lesers. Und die wird ziemlich brutal
enttäuscht. Da steht nicht *minor*, „jünger", sondern *maior*, „älter". Die
Pointe liegt darin, dass das „Ich" sich jetzt nicht mehr von körperlicher,
sondern von finanzieller Attraktivität leiten lässt. Eine ältere Frau – darüber könnte man reden. Denn die wäre bald im Grab und der „befreite"
Ehemann wäre der glückliche Erbe.

Wie gut, dass solche ethischen Abgründe von skrupuloser Berech-
nung auf das Alte Rom beschränkt waren!

Behindertenspott – Eine ethische Herausforderung

Liebe macht blind, sagt man. Das war im Altertum nicht anders, und
die Römer hatten eine hübsche sprachliche „Formel" dafür: *amans amens*,
„wer liebt, ist verrückt" (*a-mens*, „ohne Verstand"). Zur Blindheitsmeta-
pher steuert Martial ein originelles Spottgedicht bei:

> *Thaida Quintus amat. „Quam Thaida?" – „Thaidam luscam."*
> *Unum oculum Thais non habet, ille duos.* (III 8)
> Quintus liebt Thais. „Welche Thais?" – „Die einäugige Thais".
> *Ein* Auge fehlt der Thais, ihm fehlen beide.

Ein Kurzdialog steht am Beginn. Er folgt auf die schlichte Feststellung, dass ein gewisser Quintus eine gewisse Thais liebe. Eine banale Feststellung, die im Folgenden eine Präzisierung erhält: Thais ist einäugig. Was vordergründig dazu dient, das Mädchen unter den vielen anderen Thaides zu identifizieren, wird im zweiten Vers zur Basis eines hämisch-abfälligen Kommentars zur Liebe des Quintus. Ihr fehlt ein Auge, ihm aber gleich zwei – erneut wird die Pointe bis zum letzten Wort hinausgezögert. Die Antithese *unum – duos* wird durch die Stellung der beiden Zahlwörter ganz am Anfang und ganz am Ende des Verses verschärft. Und es ist zugleich eine Antithese zwischen der realen und der übertragenen Bedeutung einer Sehbehinderung. Thais ist durch ihre Einäugigkeit physisch behindert, Quintus ist emotional durch seine Liebe blockiert: Er nimmt die mangelnde Attraktivität einer einäugigen Geliebten nicht wahr, er ist blind vor Liebe.

Der Zweizeiler ist in literarisch-künstlerischer Hinsicht ein Juwel. Das macht ihn, finden viele, aber noch „gefährlicher" und giftiger. Kein Zweifel, das ist Spott über Behinderte. Beide, Thais wie Quintus, werden mitleidlos instrumentalisiert, um einen Lacher zu produzieren. Darf man das? Wir sehen das heute viel kritischer, als die Antike es sah. Oder ist deren offener Umgang mit Behinderungen vielleicht sogar ehrlicher? Wem nützt das schamhafte Verschweigen und (scheinbare) Ignorieren offensichtlicher körperlicher Auffälligkeiten? Ist nicht das scheinbare Verdrängen dessen, was jeder sieht (und insgeheim bewertet!) diskriminierender, als die Dinge beim Namen zu nennen? Die Römer scheuten sich ja auch nicht, wenig schmeichelhafte körperliche und geistige Merkmale sogar zu offiziellen Beinamen (*cognomina*) aufzuwerten: Strabo, der „Schielende", Brutus, der „Dummkopf", Calvus, der „Kahlköpfige" usw. Gibt es auch in dieser Hinsicht das Phänomen des befreienden Lachens? Und vor allem: Hätten auch Thais und Quintus darüber lachen können? Und könnten sie heute darüber lachen?

Wir belassen es bei den Fragen. Sie lassen, was den Schulunterricht angeht, ein didaktisches Potenzial erkennen, über das diskutiert werden kann und muss: Sollte einem bei solchen Epigrammen das Lachen im Halse stecken bleiben? Oder übertreiben wir es mit der politischen Korrektheit? Jedenfalls zeigt sich hier das, was die Didaktiker eine „Alteritätserfahrung" nennen. Das Alte Rom war in mancher Hinsicht anders (*alter* ist „der andere"), und dieses Anderssein stellt sich mitunter als regelrechte Provokation dar, zumindest aber als ebenso willkommene wie notwendige Anregung zum Nachdenken und zum überlegten Urteilen.

Was darf Satire? Und wo ist sie zu Hause?

Eben daran hätte Martial seine Freude gehabt. Er will unterhalten und wahrgenommen werden, aber er will auch provozieren und wider den Stachel löcken. Die schlimmste Reaktion auf seine Epigramme wäre für ihn achselzuckende Indifferenz:

> *Laudat, amat, cantat nostros mea Roma libellos,*
> *meque sinus omnes, me manus omnis habet.*
> *Ecce rubet quidam, pallet, stupet, oscitat, odit.*
> *Hoc volo: nunc nobis carmina nostra placent.* (VI 60)

> Es lobt, es liebt, es singt mein Rom meine Büchlein,
> mich hält jeder Gewandbausch, mich hält jede Hand.
> Schau, da wird einer rot, wird bleich, stutzt, kriegt den
> Mund nicht mehr zu, hasst mich.
> Das will ich: Jetzt gefallen mir meine Gedichte.

An mangelndem Selbstwertgefühl litt unser Mann sicher nicht. Er war in der Tat ein populärer Modedichter, der den Nerv der Zeit traf. Das anaphorisch gebrauchte doppelte *me* („mich") in Vers 2 unterstreicht seine Selbstgewissheit, das wiederholte *omnes/omnis*, „alle", „jeder", weist in die gleiche Richtung. Die meisten Leser lieben ihn: Das macht der erste Vers unmissverständlich klar. Die hektische, unverbundene Aneinanderreihung dreier Verben, die Wertschätzung ausdrücken, bereitet die folgende Aussage vor: Der Dichter hat seine Stadt sozusagen im Griff. *mea Roma*, „mein Rom", ist „eingekreist" von *nostros libellos*, „meinen Büchlein". Der Fachbegriff für diese Stellungsfigur ist „Hyperbaton", auf Deutsch „Sperrung". Aufgrund der freieren Wortstellung lässt sich dieses abbildende Stilmittel im Lateinischen wunderbar nutzen, um den „Griff" zu visualisieren: *nostros mea Roma libellos*. Im Deutschen geht das nicht:

„unsere mein Rom Büchlein" – unmöglich. Aber der Effekt ist klar: Rom ist von seinen Gedichten so umschlossen, dass es ihm und seinen Werken nicht entkommen kann. Die Stadt ist gewissermaßen die Gefangene seiner Bücher.

Im dritten Vers dann eine Kaskade unterschiedlicher Reaktionen auf Martials Spottgedichte: Der eine fühlt sich ertappt und errötet, der andere kriegt einen Schrecken und erbleicht, der dritte ist „baff" vor Erstaunen (gegebenenfalls auch über so viel Frechheit), und der vierte ist sauer auf die satirischen „Enthüllungsgedichte" Martials. Das Wichtigste ist: Die Leute reagieren auf seine Verse. Die Dominanz der Verben (fünf in einem einzigen Vers!) macht das klar. Und Martial ist, wie der letzte Vers zeigt, mit dieser Wirkung äußerst zufrieden. Er will beachtet und möglichst auch geliebt werden, aber er weiß, dass ein Satiriker nicht *everybody's darling* sein kann. Unter diesen Umständen ist ihm selbst der Hass (*odit*, V. 3) mancher Mitbürger lieber als Nichtbeachtung und Gleichgültigkeit. Modern gesprochen: Notfalls nimmt er auch einen herben „Shitstorm" in Kauf.

Was darf Satire? Die Römer haben diese Frage nicht so grundsätzlich-theoretisch gestellt. Sie haben sie aber in den Werken ihrer satirischen Autoren beantwortet. Und zwar so, wie es das berühmte Tucholsky-Zitat zum Ausdruck bringt. Seine Antwort ist: „Alles". Und darauf berufen wir uns ständig – regen uns aber dann auf, wenn Satire bestimmte Grenzen des vermeintlich guten Geschmacks überschreitet oder wenn sie den Mainstream politischer Korrektheit verlässt. Die Römer waren da konsequenter. Gewiss, in der Kaiserzeit musste man aufpassen, sich nicht den Vorwurf der Majestätsbeleidigung einzuhandeln. Aber davon abgesehen, waren manche römischen Satiriker viel radikaler, viel unerbittlicher, rücksichtsloser und mutiger im Kampf gegen das, was sie als Missstand empfanden. Manch einer war verbissener als andere, aber das Mittel des Humors nutzten alle.

Horaz hat das Wesen der Satire so beschrieben: *ridentem dicere verum*, „lachend die Wahrheit sagen" (Hor. sat. I 1, 25f.). Diese Definition gilt bis heute für alle satirischen Formen einschließlich des Kabaretts. Ist es erstaunlich, dass sie ausgerechnet von einem Römer stammt? Mitnichten, denn wer hätte es treffender sagen können als der Vertreter einer literarischen Gattung, die wo erfunden worden ist? Sie ahnen es schon:

in Rom. Die meisten literarischen Genera haben das Licht der Welt in Hellas erblickt, aber *satura quidem tota nostra est*, sagt der Rhetoriklehrer Quintilian über das Copyright an dieser „humorvollen" Gattung, „die Satire gehört zur Gänze uns" (Quiut. inst. or. X 1, 93).

Und sie ist weder im Keller erfunden noch dort gepflegt worden.

Zu Gast beim König der Angeber – Petrons vergnügliches Aufsteiger-Soziogramm

„Was meinst du, mein Freund? Du baust mir doch das Grabmal so, wie ich es bei dir in Auftrag gegeben habe? (…) Bilde mich dort ab, wie ich in purpurgesäumter Robe mit fünf Goldringen auf der Ehrentribüne sitze und aus einem Geldsack Münzen unterm Volk ausstreue!"

Wenige Minuten vorher hat unser Auftraggeber seinen Gästen in Erinnerung gerufen: „Ich gehöre ja nicht zu den Angebern." Zu seiner Selbstdarstellung auf dem Grabmonument will diese Einschätzung nicht so recht passen. Wohl eher passt das pompöse Grabmal zu der Grabinschrift, die er sich ebenfalls schon überlegt hat: „Hier ruht Gaius Pompejus Trimalchio Maecenatianus (…). Er ist aus kleinen Verhältnissen aufgestiegen. Er hinterließ 30 Millionen und hat nicht ein einziges Mal einen Philosophen gehört."

Aha, zu den Intellektuellen zählt er offensichtlich nicht, eher zu den Materialisten. Wie aber kann Trimalchio seine postmortale Ehre und sein Grab vor Verunglimpfungen schützen? Auch da hat unser Mann eine Lösung. Die geht ins Geld, aber Geld ist ja angesichts der 30 Millionen Hinterlassenschaft kein Problem: „Ich werde dafür sorgen, dass mir als Totem kein Unrecht widerfährt. Ich werde nämlich einen meiner Freigelassenen am Grab als Wächter aufstellen lassen, damit die Leute nicht an mein Grabmal zum Kacken laufen" – *ne in monumentum meum populus cacatum currat*, heißt es im lateinischen Original –, und wir ahnen, wem wir das wenig noble Verb „kacken" im Deutschen verdanken (Petrou, Kap. 71).

Ein überaus feiner Mann, der da vor seiner Gästeschar Details seines Grabmals ausbreitet und als Höhepunkt der Peinlichkeit schließlich auch noch sein Testament herbeibringen lässt, um es Wort für Wort vorzulesen! Er selbst hält sich tatsächlich für einen feinen, gebildeten, charmanten Gastgeber – und dekuvriert sich pausenlos selbst, jedenfalls gegenüber den Lesern, die Zeugen dieser denkwürdigen Soiree werden. Auch wenn man an manchen Stellen einen Augenblick lang in Versuchung kommt, sich für diesen Typen fremdzuschämen – das Vergnügen überwiegt allemal. Lesevergnügen bei einem lateinischen Autor? Das passt nicht so recht zum Klischee von den stets ernsten, gravitätischen lateinischen Klassikern – ein Schelmenroman in lateinischer Sprache, der, erschiene er heutzutage auf Deutsch oder Englisch, das Zeug zum Bestseller hätte?

Vorlage für Fellinis Kultfilm „Satyricon"

Genau das. Die Rede ist von den „Satyrica" Petrons (1. Jahrhundert n. Chr.). Genauer gesagt, der bekanntesten Episode daraus. Das ist die *Cena Trimalchionis*, das „Gastmahl des Trimalchio". Sie diente Fellini als Vorlage für seinen Kultfilm „Satyricon", ist aber, was Sex-Szenen angeht, im Unterschied zum Film gänzlich jugendfrei. Es gibt kaum eine Romanfigur, die von schwüler Erotik weiter entfernt wäre als Trimalchio. Selbst wenn es stimmen sollte, dass Geld sexy macht, bringt Trimalchio es durch seine buchhalterische Mentalität und das Herumreiten auf seiner Erfolgsstory fertig, jedes sinnliche Gefühl im Keim zu ersticken. Das hat Fellini *ganz* anders in Szene gesetzt.

Darüber echauffierten sich manche Kritiker im Jahre 1969 – was wegen der künstlerischen Freiheit eines Regisseurs reichlich borniert war, zumal er ja keinen Dokumentarfilm oder eine Literaturverfilmung anstrebte. Außerdem regten sich manche Kritiker und Zuschauer über den „vulgären" Humor und die derbe Sprache in einigen Filmsequenzen auf. Trimalchio geht aufs Klo und kündigt das auch so an, um nach der Rückkehr sehr plastisch über Verdauungsprobleme und Flatulenzen zu parlieren; ein Gast bescheinigt einem anderen, er sei „seine eigene Pisse nicht wert"; zwei betrunkene alte Schachteln tauschen (harmlose) Küsse aus; Trimalchio verbietet seinem Bildhauer anlässlich eines vor allen Gästen lautstark und handgreiflich ausgetragenen Ehekrachs, eine Statue seiner Frau auf seinem Grabmal anzubringen, „damit mir wenigstens, wenn ich tot bin, der ganze Zank erspart bleibt". All das sei doch reichlich unter der Gürtellinie des guten Geschmacks, regten sich einige Leute auf.

Wer das degoutant fand und Fellini ankreidete, hätte mal besser in den lateinischen Originaltext geschaut: Das alles ist nicht Fellini, sondern Petron. Und das alles ist natürlich Teil jener tiefen Kluft zwischen Anspruch und Wirklichkeit, die für den Protagonisten Trimalchio typisch ist und die, wenn man sekundenweise Mitleid mit ihm verspürt, die Tragik seines Lebens ausmacht. Womit wir ihm, dem Täter, aber keineswegs eine Opferrolle zuschreiben wollen.

Ein Ex-Sklave als Multimillionär

Wie erklärt sich die gewaltige Kluft zwischen Wollen und Wirken, zwischen Schein und Sein, die den Roman durchzieht und einen erheblichen Teil seiner Komik produziert? Ausschlaggebend ist Trimalchios Biographie. Als Sklave ist er der Liebling seines Herrn – nicht nur, aber auch in sexueller Hinsicht. Er erweist sich als gelehrig, erringt als Rechnungsführer eine hohe Stellung in der Sklavenhierarchie des Haushalts und wird zur Belohnung für seine guten Dienste testamentarisch freigelassen. Das ist an sich nichts Ungewöhnliches; die Freilassungspraxis der Römer war zumal in städtischen Haushalten ausgesprochen großzügig. Das Entscheidende ist indes die Zugabe: Neben dem Kaiser ist Trimalchio von seinem ehemaligen Herrn als Erbe eingesetzt. Er erbt ein Millionen-Vermögen und könnte sich zur Ruhe setzen.

Aber er gehört zu den „hungrigen" Aufsteigern. Er will mehr. Die höchsten Profite erzielt man im Überseehandel, andererseits kann man dort auch die schlimmsten Verluste einfahren: Schiffbruch und Piraterie stellen erhebliche Risiken dar. Genau das passiert bei Trimalchios erstem groß angelegten Handelsgeschäft: Alle fünf Schiffe gehen unter. „An einem

Tage hat Neptun 30 Millionen geschluckt", kommentiert Trimalchio seine kommerzielle Katastrophe anschaulich (76, 4). Die 30 Millionen sind maßlos übertrieben, aber der Verlust war schon sehr herb. Trimalchio lässt sich aber nicht entmutigen. Er versilbert nicht nur Grundstücke, sondern auch den Schmuck seiner Frau und rüstet damit neue Schiffe mit gefragten Konsumgütern aus. Diesmal geht alles gut. Der Gewinn ist beträchtlich. Trimalchio ist ein gemachter Mann.

Aber er ist Freigelassener und als solcher trotz seines Vermögens kein anerkanntes Mitglied der wirklich feinen Gesellschaft. Ex-Sklaven haben nur eingeschränkte politische Rechte, erst ihre Nachkommen besitzen das volle römische Bürgerrecht. Freigelassenen haftet gewissermaßen zeit ihres Lebens der Makel der einstigen Unfreiheit an – eine latente gesellschaftliche Stigmatisierung, die sich im Alltag nicht unbedingt als direkte Diskriminierung darstellt, die aber dem Betroffenen selbst stets bewusst ist. Und das erst recht, wenn er es im Unterschied zum Gros der Freigelassenen, das gewöhnlich zur Unterschicht zählt, finanziell geschafft hat.

Wie lässt sich der Reichtum trotz des Freigelassenen-Stigmas in gesellschaftliche Anerkennung ummünzen? In einem ersten Schritt stellt Trimalchio auf „seriöse" Ökonomie um: Großgrundbesitz genießt in Rom erheblich höheres Ansehen als Handelsgeschäfte. Also erwirbt er ausgedehnte Ländereien und lässt sich ein herrschaftliches Haus in einer süditalischen Stadt nahe Neapel bauen. Genaueres zum Ort des Geschehens erfahren wir nicht. Wie die gesellschaftliche Elite nutzt auch Trimalchio dieses Haus zur Selbstdarstellung: Seinen Wohlstand zu präsentieren gehörte in der römischen Oberschicht zum guten Ton. Man lebte im Luxus, und den zeigte man auch. „Luxus ohne Zeugen", sagt Seneca bissig, „macht auf Dauer keinen Spaß."

Geschmacklos, peinlich, selbstverliebt – aber großzügig

Die Mentalität der Elite hat Trimalchio schnell verinnerlicht, es hapert allerdings bei der Umsetzung. Typisch für Neureiche: Trimalchio kennt kein Maß, dreht das Rad der Zurschaustellung seines Vermögens stets ein paar Schrauben zu weit, überdehnt den Rahmen – auch den Rahmen des guten Geschmacks. Er begnügt sich nicht mit einer riesigen, prachtvoll ausgestatteten Stadtvilla, sondern nutzt sie auch noch als Werbefläche für seinen Stolz: Die Außenmauer seines Hauses ist mit Fresken bemalt, die den Aufstieg des Hausherrn dokumentieren. Sein Problem ist indes: Je steiler er seine Karriere darstellen will, umso tiefer unten muss er anfangen und damit ständig die Erinnerung seiner Anfänge als Sklave offenlegen.

Tatsächlich beginnt die auf die Hauswand gemalte Szenenfolge seiner Erfolgsgeschichte auf einem Sklavenmarkt. Mag Trimalchio dort auch schon von huldvollen Gottheiten umringt sein – das Dilemma seiner Selbstdarstellung wird hier sehr deutlich. Und auch sein schlechter Geschmack: So – als langhaariger Sklavenbursche – bildet man sich in der Öffentlichkeit nicht ab. Oder eben nur, wenn man partout alle Welt geradezu mit der Nase auf seine kleinen Anfänge stupsen will, weil man vom eigenen kometenhaften Aufstieg berauscht ist.

Der stellt auch das Rahmenthema für Trimalchios gesellschaftliche Aktivitäten dar. Wie es in der noblen Welt üblich ist, lädt Trimalchio gern und häufig zu üppigen Gastmählern in sein Haus ein. Auf der Gästeliste stehen indes nur Freigelassene. Die Honoratioren der Stadt lassen einem Freigelassenen die Ehre ihres Besuchs nicht zuteil werden. Das bringt den Gastgeber wieder in eine ambivalente Situation: Einerseits wird ihm sehr deutlich, dass er gesellschaftlich in der zweiten oder dritten Liga spielt, andererseits ist er dort, um es modern-flapsig auszudrücken, der King. Auf Lateinisch der *princeps libertinorum*, der ungekrönte König der Freigelassenen. Als solcher führt er sich auch auf. Er behandelt seine Gäste mit einer Mischung aus Herablassung und Bonhomie. Er gibt sich als großzügiger Gastgeber, der der Tafelrunde in jeder Hinsicht etwas bietet – kulinarisch wie mit Showeinlagen. Aber er fährt ihnen auch schamlos über den Mund, er benutzt sie als Zwangs-Auditorium seines Geschwafels und seiner Angebereien und macht sie zu Statisten und Mitspielern in seinen Inszenierungen. In seiner *cena* reiht sich eine Peinlichkeit an die nächste, aber eben auch ein Leckerbissen an den anderen. Trotz der Demütigungen, die sie durch Trimalchio erfahren, kommen seine Gäste immer wieder: Erlesene Weine und feine Speisen haben ihre Anziehungskraft. Und natürlich auch die Ehre, vom führenden Mann des Freigelassenen-Milieus empfangen zu werden.

Derweil protzt Trimalchio mit seinem Luxus. Pausenlos versucht er, seine Gäste zu beeindrucken. Mit manchen Dingen funktioniert das, und zwar immer dann, wenn Geld im Spiel ist und er Sachen vorweisen kann, die kostspielig sind. Mit anderen Dingen funktioniert es gar nicht: In Sachen Benehmen, Kultiviertheit und Bildung ist Trimalchio ein Totalausfall, ohne dass er selbst merkt, wie sehr er sich zumindest vor den etwas Klügeren seiner Tafelrunde blamiert. Freilich: Dass man Trimalchios Niveau, das immerhin durch eine gewisse Bauernschläue etwas aufgewertet wird, noch deutlich unterbieten kann, stellen die banalen Gespräche anderer Gäste unter Beweis: Der Stammtisch ist nicht weit. Andererseits aber ertönt hier eben auch einmal Volkes Stimme aus einem Klassiker der lateinischen Literatur.

Trimalchio führt seine Gäste vor, das ist klar. Er selbst aber wird in kontinuierlicher Selbstentlarvung von seinem geistigen Schöpfer Petron vorgeführt – als ein Parvenü, der nicht wirklich dort angekommen ist, wohin es ihn mit Macht drängt. Die Glücksgöttin Fortuna hat dem ehemaligen Sklaven ihre Huld erwiesen, indem sie ihn zum freien und reichen Mann hat aufsteigen lassen. Aber sie hat ihn im Stich gelassen, was seine Manieren und seinen Geschmack, seine Schulbildung und seine Fähigkeit zur Selbstdarstellung mit Maß angeht. Da ist er der „Prolo" geblieben.

Ein köstlicher Unterhaltungsroman als Newcomer im Lateinunterricht

Wollen, aber nicht so recht können – dieser Gegensatz charakterisiert den Aufsteiger in besonderer Weise. Die feine Welt wird sich über einen Typen wie Trimalchio köstlich amüsiert haben, der sie nachzuahmen versucht, dabei aber überzeichnet und überdreht. Auch Luxus und Vornehmheit muss man lernen, auch da gibt es eine Sozialisation, die die Dinge in der Balance hält und einen vor allzu schlimmen Peinlichkeiten schützt – obwohl sich auch die feine römische Gesellschaft aufwändige Selbstrepräsentation auf ihre Fahnen geschrieben hat. Auch dort gibt es Tendenzen zu einem Überbietungswettbewerb in Luxus und Glamour, von dem sich Trimalchio eine Menge abgeschaut hat.

Aber die praktische Umsetzung gelingt ihm eben nicht. Und deshalb wird er zum Inbegriff des Angebers und Großkotzes schlechthin. Die *Cena Trimalchionis* gehört zum Unterhaltsamsten, Witzigsten und Amüsantesten, was die lateinische Literatur zu bieten hat. Sie ist eine vergnügliche Lektüre, und auch deshalb hat sie in den letzten Jahren eine steile Karriere im Lateinunterricht gemacht – eine Lektüre *nicht statt* Caesar und Cicero, sondern *neben* Caesar und Cicero als Beispiel für die leichte Muse, die die lateinische Literatur eben auch repräsentiert.

Die *Cena* ist jedoch nicht nur ein witziger, mit Gags gespickter Unterhaltungsroman. Sie lässt sich auch als „soziologische" Schrift lesen. Man könnte sie als eine römische Sozialgeschichte in fiktionaler Form bezeichnen, nicht besonders schmeichelhaft für die Schicht der Freigelassenen, deren Aufstiegsambitionen und -träume hier geschildert und verulkt werden. Aber macht sich der Autor tatsächlich nur über Trimalchio und sein Milieu lustig? Oder gibt es neben dieser offensichtlichen Ebene eine zweite, auf der auch die Vorbilder Trimalchios durch den Kakao gezogen werden? Das heißt die Spitzen der Gesellschaft, die ihr Luxusleben ebenfalls plakativ zelebrieren, die sich bei Einladungen und Gegeneinladungen wechselseitig ihre Paläste und Kunstsammlungen, ihre hübschen Sklaven und ihre mit Schmuck behängten Gattinnen präsentieren, die als Gastgeber ihre Gäste gelegentlich in Geiselhaft nehmen, indem sie ihnen eigene literarische Ergüsse vortragen oder ihnen Unterhaltungen zumuten, die auch nicht immer guten Geschmack und Taktgefühl verraten.

Gewiss, all das vollzieht sich auf dieser gesellschaftlichen Stufe meist nicht so plump und so radikal inszeniert wie bei Trimalchio, aber es gab schon im Altertum genügend Kritiker, die diese Neigung der Oberschicht zu luxuriöser Selbstbespiegelung heftig getadelt haben. Sollte sich Petron listig unter diese Kritiker gemischt haben, indem er der feinen Gesellschaft einen Spiegel in Form eines übermotivierten Imitators vorgehalten hat? Auch diese Deutung des Romans ist denkbar. Sie ist in der Wissenschaft umstritten, aber das muss Lateinschüler und -schülerinnen ja nicht daran hindern, sich ihre eigenen Gedanken zu machen und kontrovers darüber zu diskutieren.

Umgangssprachliches Latein – Eine neue, fröhliche Erfahrung

Ist es eigentlich angebracht, über einen Trimalchio den Kopf zu schütteln und herzhaft über ihn zu lachen? Ist er auf die römische Gesellschaft beschränkt oder lassen sich „Kopien" von ihm auch in unserer modernen Welt finden? Aber nein, bei uns gibt es keine Renommiersucht und keine Diskriminierung, keine Unterprivilegierten und kein Neu- und Altreichen-Getue. Trimalchio ist Geschichte. Mit uns hat dieser Typ nichts zu tun, schon gar nicht als Typus.

Bleibt noch die Frage: Warum muss man dieses vergnügliche „Gastmahl", dieses Stück literarischer Hochkomik auf Lateinisch lesen? Gibt es keine Übersetzungen?

Natürlich gibt es die. Aber wir haben vornehmlich den schulischen Lateinunterricht im Blick. Der legitimiert sich nicht nur durch die Originallektüre eines bestimmten Textes, sondern durch eine Vielzahl von Aspekten, die in diesem Buch vorgestellt werden.

In diesen Lateinunterricht gehört mehr Humor – nicht nur aus motivationalen und didaktischen Gründen, sondern auch weil nur so die lateinische Literatur und die römische Kultur angemessen repräsentiert werden. Grundsätzliches dazu haben wir im vorigen Kapitel ausgeführt. Um ein gewisses Gleichgewicht gegenüber ernsten Texten herzustellen, die – wir betonen es zum wiederholten Mal – selbstverständlich nicht aus dem Lektürekanon herausgekickt werden sollen, stellt Petrons Schelmenroman neben Martials Spottepigrammen ein Angebot dar, das man kaum zurückweisen kann. Die *Cena* kommt bei Schülern erfahrungsgemäß gut an, ihr Protagonist ist eine urkomische Figur, ein geradezu begnadeter Angeber, dessen Lebensgeschichte aber eben auch tragische Aspekte aufweist. Sie reizt zum Lachen, hat aber auch eine Portion Nachdenklichkeit im Gepäck.

Die Sprache der *Cena* ist ein *sermo cottidianus*, eine Art Alltagslatein, das nicht so elaboriert – andere mögen sagen: so hochgestochen-artifiziell – daherkommt wie Ciceros Reden, Senecas philosophische Briefe oder Caesars *commentarii*. Petron hat den einfachen Leuten aufs Maul geschaut. Ihr Latein ist fehlerhaft und vulgär, es enthält zahlreiche Gräzismen und volkssprachliche Ausdrücke und Konstruktionen, die den Weg zu den romanischen Sprachen vorzeichnen. Nicht umsonst ist die *Cena* das für Romanisten sprachgeschichtlich bedeutendste Werk der klassischen lateinischen Literatur. Mit anderen Worten: Hier präsentiert sich das „hehre" Latein nicht als elegante Kunstprosa, sondern als wirklich gesprochene, lebendige Sprache. Für viele Latein-Lerner ist das eine ganz neue, überraschende – und irgendwie beruhigende – Erfahrung.

Und es ist eine neue, motivierende Herausforderung, dieses Latein der kleinen Leute in entsprechendes Deutsch zu übertragen. Da darf man nicht nur umgangssprachliche Elemente verwenden, manchmal sogar welche unterhalb der Gürtellinie des guten Geschmacks, sondern man muss es. Da blüht dann mancher Lateinschüler auf, der auf einmal auch sein derbes sprachliches „Weltwissen" oder typisch jugendsprachliche Ausdrücke einbringen darf. Der „deutsche Trimalchio" hat keineswegs Angst, dass „die Menschen zu meinem Grabmal laufen, um ihr Geschäft zu verrichten" oder weil sie „ein dringendes Bedürfnis verspüren" und was der Euphemismen mehr sind. Sondern „die rennen dahin, um zu kacken".

Und der Lateinlehrer darf diese Übersetzung nicht rot unterstreichen und empört einen hochsprachlichen Ausdruck einfordern, sondern er muss am Rand vermerken: „Gut!"

„Liebeskunst"
als Schullektüre? – Kultiviertes
in Inhalt und Form

Ovids berühmt-berüchtigte „Liebeskunst" als Lektüre im Lateinunterricht? Das wäre noch vor wenigen Jahrzehnten undenkbar gewesen.
„Skandal!", hätten da manche gerufen – vor allem die, die nie selbst einen Blick in das vermeintlich verruchte Buch geworfen hatten. Zwar ist
die *ars amatoria* ein geistreiches, keckes, manchmal frivoles literarisches
Spiel mit dem Liebesspiel zwischen den Geschlechtern, aber von einer
pornographischen Lektüre ist sie weit entfernt. Wohl wahr: Ovid gibt den
Männern – und was einer Revolution gleichkam: im dritten Buch sogar
den Frauen – Flirttipps, die auf List und Taktik, manchmal sogar auf Lüge
und Opportunismus setzen und damit den Grundsatz verfolgen, dass der
Zweck die Mittel heilige. Aber er geht stets davon aus, dass es sich um
eine von echten Gefühlen getragene Beziehung zu einem Mann oder einer
Frau handelt – wenn auch auf unterschiedlichen emotionalen Niveaus
von der Liebelei bis zur Liebe des Lebens.

Das Moderne an der *ars* ist nicht, dass auch Sexuelles angesprochen
wird, wenngleich im Ganzen sehr behutsam und geschmackvoll-andeu-
tend, sondern dass das übliche gesellschaftliche Muster der Eheanbahnung
durch die Eltern durchbrochen und infrage gestellt wird. Das schafft zumal

für die Frau einen Freiraum, den die Gesellschaft ihr so nicht zubilligte. Suchte der Mann außerhalb der Ehe, deren wesentlicher Zweck die „Produktion" legitimer Nachkommen war, sexuelle Erfüllung, so war das kein Ehebruch, wenn er sich an eigenen Sklavinnen verging, Prostituierte aufsuchte oder sich mit anderen „inhonesten" Frauen wie Schauspielerinnen, Kellnerinnen usw. vergnügte. Bei verheirateten Frauen wurde dagegen jeder sexuelle Kontakt außerhalb der Ehe als Ehebruch gewertet.

Die „freie Liebe" war im Alten Rom kein mehrheitsfähiges Konzept, auch wenn die Liebesdichter, darunter Ovid, es propagierten. So war es denn auch kein Wunder, wenn Kaiser Augustus, der strenge Ehegesetze erlassen hatte, die *ars amatoria* als subversive Schrift einstufte (auch wegen mancher politisch nicht ganz so korrekten Formulierung) und Ovid nicht zuletzt wegen der darin zum Ausdruck kommenden Unbotmäßigkeit in die Verbannung ans Schwarze Meer schickte. Man muss Ovid nicht zum Widerständler stilisieren, aber Respekt gegenüber seiner partiell unangepassten Haltung hinsichtlich der „Wünsche" des Kaisers und seiner Kulturberater darf man ihm schon zollen.

Ratgeber auf höchstem literarischem Niveau

In ähnlicher Weise kann man auch Ovids Haltung gegenüber Frauen beurteilen. Zwar vertritt auch er gewissermaßen den Primat des Mannes und befindet sich damit in grundsätzlicher Übereinstimmung mit der allgemeinen römischen Mentalität. Aber vieles wirkt bei ihm partnerschaftlicher und respektvoller gegenüber den Frauen. Ovid kennt sich, das zeigen auch die „Heroinenbriefe", in der Psyche und Gefühlswelt von Frauen aus. Oder, vielleicht besser formuliert: Er bemüht sich um Empathie, er versteht es, die Dinge auch aus ihrer Sicht, von ihren Gefühlen her zu sehen. Ein aufgeklärter Kopf, könnte man sagen, dem römische Macho-Einstellung nicht fremd ist, der dieses traditionell männliche Überlegenheitsgefühl gegenüber dem *leve genus,* „leichten Geschlecht", aber doch zurückdrängt und der zumindest streckenweise für eine Symmetrie in der Mann-Frau-Beziehung eintritt – gerade auch in erotischen Dingen.

Diese wenigen Sätze mögen ausreichen, um zu skizzieren, warum Ovids *ars amatoria* ein modern zu nennendes Werk ist: Hier verabschie-

det sich ein Dichter von einer repressiven Sexualmoral, deren Nutznie-
ßer die Männer waren. Doch ist dies kein Abschied in Form einer ve-
hementen Streitschrift, eines aggressiven Pamphlets oder einer eifernden
Abrechnung, sondern in Gestalt eines literarisch liebenswürdigen, in jeder
Hinsicht kultivierten Lehrgedichts. Da tritt ein *praeceptor amoris*, „Liebeslehrer", auf, der alle literarischen Register zieht, der die nüchterne,
uninspirierte Ratgeber-Literatur unserer Zeit mit einem sprachlichen
Kunstwerk in den Schatten stellt. Man lernt etwas, aber dieses Lernen
verbindet sich zugleich mit ästhetischem Genuss. Da schreibt einer, der
Ahnung von den Dingen hat, dem aber Witz und Selbstironie, Leichtigkeit und literarisches Können die Feder führen. Inhalt und Form werden
auf großartige Weise zur Deckung gebracht – so wie es der Anspruch
jeder großen antiken Dichtung war, die auch deshalb den Ritterschlag des
Klassisch-Vorbildlichen erhalten hat.

Wir möchten das im Folgenden an drei ausgewählten Passagen illustrieren. Die dabei aufgezeigten formalen Interpretationen lassen sich auch
Schülern vermitteln, weil sie einsichtig und nachvollziehbar sind. Stilmittel bloß aufzuzählen, deren Funktion im konkreten Text nicht zu erkennen ist, grenzt an öde Statistik. Damit kann man Schülerinnen und Schülern die Freude an Literatur vergällen – was ja keineswegs nur ein Problem
des Lateinunterrichts ist. Lässt sich dagegen aufzeigen, wie lebendig und
anschaulich ein Gedanke durch handwerklich-formales Können gestaltet
werden kann, dann wird die anstrengende literarische Analyse von Ent-
deckungs- und Erfolgserlebnissen begleitet, die motivieren und diese intensive Art der Literaturbetrachtung legitimieren. Es ist Ovids Verdienst,
dass sich seine Dichtungen in besonderer Weise für solche luziden literarischen Entdeckungstouren anbieten.

Ein Jagdgrund, der durch Fülle besticht

Das erste Buch der *ars amatoria* zeigt dem Liebesschüler *aditus,* „Zu-
gänge", auf: Gelegenheiten, bei denen er auf flirt- oder bindungswillige
Damen trifft. Überall in Rom wirst du Mädchen finden, macht Ovid
dem Leser Mut, Theater sind ein besonders aussichtsreicher Ort zum „An-
bandeln":

1   Sed tu praecipue curvis venare theatris:
2   Haec loca sunt voto fertiliora tuo.
3   Illic invenies, quod ames, quod ludere possis,
4   quodque semel tangas, quodque tenere velis.
5   Ut redit itque frequens longum formica per agmen,
6   granifero solitum cum vehit ore cibum,
7   aut ut apes saltusque suos et olentia nactae
8   pascua per flores et thyma summa volant,
9   sic ruit ad celebres cultissima femina ludos.
10   Copia iudicium saepe morata meum est.
11 Spectatum veniunt, veniunt, spectentur ut ipsae.
12   Ille locus casti damna pudoris habet.
(Ov. ars amatoria I 89ff.)

1   Du aber gehe besonders im Rund der Theater auf die Jagd!
2   Diese Stätten sind ertragreicher, als du es dir erhoffst.
3   Dort wirst du etwas zum Lieben finden oder etwas zum Spielen,
4   etwas, das du nur einmal berührst, und etwas, das du festhalten willst.
5   Wie die Ameisen durcheinander wimmeln in langem Zug,
6   wenn sie im Körner tragenden Mund ihr übliches Futter befördern,
7   oder wie die Bienen, wenn sie ihre Wälder und duftenden Weiden
8   gefunden haben, um die Blüten und hoch über dem Thymian fliegen,
9   so eilt die kräftig aufgeputzte Frau zu den viel besuchten Spielen.
10   Die Fülle hat mein Urteil schon oft verzögert.
11 Sie kommen, um zu sehen, sie kommen, um selbst gesehen zu werden.
12   Dieser Ort tut züchtigem Anstand Abbruch.

Die Jagd-Metapher mag heute politisch nicht korrekt wirken: Mädchen sind ja keine Beute. Aber ist das wirklich die Elle, die man an die Bildersprache der Poesie anlegen sollte? Ein Anlass, darüber nachzudenken, ist es allemal.

Mit Vers 2 stellt der Liebeslehrer seinen Schülern das Theater als Erfolg versprechenden Jagdgrund in Aussicht. Mehr noch: Das Problem verschiebt sich vom Auffinden zum Aussuchen: Der Komparativ *fertiliora*, „ertragreicher", gibt das Thema der Passage an. Es heißt „Fülle". Das Motiv der Fülle wird in den nächsten Versen auf unterschiedliche Weise variiert: Ein Wortfeld, oder, etwas komplizierter ausgedrückt, eine semantische Rekurrenz, die zum einen die Oberfläche des Textes betrifft, zum anderen aber durch Elemente bereichert wird, die etwas verborgener sind und erst bei genauem Hinsehen ans Licht kommen.

Die Oberfläche: Das sind die Aussagen der Verse 3 und 4, die zwei mögliche „Zugriffsweisen" mit je zwei Verben beschreiben – einerseits das kurzfristige Abenteuer, das sich im *ludere*, „Spielen", und *tangere*, „Berühren", erschöpft, und andererseits die langfristige Bindung, für die *amare* („lieben") und *tenere* („festhalten") steht. Vier Verben: Sie stehen für Aktivität und Dynamik, in Verbindung mit einem eindeutigen Futur *invenies*, „du wirst finden", aber auch für den Erfolg der Suche.

Es folgen zwei Vergleiche, die jeder Leser mit „Fülle" assoziiert: Wo *eine* Ameise ist, wo *eine* Biene ist, da sind auch schnell andere zu entdecken. Ameisen und Bienen kommen stets im „Multipack" vor. Begriffe für „Fülle" verstärken diesen Eindruck: *frequens formica*, „die häufige Ameise", ein kollektiver Singular, und *longum agmen*, „ein langer Zug". Bei den Bienen sind es die ausgedehnten Weideflächen, die uns einen ganzen Schwarm sehen lassen. So verhält es sich auch mit den Frauen bei den Theateraufführungen: *celebres ludi* sind „viel besuchte Spiele" mit großem Publikumsandrang. Das alles wird im zehnten Vers mit *copia* in betonter Anfangsstellung noch einmal zusammengefasst und explizit zum Ausdruck gebracht: „Fülle".

Ameisen und Frauen mit dem gleichen Stellungs-„Schicksal"

Blicken wir unter die Textoberfläche, so begegnen uns Stilfiguren, die den Eindruck der Fülle verstärken: Viermal *quod*, „was", in Vers 3 und 4 lässt auf eine geradezu unendliche Zahl schließen. Eine Anapher (Wiederholung desselben Wortes am Beginn syntaktischer Einheiten), die suggeriert, dass sich die Aufzählung problemlos fortsetzen ließe: Es ist „Beute" in Hülle und Fülle da. *quod ... quod ... quod ... quod* – keine Sorge, dass du leer ausgehst!

In Vers 5 liegt mit *redit itque* ein Hysteron proteron vor, eine Stilfigur, bei der das zeitlich Spätere (*hysteron*) früher (*proteron*) erwähnt wird, die logische Reihenfolge also umgekehrt wird: „zurückgehen" vor „gehen". Diese Vertauschung der normalen Abfolge bildet das Gewimmel ab, das auf der Ameisenstraße herrscht. Wer kann angesichts dieses dichten Verkehrs schon entscheiden, ob das einzelne Tier auf dem Hin- oder dem Rückweg ist? Die schiere Masse lenkt vom einzelnen Tierchen ab. Verbildlicht wird das zusätzlich durch eine Stellungsfigur: *longum formica per agmen*. Das Lateinische ermöglicht mit seiner freieren Wortstellung solche Hyperbata, „Sperrungen". *longum* gehört zu *(per) agmen*, „der lange Zug" wird aber unterbrochen durch *formica*, „Ameise". Die einzelne Ameise ist damit gewissermaßen eingeklemmt in den langen Zug, sie kann nicht nach links entweichen, denn da steht *longum*, und sie kommt nicht nach rechts heraus, denn da steht *per agmen*. Ein anschauliches Bild: Die einzelne Ameise ist Teil eines Kollektivs. Nur wer gründlich hinschaut, kann sich auf sie konzentrieren. Und der „Zug" erscheint durch das dazwischengeschobene *formica* noch länger. Er erstreckt sich über den gesamten zweiten Teil des Verses: *longum formica per agmen* – da ist ordentlich was los.

Der Frau ergeht es ähnlich wie der Ameise. Sie wird ja über die Vergleichskonstruktion *ut ... ut ... sic* („wie ... wie ... so") mit den „Schwarmwesen" Ameise und Biene parallelisiert. Und ihr widerfährt das gleiche „Stellungs-Schicksal" wie der *formica*: Die einzelne *cultissima femina*, „ordentlich herausgeputzte Frau", ist von den *celebres ludos*, den „viel besuchten Spielen", eingeschlossen. Man sieht einen langen Zug von Frauen zum Theater strömen – und diese Vorstellung des ununterbrochenen Strömens wird im Vers 11 durch das doppelte *veniunt*, „sie kommen", wieder aufgenommen. Anschaulicher und eindringlicher kann man das Theater als ergiebigen Jagdgrund kaum beschreiben. Der „Jäger" sieht sich vor ein Luxusproblem gestellt: Er muss sich entscheiden, eine Wahl treffen – was angesichts der *copia*, „Fülle", schwierig ist und dauern kann. *quod erat demonstrandum*: Die Ausgangsthese in Vers 3 mitsamt der (eher positiven) Problematik, die sich dort schon im Komparativ *fertilior*, „ergiebiger", andeutet, wird in Vers 10 bestätigt, jetzt aber durch die zahlreichen Beweisinstanzen auf und unter der Textoberfläche zur Gewissheit verdichtet.

Damen, die gesehen werden wollen

Aber sind die Damen auch erotisch ansprechbar? Diese bange Frage des „Jägers" scheint durch den Nachweis der Fülle ja noch nicht beantwortet zu sein – jedenfalls für den flüchtigen Leser. Der aufmerksame Liebesschüler findet indes schon in Vers 10 einen ziemlich eindeutigen Wink. Er verbindet sich mit *cultissima femina*. Die Damen kommen sorgfältig frisiert und geschminkt, verführerisch parfümiert und elegant gekleidet zu den Spielen. Der Superlativ tut ein Übriges, um überzeugend darzulegen, dass sie sich in jeder Hinsicht in Schale geworfen haben. Warum sie das tun? Der nächste Vers gibt die Antwort: aus Eitelkeit. Sie kommen nicht nur, um das Theater-Schauspiel zu genießen, sondern sie wollen Teil des Schauspiels sein. Sie wollen gesehen werden: *spectentur ut ipsae* sendet das Signal aus, dass sie ihre Reize bewusst zur Schau stellen. Das Passiv drückt gewissermaßen das Einverständnis damit aus, begutachtet, „gemustert" gar und angesprochen zu werden. Die „Beute" hilft dem „Jäger", indem sie sich präsentiert – und zwar im besten *cultus*, „Putz" und „Schmuck".

Wer zur Schüchternheit neigt und nicht ganz so überzeugt ist, dass diese Präsentation auch ihm persönlich gilt, für den geht der Liebeslehrer im letzten Vers der Passage in Klartext über: *pudor*, „Schamhaftigkeit", und *castitas*, „Keuschheit", sind diesem Ort fremd. Die Damen sind dort erotisch ansprechbar, um das hässliche Wort „verfügbar" zu vermeiden. Gleichwohl lässt Ovid sich noch ein Hintertürchen offen, falls ihn sittenstrenge Leser mit dem Vorwurf konfrontieren sollten, er rufe gewissermaßen zu unanständigem Verhalten auf. Aus dem Kontext gelöst, könnte man den Vers als bloße Beschreibung der allenthalben bekannten Unmoral der Bühne verstehen. Dass die im Theater aufgeführten Mimen derb bis obszön waren und sich nicht gerade am traditionellen Bild der sittsamen Römerin orientierten, war allgemein bekannt – eine Atmosphäre im Übrigen, die ihrerseits zur „Ansprechbarkeit" der Damen beitrug. Aber die waren, wenn man die Aussage zurück in ihren Kontext bringt, auch so durchaus geneigt, Avancen eines „Jägers" nicht schroff zurückzuweisen.

Liebeslektionen im Circus

Auch den Circus empfiehlt Ovid als sehr aussichtsreichen Jagdgrund. Er stellte sich allerdings als das dar, was moderne Sportreporter gern als „Hexenkessel" bezeichnen: dichtes Gedränge und eine aufgewühlte Atmosphäre. Der Vorteil für Herren auf der Suche nach einer künftigen *domina*, „Herrin": Männlein und Weiblein saßen dort im Unterschied zum Theater direkt nebeneinander. Das eröffnete zusätzliche Chancen, stellte aber auch hohe Anforderungen an das Geschick der „Revierverteidigung".

1 *Nec te nobilium fugiat certamen equorum.*
2   *Multa capax populi commoda Circus habet.(…)*
3 *Proximus a domina, nullo prohibente, sedeto,*
4   *iunge tuum lateri qua potes usque latus.*
5 *Et bene, quod cogit, si nolis, linea iungi,*
6   *quod tibi tangenda est lege puella loci.*
7 *Hic tibi quaeratur socii sermonis origo*
8   *et moveant primos publica verba sonos.*
9 *Cuius equi veniant, facito studiose requiras,*
10   *nec mora, quisquis erit, cui favet illa, fave! (…)*
11 *Utque fit, in gremium pulvis si forte puellae*
12   *deciderit, digitis excutiendus erit,*
13 *Etsi nullus erit pulvis, tamen excute nullum:*
14   *quaelibet officio causa sit apta tuo.*
15 *Pallia si terra nimium demissa iacebunt,*
16   *collige et immunda sedulus effer humo.*
17 *Protinus, officii pretium, patiente puella*
18   *contingent oculis crura videnda tuis.*
(Ov. ars amatoria I 135ff.)

1   Lass dir auch nicht den Wettkampf edler Pferde entgehen:
2   Der volkreiche Circus bietet viele Vorzüge. (…)
3   Setz dich direkt neben deine (künftige) Herrin – keiner wird es verbieten –,
4   schmiege deine Seite, so eng es geht, stets an die ihre.

5 Und es ist gut, dass die Schranke euch zwingt, ganz dicht
   nebeneinander zu sitzen, auch wenn du es nicht willst,
6   und dass du das Mädchen nach dem Gesetz des Ortes berühren musst.
7 Hier nun mache du den Anfang eines vertrauten Gesprächs,
8   Small Talk soll den Auftakt zur Unterhaltung bilden.
9 Wessen Pferde da kommen, frag sie angelegentlich – los, tu es!
10   Und halte, ohne zu zögern, die Daumen dem Gespann, zu
   dem sie hält! (…)
11 Wie es manchmal so kommt, wenn zufällig Staub in den
12   Schoß des Mädchens fällt, musst du ihn mit den Fingern
   herausschütteln.
13 Auch wenn gar kein Staub da ist, schüttle ihn gleichwohl heraus.
14   Jeglicher Anlass sei recht für deine Kavaliersdienste.
15 Wenn ihr Mantel zu tief auf der Erde hängt,
16   raffe ihn zusammen und hebe ihn diensteifrig vom schmutzi-
   gen Boden hoch.
17 Sofort wird, als Belohnung für deinen Dienst – das Mädchen
   muss es zulassen –
18   deinen Augen zuteilwerden, ihre Schenkel zu sehen.

Der Liebeslehrer schlägt einen deutlichen Ton an. Wie im römischen
Schul- und Hochschulunterricht üblich, gibt er *praecepta* zum Besten,
„Vorschriften": Tu dies, tu das! Sprachlich variiert er dabei zwischen Befehlen (*iunge*, V. 4; *fave*, V. 10; *excute*, V. 13; *collige, effer*, V. 16), normalen
auffordernden Konjunktiven (*quaeratur*, V. 7; *moveant*, V. 8; *requiras*, V.
9; *sit*, V. 14), drängender wirkenden Konjunktiven des Futurs (*sedeto*, V. 3;
facito, V. 9) und Gerundiv-Konstruktionen, die ein Müssen ausdrücken
(*tangenda est*, V. 6; *excutiendus erit*, V. 12). Der Wechsel zwischen den unterschiedlichen Graden an Aufforderung ist wohlüberlegt. Der starke Imperativ Futur auf *-to* wird dort eingesetzt, wo der Liebesschüler am ehesten
Widerstand leisten könnte: *proximus sedeto*, „los, setz dich ganz nah zu ihr
hin" (vulgo: „Rück ihr auf die Pelle!"), macht einem möglicherweise etwas
schüchternen Schüler klar, dass dieser Rat sehr ernst gemeint ist.
   Was den Zuschauersport angeht (V. 9/10), so waren die Kompetenzer-
wartungen ungleich verteilt: Ähnlich wie heute wurde den Männern hier

deutlich mehr Ahnung zugebilligt. Und außerdem war klar, dass man eigentlich nicht danach fragte, was man mit eigenen Augen sah: Die Trikots der Jockeys waren in der Farbe ihres jeweiligen Rennstalls gehalten. Insofern muss der Rat, sich angelegentlich danach zu erkundigen, „wessen Pferde da kommen", mit einigem Nachdruck versehen werden: Das die Aufforderung verstärkende *facito* – „Komm, mach es! Vertrau dem Ratschlag deines Lehrers, auch wenn du dir etwas blöd vorkommst!" – antizipiert mögliche Vorbehalte. Außerdem stimmt sie auf die direkt folgende Zumutung ein, mit fliegenden Fahnen ins Fanlager des Mädchens überzuwechseln. Hier den loyalen Helden zu spielen und sich zu einer anderen Farbe zu bekennen, würde zum Sekundentod der sich anbahnenden Liaison führen. Umso härter muss ein Coach auftreten, der dieses Maß an Selbstverleugnung verlangt: *nec mora*, „ohne zu zögern", in betonter Anfangsstellung (V. 10) unterstreicht den imperativischen Ernst der beiden Verse.

Dass das Ganze gleichwohl nicht zum bierernsten Pflichtenkatalog verkommt, sondern seine übliche spielerische Leichtigkeit behält, macht unter anderem der Vers 13 deutlich. Ein typischer Ovid: Wenn der Wind ungünstig steht und es nichts wegzuschütteln gibt, dann schüttle eben das Nichts weg! Trotzdem: Der Liebesschüler wird schon mit Ratschlägen und Anweisungen eingedeckt. Diese drängende Pädagogik liegt nicht jedem, irgendwann wird es auch dem gelehrigsten Schüler zu viel.

Zur Belohnung ein Blick auf die Beine

Ovid erkennt die Gefahr. Er reagiert darauf, indem er in V. 17/18 eine Belohnung in Aussicht stellt. Tut er alles so, wie er soll, dann darf sich der Schüler über ein *pretium*, eine Belohnung für sein Pflichtbewusstsein freuen. In der Sprache der Pädagogik winkt ihm eine Remotivation. Und zwar keine geringe: Er wird die Beine der Dame zu sehen bekommen. *contingent* – das wird definitiv so kommen: Die Aussage steht als künftige Tatsache im Futur. Hier endlich wird der Schüler von den vielen „nervenden" Imperativen, Konjunktiven und Gerundiva erlöst. Sie alle gehen, wenn sie befolgt werden, in eine indikativische Gewissheit über. Das Tempus-Modus-Profil dieser Passage ist wunderbar folgerichtig: Erst das tun, was einem in Form von *praecepta*, „Vorschriften", nahegelegt wird, und dann die Belohnung dafür in Empfang nehmen – das ist die Funktion der ersten echten Indikativform dieser Passage.

Verstärkt wird diese Aussicht auf den Triumph durch eine p-Alliteration, die gewissermaßen die Explosivität des bevorstehenden Geschehens ankündigt. *protinus pretium patiente puella* – p-Laute wie Fanfarenstöße: Etwas für römische Verhältnisse Ungewöhnliches, wo nicht Unerhörtes wird sich ereignen. Die Beine des Mädchens werden zu sehen sein. Dabei hat die Dame keine Chance, sich dem zu entziehen. *patiente puella* macht schon klar, dass sie sich nicht dagegen wehren kann. Und dann folgt noch ein großartiges Hyperbaton, das die Unausweichlichkeit der Belohnung illustriert: *oculis crura videnda tuis*, in der Reihenfolge der Wörter im Lateinischen: „Augen Beine zu sehen deinen". *tuis oculis*, „deine Augen", umschließen sozusagen die Beine. Die können den Blicken nicht entgehen, ihnen nicht ausweichen. Die Beine sind Gefangene „deiner Augen". Lässt sich ein Hyperbaton kunstvoller – und einleuchtender – nutzen?

Mit ebenso veranschaulichendem Effekt wird schon weiter oben in Vers 6 ein Hyperbaton verwendet: *lege puella loci*. „Nach dem Gesetz das Mädchen des Ortes" – im Deutschen unmöglich, im Lateinischen kein Problem, das von *lege* abhängige Genitivattribut *loci* zu trennen und die Umklammerung des Mädchens durch das „Gesetz des Ortes" zu visualisieren. Auch hier hat das Mädchen keine Chance, dem „Sachzwang" zu entgehen. Sie muss die körperliche Nähe des Liebhabers hinnehmen, weil sie in den Circus gegangen ist und sich so zur „Gefangenen" des hier geltenden Gesetzes gemacht hat. Aus der Umklammerung durch *lege … loci* kommt sie nicht mehr heraus.

Vielleicht ist es gelungen aufzuzeigen, welches interpretatorische Potenzial in solchen Ovid-Passagen steckt und wie sehr ein Lateinunterricht, der dieses genaue interpretatorische Hinsehen fördert, sich auch als allgemeines Schulungszentrum anbietet, um literarische Qualität bewusst zu machen und sie als ästhetisches Vergnügen zu entdecken. Die antike Literatur zeichnet sich anerkanntermaßen durch ein besonders hohes Maß an formaler Gestaltungskraft aus, wie sie sich besonders in der effektvollen Verwendung von Stilmitteln erweist. Insofern ist jeder gute lateinische Literaturunterricht eine hohe Schule für literarische Erziehung und ein Widerstandszentrum gegen bloßen Literaturkonsum. Auch hier pochen Altphilologen nicht auf einen Alleinvertretungsanspruch, wohl aber stellen sie die von den Schülern in ihrem Unterricht erworbenen Kompetenzen anderen Literaturfächern gern zur Verfügung – und natürlich auch für den allgemeinen Genuss von Literatur über die Schule hinaus.

Antwort auf einen Liebesbrief – Die hohe Kunst des Timings

Kommen wir zu einem dritten und letzten Auszug aus der *ars amatoria*. Diesmal wendet sich Ovid an die „Gegenseite". Im ersten Buch hat er männlichen Liebesschülern Tipps gegeben, wie man Liebesbriefe am besten in die Werbestrategie einbauen könne. Jetzt empfiehlt er den Damen, wie sie auf diese Form der Annäherung reagieren sollen.

1 *Postque brevem rescribe moram. Mora semper amantes*
2   *incitat, exiguum si modo tempus habet.*
3 *Sed neque te facilem iuveni promitte roganti,*
4   *nec tamen e duro, quod petit ille, nega.*
5 *Fac timeat speretque simul, quotiensque remittes,*
6   *spesque magis veniat certa minorque metus.*
(Ov. ars amatoria III 473ff.)

1 Schreibe nach kurzer Zeit zurück. Eine Zwischenzeit stachelt
2   Liebende stets an, aber nur, wenn sie von kurzer Dauer ist.
3 Doch erweise dich dem werbenden Jüngling nicht zu leicht zugänglich,
4   aber schlag ihm auch nicht hart ab, worum er bittet.
5 Mach, dass er zugleich bangt und hofft. Und jedes Mal, wenn du zurückschreibst,
6   soll sich die Hoffnung sicherer einstellen und geringer die Furcht.

Die richtige Reaktion gleicht einem Balanceakt. Das lässt sich nicht mit Spontaneität und Impulsivität meistern, sondern verlangt ein gewisses taktisches Konzept. Dieses Konzept heißt, sehr unschön ausgedrückt, den Mann eine Weile zappeln zu lassen und dann allmählich den Fuß von der Bremse zu nehmen.

Das Balancekonzept bezieht sich zum einen auf den Zeitpunkt der Antwort: nicht sofort, aber nach einer eher kurzen Zeitspanne, um das Interesse des Mannes nicht abkühlen zu lassen. Zum anderen bezieht es sich auf den Inhalt der Antwort: nicht zu rasch nachgeben, aber ihn auch nicht allzu herb vor den Kopf stoßen. Weitere Briefe abwarten und jedes Mal freundlicher antworten, so dass sich die Waage allmählich zur Hoffnung hin neigt: *fac timeat speretque simul*, Vers 5, hält die Gefühle des Liebhabers noch ganz im Gleichgewicht; *timeat*, „er soll bangen", hat ebenso drei Silben wie *speretque*, „und er soll hoffen". Das *simul*, „gleichzeitig", resümiert diese Ausgeglichenheit gleichsam. Wenn überhaupt, dann hat das *timere*, „fürchten", weil es an erster Stelle steht, in diesem Vers noch ein klein wenig mehr Gewicht.

Dann aber, im letzten Vers, entwickeln sich die Dinge aus Sicht des bangenden Liebhabers zum Guten: *spes*, „Hoffnung" (betonte Anfangsstellung im Gegensatz zu *timeat*, „er soll bangen", im vorangehenden Vers), *magis*, „mehr", *veniat*, „soll kommen" – das hört sich doch prima an; erst recht, wenn das erlösende *certa*, „sichere", auftaucht. Die Wortstellung spiegelt sozusagen den zunehmenden Optimismus des Adressaten: „Hoffnung mehr soll kommen sichere". Danach fällt der Vers gleichsam ab: *minorque metus*, „und weniger Furcht", klappt nur noch nach. Zwei Verse, die das Wechselbad der Gefühle aufseiten des Liebhabers nachzeichnen und mit *certa (spes)*, „sichere Hoffnung", das (vorläufige) Happy End und indirekt den Jubel des jungen Mannes über seine letztlich erfolgreiche Liebesbriefstrategie signalisieren.

Wer das für eine zu artifizielle Interpretation hält, weiß zu wenig vom Drechseln römischer Dichter an ihren Versen. Da ist jedes Wort wohlüberlegt, da ist die Wirkung von Stilfiguren genau berechnet, da werden Silben gezählt. Das ist poetische *ars* im antiken Sinn – nicht nur intuitive „Kunst", sondern auch mühevolles „Handwerk".

Auf die handwerkliche Perfektionierung manchen Verses hat auch Ovid, der gewiss nicht zu den Langsamen gehörte, Stunden verwendet. Gerade deshalb lernt auch der Leser so viel bei einer gründlichen interpretatorischen Analyse und wird mit manch einer Entdeckung und Erkenntnis belohnt.

Ich sollte noch sagen, wie ich auf die hier vorgelegte Interpretation der beiden letzten Verse gekommen bin. Das stand in keinem Ovid-Kommentar und in keiner wissenschaftlichen Publikation zu dieser Stelle. Es war ein Schüler der Klasse 11, dem ich diese Erkenntnis verdanke.

Kriegsreport aus Gallien? – Caesars „Commentarii" bieten bedeutend mehr

27. Juni 58 v. Chr.: Für den Feldherrn Caesar ergibt sich eine gute Chance, die Helvetier zu stellen und sie in einer Schlacht zu besiegen. Der Stamm hat nach mehrjähriger Vorbereitung sein ursprüngliches Siedlungsgebiet verlassen und ist auf der Suche nach neuen Wohnsitzen. Für die römische Provinz Gallien besteht höchste Alarmstufe. Nach Darstellung des Provinzstatthalters Caesar drohen die „Barbaren" römisches Territorium anzugreifen und zu verwüsten. Diplomatische Verhandlungen sind fehlgeschlagen, die Helvetier nehmen die militärische Konfrontation in Kauf. Jedenfalls steht es so in Caesars Bericht. Selbstverständlich entzieht sich ein römischer General einer solchen Aufgabe nicht. Er nimmt die Herausforderung an, auch wenn er sie, wenn wir ihm Glauben schenken wollen, überhaupt nicht gesucht hat.

An diesem Tag ist es so weit. Die Umstände sind günstig. Die Helvetier haben ihr Lager am Fuß eines Berges aufgeschlagen. Caesar überlegt, sie mit einem Zangenangriff zu überraschen. Dafür müsste allerdings der Berg in römischer Hand sein. Kundschafter melden ihm, der Anstieg sei leicht zu bewältigen. Caesars Plan sieht vor, den Berg heimlich bei Nacht von einem Teil seiner Truppen einnehmen zu lassen und die Helvetier so von zwei Seiten anzugreifen. Hören wir ihn selbst:

„Caesar befiehlt Titus Labienus, dem Legaten im Rang eines Propraetors (das heißt seinem Stellvertreter), um die dritte Nachtwache mit zwei Legionen den Berg unter Führung der Aufklärer, die den Weg ausgekundschaftet hatten, zu besteigen. Er erläutert ihm seinen Plan. Er selbst marschiert um die vierte Nachtwache auf demselben Weg, den die Feinde genommen hatten, in ihre Richtung los; die gesamte Reiterei schickt er voraus" (Caes. B. G. I 21, 2f.).

Aber er geht, ganz der vorsichtige römische Heerführer, auf Nummer sicher. Zusätzlich sollen weitere Aufklärer erkunden, ob sich der Plan realisieren lässt – in gewisser Weise als Bindeglied zwischen Labienus und ihm selbst. Wenn sie bestätigen, dass Labienus den Berg eingenommen hat, wird er, Caesar, das Zeichen zum Angriff geben. Eine verantwortungsvolle Mission – darauf weist auch die Auswahl des zuständigen Offiziers hin, der diesen Trupp befehligen wird:

Publilius Considius, qui rei militaris peritissimus habebatur et in exercitu Luci Sullae et postea in Marci Crassi fuerat, cum exploratoribus praemittitur (Caes. B. G. I 21, 4).

„Publius Considius, der in militärischen Operationen als äußerst erfahren galt und im Heer des Lucius Sulla und später dann in dem des Marcus Crassus gedient hatte, wird mit Aufklärern vorausgeschickt."

Sündenböcke präsentiert man im Passiv

Caesars Plan misslingt, und zwar deshalb, weil dieser Considius Caesar fälschlich meldet, die Helvetier ihrerseits hätten den Berg besetzt. Man habe dort gallische Waffen und Feldzeichen gesehen, von Labienus aber keine Spur. Die Fehlinformation beruht wohl darauf, dass Considius irgendwie in Panik geraten war und – O-Ton Caesar – „etwas als gesehen gemeldet hatte, was er in Wirklichkeit gar nicht gesehen hatte". Labienus wartet somit vergeblich auf Caesars Angriffssignal, und die Helvetier ziehen unbehelligt weiter. Erst spät am Tag klärt sich die Sache auf. Die günstige Gelegenheit, den Feldzug zu beenden, ist vertan. Considius hat die Sache durch seine Falschmeldung vermasselt.

Der Schlachtplan war gut, die Aufklärung umsichtig, aber die Strategie scheitert am menschlichen Versagen eines Offiziers. Da stellt sich die Frage: Wie konnte dieser offensichtlich überforderte Mann mit einer so verantwortungsvollen Mission betraut werden? Muss sich ein Oberbefehlshaber da nicht Fahrlässigkeit vorwerfen lassen, wenn er einem Angsthasen wie Publius Considius das Kommando über einen so entscheidenden Aufklärungstrupp überträgt? Ist also nicht Caesar selbst letztlich schuld daran, dass das schöne Unternehmen so kläglich misslungen ist?

Offenkundig nicht, wenn man die Qualifikation des Considius im Zeitpunkt der Übernahme der Aufgabe ansieht: *rei militaris peritissimus habebatur*, „er galt als erfahren im Kriegswesen" – ach was „erfahren" – *peritissimus* steht da, der Superlativ, „äußerst erfahren". Und das ist kein isoliertes Urteil Caesars, wie das Passiv zeigt: *habebatur*, „er wurde so eingeschätzt" oder „man schätzte ihn so ein". Und zwar dauerhaft, nicht nur punktuell, wie das durative Imperfekt klarstellt. Eine absolut richtige Besetzung, gegenüber der keiner Grund gehabt hätte, Skepsis anzumelden. Zumal Considius alles andere als ein Offizier war, der schnell Karriere gemacht hätte oder von Caesar besonders gefördert worden wäre – kein Protegé des Generals, wie es sie in römischen Heeren nicht selten gab. Nein, er ist ein gestandener Haudegen, der schon unter zwei Generälen Erfahrung gesammelt hat: vor 25 Jahren im Heer des Sulla und vor 15 Jahren im Heer des Crassus – und dort, wie zwar nicht ausdrücklich gesagt, aber doch suggeriert wird, auch schon im Generalstab tätig. Fazit: Eine solide Entscheidung über die Besetzung des Postens ist kaum denkbar, sie ist voll und ganz nachzuvollziehen. Der Leser ist, nachdem er Details über Considius erfahren hat, mindestens ebenso zuversichtlich wie der Feldherr, dass das Unternehmen einen glücklichen Ausgang haben wird. Anerkennung für Caesar, der sich so umsichtig mit der Laufbahn und Leistung eines Offiziers beschäftigt, bevor er ihn mit einer verantwortungsvollen Aufgabe betraut!

Aber wieso eigentlich Caesar? Steht da etwas von einer Entscheidung Caesars? Keineswegs. Der Befehl kommt von einer ungenannten Instanz, die vielleicht Erfahrung, Qualifikation oder Routine heißt. Aber sie tritt auf der semantischen Oberfläche nicht in Erscheinung. Nur das Passiv lässt daran denken. *praemittitur*, „er wird vorausgeschickt". Von wem, bleibt offen.

Das ist, schon bevor Caesar den Misserfolg „beichtet", eine geschickte Absetzbewegung vom Sündenbock Considius. Da gibt es einen Auftrag, aber keinen Auftraggeber – zumindest nicht im grammatischen Sinn. Natürlich weiß jeder, dass der Befehl vom Befehlshaber kommt und dass das Caesar ist. Der aber hat seine Entscheidung offenbar an eine andere Instanz abgetreten. Das Genus-verbi-Profil der Prädikate zeigt diesen Umschwung an: zunächst lauter aktive Formen, die noch dazu kraftvolle Aktivität ausdrücken: *iubet,* „er befiehlt", *ostendit,* „er macht klar", *contendit,* „er macht sich zügig auf den Weg", *mittit,* „er schickt". Danach der Bruch: Subjekt wird Considius, Prädikat ist *praemittitur,* „er wird vorausgeschickt". Von wem? Die Antwort steht zwischen der letzten Aktivform *mittit* und dem Passiv *praemittitur:* Es sind die allgemeine Einschätzung und jahrzehntelange Erfahrung, die das tun – geradezu ein Sachzwang, der das Kommando übernimmt. Nur dass man den schlecht zum Subjekt machen kann – also Passiv.

Man bevorzugt die dritte Person – Der doppelte Caesar

So geht Caesar-Lektüre heute. Man spürt der Leserlenkung nach, die der große Caesar sehr bewusst einsetzt, um seine zeitgenössischen Leser gewissermaßen auf seine Seite zu ziehen, um ihnen seine Sicht der Dinge schmackhaft zu machen. Um beim konkreten Beispiel zu bleiben: Die verpasste Chance, mit den Helvetiern zu einem früheren Zeitpunkt fertig zu werden, als es in Wirklichkeit gelang, gänzlich zu verschweigen, um den strahlenden Feldherrn-Nimbus auch nicht durch einen vorübergehenden kleinen Schatten zu verdunkeln – das war für den Berichterstatter in eigener Sache keine Option. Es gab ja in seinem Generalstab genügend Zeugen, die diese kleine Pleite miterlebt hatten und die innenpolitisch nicht unbedingt auf Caesars Seite standen. Wenn die sich bei der Lektüre von Caesars *commentarii* wunderten, dass z. B. der schöne geplante Zangenangriff gar nicht erwähnt werde, und anderen von dieser Verwunderung erzählten, bekäme Caesars Bericht über den Gallischen Krieg schnell ein Glaubwürdigkeitsproblem: War der ganze „Report" über den mehrjährigen Krieg, der zur Eroberung Galliens führte, gar eine geschönte Propaganda-Fassung, in der das eine oder andere nicht rühmliche Detail schlicht unter den Tisch fiel?

Natürlich waren die *commentarii* eine Propagandaschrift, mit der Caesar die politischen Entscheidungsträger Roms in seinem Sinne beeinflussen wollte – und das wusste auch jeder, der die Schrift zur Hand nahm. Aber offensichtliche Unwahrheiten, nachweisbare Verfälschungen bestimmter Abläufe und beredte Lücken in der Darstellung hätten das Grundmisstrauen der Leser gestärkt und die Schrift zu einem Rohrkrepierer gemacht oder zumindest in den Rang einer Werbepoesie zum größeren Ruhm ihres Verfassers degradiert, und man hätte sie geringschätzig zur Seite gelegt. Damit hätten die *commentarii* als ernst zu nehmender, nüchterner Bericht über die Vorgänge der Jahre 58 bis 51 v. Chr. in Gallien ihre Wirkung verfehlt. Dass sie als solcher angelegt waren, zeigt schon ein einzigartiger Kunstgriff, den Caesar, soweit wir wissen, erstmals angewandt hat: Er trennt die Perspektive des Berichterstatters von der des handelnden Feldherrn, indem er konsequent in der dritten Person schreibt. Da berichtet kein auktorialer Erzähler in der Ich-Form, sondern ein distanzierter Historiker über die Taten eines gewissen Provinzstatthalters Gaius Iulius Caesar.

Diese objektivierende Perspektive wird streng durchgehalten – mit Ausnahme von Passagen, in denen es besonders dramatisch um das Wohl und Wehe des römischen Volkes geht. Dann ist auf einmal von *nos*, „wir", und *nostri*, „unseren Soldaten", die Rede: Da verschmelzen Berichterstatter und historischer Akteur zu einer Einheit, die Teil einer noch größeren Einheit aller Römer und ihrer Interessen ist. Römische Solidarität und Appell an römisches Gemeinschafts- und Nationalgefühl sind in solchen Momenten wichtiger als kühl-distanzierte Objektivität. Wenn *provincia nostra*, „unsere Provinz", in Gefahr gerät, müssen alle Römer zusammenhalten – auch unter Inkaufnahme eines eklatanten Stilbruchs.

Lassen sich Caesar tatsächlich keine groben Unwahrheiten und Verfälschungen nachweisen? Ein Heer von Philologen und Historikern hat sich auf die Suche begeben – und sich, wenn man so sagen darf, die Zähne daran ausgebissen. Bei einer großflächigen *déformation historique*, „Verfälschung der historischen Wirklichkeit", hat ihn niemand erwischt. Zugegeben, die Parallelüberlieferung ist recht dürftig, aber einiges an unabhängigem Quellenmaterial gibt es schon, nur eben nichts, das es erlauben würde, Caesar auch nur in die Nähe von Geschichtsfälschung zu rücken.

Zum neutralen Berichterstatter der Ereignisse in Gallien wird er dadurch selbstverständlich nicht. Er hatte ein enormes Interesse daran, die Senatoren und andere politische Meinungsführer die Dinge durch seine Brille sehen zu lassen. Caesar stand unter Rechtfertigungsdruck, um sich für weitere Aufgaben in Rom zu empfehlen und seine Widersacher als Neider und Krakeeler dastehen zu lassen, die Kritik an seiner Diplomatie, Kriegsführung und zivilen Tätigkeit als Provinzstatthalter in Gallien übten, um ihm zu schaden, und damit die übergeordneten Interessen des Staates verletzten.

Das süße Gift der sprachlichen Verführung

In diese innenpolitische Auseinandersetzung greift er mit dem „objektiven" Bericht über das Geschehen in Gallien ein. Er verzichtet auf peinliches Selbstlob, nutzt aber die Möglichkeiten der Darstellung, um sich als souveräner militärischer Führer und verantwortungsvoller Provinzgouverneur zu profilieren. Caesar kann mit Sprache wunderbar umgehen, und diese Begabung stellt er ganz in den Dienst seiner Darstellung. Der scheinbare Sach-Bericht erhält dadurch eine latente persönliche Färbung, eine unterschwellige Steuerung, der man auf Dauer kaum entgehen kann. Der Meister des Wortes zwingt seinen Lesern seine Perspektive auf, ohne dass das auf der sprachlichen Oberfläche manifest wird. Der Wirkstoff manipulativer Persuasion (*persuadere* heißt „überreden" *und* „überzeugen") wird in kleinen Dosen subkutan verabreicht – wir haben es am Beispiel der Considius-Episode aufdecken können.

Waren römische Leser zu arglos oder zu dumm, um zu erkennen, wo dieser Wirkstoff im Einzelnen verabreicht wurde und was er mit ihnen machte? Weder zu arglos noch zu dumm, aber zu schnell. Viele von Caesars Lesern hatten rhetorische Bildung genossen, sie wussten um die Macht des Wortes und kannten das Handwerkszeug der Persuasion – Stilmittel etwa und andere rhetorisch-argumentative Strategien und Tricks. Aber sie lasen zügig, sie analysierten während des Lesens nicht, wie die Informationen sprachlich und gedanklich im Detail aufbereitet waren. Sie wussten, dass da ein Meister der Sprache das Wort führte, manche gingen vielleicht mit einem gewissen Grundmisstrauen davon aus, dass man auf der Hut sein musste, wenn der Erzähler Caesar über den Feldherrn Caesar berichtete. Aber das alles half ihnen auf Dauer nicht gegen das süße Gift der sprachlichen Manipulation.

Man kann diesen Effekt mit der Wirkung heutiger Werbung und ihrer Sprache vergleichen. Natürlich wissen wir alle, dass wir durch Slogans und Bilder verführt werden sollen, natürlich ist den meisten bewusst, dass hoch bezahlte Werbeprofis lange daran getüftelt haben, wie sie uns ihre Werbebotschaft trotz unserer mehr oder minder bewussten Abwehrhaltung schmackhaft machen können. Wir sind möglicherweise grundsätzlich auf der Hut – und erliegen der Manipulation letztlich doch. Wer kommt schon auf die Idee, Werbebotschaften Wort für Wort, Bild für Bild auseinanderzunehmen und gewissermaßen das mühsam zu dekonstruieren, was die Profis zuvor in mühevoller Arbeit konstruiert haben?

Sprachdetektive unterwegs – Vom Vorteil des langsamen Lesens

Wenn wir als Nicht-Muttersprachler lateinische Werke lesen, ist das Lesetempo erheblich geringer. Der Verständnisaufbau schreitet viel langsamer voran; man muss alle sprachlichen Signale genau registrieren, um den Sinn zu erschließen. Die Fachdidaktik spricht von einem „mikroskopischen Lesen". Dieses Vorgehen wird mitunter kritisiert, weil nur überschaubare Textmengen „geschafft" werden. Aber es hat einen gewaltigen Vorteil: Man gewinnt Zeit dafür, sich auch die sprachliche Gestaltung genauer anzuschauen, dabei manipulative Details aufzudecken und sie zu deuten. Das ist der Vorzug des langsamen Lesens: dass weniger übersehen und überlesen und mehr entdeckt wird.

Acht-, Neunt- oder Zehntklässler werden auf den großen Caesar losgelassen, um ihn als Manipulator zu entlarven – ist das der richtige Zugriff, um sich mit einer der bedeutendsten Gestalten der Alten Geschichte zu beschäftigen? Aber sicher. Wir wollen ja keine Hagiographie betreiben oder in Ehrfurcht vor einem Großen der Weltgeschichte erstarren. *Die* Zeiten sind gottlob vorbei. Aber betreibt man damit wirklich eine Demontage Caesars? Pinkelt man damit, um es derb zu formulieren, ans Monument eines „Stars", in dem Hegel noch einen „Geschäftsführer des Weltgeistes" hat sehen wollen?

Natürlich nicht. Eher ist das Gegenteil der Fall: Der Staatsmann und Feldherr Caesar, über dessen Beurteilung man streiten kann, erhält sozusagen eine dritte Dimension der Betrachtung. Er wird als Literat ernst genommen, als Sprach-Künstler, als Virtuose lateinischer Stilistik und Rhetorik. Wir stoßen ihn damit nicht vom Sockel, sondern errichten ihm ein zusätzliches Denkmal, indem wir seiner Sprachkunst nachgehen und sie offenlegen. Das hat eine Menge mit Sensibilisierung für literarische Ästhetik sowie für Sprache und ihre Wirkung zu tun. Was schulischen Lateinunterricht angeht, sind das Entdeckungen, die die Entdecker stolz machen, weil sie sich auch als Erfolgserlebnisse darstellen. Man wird zum erfolgreichen Literatur-Detektiv im ursprünglichen Sinn: zu einem, der etwas „auf-deckt" (*de-tegere*).

Wie so oft im Lateinischen schaut man hinter die Kulissen der Sprache, legt in gewisser Weise unter der Oberfläche Verborgenes frei. Eine Kompetenz, die sich auf andere vergleichbare Strukturen übertragen lässt und die – vielleicht – auch vor Manipulation durch Sprache in der eigenen Lebenswelt schützt, zumindest aber ein Mehr an berechtigtem Misstrauen gegenüber sprachlicher Vereinnahmung mit politischen, kommerziellen und allgemein-ideologischen Intentionen schafft. Erziehung zum mündigen Staatsbürger auch durch Training an Caesars Leserlenkung? Ja klar.

Wenn Superlative den Weg versperren und den Krieg auslösen

Machen wir die Probe aufs Exempel. Schauen wir uns ein weiteres konkretes Beispiel dafür an, wie Caesar den Leser verdeckt „anstupst", um ihn zu „folgerichtigem" Denken und auf seine Linie zu bringen. In den ersten Kapiteln des *Bellum Gallicum* schildert er die Auswanderungspläne der Helvetier. Er stellt sie als kriegerischen, geradezu kriegslüsternen Stamm dar, der in der Eigenwahrnehmung eine Art „Volk ohne Raum" sei – verständlich aus der Sicht der Helvetier, dass sie ihren Aktionsradius ausweiten wollen. Doch die geographische Situation hindert sie daran: „Auf allen Seiten werden sie von natürlichen Grenzen eingeengt" – *continentur* schreibt Caesar, „sie werden zusammengehalten", „eingeschlossen", in ihrer Wahrnehmung: „eingepfercht". In *continere* schwingt auch das Substantiv *continentia* mit. Das ist die „Selbstbeherrschung", „Mäßigung",

das „Ansichhalten" – in der Ethik der römischen Aristokratie ein morali-
sches Gütesiegel für einen Menschen, wenn dieses sich Zusammenhalten
zu einem Sich-Zusammennehmen aus Einsicht und freiem Willen wird.
Davon kann bei den Helvetiern indes keine Rede sein. Ihre *continentia*
ist eine von den äußeren Umständen erzwungene. Ändern sich diese Umstände, so kann man sich leicht ausmalen, wie dieser auf Krieg versessene
Stamm alle Mäßigung aufgeben wird.

Im nächsten Satz erläutert Caesar das *contineri*, „Eingeengtsein", der
Helvetier durch natürliche Grenzen ganz konkret: *una ex parte flumine
Rheno latissimo atque altissimo, qui agrum Helvetium a Germanis dividit,
altera ex parte monte Iura altissimo, qui est inter Sequanos et Helvetios, ter-
tia lacu Lemanno et flumine Rhodano, qui provinciam nostram ab Helveti-
is dividit* (Caes. B. G. I 2, 3). Drei geographische Barrieren werden skizziert; der jeweils folgende Relativsatz stellt sie als natürliche Grenze dar,
die sie von den jeweiligen Nachbarn trennt: „Auf der einen Seite durch
den sehr breiten und sehr tiefen Rhein, der das helvetische Gebiet von den
Germanen trennt, auf der anderen durch das sehr hohe Jura-Gebirge, das
zwischen Sequanern und Helvetiern liegt, auf der dritten Seite durch den
Genfer See und die Rhône, die unsere Provinz von den Helvetiern trennt."

In welche Richtung werden die Helvetier ihren „Ausbruchsversuch"
unternehmen? Caesars Leserlenkung gibt die Richtung vor, ohne dass er
es *expressis verbis* aussprechen muss: Die Superlative, die vor die Barrieren
eins und zwei gestellt werden, wirken wie ein Sperrriegel: *latissimo atque altissimo* hier, *altissimo* dort. Assoziation: Unmöglich, da gibt es kein
Durchkommen. Durch die Superlativformen werden die Adjektive *latus*
und *altus* zusätzlich gelängt – neben der Semantik der Wörter erweist sich
ihre Länge als bildhafte Darstellung der Unüberwindlichkeit.

Die dritte Grenze leistet den Expansionsgelüsten der Helvetier deutlich weniger Widerstand: Kein sperriges Adjektiv steht entgegen, schon
gar kein Superlativ. Klar, dass die Helvetier es über die Route Genfer See/
Rhône versuchen werden. Und wie man das als römischer Leser zu beurteilen hat, wird latent gleich mitgeliefert: *provincia nostra*, „unsere Provinz",
emotionalisiert zumal in Verbindung mit einem als kriegerisch beschriebenen Barbarenstamm: Alarmstufe Rot! Da braut sich Konfliktpotenzial
zusammen, da droht Roms Herrschaftsgebiet Gefahr. Kann das friedlich
abgehen? Werden die Helvetier nur um einen Durchmarschkorridor bit-

ten, um die römische Provinz auf dem Weg zu neuen Wohnsitzen friedlich zu durchqueren? Die Antwort darauf findet sich einen Satz weiter:
Caesar spricht von *homines bellandi cupidi*, „kriegslüsternen Menschen".
Das Ganze ist auch schon eine Einstimmung auf das Problem der
„Kriegsschuldfrage". Aber wieso „Problem"? Die Sachlage ist doch son-
nenklar. Sollte es zur kriegerischen Auseinandersetzung kommen, so tragen selbstverständlich die Helvetier die Verantwortung dafür. Sie sind
expansiv, gewalttätig und lassen *continentia* vermissen. Die römische
Provinz – nein: *„unsere* Provinz", sagt der sonst distanziert in der dritten
Person schreibende Autor – ist höchst gefährdet. Und der Leser kann nur
hoffen, dass der zuständige Provinzstatthalter alles unternehmen wird, um
diese Gefahr abzuwehren. Der heißt Caesar und will natürlich alles in seiner Macht Stehende tun, um einen militärischen Konflikt zu vermeiden,
von einem Angriffskrieg ganz zu schweigen. Aber was soll er tun, wenn
ihm der Konflikt aufgezwungen wird? Drei Superlative – *latissimo* und
zweimal *altissimo* – reichen im Prinzip aus, um Caesar vor dem Vorwurf
zu schützen, er habe einen unnötigen Krieg vom Zaun gebrochen.

Krieg im Klassenzimmer? – Fakten statt Vorurteile

Zum Thema „Krieg". Schulische Caesar-Lektüre ist seit einiger Zeit nicht
unumstritten. Ist ein „Kriegsreport" ein vertretbarer Stoff in einem demokratischen Staat, der auf jeden Militarismus-Verdacht allergisch reagiert?
Diese Sensibilität ist grundsätzlich angebracht. Man sollte schon genau
hinschauen, welche unerwünschten Nebenwirkungen ein Unterrichtsstoff
haben kann. Aufgabe einer verantwortungsvollen Didaktik ist es indes
nicht nur, solche möglichen geheimen Miterzieher ausfindig zu machen,
sondern sie so ins didaktische Kalkül zu integrieren, dass sie unschädlich sind. Prägnanter formuliert: Friedenserziehung und Caesar-Lektüre
schließen einander nicht aus; es kommt auf den didaktischen Zugriff an.
Und da hat es durchaus schon Zugriffe gegeben, die heute höchst problematisch erscheinen: Wenn etwa im Kaiserreich Caesars Schlachten im
Klassenzimmer nachgestellt wurden und der Lateinlehrer zum Generalis-
simus mutierte, der seine Schüler-Soldaten entsprechend Caesars „Anweisungen" dirigierte. So etwas hat es gegeben, ohne dass es die Normalität

von Caesar-Unterricht gewesen wäre. Nur ist die Wilhelminische Ära seit über hundert Jahren vorbei. Da muss man keinen historischen Popanz aufbauen, um vor Caesar-Lektüre zu Beginn des 21. Jahrhunderts zu warnen.

Aber es stimmt schon: Auch danach ist Caesar-Lektüre bisweilen als Beitrag zur Wehrerziehung genutzt – aus heutiger Sicht: missbraucht – worden. Es sind Unterrichtsreihen geplant worden, bei denen die „schönsten" oder zumindest eindrucksvollsten Schlachtenschilderungen zusammengestellt wurden oder bei denen man „alles" über das römische Heer und römische Militärstrategie erfahren konnte oder jedenfalls sollte. Oft genug ist das *Bellum Gallicum* auch ziemlich blauäugig ohne flankierende Interpretationsdidaktik gelesen worden. Da wurde über die von Caesar angegebenen Verlustzahlen der Feinde nonchalant hinweggelesen, oder es wurde überhaupt nur „gelesen", sprich übersetzt. Wenn die Caesar-Lektüre dadurch bei vielen Schülern in Verruf gekommen ist, weil eben auch keine Hintergründe und Zusammenhänge vermittelt oder Bezüge zur Jetztzeit hergestellt wurden („was gehen mich diese öden Kämpfe von vor 2000 Jahren an?"), dann lässt sich das gut nachvollziehen.

Der Unmut vieler Schüler hat auch zum Unbehagen mancher Lehrer geführt – und zu einer Neukonzeption der Caesar-Lektüre im Wesentlichen im Sinn der vorgestellten Leserlenkung. Und selbstverständlich auch zu einer erheblichen Reduktion der auf das *Bellum Gallicum* verwendeten Unterrichtszeit. Ein paar Monate Caesar-Lektüre stellen heute die Obergrenze dar – es gab mal Zeiten, da wurde Caesar bis zu einem Jahr oder sogar noch länger gelesen. Tödlicher für die Motivation der Schüler geht es kaum. Das betrifft auch die neue Akzentuierung: Hat man einmal kapiert, wie die Leserlenkung funktioniert, dann braucht man das nicht an einer Fülle weiterer Beispiele zu vertiefen. Es warten Lektüren mit durchaus anderem Schwerpunkt auf die Lateinschüler. Der Grundsatz *variatio delectat* gilt auch hier.

Lässt sich aber das Thema „Krieg" in einem Werk, das „Aufzeichnungen über den Gallischen Krieg" (*commentarii de bello Gallico*) heißt, überhaupt vermeiden? Sicher nicht – und das ist auch nicht unser grundsätzliches Anliegen. Allerdings muss man schon deutlich mit dem Vorurteil aufräumen, dass Caesars *Bellum Gallicum* eine ununterbrochene Aneinanderreihung von Schlachtenschilderungen wäre, eine Art Kriegsreport oder Kriegstagebuch, in dem vornehmlich Fakten von militärischer Relevanz vermittelt würden. Wer das glaubt, hat das *Bellum Gallicum* nicht gelesen – oder aber durch eine fragwürdige Schulauswahl der gelesenen Stellen diesen Eindruck vermittelt bekommen. In Wirklichkeit liegt der Anteil rein militärischer Schilderungen bei deutlich unter 50 Prozent. Caesar stellt dagegen seine diplomatischen Aktivitäten mit großer Ausführlichkeit dar – was er tun muss, um zu beweisen, dass er nur *bella iusta*, „gerechte Kriege", mit defensiver Zielsetzung geführt habe –; er schildert Land und Leute, geographische und kulturelle Hintergründe und er begründet sein Handeln eingehend, auch indem er mögliche andere Optionen aufzeigt und darlegt, warum er sich für eine bestimmte Option entschieden hat.

Zwei solcher eher reflektorischen Passagen haben wir auf den letzten Seiten besprochen. Sie haben exemplarischen Charakter, das heißt sie stehen für den Duktus des Gesamtwerks (mindestens) genauso wie Berichte über militärische Operationen. Wer das bestreitet, katapultiert sich selbst als seriöser Teilnehmer an einer kritisch-engagierten didaktischen Diskussion zur Caesar-Lektüre heraus. Ideologie ohne Kompetenz ist immer schrecklich – auch in pädagogisch-didaktischen Fragen.

Das „Bellum Gallicum" als „gerechter Krieg"

Man kann Verständnis haben für eine Position, dass Krieg aus Sicht einer Begegnungspädagogik ein verstörendes und didaktisch hoch sensibles Thema ist und eine „Kriegs-Lektüre" selbst in einem weiteren Rahmen nicht eben zu den pädagogischen Highlights zählt. Jede unterrichtliche Behandlung muss sich vor einer Verharmlosung hüten, die auch als indirekte Folge droht, wenn Krieg stillschweigend als etwas Selbstverständliches hingenommen wird. Dass Krieg im Alten Rom fast zur Normalität gehörte, heißt ja nicht, dass das heute in gleicher Weise vermittelt werden muss.

Andererseits ist es nun einmal ein historischer Befund, dass der Krieg in der römischen Mentalität weniger tabuisiert und aufs Ganze gesehen positiver konnotiert war. Die Römer waren stolz auf ihr Imperium, und das war das Ergebnis zahlreicher Kriege – wenn auch römischer Ideologie zufolge ausschließlich gerechter Kriege. Die Theorie des *bellum iustum*,

„gerechten Krieges", und ihre Rezeption in der staatsrechtlichen und philosophischen Tradition Europas lässt sich, nebenbei bemerkt, mit einer Caesar-Lektüre verbinden, bedauerlicherweise zudem mit einem hohen Grad an Aktualität.

Was speziell den Gallischen Krieg angeht, so ist das ja alles andere als ein marginaler militärischer Konflikt gewesen. Es war ein äußerst blutiger Krieg, und er hat die historische Landkarte massiv verändert, insofern ein großer Teil Mitteleuropas damals (zwangs-)romanisiert wurde. Dass in Frankreich heute Französisch gesprochen wird, eine Tochtersprache des Lateinischen, ist gewissermaßen eine historische Langzeitfolge des von Caesar geführten Eroberungskriegs, der freilich kein Eroberungskrieg sein durfte. Auch insofern ist Caesars *Bellum Gallicum* eine Propagandaschrift mit apologetischer Tendenz. Der erfolgreiche Feldherr musste nachweisen, dass er zum Erfolg gezwungen worden war. Auch das zu analysieren ist lehrreich und spannend, und zwar nicht nur für Schüler.

Römische Tüchtigkeit als Vorstufe der Industrialisierung – Wie Caesar in die Schule kam

An Selbstbewusstsein gebrach es unserem Feldherrn nicht, weder an persönlichem noch an nationalem. Caesar verkörpert römische Mentalität, und er macht keinen Hehl daraus, dass er sie für vorbildlich und für eine gute Grundlage und Begründung der römischen Weltherrschaft hält. Die Römer sind tüchtiger und fähiger als die „Barbaren", sie sind zivilisierter und verhalten sich rationaler. Das scheint auf jeder zweiten Seite des *Bellum Gallicum* auf. Caesar klopft seinem eigenen Volk anerkennend auf die Schulter. Dergleichen liest der römische Senator gern, aber Caesar meint es auch so. Analyse und Empirie einerseits und Schmeichelei andererseits sind nicht konträr, sondern deckungsgleich. Die Beschreibung kollektiver römischer Leistungsfähigkeit ist bereits Schmeichelei. Aber man wird ja wohl noch die Wahrheit sagen dürfen …

Elemente dieser „Wahrheit" sind Schnelligkeit und Umsicht, Effizienz und Disziplin, Koordination und Rationalität, Erfolgsorientierung und Planung, Anstrengung und Entschlossenheit, Zähigkeit und überlegter Mitteleinsatz. Caesar drückt ständig aufs Tempo; *celerius omnium opinione,*

„schneller, als alle gedacht hätten", ist eine beliebte Redewendung bei ihm; *statim, confestim* und *subito* sind beliebte Adverbien: „sofort!" Die Dinge werden zunächst durchdacht, dann aber konsequent umgesetzt: *imperare* und *iubere*, „befehlen", sind selbstverständliche Methoden dieser Umsetzung – aber der Macher Caesar tritt erst in Aktion, wenn er einen nachvollziehbaren und möglichst nachhaltigen Plan entwickelt hat. In diesem Punkt unterscheiden sich die Römer und ihr Feldherr am stärksten von den „Barbaren" und deren Anführern. Die sind zwar auch mutig, kampferprobt und einsatzbereit, ihr Manko aber ist ihre *temeritas*, „Unbesonnenheit", „Planlosigkeit", „Draufgängertum". Sie handeln blindlings-emotional, spontan und aufs Geratewohl. Das mag bei der einen oder anderen Schlacht gut gehen, den Krieg aber gewinnen die Römer.

Die Römer stehen mit ihren Werten, Tugenden und Zielen in gewisser Weise am Anfang einer westlichen Tradition der Tüchtigkeit. Insbesondere seit dem Zeitalter der Industrialisierung erfreuen sich römische Dispositionen und Haltungen hoher Wertschätzung. Schnell und effizient sein, alle verfügbaren Mittel zielstrebig einsetzen, den Blick auf den Erfolg gerichtet halten – das sind Grundlagen, auf die *industria*, „Fleiß", aufbaut und die eine Produktivität im Gefolge haben, deren Gesamtheit ebenfalls als *industria* beschrieben werden kann. „Industrialisierung" ist mentalitätsgeschichtlich gesehen nicht zufällig ein lateinstämmiges Wort.

Ebenso wenig ist es ein Zufall, dass Caesar in ebendieser Epoche der beginnenden Industrialisierung als Schulautor Karriere machte. Da waren ja all die „Tugenden" versammelt, die die neue Zeit brauchte. Und da konnte es nicht schaden, sie der künftigen Elite in Wirtschaft, Verwaltung, Militär, Bildungswesen und Klerus mittels der Lektüre eines Klassikers mit auf den Weg zu geben. Haltungen und Mentalitäten, mit denen Caesar und seine Römer erfolgreich gewesen waren, wiesen den Weg auch zum Erfolg in der Neuzeit, zu neuartigen Erfolgen.

Inwieweit spiegelt sich unsere heutige Mentalität noch oder schon in Caesars *Bellum Gallicum*? Wo gibt es Parallelen, wo Diskrepanzen? Auch das ist ein ebenso fruchtbarer wie anspruchsvoller Interpretationsansatz, der schlaglichtartig zeigt, wie aktuell dieser Text sein kann. Peter Wülfing hat Caesars *Bellum Gallicum* einen „Grundtext europäischen Selbstverständnisses" genannt. Das ist er in mancher Hinsicht; man kann vieles an und aus ihm lernen – auch über sich selbst. Vielleicht ist das auch eine

Ermunterung für ältere Semester, die ihren Lateinunterricht längst hinter sich haben, mal wieder zum *Bellum Gallicum* zu greifen und es mal mit anderen Augen als nur im Hinblick auf *ablativi absoluti* und indirekte Rede zu lesen. Sie werden erstaunt sein, welch intellektuelles Vergnügen die viel geschmähte Caesar-Lektüre bereiten kann!

Die Römer haben es sich mit ihrer Herrschaftsideologie nicht gar so leicht gemacht, wie manchmal behauptet wird. Gewiss, sie sahen sich als das Volk, das den Göttern besonders folgsam war und das deshalb von den Göttern mit der Weltherrschaft belohnt wurde. Diese Ursache-Folge-Theorie birgt immer die Gefahr des Zirkelschlusses in sich. Könnte es nicht auch umgekehrt so sein, dass man erst ein Weltreich eroberte und das dann als Ergebnis besonderer Religiosität bzw. *pietas* („Pflichtgefühl") deutete? Bei Caesar jedenfalls bleiben die Götter meist aus dem Spiel – nicht völlig, aber sie halten sich doch bemerkenswert im Hintergrund; sicher auch, weil damit der Vordergrund für andere Akteure und besonders für den einen Akteur frei bleibt. Caesar legitimiert Roms Berufung zur Herrschaft rationaler. Er zeigt Roms Superiorität auf, indem er die vorhin erwähnten römischen Mentalitäten und „Tugenden" an konkreten Beispielen illustriert. Im Grunde ist das gesamte *Bellum Gallicum* eine Reihung solcher *exempla*, so dass man es auch als Lehrschrift lesen kann. Der Autor Caesar belehrt seine Leser durch Darstellung jener Taten, mit denen der Feldherr Caesar Freund und Feind belehrt hat – vor allem aber Feind.

Ein Rheinübergang als Lektion in Hightech

Ein wunderbares Lehrstück dieser Art ist der erste Rheinübergang Caesars im Jahre 55 v. Chr. (Caes. B. G. IV 17ff.) Caesar wird von gallischen Verbündeten zu Hilfe gerufen. Die beschweren sich darüber, dass Germanen immer wieder über den Rhein kommen und ihre Gebiete verheeren. Wenn Verbündete bedrängt werden, ist ein *bellum iustum* nicht fern. Caesar will sich aber nicht auf ein unkalkulierbares militärisches Abenteuer in germanischen Wäldern einlassen. Er entschließt sich „nur" zu einer demonstrativen warnenden Geste an die Germanen. Die aber hat es in sich. Der Plan sieht vor, mit Truppen über den Rhein zu gehen, dort massiv Präsenz zu zeigen und dann wieder abzurücken.

Wie aber den Rhein überqueren? Verbündete Stämme bieten Caesar an, Schiffe zu stellen. Aber Caesar lehnt ab. Die Begründung ist in ihrem ersten Teil erstaunlich, im zweiten Teil atemberaubend. Der erste Grund: Nicht sicher genug. Der zweite Grund: *neque suae neque populi Romani dignitatis esse statuebat*, „er meinte, es sei weder mit seiner eigenen noch mit der Würde des römischen Volkes vereinbar". Bemerkenswert ist die Reihenfolge: Ein Caesar hat es nicht nötig, ein natürliches Hindernis auf dieselbe Weise zu überwinden wie gallische und germanische „Barbaren" – und das römische Volk ebenfalls nicht. Denn Rom ist eine Hightech-Nation, die die Technik des Brückenbaus beherrscht. Eine Brücke – nur diese Problemlösung kommt für die Herren der Welt infrage. Und das, obwohl Caesar die Schwierigkeiten des Unternehmens sehr wohl erkennt – und sie selbstverständlich seine Leser wissen lässt: Die Breite des Rheins, seine reißende Strömung und seine Tiefe – das summiere sich zu einer *summa difficultas*, „sehr großen Schwierigkeit".

Und wie reagiert Rom darauf? Mit einem entschlossenen *tamen,* „trotzdem", und einem *contendere*, „Zusammenspannen" aller Kräfte. *contendere* ist ein Lieblingswort Caesars. Es drückt äußerste Konzentration und Anspannung auf ein Ziel hin aus. Die Vorsilbe *con-*, „zusammen", bildet dieses Bündeln von Wissen, Können, Wollen und Nicht-Aufgeben gleichsam ab. Und wenn es nicht gelingt? Dann eben nicht. Caesar sieht die Möglichkeit des Scheiterns und erwähnt sie auch gegenüber dem Leser – wohl wissend, dass das Experiment gelungen ist.

Im Folgenden beschreibt er den Bau der Brücke ausführlich und mit vielen Begriffen, die auch der gute Lateiner nicht kennen muss. Klar wird: Die römischen Pioniere verfügen über ein einzigartiges Know-how. Und die römischen Leser, die das auch nicht alle verstehen, was da technisch beschrieben wird, stellen sich vor, wie gebannt, ja ungläubig Germanen und Gallier hinter irgendwelchen Büschen verfolgt haben, was da ins Werk gesetzt wurde. Schaut nur genau hin, liebe und nicht so liebe „Barbaren"! Da erfahrt ihr, mit wem ihr es zu tun habt.

Unglaubliche zehn Tage später ist die Rheinbrücke fertig. Caesar führt einen Teil seiner Truppen hinüber nach Germanien. Der Brückenbau hat seine Wirkung nicht verfehlt: Mehrere germanische Stämme schicken Gesandte und bitten um Frieden. Sie lassen sich sogar darauf ein, Geiseln zu stellen. Andere Stämme wie die Sugambrer, denen die Demonstration in besonderer Weise galt, setzen sich fluchtartig in Germaniens einsame Wildnis ab.

Caesar bleibt mit seinen Truppen ein paar Tage auf der rechten Rheinseite, dann führt er sie zurück nach Gallien. Die Abschreckungsmission ist erfüllt, die Bilanz fällt äußerst positiv aus. Erstens: Caesar hat den Germanen Furcht eingeflößt. Zweitens: Die Sugambrer sind geflohen. Drittens: Die verbündeten Stämme haben erfahren, dass sie sich auf Rom verlassen können. Damit kann Caesar zufrieden sein: *satis et ad laudem et ad utilitatem profectum arbitratus ...*; „er glaubte, für das Ansehen und den Vorteil (des römischen Volkes) genug erreicht zu haben". *laus* ist das „Lob": Die „Barbaren" klatschen Rom, wenn auch insgeheim und widerwillig, Beifall. Sie müssen dessen haushohe zivilisatorische und militärische Überlegenheit anerkennen. Um es burschikos auszudrücken: Caesar hat ihnen gezeigt, was eine Harke ist. *utilitas* ist der „Nutzen", der „Vorteil", das „brauchbare Ergebnis". *laus* und *utilitas* – die Brücken-Demonstration hatte Erfolg, weil sie langfristig Autorität und Anerkennung und kurzfristig militärisch-politischen Nutzen gebracht hat.

Und ganz nebenbei Caesars bemerkenswerte Zurückhaltung kaschiert hat, sich rechtsrheinisch militärisch auf längere Frist zu engagieren. Dass die Ausweitung des Krieges dorthin mit erheblichen Risiken verbunden war und er sich nicht so recht traute, in die germanischen Wälder vorzurücken, wollte Caesar seinen römischen Lesern so deutlich nicht sagen. Dieses fehlende Eingeständnis hinter der Erfolgsbilanz des Unternehmens Rheinbrücke zu verstecken – da hilft der Schriftsteller dem Politiker und Feldherrn Caesar, und zwar mithilfe einer geschickten Leserlenkung. Aber darüber haben wir ja schon gesprochen – und zu sehr sollte sich ja die Beschäftigung mit Caesar auf Rat der Latein-Didaktiker nicht in die Länge ziehen.

„PETERE, POPULUS, PIETAS" – WAS HEISST „ÜBERSETZEN"?

W arum müssen wir Caesars *Bellum Gallicum*, Ciceros „Reden gegen Catilina" und Ovids „Metamorphosen" eigentlich übersetzen? Gibt
es keine deutschen Übersetzungen davon? Schüler stöhnen mitunter so
auf. Und sie haben natürlich recht: Übersetzungen der „Klassiker" gibt es
zuhauf, in unterschiedlichen Ausgaben und Preisklassen verfügbar, wobei
der preisgünstigste „Pons" bzw. das entsprechend „eingestellte" Smartphone im Unterricht meist eh unter der Bank liegt und den zweiten Teil
des gequälten Aufschrei schon dadurch als rhetorische Frage entlarvt.

Aber es wäre ein bisschen zu billig, mit dem Hinweis auf das Reclam-
Heftchen, das hier und da hervorluge, zu kontern und die Frage damit
abzutun. Sie ist ja durchaus berechtigt und wird nicht nur von Schülern
gestellt: Warum Lernenergien in das Verstehen eines Textes investieren,
der, gefühlte hundert Mal ins Deutsche übersetzt, gedruckt zur Verfügung
steht oder aus dem Internet herunterladbar ist und in wenigen Minuten
Inhalte klarmacht, für deren Klärung der traditionelle Übersetzungsunterricht Stunden benötigt. Wenn es nur um die Texte geht, dann können
wir Caesars „Gallischen Krieg" oder eine Cicero-Rede doch auf Deutsch
lesen und interpretieren. Anderswo, z. B. in *Classics*-Kursen amerikani-

scher Colleges, geht das doch auch! Benutzen Sie nie eine Übersetzung, Herr Weeber?

Gedruckte Übersetzungen – ja, aber

Doch, tue ich – auch bei lateinischen Autoren. Und ich veröffentliche sogar ab und zu welche. Aber Übersetzungen erleichtern nicht nur das Verständnis. Sie stehen ihm manchmal auch im Weg, und zwar dann, wenn man die sprachliche Gestaltung eines Originaltextes unter die Lupe nehmen, seine literarische Qualität und Sprachkunst entdecken oder auch seinen manipulativen Strategien auf die Spur kommen will. Im vorigen Kapitel haben wir das an einigen konkreten Caesar-Passagen aufgezeigt. *Das* leisten gedruckte Übersetzungen selten – nicht nur, aber auch, weil sich nicht alle interpretatorischen Befunde in einer Übersetzung wiedergeben lassen, die ja den Sprachregeln der Zielsprache unterliegt.

Anschauliche Stellungsfiguren etwa wie Hyperbata (Sperrungen) entziehen sich einer „Parallelisierung". Der Fabeldichter Phaedrus schildert das deplorable Ergebnis eines verhängnisvollen Ehrgeizes so: Nachdem ein Frosch sich im selbst ausgerufenen Größen-Wettstreit mit einem Ochsen so aufgeblasen hat, dass er platzt, *rupto iacuit corpore,* „lag er mit zerplatztem Körper da" (I 24, 10). Im Lateinischen steht da: „mit geplatztem lag er da Körper". Zwei zusammengehörige Wörter sind auseinandergezogen, um den Anblick der verstreuten, überall herumliegenden Glieder plastisch werden zu lassen. Das Hyperbaton *rupto … corpore* bildet die Katastrophe und vor allem ihr Ergebnis anschaulich ab: fies und genial zugleich. Im Deutschen: Fehlanzeige.

Außerdem haben gedruckte Übersetzungen einen grundsätzlichen Nachteil für alle, die die Ausgangssprache überhaupt nicht beherrschen: Sie müssen sich blind auf den deutschen Text verlassen. Sie haben keine Möglichkeit, ihn selbst zu überprüfen. An dieser Stelle kommt häufig der Einwand: Aber in der Regel sind das doch Fachleute, die diese Übersetzungen angefertigt haben. Deren sprachliche Kompetenz dürfte, um beim Lateinischen zu bleiben, deutlich höher einzuschätzen sein als die eines Latinum-Besitzers. Grundsätzlich ist das so. Aber wer übersetzt, muss sich entscheiden. Er kann nicht mehrere Varianten anbieten. Und jede Übersetzung ist auch eine Interpretation. Die kann plausibel sein, was aber nicht heißt, dass ein anderes Verständnis einer Stelle nicht auch plausibel ist oder anderen Interpreten eher einleuchtet. Und da kommt dann die eigene Kompetenz ins Spiel. Sie ermöglicht es, die Entscheidung des Übersetzers zum einen nachzuvollziehen, zum anderen aber auch zu entdecken, wo sich andere interpretatorische Spielräume und davon ausgehend andere Übersetzungsmöglichkeiten bieten.

Althistoriker oder Mediävisten ohne Lateinkenntnisse können in manchen Bereichen wissenschaftlich nicht solide arbeiten. Mit Quellenbelegen, die sich lediglich auf Übersetzungen lateinischer Autoren stützen, stellen sie sich selbst ins wissenschaftliche Abseits. Theologen, die das Neue Testament auslegen, können sich nicht nur auf die Luther- oder eine moderne Bibelübersetzung berufen. Sie können sie selbstverständlich verwenden, sollten aber wenigstens solche Basiskenntnisse im Griechischen haben, dass sie ein wichtiges Zitat überprüfen und dabei auf andere Deutungen stoßen können. Anders, das muss man so deutlich sagen, ist seriöse Auslegung in den Textwissenschaften nicht möglich. Um aber auch das noch einmal deutlich zu sagen: Diese Fähigkeit setzt kein Studium der Alten Sprachen voraus, sondern Basiskenntnisse, die notfalls unter Benutzung aller möglichen Hilfsmittel wie Wörterbücher, Grammatiken und Kommentare die kritische Kontrolle einer Übersetzung ermöglichen. Ein Latinum (bzw. Graecum) stellt diese Grundlage bereit.

Sprachen als Codes, Übersetzer als Decoder

Wir kehren zu der eigenen Übersetzung zurück. Sie findet ihren Sinn durchaus auch in sich selbst. Gewiss verlangt sie eine erheblich mühevollere Arbeit am Text als selbst aufmerksam-kritisches Lesen einer fremden Übersetzung. Der Übersetzungsprozess gliedert sich sogar in (mindestens) zwei verschiedene Phasen, die unterschiedliche Kompetenzen verlangen und ausbilden. Es geht ja zunächst darum zu erfassen, was da in einer anderen Sprache geschrieben ist, das heißt um das Knacken eines Codes: Jede Versprachlichung von Gedanken resultiert in einer Enkodierung, einer Verschlüsselung. Über das Werkzeug zur Entschlüsselung des Codes Deutsch verfügt jeder Muttersprachler – zumindest wenn keine spezielle

Codierung in einer Fachsprache oder einer besonders komplizierten Ausformung vorliegt. Zeitungsartikel sind leichter zugänglich als Kant-Texte.

Zur Dekodierung lateinischer Texte benötigt man meist besondere Techniken und Methoden, weil Latein aufwändig codiert ist und man mit verstehendem Lesen selten auf Anhieb erfolgreich ist. Aber selbst beim verstehenden Lesen eines Textes, also einer unmittelbaren Aufnahme seines Sinns, wird zwar der fremde Code geknackt, doch es findet keine Übersetzung statt. Ich lese – für Schüler eine abenteuerliche Vorstellung – Cicero als Nachtlektüre, wie wenn es ein deutsches Buch wäre. Ich kriege dabei mit, was Cicero mir mitteilt, aber ich lege darüber keine Rechenschaft ab, indem ich mein Verständnis in einen anderen Code übertrage, in meinem Fall ins Deutsche. Wäre ich Brite, läge es nahe, als meinen Code das Englische zu wählen, wäre ich Franzose, wäre es das Französische.

Fertige ich eine Übersetzung an, so folgt der Phase der Dekodierung – des Verstehens – eine neue Phase: die des Rekodierens. Die Gedanken werden neu verschlüsselt, diesmal nach den Regeln der deutschen Sprache. Insofern ist der Begriff „Über-setzen" ein bildhafter Ausdruck: Was der gelesene Autor in seinem muttersprachlichen Code formuliert, geht nun „über" in einen neuen Code. Es wird über-setzt. Im Unterschied zum stillen Lesen muss der Übersetzende die Informationen jetzt in ein neues sprachliches System überführen. Dazu muss er dessen Vokabular und dessen syntaktische Regeln kennen und anwenden. So ändert sich bei der Sentenz *exercitatio artem parat* wie üblich bei einer lateinisch-deutschen Übersetzung die Wortstellung. Das Prädikat steht im Lateinischen meist am Ende, im Deutschen aber an zweiter Stelle: „Übung Kunstfertigkeit schafft" ist zielsprachlich offensichtlich verfehlt. Richtig ist: „Übung schafft Kunstfertigkeit" bzw. auf einer höheren Übersetzungsstufe: „Übung macht den Meister".

Ähnlich verhält es sich mit lateinischen Konstruktionen, die das Deutsche nicht kennt. Sie müssen mit einer genuin deutschen Formulierung wiedergegeben werden, nicht mit einem wie auch immer latinisierten Deutsch. *Nihil est velocius annis* (Ov. Met. X 520) – *annis* ist ein Ablativ des Vergleichs. Den gibt es im Deutschen nicht – wie es für den ganzen Ablativ nie etwas strukturell Identisches geben kann, weil das Deutsche schlicht keinen Ablativ hat. Hier tritt deshalb ein „als" als Äquivalent hinzu: „Nichts ist schneller als die Jahre". Ohne „als" geht es nicht: „Nichts ist schneller Jahre" – wie bitte?

Auch im Gebrauch der Zeiten unterscheiden sich das Lateinische und das Deutsche in einigen Punkten. So steht im Lateinischen das Futur II, wenn eine Handlung früher liegt als eine im Futur I gedachte. Ein mittelalterlicher Spruch empfiehlt:

Si fueris Romae, Romano vivito more!
Cum fueris alibi, vivito sicut ibi!
Wenn du in Rom bist, lebe nach römischer Art!
Wenn du woanders bist, lebe, wie (es) dort (üblich ist)!

vivito ist Imperativ Futur. Wollte man *fueris* als Futur II im Deutschen ausdrücken, hieße die Form „wenn du gewesen sein wirst". Tolles Deutsch! Also wäre das keine zielsprachlich angemessene Übersetzung, wenn man das lateinische Tempus auf Biegen und Brechen im Deutschen nachahmen würde. Es wäre schlicht falsch. Der deutsche Sprachgebrauch verlangt hier das Präsens.

Wer übersetzt, muss also ständig umformen. Er darf nicht stur die Wörter so hintereinandersetzen, wie es in der Vorlage steht, sondern er muss die Struktur verändern. *structura* ist der „Bau", der „Aufbau". Bildlich gesprochen, muss das lateinische Haus zu einem deutschen Haus umgebaut werden. Das ist mal leichter, wie bei der Umstellung des Prädikats, mal komplizierter, wenn das lateinische Haus z. B. einen Balkon hat, die deutsche Bauordnung diesen Balkon aber untersagt. Dann muss, was der Balkon an Funktionen bietet, irgendwo anders untergebracht werden. Dabei geht manchmal auch die eine oder andere Funktion ganz verloren.

Ein Ding, das auch Vermögen, Grund und Ereignis heißt

Wir haben bis jetzt im Wesentlichen über syntaktische Aspekte gesprochen – solche, die das „Zusammen-fügen" (griechisch: *syn-táttein*) der einzelnen Teile zu einem Satzganzen betreffen –, auf Deutsch: den „Satzbau". Anspruchsvoller wird die Übersetzungsarbeit meist in einem zweiten Bereich, dem der Semantik, der Lehre von den Bedeutungen.

Hier kommt es darauf an, den kontextuell passenden deutschen Begriff für ein lateinisches Wort zu finden. Die Fachdidaktiker sprechen von der Semantisierungsarbeit. Das verlangt Prägnanz und Präzision, da werden Wortbedeutungen „fällig", die den lateinischen Begriff nicht so ungefähr, sondern entsprechend seiner Bedeutung in einem bestimmten Zusammenhang treffen. Vielleicht kann man diese sprachliche Präzisionsarbeit mit ähnlichen Vorgängen im Deutschen selbst vergleichen. Wenn wir müde oder faul sind oder uns sprachlich gehen lassen, sagen wir mitunter: „Gib mal das Ding her!" Der andere begreift wahrscheinlich von der Situation her, was wir meinen. Warum also zwischen „Hammer" oder „Pinsel" differenzieren, wenn's der Oberbegriff auch tut?

Das „Ding", die „Sache", heißt auf Lateinisch *res*. Wer aber im Lexikon nachschlägt, findet unter *res* auch „Vermögen", „Sachlage", „Grund", „Geschäft", „Nutzen", „Tat", „Handlung" und „Ereignis". Was jeweils gemeint ist, wenn von *res* die Rede ist, muss der lateinische Muttersprachler aus dem Zusammenhang erschließen. Das Lateinische ist eine Bauernsprache, die über einen überschaubaren Bestand an Wörtern verfügt. Das Deutsche hat dagegen viel mehr Begriffe zur Verfügung, auf die es zur Differenzierung eines „Dings" zurückgreifen kann. Aus einem relativ kleinen Fundus an Wörtern wird nun beim Übersetzen ein deutlich größerer Auswahl-Fundus. Und da ist es zu billig, für *res* einfach immer die Lernvokabel „Sache" einzusetzen. Das Spektrum der Ausdrucksmöglichkeiten erweitert sich. Und vernünftiges Übersetzen heißt, dieses Spektrum zu nutzen, sich nicht auf den kleinsten bzw. größten gemeinsamen Nenner „Sache" zurückzuziehen. Das ist bequem, aber es schafft weder beim Übersetzenden selbst gedankliche Präzision noch bei dem „Nutzer" dieser Übersetzung.

An einem konkreten Beispiel soll im Folgenden illustriert werden, wie fordernd Semantisierungsarbeit sein kann, wie förderlich sie aber auch für die Ausdrucksfähigkeit und den Wortschatz in der Muttersprache ist. Dieses Beispiel ist das Verb *petere*. Das Deutsche kennt das Fremdwort „Petition". Damit bezeichnet man ein formelles Verfahren einer „Bittschrift" oder „Eingabe", die aber durchaus auch drängend-fordernden Charakter haben kann. Man tritt an eine meist staatliche Stelle heran und will etwas bei ihr erreichen. Das ist schon eine bestimmte Füllung der Grundbedeutung des Verbs: *petere* beschreibt eine Bewegung auf jemanden oder etwas zu, ein dynamisches Handeln nach vorn, ein Erstreben, nach etwas Langen.

Bitten, angreifen, aufsuchen – Wie „petere" den Übersetzer fordert

Diese Bewegung, mit der man etwas haben oder erreichen will, kann sich z. B. für das davon betroffene Objekt sehr unterschiedlich darstellen: Als ein Bitten oder als ein Fordern, aber auch als ein Bedrohen und ein Angreifen, als ein (nicht nur erotisches) Begehren oder das Anstreben eines Ortes oder eines Menschen, als Bewerbung um ein Amt oder das Einklagen eines Anspruchs vor Gericht, ein „haben wollen" oder ein „sich holen". Da wird eine Grundbedeutung gewissermaßen in unterschiedliche Richtungen entfaltet oder aufgeklappt. Im Lateinischen steht da jeweils *petere*, im Deutschen aber stehen da zehn und mehr Verben bereit, um *petere* zu „ersetzen". Wobei natürlich niemand beim Vokabellernen zehn Bedeutungen für ein einziges Verb behalten kann; lateinische Unterrichtswerke bieten, wenn es hoch kommt, drei deutsche Lernvokabeln an, etwa „aufsuchen", „bitten" und „angreifen" – worüber Schüler mitunter schon murren: *drei* deutsche Bedeutungen für *eine* lateinische Vokabel? Geht nicht ein bisschen weniger?

Ginge schon, aber dann stiege der Anspruch an die Semantisierungsarbeit nochmals ordentlich an. Wie lässt sich die jeweils passende Bedeutung finden? Eigentlich ganz klar: Indem man sich an der konkreten Stelle überlegt, was mit *petere* ausgesagt werden soll. Ohne Nachdenken – „Textreflexion" sagen die Fachdidaktiker – geht das nicht. Der Kontext entscheidet:

Etenim sciebam Catilinam non latus aut ventrem, sed caput et collum solere petere. „Ich wusste ja, dass ein (Umstürzler wie) Catilina nicht die Flanke oder den Bauch, sondern den Kopf und den Hals zu *petere* pflegt", sagt Cicero (Cic. Mur. 52). Der „verbrecherische Hochverräter" Catilina gibt die Richtung des *petere* vor: Es muss ein feindliches *petere* sein, ein „Angreifen", „Zielen auf" oder „Losgehen auf". Die von Catilina „angestrebten" Ziele unterstreichen die Gefahr: Es geht nicht um irgendeinen Körperteil, sondern um Kopf und Kragen.

Vom „bösen" Catilina zu den „bösen" Galliern. Von denen berichtet Caesar: *armis abiectis ultimam oppidi partem continenti impetu petiverunt.* „Sie *petiverunt* in einem ununterbrochenen Verwärtsdrängen den am weitesten entfernten Stadtteil, nachdem sie ihre Waffen weggeworfen hatten." Liest man den Satz oberflächlich und stößt dabei auf *arma*, „Waffen", und *impetus*, häufig „Angriff", könnte man auf die Idee kommen, dass die Gallier wild angreifen. Es verhält sich aber genau entgegengesetzt. Caesar hat ihre Stadt erobert, und in dieser Situation werfen sie ihre Waffen fort (*armis abiectis*) und fliehen in den Teil der Stadt, der vielleicht noch nicht unter römischer Kontrolle ist. *petere* heißt hier also „sie stürzten dorthin", wollten ihr Ziel möglichst „schnell erreichen" (Caes. B. G. VII 28).

In einem Brief äußert sich Cicero besorgt über das Schicksal seines Bruders (Cic. Att. III 8, 2). Der ist nach einer Schifffahrt verschollen: *sed et navigatio perdifficilis fuit et ille incertus, ubi ego essem, fortasse etiam alium cursum petivit.* „Seine Schiffsreise war ausgesprochen schwierig, und er *petivit* in Unkenntnis meines Aufenthaltsortes einen anderen Kurs". Die Füllung scheint hier in Verbindung mit „Kurs" nicht schwierig zu sein; „einschlagen" ist offensichtlich die passende deutsche Übersetzung. Aber diese Bedeutung kommt in keiner gelernten Vokabelangabe vor. Sie muss aus dem Kontext heraus gefunden werden: Sprachtraining Deutsch.

Leichter dagegen ist die Füllung, wenn sich ein Consul darüber beklagt, dass die Einwohner der sizilischen Stadt Syrakus von den Römern abgefallen seien. *legatos nostros ferro et armis petiverunt*, empört er sich (Liv. XXXVI 31, 3), „sie haben unsere Gesandten mit Schwert und Waffen *petiverunt*. Eigentlich stehen Gesandte unter völkerrechtlichem Schutz; oft werden sie geschickt, um von der Gegenseite etwas zu fordern oder zu erbitten. Hier aber ist die Situation von Aggression gegen die Römer geprägt. Wenn Schwert und Waffen hinzukommen, kann es trotz der Tatsache, dass es sich um Gesandte handelt, nur um ein feindliches *petere* gehen: „Sie sind auf die römischen Gesandten losgegangen".

Im Folgenden verlaufen die Dinge friedlicher. Einige gallische Stämme *legatos ad Caesarem de deditione mittunt et petentibus Remis, ut conservarentur, impetrant* (Caes. B. G. II 12, 5). „Sie schickten Gesandte zu Caesar, um sich zu ergeben, und erreichten es – die Remer *petere* –, dass sie begnadigt wurden". Die Gallier sind schon so klein, wie es kleiner nicht geht: *deditio* ist ein sich Ergeben auf Gnade oder Ungnade. In dieser Situation greifen die mit den Römern verbündeten Remer ein. Das Ergebnis: Caesar verschont die Remer. Das *petere* der Remer muss also in friedlicher Absicht geschehen sein. Sie haben gebeten oder besser „sich für die Gallier verwendet". Noch besser lässt sich der *ablativus absolutus* übersetzen: „Auf Fürsprache der Remer". *Das* ist Deutsch, aber selbstverständlich ist es keineswegs, dass alle Schüler den Begriff „Fürsprache" kennen. Caesar bietet ihnen hier die Gelegenheit, ihn kennenzulernen.

Gehen wir zum spezifischen *petere* von Männern gegenüber Frauen über. In einem Hochzeitsgedicht wendet sich Catull an die Braut: *nupta, tu quoque, quae tuus / vir petet, cave, ne neges, / ni petitum aliunde eat* (Catull. c. 61, 151 ff.). „Braut, auch du, hüte dich, das zu verweigern, was dein Gemahl *petet*, damit er nicht weggeht, um es von woanders *petere*. Offenkundig besteht der Bräutigam auf seinem „ehelichen Recht"; das erste *petere* ist zwischen „bitten" und „verlangen" angesiedelt, das zweite dagegen ist ein „sich holen". An ein „Einfordern" ist im zweiten Fall nicht zu denken, weil es dafür keine rechtliche Grundlage gibt. In zwei unmittelbar aufeinander folgenden Versen ändert das *petere* hier also seine Bedeutung. Das ist bei genauem interpretatorischem Hinsehen zu erkennen, aber es ist ein zusätzlicher Anspruch, zwei verschiedene deutsche Äquivalente für dieses „changierende" *petere* zu finden. Mit einer schematischen Wiedergabe auswendig gelernter deutscher Wortbedeutungen ist es nicht getan.

Mit einer weiteren Nuance von *petere* kehren wir noch einmal zum Verschwörer Catilina zurück. Zu dessen Entourage gehörte auch die schöne Aristokratin Sempronia. Eine attraktive, emanzipierte Frau mit starkem Sexualtrieb, wie der Historiker Sallust stirnrunzelnd anmerkt. Er charakterisiert sie als *sic accensa, ut saepius peteret viros quam peteretur* (Sall. Cat. 25, 3), „so auf Sex versessen, dass die häufiger Männer *peteret* als von Männern *peteretur* (Passivform). Meint das *petere* ein reines „Aufsuchen" im Sinne von „hingehen zu"? Sicher schwingt das mit, aber es reicht nicht aus. Sempronia ist gewissermaßen scharf auf Männer, sie „begehrt" sie häufiger, als sie ihrerseits begehrt wird. Dieses *petere* mit sexueller Konnotation hat zugleich etwas Aggressives. Man könnte fast von einem „Losgehen auf" sprechen, einer Form des „Angreifens". Solche „Angriffe" waren den von Sempronia ausgewählten Männern vermutlich nicht unlieb, aber doch unheimlich, zumal in gänzlich unrömischer Weise die Aktiv- und die Passivrollen umgekehrt werden.

Warum ich nicht mit großen Schmerzen „versehen" werden will

Über die semantische Grundbedeutung von *petere* kann man an dieser Stelle sehr intensiv und luzide diskutieren – und muss sich dann bei der Übersetzung doch für eine Bedeutung entscheiden. Wie gesagt: Übersetzen bedeutet fast stets, sich für eine Bedeutung zu entscheiden und andere passende Bedeutungen zu verwerfen – ein Akt des Interpretierens, aber auch eine hohe Schule sprachlicher Differenziertheit und Ausdrucksfähigkeit im Deutschen. Das Ringen um die kontextuell passende Bedeutung ist, wenn es intensiv betrieben und nicht durch dumpfe Vokabelgleichungen ersetzt wird, ein Trainingslager für muttersprachliche Kompetenz.

Das ist ein anstrengendes Trainingslager, weil es auch auf Dauer angelegt ist. Das Nachdenken darüber, welcher deutsche Begriff am besten passt, gehört ja zu jedem Übersetzungsvorgang – und auch der Kampf gegen den inneren Schweinehund, der einem immer wieder zuflüstert: „Nimm doch die Lernbedeutung der Vokabel; dann brauchst du nicht groß über Alternativen nachzudenken." Bei dieser „Lösung" kommt aber nur jenes schreckliche latinisierte Deutsch heraus, das nicht tolerierbar ist – weil es auch dem selbst gestellten Anspruch des Lateinunterrichts zuwider läuft, dem zufolge Übersetzen eine Schulung in Deutsch sei.

Wenn als *End*übersetzung von *magno dolore afficior* stehen bleibt „ich werde mit großem Schmerz versehen", dann versieht mich das in der Tat mit großem Schmerz. *afficere* ist ein lateinisches Allerweltsverb mit der Grundbedeutung „an-tun" und der Hilfsbedeutung „versehen mit" (um im ersten Zugriff den Ablativ konstruktiv „unterzubringen"). Aber danach beginnt die Semantisierungsarbeit, bei der ich *magno gaudio afficior*, „mit großer Freude erfüllt werde" oder „an der ich große Freude habe". Die Umformung der lateinischen Passivkonstruktion in ein deutsches Aktiv liegt hier nahe. Wer das für ein Problem hält, über-setzt nicht genug. Auch der Wechsel des Genus verbi (Aktiv/Passiv) ist beim Über-Wechseln von einem sprachlichen Code zum anderen kein Tabu.

Dieses Deutsch-Training ermöglicht nur das Übersetzen. Denn im Unterschied zur freien Produktion wie Aufsätzen, Erzählungen usw. ist der Übersetzende nicht nur durch ein vorgegebenes Thema eingeschränkt. Sein Rahmen ist enger gesteckt, weil er an eine Vorlage gebunden ist. Da kann er nicht beliebig ausweichen oder, wenn ihm auf die Schnelle kein geeigneter deutscher Begriff einfällt, geradezu ausbüxen. Übersetzen ist so gesehen eine geleitete Kreativität, aber unzweifelhaft doch eine kreative Aufgabe – weil es eben nicht reicht, gelernte semantische Gleichungen hintereinanderzuschreiben und das als Übersetzung auszugeben. Das ist eher eine Zumutung – so wie manche computergenerierten „Übersetzungen". Zumutungen sind aber auch Heiterkeitserfolge. Ich bin entschieden für Heiterkeit und Lachen im Lateinunterricht, aber genauso entschieden bin ich gegen unfreiwillige Heiterkeitserfolge durch „Übersetzungen", bei denen das Nachdenken bei der Formen- und Satzlehre haltgemacht und die Grenze zur inhaltlich-semantischen Reflexion nicht überschritten hat. Grammatisch „korrekt", aber sinnfrei – das ist ein echtes *No go*.

Übersetzen als gelenkte Kreativität – Ein Trainingslager für Deutsch

Mit der gelenkten Kreativität des Übersetzens verfügt der Altsprachliche Unterricht über ein Alleinstellungsmerkmal. Ohne in Kulturpessimismus zu verfallen, darf man nüchtern feststellen, dass das digitale Zeitalter und seine spezifischen Kommunikationsformen nicht gerade sprachpflegerisch im Sinne einer differenzierten und nuancierten Ausdrucksweise unterwegs sind. Der lateinische Übersetzungsunterricht dagegen ist, wo er den eigenen Ansprüchen einigermaßen gerecht wird, ein Gegenprogramm. Er wirkt einer Sprachverarmung entgegen. Auch und gerade bei Schülern mit Migrationshintergrund bietet er nachgewiesenermaßen große Chancen für eine bessere Beherrschung ihrer Zweitsprache Deutsch (siehe das nächste Kapitel).

Das eigene Übersetzen ist demnach erheblich fordernder, aber eben auch auf unterschiedliche Weise „bildender" als die Benutzung einer gedruckten Übersetzung – eine Fachleistung des Lateinischen, die außer dem Griechischen kein anderes Schulfach erbringt. Dieser Bildungswert wird in vielen Diskussionen über Sinn und Zweck des Lateinunterrichts unterschätzt, ja oft gar nicht als solcher erkannt.

Wenn man Dekodierung und Rekodierung als zwei getrennte Phasen und geistige Operationen unterscheidet, kann man mit Fug behaupten, dass der zweite Teil dieses Vorgangs, die erneute Verschlüsselung des Inhalts mithilfe eines anderen Codes – eben das Übersetzen –, sich deutlich mehr mit der deutschen als mit der lateinischen Sprache beschäftigt. Berühmte Übersetzer sind keine Meister in der Ausgangs-, sondern in der Zielsprache der Übersetzung. Guter Lateinunterricht ist in dieser Hinsicht auch guter Deutschunterricht – und angesichts mancher Eskapaden der Deutsch-Fachdidaktik nicht selten, ohne Überheblichkeit sei's gesagt, der bessere Deutschunterricht.

Der bedeutende Latinist und Cicero-Übersetzer Manfred Fuhrmann hat das Übersetzen einmal als „Kunst des Opferns" bezeichnet. Eine Übersetzung, die die Wirkung des Originals nachzuzeichnen bemüht ist, wird sich über Regeln der Zielsprache hinwegsetzen müssen. Eine Übersetzung dagegen, die zielsprachliche Perfektion anstrebt, wird sich von wirkungsäquivalenten Ambitionen eher verabschieden müssen. Der Übersetzer interpretiert und macht manches scheinbar eindeutig, das in der Vorlage bewusst oder unbewusst mehrdeutig ist. Das sind freilich keine Probleme des lateinischen Schulunterrichts. Er muss sich bescheidenere Ziele stecken. Aber auch er stößt häufig genug an die Grenzen dessen, was eine Übersetzung zu leisten vermag. Darüber wird ein bisschen zu wenig nachgedacht, obwohl es ein spannendes Phänomen ist. Wir sprechen diesen Aspekt kurz an.

Ein „Buch", das kein Buch ist, eine „Toilette", die keine Toilette ist, ein „Wein", der kein Wein ist

Schüler lernen für lateinisch *domus* die deutsche Bedeutung „Haus" und übersetzen das auch so. Was aber ist unter einem solchen „Haus" zu verstehen? Da das „Mietshaus" früh als *insula*, „Wohnblock", gelernt wird, werden die meisten Schüler *domus* mit einem Einfamilienhaus konnotieren, wahrscheinlich eher mit einem freistehenden als mit einem Reihenhaus. Das deutsche Lehnwort „Dom" könnte aber schon zur Vorsicht raten. Der Dom stellt ja ein besonders großes, gewaltiges „Haus" dar. Tatsächlich ist die *domus* in der Regel ein riesiges Haus mit einer großen Zahl von Zimmern gewesen, manchmal geradezu ein „Palast", mindestens aber das, was wir eine „Villa" zu nennen pflegen. Die römische *villa* war nun aber ausgerechnet ein repräsentativer Landsitz, kein Haus in der Stadt. Es wäre also zu überlegen, ob man *domus* nicht grundsätzlich als „großes Haus" oder „geräumige Stadtvilla" übersetzen sollte. Aber das hört sich merkwürdig an. Wenn etwa jemand von seinem „großen Haus" spricht, klingt das nach Angeberei – obwohl für einen lateinischen Muttersprachler klar war, dass Größe und Geräumigkeit wesenhaft zu einer *domus* gehören. Eines aber wird an diesem Beispiel auf jeden Fall deutlich: Wie töricht es ist, zwischen einen lateinischen und einen deutschen Begriff ein Gleichheitszeichen zu setzen. In der Semantik gibt es keine mathematische Deckungsgleichheit.

Von der *domus* zum *populus*, dem „Volk". Anscheinend ein Begriff, der keiner weiteren Klärung bedarf. Nimmt man das zunehmend beliebte deutsche Fremdwort „populistisch" zu Hilfe, dann liegt es nahe, an das „einfache Volk", die „Volksmasse" zu denken. Sie galt und gilt vielen ja als durch schlichte Argumente besonders leicht verführbar. „Populistisch" ist ein Synonym für „opportunistisch" oder „demagogisch" geworden – in einer Demokratie, in der das Volk (*démos*) die Macht (*krátos*) hat, eine eher überraschende Begriffsentwicklung. Für das Verständnis „einfaches Volk" für *populus* könnte zusätzlich das deutsche Lehnwort „Pöbel" sprechen.

Aber Lehnwörter können täuschen, und hier ist das der Fall. Tatsächlich würde man die „Masse", das „einfache Volk" lateinisch eher als *plebs* bezeichnen. *populus* dagegen ist das „Gesamtvolk", das sich aus der *plebs* und den Patriziern, dem alten Geburtsadel Roms, zusammensetzte. Genau genommen war der *populus* die Gesamtheit aller volljährigen Inhaber des römischen Bürgerrechts. Sklaven und Fremde zählten nicht dazu, wohl aber alle Bürger, die sich irgendwo innerhalb oder außerhalb der Grenzen des Imperiums aufhielten. Zugegeben, nicht alle römischen Autoren nehmen es mit dieser Begrifflichkeit so genau, wenn sie über den *populus* schreiben, Historiker der römischen Republik aber sehr wohl.

Ein weiteres Beispiel: *liber*, das „Buch". Hörte er das Wort, so sah ein Römer etwas ganz anderes vor seinem geistigen Auge, als wir es tun. Ein *liber* war eine zwischen zehn und zwölf, maximal 20 Meter lange Papyrusrolle, bei der nicht umgeblättert, sondern abgerollt wurde. Das hatte erhebliche Auswirkungen auf den Lesevorgang. Ein Glas Wein in der linken und ein Buch in der rechten Hand? Das ging nicht; man musste die Rolle mit beiden Händen halten. Sich beim Lesen mal eben im Gesicht kratzen, wenn eine knifflige Stelle kam oder eine Fliege auf der Nase herumspazierte? Das überlegte man sich als Römer gut; denn dann war die Stelle „zugerollt". Lateinisches *legere* war ein viel intensiverer Vorgang als deutsches „lesen", sozusagen ein ganzheitliches Geschehen. Außerdem las man in aller Regel laut. Römer bekämen es heute mit dem Bibliothekspersonal zu tun.

Nächstes Beispiel: *horologium*, die „Uhr". Was verstand man darunter? Schwerlich eine, die der Römer am Handgelenk trug – das ist wohl jedem klar. Aber die „positive" Füllung ist schon schwieriger. Was für Uhren hatten die Römer überhaupt? Es gab zwei Typen: die Sonnen- und die Wasseruhr. Aber vor allem gab es in der römischen Zivilisation nur ganz wenige Uhren. Heute ein Artikel, der schon für ein paar Euro zu haben ist, bei den Römern ein seltener Luxusgegenstand. *horologium* = Uhr? Um Himmels willen!

Das weitgehende Fehlen von Uhren hatte Auswirkungen auf den Alltag und das Zusammenleben. Pünktlichkeit im heutigen Sinn war im Alten Rom nicht erreichbar; allenfalls lag ihr ein eher prozessuales Verständnis zugrunde, eine Zeitspanne statt eines exakten Zeitpunktes. Selbst die römische Stunde entsprach nicht der modernen Stunde – auch wenn wir das „h" für lateinisch *hora* etwa bei der Geschwindigkeitsangabe km/h (Stundenkilometer) noch verwenden. Die Römer gingen zwar auch von 24 Stunden aus; sie teilten aber die helle Tageszeit und die dunkle Nachtzeit in je zwölf Stunden ein. Je nach Jahreszeit war eine römische Stunde damit 45 bis 75 Minuten lang. Die uns vertraute 60-Minuten-Stunde gab es nur zweimal im Jahr, am 21. März und am 21. September. Ansonsten herrschte größere Flexibilität.

Schließlich die Toilette, lateinisch *latrina* oder *forica* genannt. In Privathäusern war das der abgeschlossene Ort, den wir uns darunter vorstellen. In den öffentlichen Bedürfnisanstalten dagegen keine Spur von Abgeschlossenheit: Man saß ohne Trennwand nebeneinander – kommunikativ, aber wahrhaftig nicht abgeschieden, kein Rückzugsort fürs Private oder gar Intime. „Iiiih!" ist die übliche Reaktion vieler Schüler auf diese Erkenntnis. Ein Fall für interkulturelle Toleranz.

Als allerletztes Beispiel wählen wir so etwas Selbstverständliches wie *vinum*, der „Wein". Wo sollten da die Unterschiede im Verständnis sein? Wein ist doch gleich Wein. Ist er nicht – denn für die Römer gehörte das

Mischen des Weins mit Wasser zur Normalität. Mindestens hälftig war das Mischungsverhältnis, manchmal hatte sogar das Wasser den größeren Anteil. Wenn ein Römer das ausdrücken wollte, was wir unter „Wein" verstehen, würde er *(vinum) merum* sagen, „ungemischter Wein" – und dabei an Säufer, Alkoholiker oder Barbaren denken. Die zutreffende Übersetzung für *vinum* wäre daher „mit Wasser vermischter Wein". Haben Sie *das* schon einmal in einer Übersetzung gelesen?

Warum ist vieles von dem gerade Beschriebenen für Lateinschüler unproblematischer als für „Uneingeweihte"? Weil Lateinunterricht auch Kulturkunde ist: Lateinschüler sollen (und wollen) auch möglichst viel über eine fremde und doch nahe Zivilisation erfahren. Römischer Alltag und die politischen Institutionen Roms, wichtige Ereignisse der römischen Geschichte, römische Freizeitunterhaltung und römische Technik, die römische (Klassen-)Gesellschaft und römische Architektur – alle diese Aspekte sind integraler Bestandteil des Lateinunterrichts. Und da klären sich so manche lateinischen Wörter inhaltlich, die als reine Vokabelgleichungen falsche oder fragwürdige Konnotationen auslösen. Man kann durchaus von interkulturellem Lernen sprechen im Dialog mit einer Zivilisation, die sich in vielem von der heutigen Welt unterscheidet und doch auch deren kulturelles Fundament ist.

Die gerade besprochenen Begriffe sind zwar „problemlos" übersetzbar, offenkundig aber nicht so problemlos zu verstehen. In unterschiedlichen Lebenswelten drücken scheinbar äquivalente Begriffe durchaus etwas anderes aus – weshalb es, nebenbei bemerkt, auch vorteilhaft sein kann, sich nicht auf eine gedruckte Übersetzung verlassen zu müssen. Die kann die Voraussetzungen, die zum richtigen Verständnis mancher Begriffe notwendig sind, nicht samt und sonders mitliefern. Sie muss etwas „opfern". Manchmal sogar eine ganze Menge. Und damit auch das richtige Verständnis.

Unübersetzbar? Gibt es nicht! – Gibt es doch!

Wir beschließen das Kapitel „Übersetzen" mit einer vielleicht etwas provokant anmutenden These: Gelegentlich ist ein lateinischer Begriff auch unübersetzbar oder zumindest nahe an der Unübersetzbarkeit. Dazu ge-

hört eine Reihe lateinischer Bezeichnungen für „Tugenden" und „Werte",
weil es den inhaltlich entsprechend gefüllten Terminus so im Deutschen
nicht gibt. Wir wollen das an der *pietas* aufzeigen, die viele für die römische „Nationaltugend" schlechthin halten und hielten, die meisten Römer inklusive.

Es ist kein Wunder, dass diese Eigenschaft der *pietas* dem größten Na-
tionalhelden Roms in besonderer Weise zugeschrieben wird: Aeneas, der
auch als Stammvater der Römer verehrt wurde, weil er die überlebenden
Trojaner auf Geheiß der Götter zu ihren neuen Wohnsitzen nach Italien
geführt und damit die Grundlage dafür geschaffen hatte, dass Rom als
neues, mächtigeres Troja zur Weltherrschaft aufstieg. *pius Aeneas* – dieses
Epitheton gehört ganz selbstverständlich zu dem Mann, der dem römischen Nationalepos seinen Namen gegeben hat: Vergils *Aenei*s ist die „Geschichte von Aeneas".

Worin erweist sich Aeneas als besonders *pius*? Er rettet seinen greisen
Vater aus dem brennenden Troja; er trägt ihn dort und später stets auf seinen Schultern. Damit erfüllt er seine Pflicht als Sohn, auch und gerade in
einer schwierigen, ja verzweifelten Situation; *pietas* ist wohl ursprünglich
die Wahrnehmung der Pflichten, die der Sohn gegenüber seinem Vater
hat, von da übertragen auf Töchter, Mütter und einen erweiterten Ver-
wandtenkreis.

Die *pietas* des Aeneas erweist sich aber auch im Verhältnis zu den
Göttern. Er folgt ihrem Willen, auch wenn es ihn persönlich schmerzt.
Die *love story* mit Dido, der Königin von Karthago, zerbricht daran; die
Loyalität des *pius Aeneas* gegenüber den Göttern siegt über sein Treue-
versprechen gegenüber Dido. Bedeutet *pietas* „Frömmigkeit", wie es oft
übersetzt wird? Eher nicht. Es zählen nicht oberflächlich fromme Werke, nicht kultische Verrichtungen, sondern das pflichtgemäße Verhalten.
Man könnte fast modern sagen: die Solidarität mit dem Schicksal, das Aeneas für größere Aufgaben auserwählt hat als für eine leidenschaftlich-ro-
mantische Liebesgeschichte – wobei Aeneas sich eher zähneknirschend
dem göttlichen Willen beugt.

Es gibt auch andere *pietas*-Verhältnisse unter Menschen, die miteinander zu tun haben, auch wenn sie nicht so verpflichtend sind wie die
pietas von Kindern gegenüber ihren Eltern. Aber auch da weitet sich der
Begriff allmählich, und zwar zu einer umgekehrten *pietas*: Eltern müssen

pii auch gegenüber ihren Kindern sein. Kann man das „Pflichtgefühl" nennen? Oder eher „Verantwortungsbewusstsein" oder „selbstverständliche Hilfsbereitschaft"? Oder vielleicht auch hier „Solidarität"? Schwierig, aber eines schält sich schon heraus: Zumindest unter Menschen ist *pietas* ein Sozialverhalten, das auf Reziprozität angelegt ist. Es ist ein sozialer Wert, der auf Gegenseitigkeit beruht und insofern sogar die Götter in gewisser Weise gegenüber Menschen, die besonders *pii* sind, in bestimmte Pflichten einbindet (auch wenn neuere Forschungen zur Vorsicht vor einer Überstrapazierung des Begriffs mahnen).

Kurzum, die *pietas* hat, will man sie mit deutschen Begriffen wiedergeben, etwas Chamäleonartiges. Je nach Adressat beschreibt sie eine sozial-ethische Norm, für die sich allenfalls „Pflichtgefühl" als Oberbegriff anbietet. Andererseits: Ist das nur „Pflichtgefühl", das Aeneas veranlasst, seinen Vater aus der Katastrophe von Troja zu retten? Ist da nicht auch Sohnesliebe im Spiel und Fürsorglichkeit gegenüber Schwachen? Sein Verhalten gegenüber den Göttern: Sicher hat das viel mit Respekt, mit Achtung und Rücksichtnahme zu tun – die Götter nicht durch Ungehorsam kränken zu wollen. Ist das „Frömmigkeit"? Darunter versteht man zumal aus christlicher Sicht etwas anderes. Tatsächlich entwickelt sich *pietas* bei den christlichen Kirchenvätern dann zum Begriff für „Frommsein". Zu allem Überfluss spricht Cicero gelegentlich emphatisch von einer *pietas erga patriam*. Auch dem Vaterland schuldet man *pietas*. Da schwingen wie im Gefühl gegenüber den Eltern auch Dankbarkeit und respektvolle Behandlung mit und besonders dann, wenn die *patria* in Not ist, erneut so etwas wie Solidarität.

Sehen Sie, wie spannend, ja aufregend Übersetzen mitunter sein kann, wenn man sich abmüht, einen passenden Begriff im Deutschen zu finden und eigentlich auf keinen stößt, mit dem man zufrieden sein kann, weil man etwas faszinierend Schillerndes auf eine Farbe zu reduzieren versucht – und damit so vieles opfert, das in der Ausgangssprache mitschwingt? So schlimm ist das aber gar nicht, wenn ein Begriff im Lateinunterricht bisweilen unübersetzt bleibt, vorausgesetzt er hat zuvor intensives Nachdenken, eine lebhafte Diskussion und eine tiefschürfende Interpretation ausgelöst. Dann hat man das Wesen der *pietas* erfasst und hat vielleicht sogar darüber nachgedacht, ob dieses römische *pietas*-Konzept nicht auch auf unsere Gesellschaft anwendbar wäre. Schaden würde es wohl nicht – auch wenn wir keinen prägnanten Begriff dafür in petto haben. Man könnte sich natürlich angewöhnen, auch im Deutschen von *pietas* zu sprechen.

Der große Rhetoriklehrer Quintilian erwartet von Schülern, dass sie *pietas* gegenüber ihren Lehrern demonstrieren, und zwar auf jeder Stufe der Vermittlung. Diese *pietas* erweise sich darin, dass sie „gern zuhören und dem Gesagten Vertrauen schenken" (Quint. inst. or. II 9, 2). Sie, verehrte Leserinnen und Leser, haben *pietas* dieser Art unter Beweis gestellt, indem Sie meine Überlegungen zum Wert des Übersetzens bis hierhin verfolgt haben – hoffentlich nicht so widerstrebend wie der *pius Aeneas*, als er der *pietas* zuliebe seiner großen Liebe entsagen musste.

„SALVE, MEHMET! SALVE, AYLIN!" – SPRACHFÖRDERUNG DURCH LATEIN

Ob Deutschland ein Einwanderungsland sein soll oder nicht, darüber kann man politisch diskutieren – unideologisch oder ideologisch. In der Realität *ist* es eines, und das nicht erst seit der sogenannten Flüchtlingskrise, die im Jahre 2015 einsetzte, sondern schon viel früher. Der Anteil der Bevölkerung mit Migrationshintergrund wächst kontinuierlich. In vielen weiterführenden Schulen liegt der Anteil von Schülerinnen und Schülern, für die Deutsch ihre zweite Sprache ist, zwischen 20 und 50 Prozent.

Auch wenn es ein recht oberflächlicher fachlicher Anknüpfungspunkt ist, kann es ja nicht verkehrt sein, sich zum Auftakt dieses Kapitels in Erinnerung zu rufen, dass *migrare* ein lateinisches Verb ist. Es bedeutet „wegziehen", „übersiedeln", „sich verändern". *e-migrare*, „aus-ziehen", und das seltener gebrauchte *im-migrare*, „hinein-ziehen", sind Komposita (zusammengesetzte Verben) von *migrare*.

Migration war auch in der Antike ein alltägliches Phänomen, wenngleich die Zahl der Migranten überschaubar war, was bei einer Gesamtbevölkerung des Imperium Romanum von 50 bis maximal 80 Millionen Menschen und der gegenüber heute eingeschränkten Mobilität nicht verwundert. Was die Kapitale Rom angeht, so war die Stadt trotz hoher

Lebenshaltungskosten ein Magnet, der nicht zuletzt wegen seiner vergleichsweise enormen Kaufkraft und der daraus resultierenden Chancen für den Arbeitsmarkt etliche Migranten aus allen Teilen des Reiches anzog. Für das 1. und 2. Jahrhundert n. Chr. schätzt man die Zahl der freiwilligen Migranten auf rund 10.000 pro Jahr, das heißt auf etwa ein Prozent der Bevölkerung Roms. Hinzu kamen etliche Sklaven, die als Zwangsmigranten in die Metropole am Tiber kamen.

Der Flüchtling Aeneas und der Asylort Rom

Was Flüchtlinge angeht, so kennt die römische Mythologie einen ganz prominenten. Das ist Aeneas, der mit seinem alten Vater Anchises auf der Schulter und seinem kleinen Sohn Ascanius/Iulus an der Hand aus dem brennenden Troja flüchtet und nach langen Irrfahrten eine neue Heimat in Italien findet. Auch wenn die Gründung eines neuen, mächtigen Trojas durch Aeneas nach römischer Auffassung einem göttlichen Auftrag entsprach, waren die menschlichen Träger dieser göttlichen Mission lange Zeit heimatlose, leidende Menschen auf der Flucht. Schon im zweiten Vers seines grandiosen Epos nennt Vergil Aeneas einen *profugus*, „Flüchtling", und lässt seinen Helden selbst von einem *infandus dolor*, „unsäglichen Leid" (II 3), sprechen. Man kann die *Aeneis*, das Nationalepos der Römer, auch als Flüchtlingsdrama lesen.

Schließlich ein weiterer Aspekt, der die „römische Dimension" des Themas „Migration und Flüchtlinge" betrifft. Er ist wenig bekannt. Im Anfang soll, so stellt es jedenfalls die Geschichtsschreibung der augusteischen Zeit dar, auch die Ewige Stadt als bescheidenes *asylum* angefangen haben. Der Stadtgründer Romulus habe Rom als Zufluchtsort für Verfolgte, aber auch für entlaufene Sklaven und sogar für Kriminelle aus anderen Orten geöffnet (Liv. I 8, 5; Plut. Rom. 9, 3). Die ursprüngliche Zufluchtsstätte verortete man später auf einer Senke des kapitolinischen Hügels. In historischer Zeit hatte dieses Asyl keine Bedeutung mehr. Aber es ist schon bemerkenswert, dass die Asyl-Tradition ihrer Stadt im historischen Bewusstsein der Römer wach gehalten und nicht unterdrückt wurde, obwohl sie antirömischen Ressentiments – die Römer als Volk von „Dahergelaufenen" – bequeme Nahrung verschaffte.

Diese gewissermaßen fachimmanenten Anknüpfungspunkte sind für Altphilologen vielleicht nicht ganz ohne Bedeutung, wenn die Frage verhandelt wird, wie speziell der Lateinunterricht zur Integration von Migranten und zu ihrer sprachlichen Förderung beitragen kann. Da gibt es sogar so etwas wie eine ethische Verpflichtung gewissermaßen aus dem Fach selbst heraus, sich dieser zentralen gesellschaftlichen Aufgabe anzunehmen. Und da gibt es sehr gute Erfahrungen und Argumente dafür, dass Latein eine wichtige Rolle als „Brückensprache" spielen kann.

Das Gros der Schülerinnen und Schüler mit Migrationshintergrund hat türkische Wurzeln. Deshalb widmen wir dieses Kapitel Mehmet und Aylin, ohne Schüler aus anderen „Ursprungsländern" von unseren Überlegungen ausschließen zu wollen. Auch für sie gilt unser Angebot mit Latein als „Brückenfach". Allerdings liegen für sie keine verallgemeinerbaren Erfahrungen und Untersuchungen vor, auf die wir uns stützen könnten. Da gibt es, was türkischstämmige Schüler angeht, eine gesichertere Argumentationsbasis.

Wortschatz-Erweiterung durch Übersetzen

Inwiefern kann ausgerechnet das „schwere" Latein eine Brücke der sprachlichen Förderung sein? Die wichtigste Antwort ergibt sich aus dem Übersetzen als Schwerpunkt des Lateinunterrichts. Wie im vorausgehenden Kapitel dargelegt, ist Übersetzen eine kreative geistige Tätigkeit, die sich häufig mit einem intensiven Suchen nach der passenden Bedeutung verbindet. Es reicht oft nicht aus, auf den begrenzten Wortschatz der Umgangssprache zurückzugreifen, sondern man muss sich nuancierter und differenzierter ausdrücken. Im Unterschied etwa zum frei formulierten Aufsatz im Deutschunterricht kann der Übersetzende nicht einfach auf „irgendeinen" anderen Begriff ausweichen. Es wird ein Äquivalent gesucht, das innerhalb des semantischen Spektrums des lateinischen Wortes liegt.

Je häufiger und je intensiver sich diese Anforderung stellt, umso mehr erweitert sich der Wortschatz des Übersetzenden – der passive wie der aktive. Dabei kommt dem Unterricht, in dem Schüler *gemeinsam* übersetzen, große Bedeutung zu, weil sich die Wortschatzerweiterung immanent durch Zuhören vollzieht. Neue Wörter und Wortbedeutungen werden durch den Kontext klar. Das erleichtert es, sie in den eigenen Wortspeicher aufzunehmen, ohne dass man sich das bei jedem Vorgang bewusst macht. In der Regel laufen solche Lernprozesse unbewusst ab.

Es kommt aber auch vor, dass Schüler mit Migrationshintergrund bei der Übersetzungs- und vor allem bei der Wortschatzarbeit, wenn neu zu lernende Vokabeln besprochen werden, nachfragen: *„concordia,* die Eintracht – was ist das ?" Ich habe solche Fragen immer als Highlights in meinem Unterricht empfunden: Da will jemand offensichtlich etwas begreifen, und er ist so mutig, selbst danach zu fragen, statt sich wegzuducken und eine „Wortgleichung" zu lernen, die er auf *beiden* Seiten nicht versteht – weder *concordia* noch „Eintracht". Selbstverständlich stellen auch deutsche Muttersprachler solche Fragen (oder sollten es tun). Auch sie wissen keineswegs alle, was „Eintracht" bedeutet.

Der Fragebedarf ist umso höher, je beschränkter der auch durch das soziale Umfeld vorgegebene deutsche Wortschatz ist. Da kommen Schüler mit Deutsch als zweiter Sprache grundsätzlich eher als Fragende in Betracht – was überhaupt kein Stigma ist, zumal wenn man bedenkt, dass sie ja im Unterschied zu deutschen Muttersprachlern gleich zwei Sprachen mehr oder weniger gut beherrschen. Wer sich kopfschüttelnd über Defizite türkischstämmiger Schüler im Deutschen echauffiert oder lustig macht, sollte bedenken, dass diesen Defiziten ein deutliches Kompetenzplus gegenüber „Einsprachlern" in Form solider Türkischkenntnisse gegenübersteht. Und wenn in der Familie wenig Deutsch gesprochen wird, dann hat der Lateinunterricht – nicht nur er, aber er eben in besonderer Weise – die Chance und Aufgabe, kompensatorisch im Sinne des Aufbaus eines kulturellen – meinetwegen auch: bürgerlichen – Wortschatzes zu wirken.

Diese Chance ergibt sich auch und gerade bei der Wortschatzarbeit. Vokabeln müssen auch im modernen Lateinunterricht gelernt werden; sie sollten jedoch vorher im Unterrichtsgespräch auch im Hinblick auf mögliche Lernerleichterungen wie Wortfamilien, Zusammensetzung von Wörtern und Eselsbrücken besprochen werden. Dabei kommt dem deutschen Artikel keine geringe Bedeutung zu. Das Türkische kennt den bestimmten Artikel nicht. Das sorgt für „typische" Fehler; also sollten deutsche Substantive *mit* Artikel ins Vokabelheft eingetragen und beim Abhören der Vokabeln auch der Artikel eines Substantivs eingefordert werden. Das kann auch manchen Muttersprachlern nicht schaden, türkischstämmigen Schülern aber hilft es enorm. Kritiker haben recht, wenn sie das Fehlen des Artikels in den Vokabularien moderner Lateinbücher monieren: Da sind die 20 oder mehr Prozent Lateinschüler zu wenig im Blick, die keine deutschen Muttersprachler sind. In vieler Hinsicht haben sich unsere Lateinbücher auf eine veränderte Schülerklientel eingestellt, und das kann man nicht lebhaft genug begrüßen; in diesem Punkt könnten sie noch besser werden.

Präpositionen und Nebensätze – Latein als „Katalysator" für Deutsch

Vom Artikel zur Präposition. Auch da haben türkischstämmige Schüler spezifische Schwierigkeiten, weil das Türkische nur wenige Verhältniswörter kennt und diese wenigen *hinter* dem Substantiv stehen, also Postpositionen sind. Der Werbeslogan mit dem türkischstämmigen Comedian Kaya Yanar „Kaufst du Edeka?" nimmt diese „Schwäche" liebevoll auf den Arm. Im Lateinischen dagegen werden Präpositionen wie im Deutschen sehr häufig verwendet. Die intensive Übersetzungsarbeit an lateinischen Texten lässt deutlich werden, dass ohne Präpositionen gewissermaßen nichts geht, weder in der Ausgangssprache Latein noch in der Zielsprache Deutsch – eine Bewusstmachung, die über Sprachreflexion und nicht über intuitiv-imitatives „Kopieren" läuft. Kompliziert wird die Sache zusätzlich dadurch, dass manche Präpositionen wie *in* und *sub,* „in" und „unter", je nachdem, ob sie eine Richtung oder einen Ort angeben, mit unterschiedlichem Kasus stehen – wie im Deutschen auch: „im Haus" bzw. „in das Haus". Wenn das im lateinischen Grammatikunterricht ordentlich geklärt und geübt wird, liegt der Transfer zum Deutschen nahe. Latein wirkt hier wie eine Art Verstärker oder eben wie eine Brücke zur Zweitsprache Deutsch.

Latein ist, wir werden es an anderer Stelle zeigen (S. 149 ff.) *die* Domäne der Sprachreflexion. Unterrichtssprache ist Deutsch. Das erleichtert es sehr, über grammatische Phänomene zu sprechen, die aufgrund ihrer Abstraktheit schwierig sind. Auf diese Weise erhalten nicht nur Schüler mit Migrationshintergrund, aber eben auch sie Zugang zum Deutschen als einem regelhaften sprachlichen System. Regeln treten umso klarer hervor, je stärker sie im Vergleich erarbeitet werden. Der Vergleich kann Parallelen, aber auch Unterschiede aufzeigen. Bei einem Vergleich zwischen Latein und der Zweitsprache Deutsch liegt es nahe, auch die Erstsprache Türkisch zu berücksichtigen. Im Lateinischen steht das Prädikat meist am Ende des (Haupt-)Satzes, im Deutschen folgt es nach dem Subjekt an zweiter Stelle. Und im Türkischen? Da steht es wie im Lateinischen auch am Ende.

„Haupt"- und „Nebensatz" sind problematische Begriffe, was die Wertigkeit der von ihnen transportierten Informationen angeht. Aber es ist klar, dass ein Nebensatz von einer Konjunktion eingeleitet wird und syntaktisch nicht selbstständig ist. Er kann im Schriftdeutschen nicht allein stehen. Wie sieht es im Türkischen aus? Da gibt es keine Nebensätze; die entsprechenden Informationen werden durch Umstandsbestimmungen ausgedrückt. Das sind Erkenntnisse, die man bei einem Sprachvergleich – selbst einem oberflächlichen – gewinnen kann, vorausgesetzt, es gibt ein unterrichtliches Erarbeitungs- und Diskussionsforum dafür. *Das* kann der Lateinunterricht garantieren: Nebensätze und Konjunktionen sind Thema in *jedem* Lateinunterricht.

Türkischstämmige Schüler sollten ihre über das Vergleichen erworbenen Erkenntnisse nicht für sich behalten, sondern in den Unterricht mit deutschen Muttersprachlern einbringen – zum einen, *damit* sie sich einbringen und ihre Erstsprache ernst genommen wird, zum anderen, damit auch die deutschen Muttersprachler zusätzlich etwas lernen. Aber das ist leichter gesagt als getan. Oft wagen sich die „Zweitsprachler" nicht so recht aus der Deckung; natürlich auch deswegen, weil die analytische Beschäftigung mit einer unreflektiert erlernten Erstsprache ungewohnt ist. Da kommen auch deutsche Muttersprachler schnell ins Schleudern – wenn ihnen der „Katalysator" Latein nicht zur Verfügung steht.

Wenn die Lateinlehrkraft elementares Wissen über die türkische Sprache hat, erleichtert das die angeregte Vergleichsarbeit sicher. Aber das dürfte eher selten vorkommen. Ein Fall für die Fortbildung? Eher nicht, da gibt es ja auch noch andere wichtige Themen. Aber vielleicht ein Fall für die Projektwoche oder eine Arbeitsgemeinschaft? Den Titel für eine solche Unternehmung könnte ich beisteuern: „Latein als Brücke zwischen Türkisch und Deutsch" – das käme bestimmt unter die Top 3 der originellsten Projektideen. Und der sinnvollsten ohnehin.

Brückenfach der europäischen Kultur – Ein kulturelles Kennenlern-Angebot

Wie sieht es in der schulischen Wirklichkeit aus? Hat sich Latein als besonderes Angebot für Schüler mit der Zweitsprache Deutsch bewährt? Es gibt erst wenige belastbare Untersuchungen dazu. Sie geben eine klare Antwort auf die Frage, und die heißt „Ja". Latein hat das kompensatorische Potenzial, das die Theorie ihm zuschreibt – auch und gerade aus Sicht der befragten Schülerinnen und Schüler. Bei einschlägigen Umfragen sahen rund drei Viertel von ihnen ihren Lateinunterricht als wichtig oder sehr wichtig an. Meine persönlichen Eindrücke und Erfahrungen bestätigen das. Voraussetzung für eine erfolgreiche – motivierende und nicht frustrierende – Teilnahme am Lateinunterricht sind allerdings fundierte Deutschkenntnisse. Wo die fehlen, drohen Lernenergien fehlgeleitet zu werden. Das soll man genauso offen ansprechen, wie man Aylin und Mehmet andererseits mit bestem Gewissen in den Lateinunterricht einladen kann.

Über das Sprachliche hinaus ist Latein aber auch in inhaltlicher Hinsicht ein Brückenfach. Selbst wenn man es niedriger „hängt", als es in Manfred Fuhrmanns Formulierung vom Lateinischen als „Schlüsselfach der europäischen Tradition" anklingt, ist Latein ein Fach, das zum Fundament der europäischen Kultur und zu einer langen, fast ununterbrochenen Rezeption dieser Kultur in Literatur, Kunst, Philosophie und politischem Denken zurückführt. Stefan Kipf spricht von einem „europäischen Grundlagenfach". Man könnte auch sagen: Europa ist durch die Schule der Römer und ihrer Sprache gegangen, hat sich davon prägen lassen und hat dabei eine Menge gelernt – bewusst wie unbewusst.

Wer sich integrieren will, der sollte sich diese Prägung klarmachen – nicht um sie kritiklos für sich selbst zu übernehmen, sondern um zunächst einmal auch in diesem Rahmen zu verstehen, wie Europa „tickt". Lateinunterricht ist – ebenso wie übrigens Religionsunterricht – Unterweisung in Kulturkunde. An beidem können und sollten Schüler mit Migrationshintergrund teilnehmen, einfach nur, um mitreden zu können, um sich geistig fit zu machen für ihr neues Lebensumfeld und dessen geistige Prägung. Keiner verlangt ihnen eine Art Bekenntnisschreiben zu dieser Tradition ab, die ja auch genügend Angriffsflächen bietet. Aber es ist zumal für Mitbürger mit Migrationshintergrund, die Führungspositionen in dieser Gesellschaft anstreben, wichtig, Hintergründe und kulturelle Formungen zu kennen.

Eine Verführung zur Eurozentriertheit, wie mitunter kritisch eingewendet wird? Keine Verführung, sondern eine Hinführung zu dieser Perspektive. Natürlich hat Latein mehr mit Europa zu tun als mit Asien, Afrika und Amerika. Es hat die europäische Identität stärker beeinflusst als die chinesische oder afrikanische Identität. Aber wenn man sich im europäischen Kulturkreis aufhält und sich in ihn integrieren will und soll, dann geht das kaum ohne einen gewissen Fokus auf Europa, den man skeptisch auch „Eurozentriertheit" nennen kann. Das heißt aber weder, dass man sich diese Perspektive zu eigen machen muss, noch, dass sie größerer Weltoffenheit entgegenstünde. Es geht zunächst einmal ums Kennenlernen, Verstehen und Mitreden-Können. Das hat eine Menge mit Mündigkeit und Emanzipation zu tun. Und es entspricht einer, wie mir scheint, nicht unbilligen Erwartung der „Altbevölkerung", dass sich Neubürger für ihre neue Umgebung und deren Kultur aufgeschlossen zeigen, und zwar durchaus in ihrem eigenen Interesse.

Was ist ein Römer? – Identitätssuche in historischer Perspektive

In der fachdidaktischen Literatur wird angeregt, im Hinblick auf die Schülerklientel mit Migrationshintergrund gelegentlich Unterrichtsreihen zu konzipieren, bei denen Identitätsfragen im Vordergrund stehen. Eines der da infrage kommenden Themen ist der Umgang der Römer mit der griechischen Kultur. Wie haben die militärischen Sieger auf die Überlegenheit der besiegten Griechen in Wissenschaft, Literatur und Kunst reagiert? Die Antwort ist bemerkenswert unrömisch: Die Römer haben die Vorrangstellung der Griechen in diesen Bereichen anerkannt und haben sich gewissermaßen nach der Decke gestreckt. Griechische Kunst und Kultur haben Rom seit dem 2. Jahrhundert v. Chr. geradezu überschwemmt; lateinische Dichter traten in einen Wettbewerb mit griechischen Vorbildern ein, der sich zwischen bescheidener *imitatio*, „Nachahmung", und ambitionierter *aemulatio,* „(Überbietungs-)Wettstreit", vollzog. *Graecia capta ferum victorem cepit et artis / intulit agresti Latio,* beschreibt Horaz diesen Akkulturationsprozess mit berühmt gewordenen Versen: „Das besiegte Griechenland besiegte seinerseits den wilden Sieger und brachte die Künste ins bäurische Latium" (Hor. epist. II 1, 156f.) – eine der bedeutendsten geschichtlichen Leistungen der Römer, dass sie das als besser Erkannte nicht plattgemacht, sondern es in ihre eigene Kultur eingespeist haben.

Nicht alle Römer sind mit fliegenden Fahnen zur griechischen Kultur (und Mentalität) übergelaufen. Es hat Skeptiker wie den Alten Cato gegeben, der vor Modeerscheinungen gewarnt und seinen Sohn aufgefordert hat, *illorum litteras inspicere, non perdiscere*, „in die Schriften der Griechen zu schauen, sie aber nicht auswendig zu lernen" (Plin. NH XXIX 7.14). Es hat Philhellenen wie Cicero gegeben, die sich mit Begeisterung auf griechisches Geistesgut stürzten und es ins Lateinische übersetzten, sich aber über manche zeitgenössischen „Griechlein" (*Graeculi*) verächtlich äußerten. Und es hat Kritiker scheinbar überzogener Anpassung gegeben wie den Satiriker Juvenal, der „das griechische Rom nicht mehr ertragen kann" (Juv. III 60f.) und vor einer Überfremdung Roms durch Migranten aus dem Osten warnt.

Das ist sicher kein einfacher Themenkomplex, und noch weniger einer mit einfachen Antworten, der sich da für einen anspruchsvollen Oberstufenunterricht im Fach Latein anbietet. Aber doch einer, den zu behandeln sich lohnt – auch weil die Identitäts-, Integrations- und Akkulturationsproblematik durch die historische Distanz nüchterner, weniger ideologiebefrachtet und weniger emotional beleuchtet werden kann – von den „deutschen" Schülern und den Schülern mit Migrationshintergrund gleichermaßen.

Auch da kann der Lateinunterricht Brücken schlagen im Sinne einer historischen Dreieckskommunikation, bei denen die Römer didaktisch im Zentrum stehen, ihre Fragen und Antworten, ihre Problemstellungen und Problemlösungen aber Diskussionsstoff für ganz aktuelle Fragen bieten.

„RE"- UND „EX"-, „CON"- UND „PRO"- – SPRACHBAUSTEINE NICHT NUR FÜR LATEIN

Den offiziellen Skatregeln zufolge gibt es kein „Kontra!", das man dem Mitspieler entgegen-schleudert, sobald er kundgetan hat, was Trumpf sein soll. Und noch viel weniger das ebenfalls lustvoll erwiderte „Re!", das das Kontra sozusagen zurück-gibt und das Ergebnis des Spiels nicht nur verdoppeln, sondern vervierfachen wird. „Kontra!" und „Re!" geht vielen Skatspielern trotz des offiziellen Verbots leicht über die Lippen. Aber wissen sie, was sie da sagen? Ahnen sie, dass sie mit diesen Begriffen Latein sprechen? *contra* heißt „gegen" und re- heißt „zurück". Die alten Römer kannten zwar nicht das Skatspiel, hätten aber die Begriffe der „Eskalation" bestens verstanden.

Beide, *contra* wie re-, sind äußerst erfolgreiche semantische Exportartikel des Lateinischen. Sie finden sich in zahlreichen modernen Sprachen wieder, und zwar nicht nur in den Tochtersprachen des Lateinischen, sondern sehr prominent auch im Deutschen. Wenn in Diskussionen Argumente Pro und Kontra ausgetauscht werden, versteht das jeder: „dafür" und „dagegen". Der „Konter" im Fußball als schneller „Gegen"-Vorstoß ist im Alltagsdeutsch ebenso verankert wie der „entgegen-stehende" Kontrast (*contra + stare*, „stehen") und die konträre Meinung. Wenn Mediziner von einer Kontra-Indikation sprechen, so meinen sie die „Gegenanzeige" bei einem Medikament.

Die Engländer bezeichnen etwas „Gegenteiliges" als *contrary*. Der „Widerspruch" ist im Italienischen die *contraddizione*, im Französischen die *contradiction*, im Spanischen die *contradicción*, im Portugiesischen die *contradição* und im Rumänischen die *contradictie*. Im Englischen und Niederländischen, zwei germanischen Sprachen, heißt er *contradiction* bzw. *contradictie*. Ach ja, fast hätten wir vergessen zu erwähnen, dass auch die Römer den Widerspruch kannten. Sie nannten ihn *contradictio* (*dicere*, „sagen"). Wenn polnische Sportreporter eine schnelle „Gegenattacke" schildern, dann sprechen sie von *kontrować*. Dass man in Russland von der „Konterrevolution" spricht, ist nicht verwunderlich. Zu sowjetischen Zeiten hat man sie ja oft genug als Gefahr vonseiten des Klassenfeindes an die Wand gemalt.

Kon-strukt-ions-Baukasten à la Roma antiqua

Viel prominenter als *contra* ist allerdings die zweite erwähnte Vorsilbe *re-*; prominenter deshalb, weil sie im Lateinischen wie in modernen Sprachen als häufig verwendeter Baustein bei der Wortbildung dient – jedenfalls was die lateinischen Präfixe angeht. Darunter versteht man Silben, die „vor" (*prae*) einen Wortstamm „geheftet" werden (*figere*, Partizip Perfekt *fixus*, „heften"). Davon gibt es so einige, die quer durch die romanischen wie viele nichtromanische Sprachen Karriere gemacht haben. Wer sie aus dem Lateinischen kennt, kann diese Kenntnis als bequemes Instrument zur Entschlüsselung zahlreicher deutscher Fremdwörter und zusammengesetzter Wörter in anderen Sprachen anwenden. Er kann sie sich also praktisch nutzbar machen, um es ganz deutlich für diejenigen zu formulieren, die vor allem nach dem unmittelbaren Nutzen des Lateinischen für unsere heutige Lebenswelt fragen.

Hier ein Überblick über die quantitativ erfolgreichsten Präfix-Bausteine. Wir verwenden die lateinische Basisversion; meist unterscheiden sich die „Kopien" in anderen Sprachen kaum oder nur in orthographischen Nuancen vom „Original".

ad-	(bzw. assimiliert *af-, ag-* usw. an, bei zu
con-	zusammen, mit
de-	weg, von … herab
di(s)-	auseinander/Trennung
e- ex-	aus
in-	hinein
inter-	zwischen
intra-	innerhalb
ob-	gegen
per-	durch, durch und durch/vollständig
prae-	vor
pro-	vor, für
re-	zurück, wider/dagegen
se-	weg, beiseite/Trennung
sub-	(von) unten
trans-	hinüber

Wie der Baukasten funktioniert? Wir schauen uns das am Beispiel von *con-stru-ere* an. *con-* ist das Präfix, „zusammen", *stru-* ist der Stamm mit der Bedeutung „bauen", *-ere* ist die Infinitivendung. Das deutsche Verb zusammen-bau-en ist parallel gebaut. Man kann auch sagen: konstruiert – und ist damit bei dem entsprechenden Fremdwort aus dem Lateinischen: kon-stru-ieren. Präfix + Stamm + deutsche Infinitivendung ergibt ein lateinstämmiges Fremdwort. Statt *con-* lassen sich andere Präfixe davorschalten. So ist de-stru-ieren ein (selten gebrauchtes) Synonym für „zerstören". Das Adjektiv de-struktiv kommt deutlich häufiger vor. Trotzdem „greift" das Baukastensystem: „weg (*de*)-bau-en" klingt ein bisschen freundlicher, läuft aber auch aufs Zerstören hinaus.

Was sind Substruktionen? Für den archäologisch und bautechnisch nicht so Bewanderten ist das ein schwieriges Fremdwort. Für den Lateiner nicht. *sub* zeigt an: Es sind offenkundig Unter-bauten, also z. B. Stützmauern, wie man sie eindrucksvoll vom Forum Romanum aus sieht, wenn man zum Palatin schaut. Die darauf errichteten Kaiserpaläste benötigten solche Substruktionen, um stabil zu sein (stabil: *sta-bilis*, „steh-bar").

In einen anderen Bereich führt uns das Obstruieren. Wenn eine Opposition im Parlament Obstruktionspolitik betreibt, so ist das das Gegenteil von konstruktiver Mitwirkung. Sie ist auf pure Verhinderung aus, „baut" sozusagen „dagegen". *ob-* und *con-,* das zeigt das Beispiel, sind stets Gegensätze. Sprachwissenschaftlich formuliert: semantische Oppositionen. Die haben mit der parlamentarischen Opposition gemeinsam, dass *ob-* erneut mit von der Partie ist, allerdings an das folgende „p" von *ponere,* „setzen", „stellen", lautlich angeglichen. Die Op-position ist demnach eine Art Gegen-stellung; sie ist der Regierung entgegen-gestellt.

Bleibt noch das Instruieren. Dabei wird etwas „in" jemanden „hinein gebaut" bzw. „hinein gebracht". Das Substantiv ist „Instruktion", das Adjektiv „instruktiv". Hier erkennt man allerdings erst durch den einschlägigen Kontext, dass es sich um ein didaktisches „Hineinbringen" handelt. Wer in-struiert wird, erhält eine Unterweisung, wird belehrt; Lernstoff wird in ihn hinein-gebaut.

Die Anwendungsbreite lateinischer Präfixe zeigt sich auch in ihrer Kom-bina-tionsfähigkeit (*com-bin-are,* „je zwei, *bini,* zusammenbringen"). Ein schönes Beispiel dafür ist re-kon-stru-ieren. Das wird etwas „wieder zusammen-gebaut". Und das nicht nur im Deutschen, sondern auch bei der englischen *reconstruction,* der französischen *reconstruction,* der spanischen *reconstrucción,* der italienischen *ricostruzione* und der niederländischen *reconstructie.* Aber auch die slawischen Sprachen bauen lateinisch wieder auf: *rekonstruksiya* im Russischen, *rekonstrukcja* im Polnischen und *rekonstrukce* im Tschechischen.

Allerdings beherrschen die Slawen auch das Gegenteil: *obstrukce* im Tschechischen, *obstrukcja* im Polnischen und *obstuktsiya* im Russischen. Haben wir hier, um die Wirkmacht des Lateinischen zu illustrieren, isolierte Beispiele aus den slawischen Sprachen gewählt? Zumindest bei der Wurzel *stru-* + Präfix gewiss nicht. Es funktioniert dort auch mit *in-: instruktsiya* auf Russisch, *instrukce* auf Tschechisch, *instrukcie* auf Kroatisch und *instrukcja* auf Polnisch. Ganz schön instruktiv, nicht wahr?

Der Zahnarzt extrahiert, der Mathematiker subtrahiert, der Muskel kontrahiert

Nehmen wir andere Sprachbau-Klötzchen zur Hand, bleiben aber der bisherigen Konstruktionsmethode treu. *trahere* ist das lateinische Verb für

„ziehen". Der „Traktor" ist von ihm abgeleitet: ein „Zieher" oder „Schlep-per". Wenn der Zahnarzt vom Ex-trah-ieren spricht, ist das keine beson-ders frohe Kunde für den Patienten. Weniger vornehm, aber verständlicher könnte er formulieren, dass er den Zahn „heraus-ziehen" möchte. Deutlich harmloser kommt das Sub-trah-ieren daher, jedenfalls solange nicht klar ist, dass da etwas für den Betroffenen Wertvolles „unten weggezogen" wird. Muskeln werden beim Kon-trah-ieren „zusammen-gezogen". „Ab-strakt" nennen wir etwas, das vom Anschaulich-Konkreten „weg-gezogen" ist. Die At(=ad-)-traktion ist dagegen eine „An-ziehung". Der Ex-trakt unserer Darlegungen, sozusagen das „Heraus-gezogene", heißt: Auch *trahere* lässt sich im Deutschen mit zahlreichen Präfixen ein und erweitert das Fremd-wörterrepertoire erheblich. Alle diese Bildungen sind indes für den Latei-ner gut nachvollziehbar. Was das Lateinische ziemlich at-traktiv macht.

Auch in anderen Sprachen findet sich das Baukasten-Element Präfix plus *trahere*. *to attract, to extract* und *to subtract* gibt es auch im Engli-schen, außerdem noch *to protract*, „nach vorn", das heißt „in die Län-ge ziehen", *to detract*, „herabziehen" im Sinne von „schmälern", und *to distract*, „(Aufmerksamkeit) wegziehen", „ablenken". Fazit (*facit*: „es macht"): Beim Weiterleben des lateinischen *trahere*, „ziehen", zieht das Deutsche klar den Kürzeren – und das im Vergleich mit einer anderen germanischen Sprache.

Im Französischen hat das „Nachfolgewort" von *trahere* eine Bedeu-tungsverengung erfahren: *trairer* drückt eine sehr spezifische Form des Ziehens aus, das „Melken". Aber bei den Substantiven hat sich das „Mus-ter" erhalten: *at-traction, abs-traction, ex-traction, de-traction* („Herabzie-hung" im Sinne der „Verleumdung"), *sub-traction* und *dis-traction* („Tren-nung" als „Auseinanderziehung"). Im Italienischen und Spanischen lassen sich sowohl zusammengesetzte Verben als auch Substantive mit *trarre* bzw. *traer* bilden. Wir beschränken uns auf die Verben: italienisch *at-trarre, con-trarre, de-trarre, pro-trarre* und *ri-trarre* sowie spanisch *a-traer, con-traer, de-traer, dis-traer* („ablenken") und *re-traer* („wiederbringen").

Werfen wir einen Blick auf *sistere* und seine Kom-posita, das heißt die mit diesem Stamm zusammen-gesetzten Verben. *sistere* heißt „(sich) stellen", „stehen". Wer as-sistiert, stellt sich „dazu", wer in-sistiert, stellt sich in etwas „hinein" und besteht darauf, wer re-sistent ist, stellt sich „dagegen"; bei einer Kon-sistenz geht es um das „Zusammen"-Stehen im

Sinne der Festigkeit, bei der Sub-sistenz um das, was „sich unten hinstellt" und damit die Grundlage (des Lebensunterhalts) bildet. Man könnte auch sagen: die Grundlage der Ex-istenz. „Ex-istieren" bedeutet „sich herausstellen" und damit „entstehen".

Erneut stellt sich das Englische als variantenreicher heraus. Dort existieren als weitere Komposita to de-sist, „ab-stehen", „ablassen" (entsprechend lateinisch desistere) und to per-sist, „durch und durch stehen", das heißt „hartnäckig auf etwas bestehen" (Substantiv: persistence, „Fortbestehen"). Selbst in die deutsche Fußballersprache hat das englische assist Eingang gefunden. Früher sprach man schlicht von einer „Vorlage" für ein Tor, aber „Assist" klingt natürlich viel professioneller und irgendwie edler – nicht zuletzt weil ihm das lateinische as-sistere zugrunde liegt. Dass Caesar nicht verstünde, was ein Assist ist, liegt nur daran, dass er Fußball nicht kannte. Dass mancher Fußballkenner nicht versteht, was ein Assist ist, liegt umgekehrt daran, dass er nicht Latein kann.

Dadurch bleibt ihm auch die bildliche Bedeutung des Wortes vorenthalten, das ein etwas vornehmeres Synonym für „schwitzen" ist: Beim Tran-spirieren geht der spiritus, „Atem", „hinüber" – z. B. auf die äußere Seite eines Kleidungsstücks, das dann wenig appetitliche Flecken annimmt. Das Ex-spirieren ist dagegen das normale Aus-atmen; die Ärzte sprechen anschaulich vom Re-spirieren, wenn sie das Atmen meinen. In der Tat handelt es sich ja zweifellos um einen sich ständig wiederholenden Vorgang, bei dem der Körper Luft, „zurück"-holt. Die In-spiration haucht uns sozusagen „Geist" ein, bei der Kon-spiration stecken Verschwörer die Köpfe „zusammen" und atmen gleichsam gemeinsam den gleichen Geist. Und der As(=Ad-)spirant? Er haucht etwas „an", ist also ein Bewerber oder Anwärter auf eine Stelle, der sich ganz gute Chancen ausrechnen kann. Wer mag, kann das lateinische Präfix-Baukastensystem bei anderen modernen Sprachen ausprobieren. Es ist auch bei spirare so zuverlässig, dass niemand dabei ins Transpirieren geraten muss.

Fremdwortversteher können Latein

Abschließend stellen wir einiges Übungsmaterial zum „Selbstversuch" im Deutschen zur Verfügung. Was bedeutet …

(1)   involvieren

(2)   Evolution (*volvere*, Partizip Perfekt *volutus*, „wälzen")

(3)   Dissident

(4)   Assessor

(5)   präsidieren (*sedere*, Partizip Perfekt *sessum*, „sitzen")

(6)   initiieren

(7)   Exitus

(8)   Abitur

(9)   Koitus (*ire*, Partizip Perfekt *itum*, „gehen")

(10) separieren

(11) präparieren

(12) reparieren (*parare*, Partizip Perfekt *paratum*, „bereiten", „ver- bzw. beschaffen")

(13) Exzess

(14) Prozession

(15) Sezession

(16) Abszess

(17) Präzedenzfall

(18) Prozedur (*cedere*, Partizip Perfekt *cessum*, „gehen", „weichen")

(19) obstinat

(20) Substanz

(21) Distanz

(22) Rest

(23) Konstante (*stare*, Partizip Perfekt *statum*, „stehen")

(24) Aspekt

(25) inspizieren

(26) respektieren

(27) Prospekt

(28) despektierlich

(29) suspekt

(30) Perspektive (*spectare* bzw. bei zusammengesetzten Verben *-spicere,* Partizip Perfekt *-spectum*, „blicken")

Und hier weiteres Material für einen kombinierten Latein-Englisch-Test. Es liegen dieselben „Grundverben" wie oben vor, allerdings in unterschiedlicher Reihenfolge:

(31) *to devolve*
(32) *transient*
(33) *to intercede*
(34) *intercession*
(35) *to recede*
(36) *to secede*
(37) *to prepare*
(38) *retention*
(39) *to retain*
(40) *container*

Wer Latein lernt, lernt nicht nur Latein

Haben Sie gemerkt, wie Sie beginnen, Wörter mit ganz anderen Augen zu sehen, sie als viel anschaulicher, aussagekräftiger wahrzunehmen? Die Etymologie, das heißt die Lehre von der Abstammung der Wörter, ist alles andere als eine langweilige Sache. Sie erschließt einen neuen Horizont, ermöglicht aufschlussreiche Blicke gewissermaßen hinter die Kulissen unserer Sprache.

Aber lassen sich die Präfixe, wenden Skeptiker ein, nicht ganz einfach auch als „Vokabeln" lernen – ganz ohne Latein? Sollten sie nicht allen geläufig sein, die Englisch, Französisch oder eine andere romanische Sprache erlernen bzw. erlernt haben? Sollten schon, aber werden solche strukturellen Elemente wirklich systematisch vermittelt? Haben Sie im Englisch- oder Italienischunterricht eine Liste der Präfixe in die Hand bekommen und lernen müssen? Oder – warum eigentlich nicht? – im Deutschunterricht?

Gewiss, man kann diese Wortbildungselemente auch so oder im Zusammenhang mit modernen Fremdsprachen lernen. Aber es liegt schon näher, sie gewissermaßen an der lateinischen Quelle aufzunehmen, dort, wo sie entspringen – zumal dort eben auch die meisten anderen Bausteine vermittelt werden, mit denen zusammen sie erst ihre Aussage entfalten: die Verben, von denen wir einige auf den letzten Seiten exemplarisch behandelt haben. Dabei haben wir bewusst nicht alles angeführt, was denkbar und möglich wäre. Wer Lücken entdeckt, darf sich selbst auf die Schulter klopfen: Er hat nicht nur das System kapiert (diesen umgangssprachlichen Ausdruck erlauben wir uns nur, weil er von lateinisch *capere*, „fassen", „fangen", kommt), sondern innerhalb dieses Systems selbstständig weitergedacht.

Im Übrigen gilt für dieses Baustein-Kapitel dasselbe wie für andere Pro-Latein-Argumente: Für sich allein genommen, würde es sicher nicht ausreichen, den Nutzen des Lateinlernens zu illustrieren und diese Lern-Mühe zu rechtfertigen. Im Kontext mit anderen Aspekten gewinnt es dagegen schon an persuasiver Kraft. Wie spätestens die drei in diesem Satz untergebrachten Präfix-Fremdwörter zeigen: Der Kon-text ist ein sprachliches „Zusammen-Gewebe" (*texere*, „weben"), der A-spekt ein „An-blick" und das Per-suasive hilft dabei, etwas „durch und durch zu versüßen" (*per-suadere*, „ganz und gar versüßen" und damit „überzeugen").

Auflösung

(1)   hinein-wälzen, verwickeln
(2)   Heraus-Wälzung
(3)   Weg-Sitzer
(4)   Bei-sitzer
(5)   vor-sitzen
(6)   hinein-gehen
(7)   Aus-gang
(8)   Weg-gang
(9)   Zusammen-gehen
(10) weg-schaffen, trennen
(11) vor-bereiten
(12) wieder-beschaffen
(13) Heraus-gehen
(14) Voran-gehen

(15) Weg-gehen, Trennung
(16) Weg-gang
(17) voran-gehender Fall
(18) Vor-gang
(19) entgegen-stehend
(20) Darunter-Stehendes
(21) Auseinander-Stehendes
(22) Zurück-Stehendes
(23) Zusammen-Stehendes, Bleibendes
(24) An-blick
(25) hinein-schauen
(26) zurück-schauen
(27) Voraus-Schau
(28) herab-schauend
(29) von unten-geschaut
(30) Durch-Blick
(31) *de-volvere*, abwälzen, übertragen
(32) *trans-ire*, vorübergehend
(33) *inter-cedere*, dazwischentreten
(34) *inter-cessio*, das Dazwischentreten
(35) *re-cedere*, zurückweichen
(36) *se-cedere*, weggehen, sich trennen
(37) *prae-parare*, vorbereiten
(38) *re-tentio*, das Zurückhalten
(39) *re-tinere*, zurückhalten
(40) *con-tinere*, ein Zusammenhalter

Von A wie Amulett bis Z wie Zensur – Wie die Römer unseren Kulturwortschatz bereichern

Vom Lateinischen geht eine gewisse Faszination aus. Sie halten das angesichts mancher Unmutsäußerungen von Latein-Gegnern für eine gewagte Behauptung? Zumindest im eigentlichen Sinne ist es das nicht. Denn *fascinum* ist ein lateinisches Wort. Es bedeutet „Verzauberung", „Verhexung"; das Verb *fascinare* bedeutet mithin „verhexen" – und zwar so intensiv, dass man dieser Verhexung kaum entgehen kann. Darin stimmt die römische Vorstellung mit ihrem deutschen Ableger überein. Nicht dagegen – und jetzt werden die Latein-Gegner aufmerken – in der weitgehend positiven Wertung der „Faszination". Im Alten Rom waren es im Allgemeinen böse Blicke und schädliche Zauberformeln, mit denen das *fascinare* operierte. Die Faszinierten waren also unfreiwillige Opfer dieser übersinnlichen Machenschaften, während wir Heutige uns nur zu gern von jemandem oder von etwas faszinieren lassen – z. B. von der lateinischen Sprache.

„Faszination" ist nur eines von vielen Beispielen, wie Rom und Latein den deutschen Kulturwortschatz bereichert haben. Dabei hat sich die Bedeutung dieser Begriffe häufig gewandelt; „faszinierend" ist insofern kein untypisches Beispiel für diese semantische Umetikettierung. Muss man

die Hintergründe des Wortes kennen, seine Sprach- und Bedeutungsge-
schichte über 2000 Jahre hinweg, um „faszinierend" richtig zu verwenden? Muss man nicht. Man kann sich wie bei vielen Dingen auch mit der
Oberfläche zufriedengeben. Das ist nicht ehrenrührig und tut auch nicht
weh. Gleichwohl macht es vielen Freude, „bringt" es ihnen etwas, wenn
sie unter die Oberfläche schauen, in tiefere Schichten unserer Sprache eindringen und kulturgeschichtlich Wichtiges oder zumindest Interessantes
erfahren können.

Latein hilft dabei sehr, und zwar in mancher Hinsicht. Im Folgenden
wollen wir das an einigen Beispielen des Kulturwortschatzes illustrieren –
ohne jeden Anspruch auf Vollständigkeit, denn damit ließe sich ein ganzes Buch füllen.

Bleiben wir bei der Magie. Gegen die schädliche Wirkung des *fascinare*
helfe ein Amulett, glaubten die Römer. Diesem Abwehrmittel vertrauen
auch heutzutage noch viele Menschen – ohne zu wissen, dass das „Amulett" auf ein lateinisches *amuletum* zurückgeht. Dessen apotropäische, das
heißt Unheil abwehrende Wirkung ist schon in der Wortbedeutung enthalten. Das Verb dazu ist *amoliri*, „weg-schaffen", „von sich fernhalten".

Martialisch, janusköpfig, grazil – Römische Gottheiten sind unter uns

Von der Zukunftserforschung hielten die Römer sehr viel. Sie kannten
eine ganze Reihe mantischer Praktiken, die ihnen als Quellen verlässlicher
Prophezeiungen galten. Zwei von ihnen sind in den deutschen Kulturwortschatz eingegangen. Einmal das „Omen" als ganz allgemeines Wort
für ein „Vorzeichen". Ungewöhnliche Himmelserscheinungen, Besonder-
heiten von Opfertieren, aber auch ganz alltägliche Dinge wie Stolpern
oder Niesen konnten je nach Situation als Glück oder Unglück verhei-
ßende Omina gedeutet werden. Im Deutschen ist das Sprichwort bekannt
nomen est omen, „der Name ist ein Vorzeichen" – so dass man sich nicht
wundern sollte, wenn ein Herr Unruh ständig mit den Beinen wippt.

Der zweite Begriff sind die „Auspizien". Wir sagen, eine Firma oder eine
Institution sei unter den Auspizien der einen oder des anderen gewachsen.
Gemeint ist damit: unter ihrer bzw. seiner Leitung und Planung. Bei den

Römern wurden vor wichtigen staatlichen Entscheidungen wie Feldzügen und Wahlen Auspizien eingeholt. Das geschah mithilfe der Beobachtung des Vogelflugs. Es gab eigens ausgebildete Priester, die den Flug der Vögel zu interpretieren wussten. Wenn sie denn genau hinschauten: *auspicia* ist zusammengezogen aus *aves spicere*, „Vögel schauen". Dieser Vorgang wird heute eher selten dem Urteil vorgeschaltet, dieses oder jenes Vorhaben stehe unter glücklichen oder weniger glücklichen Auspizien.

Bleiben wir in der überirdischen Welt, indem wir uns den Göttern zuwenden. Auch hier hält das Deutsche erstaunliche Erinnerungen an die römische Götterwelt wach. Wenn wir jemandem ein „joviales" Verhalten bescheinigen, so attestieren wir ihm eine ähnlich freundlich-abgeklärte Ausstrahlung, wie sie den höchsten Gott der Römer, Jupiter, auszeichnete. Der Stamm von *Iupiter* heißt nämlich *Iov-*, der Genitiv ist *Iovis*. Das Adjektiv *iovialis* meint demnach eine Einstellung, die über den Dingen steht und sich im Bewusstsein der eigenen Überlegenheit anderen gegenüber großzügig-humorvoll geben kann.

Deutlich verkniffener kommt Mars daher. Er war der Gott des Krieges, „martialisches" Verhalten hat also etwas mit Waffenklirren, mit Stärke-Zeigen zu tun. Wer martialisch auftritt, gibt sich wenig friedfertig und kompromissbereit. Er lässt deutlich erkennen, dass er Konflikt und Krieg in Kauf nimmt. Seine martialische Attitüde setzt auf Einschüchterung: Mars wird's schon in seinem Sinne richten – glaubt er zumindest.

Ganz anders gibt sich, wer mit „Grazie" oder „grazil" auftritt. Dies erinnert an die drei Gratiae, Göttinnen der Schönheit und Anmut, die, wenn man so will, in der zweiten Götter-Liga des Altertums spielten. Die Griechen nannten sie Chariten. Liebreiz und ästhetisch genussvolle Ausstrahlung – das verbinden wir noch heute mit den Grazien, auch wenn wir manchmal ironisch formulieren, die eine oder andere Dame trete nicht gerade grazienhaft auf.

Können Sie etwas mit „janusköpfig" anfangen? Dieses Adjektiv steht auf der roten Liste der vom Aussterben bedrohten Wörter. Das ist angesichts der Anschaulichkeit, die sich mit ihm verbindet, ausgesprochen schade. Es bezieht sich auf den römischen Gott Ianus. Er war der Schutzgott der Ein- und Durchgänge. Und da er nach vorn wie nach hinten schaute, stellten die Römer ihn mit einem Doppelgesicht dar. „Janusköpfig" bedeutet daher im übertragenen Sinn etwas „Doppelgesichtig-Ambivalentes", ein Sowohl-Als auch, das ein und dieselbe Person verkörpert. Mit seiner Brückenfunktion als Monat, der zugleich ins alte Jahr zurück und nach vorn ins neue Jahr schaut, ist der nach Ianus benannte „Januar" erst seit 153 v. Chr. „janusköpfig". Erst seitdem beginnt das Jahr mit ihm; ursprünglich markierte der 1. März den Jahresbeginn.

Ein Pyrrhussieg ist kein Triumph

Ein anderer „Erbschaftsbereich": das Militär. Hier hält sich die Zahl der Begriffe, die in den deutschen Kulturwortschatz Aufnahme gefunden haben, in Grenzen. Die „Legion" steht entsprechend der Luther-Übersetzung von Markus 5, 9 für „sehr viele". Man könnte, um beim Thema zu bleiben, formulieren: Die Übernahmen des Deutschen aus dem Lateinischen sind Legion. Die historische Römer-Legion hatte übrigens eine Sollstärke von „nur" 6000 Mann; die Ist-Stärke wich zum Teil noch deutlich nach unten von dieser Richtzahl ab. Der zehnte Teil einer Legion war die *cohors*. Als „Kohorte" bezeichnen Sozialwissenschaftler heute eine genau definierte Gruppe von Menschen, die sich über ein bestimmtes Kriterium wie Alter, Krankheitsbild, Herkunft usw. klar von anderen Gruppen abgrenzen lässt.

Auch den „Pyrrhussieg" verdanken wir den Römern. Genauer gesagt dem epirotischen König Pyrrhos, der die Römer in einer Schlacht im Jahre 280 v. Chr. schlug, dabei aber selbst so hohe Verluste erlitt, dass sein Sieg einer Niederlage gleichkam. „Noch so ein Sieg über die Römer und wir sind verloren", soll damals ein Freund des Siegers sarkastisch kommentiert haben. Und so bezeichnen wir noch heute einen scheinbaren Sieg, der sich bei näherem Hinsehen als verlustreicher oder auf längere Frist bitterer Erfolg erweist, als „Pyrrhussieg".

Ganz anders der „Triumph". Ihn kann man in der Politik oder im Sport oder auf einem anderen Gebiet erringen. Gelegentlich liest man sogar von einem „Triumph des Geistes". Mit dem hat der römische „Original"-*triumphus* allerdings so gar nichts zu tun. Er gehörte ganz und gar der militärischen Sphäre an. Der Senat konnte einem siegreichen Feldherrn diese höchste Ehre zusprechen – vorausgesetzt, es waren mindestens 5000 gegnerische Soldaten gefallen. Der Triumphzug wurde als Spektakel inszeniert, bei dem hunderttausende Römer die Straßen säumten und den Soldaten und ihrem Feldherrn zujubelten. Abschließender Höhepunkt war ein Opfer an Jupiter auf dem Kapitol.

Der volkstümliche kleine Bruder des Triumphes ist im Deutschen der „Trumpf". Auch er geht auf die altrömische Siegesfeier zurück, hat sich allerdings seiner neuen sprachlichen Heimat besser angepasst als der „Triumph" – der Unterschied zwischen Fremd- und Lehnwort.

Auch der „Tribut" weist wenngleich nicht ausschließliche, so doch enge Kontakte zur militärischen Sphäre auf. Unterworfenen Völkern verlangten die Römer gewöhnlich ein *tributum* ab – als einmalige „Entschädigung" für die Kriegskosten und als dauerhafte, meist zehnprozentige Bodenertragssteuer der Provinz plus einer „Kopfsteuer", die jedem Nichtrömer auf römischem Boden auferlegt wurde. In der Tat leitet sich *tributum* von *tribuere* ab, „zuteilen". Das *tributum* ist etwas „Zugeteiltes", eine „auferlegte" Leistung. Heute zollen wir metaphorisch überragenden Leistungen Tribut, ohne finanziell dafür zur Ader gelassen zu werden. Oder wir zollen dem Alter Tribut, was unter Umständen deutlich mehr kostet als eine Vermögensabgabe. Wie man auch der Zeit Tribut zollen kann, zeigt die Tatsache, dass sich das lateinische Neutrum *tributum* im Deutschen zum Maskulinum gewandelt hat. *O tempora, o mores!*

Wie der „proletarius" zum prolligen Proleten wurde

Gehen wir zum politisch-sozialen Bereich über. Im einschlägigen deutschen Wortschatz haben die Römer besonders tiefe Spuren hinterlassen. Diskussionen finden heute vielfach in Internet-„Foren" statt. Wir sprechen auch davon, dass jemand ein „Forum" zur Darlegung seiner Ansichten bekomme. Auch bei den Römern war das *forum* ein Marktplatz, sowohl einer für Meinungen als auch einer für Waren. *in foro* ist im Lateinischen ein Synonym für ein Agieren „in der Öffentlichkeit". Das berühmteste Forum der Weltgeschichte, heute noch jährlich von Millionen Touristen durchstreift, ist das Forum Romanum. Dort trug man sowohl vor dem Volk als auch im Senat zu Zeiten der Republik heftige Debatten aus, dort wurden weitreichende politische Entscheidungen getroffen – das Zentrum der Macht.

Apropos „Republik". Auch das ist ein römisches Begriffserbe. *res publica,* die „allgemeine Sache", war bei den Römern der „Staat" – die Sache sozusagen, die jeden etwas anging. Was wir unter einer monarchenfreien Republik im verfassungsrechtlichen Sinn verstehen, hieß bei den Römern *res publica libera,* „freier Staat". *res publica* allein bedeutet „Staat", „Staatswesen" ohne eine spezifische Aussage über seine Verfassung.

Politiker, die dem Volk mehr oder weniger demagogisch zum Munde reden, werden heute gern als „Populisten" bezeichnet. Der Begriff war den Römern fremd, nicht aber das ihm zugrunde liegende Wort *populus,* „Volk"(vlg. S. 91). Ein bisschen bedenklich scheint es in einer Demokratie allerdings schon, dass der „volksnahe" Populist eher als Schimpfwort verwendet wird.

populus ist im Lateinischen der Begriff für das „Gesamtvolk". Das setzte sich im Alten Rom aus zwei Ständen zusammen, den Patriziern und den Plebejern. Auch diese beiden Begriffe hat das Deutsche übernommen. Bei den „Patriziern" schwingt immer noch mit, dass sie etwas „Besseres" sind, jedenfalls der Oberschicht angehören. Patrizierhäuser aus dem Mittelalter spiegeln das elegante Leben der Adligen und ihren Überlegenheitsanspruch. Auch in Rom bildeten die *patricii* einen Uralt-Adel, der stolz auf seine *patres,* „Väter", war und seinen gesellschaftlichen Rang mit dieser Ahnengalerie legitimierte.

Alle anderen waren *plebei* bzw. gehörten der *plebs* an. Das ist kein besonders schmeichelhafter Begriff, wenn man sich seine Etymologie klarmacht. Darin steckt nämlich *plere,* „füllen". Die *plebs* war so gesehen dazu da, den Staat „aufzufüllen" – nur so machte die Herrschaft den Patriziern Spaß, wenn sie über hinreichend große „Füllmengen" herrschten. Gleichwohl war *plebs* in römischer Zeit eher ein beschreibender denn ein negativ wertender Begriff. Anders heutzutage: Da schwingt doch gehörig Geringschätzung mit, wenn man von „der Plebs" spricht oder jemandem „plebejischen Geschmack" oder „plebejische Manieren" attestiert.

Ein anderer, verwandter Begriff hat eine ähnlich pejorative Färbung angenommen. Das ist der des „Proletariers". Als „Proll" oder „Prolo" verkürzt, ist er geradezu ein Schimpfwort. „Prolliges" Verhalten wird in der bürgerlichen Gesellschaft wenig geschätzt. Allenfalls eingefleischte Marxisten können dem „Proletarier" etwas Positives, manchmal geradezu Bewunderndes abgewinnen. Auch hier war das römische Verständnis eher beschreibend als negativ wertend: Als *proletarius* galt derjenige, dessen einziges Vermögen in seiner *proles*, „Nachkommenschaft", bestand. Das brachte ihn in die unterste Vermögensklasse, aber es nahm ihm nicht eo *ipso* die Anerkennung als vollwertiger römischer Bürger.

Auch der „Klient" war ein wichtiger Begriff im römischen Sozialgefüge. Heute ist er ein sprachlich gehobener Ausdruck für den Kunden eines Rechtsanwalts oder Steuerberaters, im Alten Rom war der Klient Schutzbefohlener eines einflussreichen *patronus*. Dessen Sozialprestige wurde durch morgendliche Besuche zahlreicher Klienten gesteigert. Sie begleiteten ihn auch bei mehr oder weniger offiziellen Auftritten in der Öffentlichkeit. Als Gegenleistung erhielten sie Schutz und Hilfe sowie kleine Geldgeschenke und Einladungen zum Essen. Kandidierte der Patron gerade für ein Amt, so konnte sich ein eindrucksvolles Klientengefolge durchaus als Erfolgsfaktor erweisen. Der „Kandidat" hieß so, weil er eine *toga candida*, eine blütenweiße Toga trug – auch wenn er im politischen Geschäft nicht unbedingt eine weiße Weste hatte. Noch heute ist der Kandidat ein Aspirant auf eine – wenn auch nicht unbedingt politische – Position.

Nicht alle „fasces"-Träger sind Faschisten

Römische Amts- und Standesbezeichnungen finden sich allenthalben in unserer modernen Welt: sowohl der „Senator" als Mitglied eines parlamentarischen Senats oder als geschätzter Vielflieger-Kunde der Lufthansa als auch der „Zensor", der als Aufpasser über die Presse in demokratischen Staaten wenig Sympathie genießt, und der in der Welt der Diplomatie anzutreffende „Konsul". Ebenso ist der „Volkstribun" noch präsent. Im Alten Rom ursprünglich ein Interessenvertreter der Plebs, ist er heute zum Politiker mutiert, der die (vermeintlichen) Interessen der kleinen Leute durchaus mit einem Schuss Demagogie gegen das politische Establishment vertritt. Ein Veto wie seine altrömischen Vorfahren hat er freilich nicht mehr. Die konnten jede Amtshandlung eines Magistrats stoppen (*veto*, „ich verbiete!"). Heute legt man sein Veto auf verschiedenen Gebieten ein – und hofft darauf, dass es ernst genommen wird.

Ob die Römer in unserer Gesellschaft Punkte damit sammeln, dass sie uns den „Fiskus" vererbt haben? Das darf man bezweifeln. In der Funktion unterschied sich der römische *fiscus* vom deutschen Fiskus grundsätzlich nicht. Beide bezeichnen eine Staatskasse; in Rom war das allerdings die gleichsam private Staatskasse des Kaisers, auf die nur er Zugriff hatte. Die traditionelle Staatskasse, die der Senat kontrollierte, war das *aerarium*.

Ein Begriff, auf dessen historische Aktualisierung seit der ersten Hälfte des 20. Jahrhunderts wir gern verzichtet hätten, sind die *fasces*. Damit bezeichneten die Römer Rutenbündel, aus denen ein Beil herausragte. Sie symbolisierten die Amtsgewalt römischer Magistrate. Amtsdiener trugen ihnen die *fasces* voran. Um deutlich zu machen, dass sie an das „große Römerreich" als ihre Vergangenheit anknüpften, wählten die italienischen Faschisten die Rutenbündel als ihr „Markenzeichen" und benannten ihre politische Bewegung danach. Allerdings ist diese Übernahme der *fasces* keineswegs auf die Faschisten beschränkt. Die *fasces* sind nach wie vor ein – allerdings wenig benutztes – Hoheitszeichen der französischen Republik; außerdem zieren sie das Wappen des Schweizer Kantons St. Gallen. Merke: Nicht alle *fasces*-Erben sind Faschisten.

Selbst Ferien verdanken wir den alten Römern

Die letzte Station unseres kleinen Rundgangs durch den lateinisch-deutschen Kulturwortschatz betrifft allgemeine Aspekte der Zivilisation. Die „Villa" – ein lateinisches Wort? Da sind viele erstaunt. Und doch ist es so, wenngleich die römische *villa* ein repräsentatives Haus auf dem Lande war. Das „Atrium" – es fand sich in jedem größeren Haus wohlhabender Römer. Das *atrium* diente als Empfangs- und gewissermaßen Verteilungsraum zu den übrigen Zimmern. Sein Name leitet sich wahrscheinlich von dem schwarzen (*ater*) Rauch ab, den die in ihm angelegte Feuerstelle produzierte.

Wenn wir ein „CD-Album" in die Hand nehmen, betreten wir sprachlich römisches Terrain: Das *album* war früher eine weiß (*albus*) getünchte Tafel mit irgendwelchen Verzeichnissen. Die „CD" ist, beiläufig bemerkt, ein *compactus discus*, eine „gedrungene Scheibe", wenn man sie auf ihren lateinischen Ursprung zurückführt.

Sie finden „urbanes" Leben attraktiv, verehrte Leserinnen und Leser? Dann wandeln Sie auf den Spuren der römischen Oberschicht. Sie verband „guten Geschmack" und „Esprit" mit der Zivilisation der *urbs*, „Großstadt". Sie speisen gern gut und raffiniert? Dann tun sie es dem römischen Aristokraten Lucullus nach, der sich in seinem „zweiten Leben" (nach einer militärischen Karriere) als legendärer Feinschmecker profilierte und seine „lukullischen" Genüsse bis in die Moderne nachwirken ließ – wobei er ganz allgemein dem „Luxus" nicht abgeneigt war.

luxus ist ein lateinischer Begriff, der ursprünglich das üppige, kaum einzudämmende Wachstum bezeichnete. Von dort wurde er auf eine Lebensweise übertragen, die diese natürliche Üppigkeit in mancher Hinsicht imitierte. Luxus liebende römische Aristokraten zogen sich gern auf ihre prächtigen Landsitze zurück – *villae*, Sie wissen schon –, wenn sie ein paar Tage frei hatten. Und was meinen Sie, wie sie diese freien Tage nannten? Sie sprachen von *feriae*. Die Römer als „Erfinder" der „Ferien" – das ist doch mal ein ganz anderes Römerbild, als so manches gängige Klischeebild es vermittelt. Vielleicht sollten die Lateinlehrer auf ihren schulischen Info-Abenden damit werben: Wenn die Römer das höchste Gut der Schule kreiert haben, die Ferien, kann ihre Sprache doch kein Feind der Schüler sein.

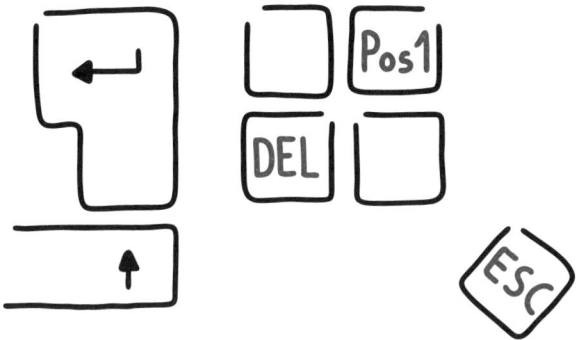

Bestens integriert – Auch der „Kumpel" ist Lateiner

Wenn jemand Latein forsch, robust, rüde oder gar rabiat als Plage diffamiert und erpicht darauf ist, es aus den Lehrplänen zu tilgen und aus den Schulen zu puschen, so trachten wir weder danach, ihm an die Gurgel zu gehen, noch ihm ordentlich den Popo zu versohlen. Wir lassen uns die Laune nicht verderben, sondern kontern nur ganz nüchtern mit einer fast noch netten Verbalinjurie, indem wir ihn als peinlichen Vollpfosten mit fader Bildungstünche titulieren. Gern lassen wir uns darob von unseren Latein-Kumpels und anderen Fans zujubeln und gratulieren: „Fein formuliert!"

Dieser zugegeben etwas artifizielle Text stützt sich auf linguistische Wesen, die man als gut integrierte Sprachmigranten bezeichnen könnte, vulgo Lehnwörter genannt. Das Deutsche verdankt dem Lateinischen eine Vielzahl dieser Wesen. Und wenn uns dieses Erbe in der Alltagssprache gar nicht bewusst ist, so erklärt sich das gerade mit ihrer überaus gelungenen Integration. Lehnwörter haben sich in Aussprache, Schreibweise und Grammatik ihrer „Gastsprache" so angepasst – oder besser: Die Gastsprache hat sie sich so zurechtgebogen –, dass sie als Fremdkörper gar nicht mehr auffallen. Sie haben ihre sprachliche Vergangenheit gewissermaßen abgestreift; viele geben sich geradezu als urdeutsche Wörter. Ganz im Unterschied zu den Fremdwörtern, die ihre Herkunft nicht verleugnen. Um die Diskrepanz klarer zu machen, haben wir den ersten Satz dieses zweiten Absatzes mit Fremdwörtern geradezu gespickt: artifiziell, linguistisch, integriert, Migranten, vulgo – das sind offensichtlich keine genuin germanischen Wörter. In „artifiziell" steckt *ars*, die „Kunst", in „linguistisch" *lingua*, die „Sprache", in „integriert" *integer*, „unversehrt", „frisch", in „Migrant" *migrare*, „wandern", und in „vulgo" steckt *vulgus*, das „gemeine Volk".

Der Satz enthält darüber hinaus ein weiteres Beutewort aus dem Lateinischen, das uns aber problemlos über die Lippen kommt. Das ist der „Text". Er geht auf lateinisch *textus* zurück, ein „Gewebe", wie es beim *texere*, „Weben", zustande kommt. Der „Text" ist also ein sprachliches Gewebe oder eine „Sprachtextilie" – ein schöner Ausdruck, dessen Bildhaftigkeit sich indes nur dem erschließt, der ihn mit seinem lateinischen Ursprungswort in Verbindung bringt.

„Verbalinjurie" ist ein Fremdwort – aber „Text" und „Titel"?

Ist „Text" ein Fremd- oder ein Lehnwort? Darüber lässt sich streiten. Auf der einen Seite hat es ja nur seine lateinische Endung und die Aussprache des langen „e" abgelegt und sich darüber hinaus nicht sonderlich um Anpassung bemüht. Auf der anderen Seite ist es ein so geläufiges, jedermann zugängliches Wort, dass kaum jemand es als sprachliche Importware wahrnimmt. So verhält es sich bei einer Reihe von Begriffen: Die Grenzen zwischen Lehn- und Fremdwort sind fließend.

Wenden wir uns dem ersten Absatz, unserem eigentlichen Demo-Text zu (*demonstrare*, „zeigen"), so wirkt er auf den ersten Blick nicht besonders lateinlastig. Nur wenige Fremdwörter springen ins Auge: „Verbalinjurie" natürlich, ein antiquiertes Wort, das kaum noch jemand verwendet, das aber Lateiner leicht erklären können: *verbum*, das „Wort", *iniuria*, das „Unrecht" – mithin das, was wir heute schlicht als „Beleidigung" bezeichnen. Außerdem „diffamieren". Das klingt aufgrund der verdächtigen „-ieren"-Endung, die vielfach die lateinischen Infinitivendungen *-are, -ere* und *-ire* beim „Germanisierungsprozess" ersetzt, einigermaßen fremd. Sprachlich zumindest, inhaltlich weniger, denn diffamiert wird auch heutzutage gern und ausgiebig. Das war bei den Römern nicht anders. Gewiefte Anwälte legten es häufig darauf an, die *fama* der Gegenpartei, ihren guten „Ruf", „Leumund", zu erschüttern und ins Gegenteil zu verkehren. *dis-* bzw. zur besseren Aussprache *dif-* ist eine Vorsilbe, die „auseinander", „weg" bedeutet. Beim Diffamieren wird damit die *fama* des anderen genüsslich auseinandergenommen.

Mag sein, dass auch die anderen Verben auf „-ieren" für manch einen noch etwas fremd klingen: titulieren, gratulieren und formulieren. Da sind wir wieder im Grenzbereich zwischen Fremd- und Lehnwörtern – obwohl bei zwei von ihnen mindestens das entsprechende Substantiv sehr deutsch klingt: die „Form" und der „Titel". Und doch handelt es sich um Lehnwörter aus dem Lateinischen: *forma*, die „Form", „Gestalt", und *titulus,* die „Auf-" bzw. „Überschrift". Die einschlägigen „Original"-Verben heißen *formare* und *titulare*, „bilden, formen" und „benennen". Auch das „Gratulieren" verdanken wir den Römern. Sie bezeichneten es als *gratulari,* wenn sie jemandem „herzlich dankten" bzw. ihm „Glück und Erfolg wünschten". Das zugrunde liegende Adjektiv ist *gratus,* „dankbar, „willkommen", „erwünscht".

Zwei Wörter in unserem kleinen Lateingegner-Bashing-Text sind erkennbar Übernahmen aus dem Englischen. Skeptiker sprechen abfällig von „Denglisch", wenn sie „pushen" und „Fans" hören. In Wirklichkeit ist manche vermeintliche Denglisch-Torheit schlicht recyceltes Latein. So auch bei „pushen" und „Fans". „Pushen" bzw. eingedeutscht „puschen" leitet sich von lateinisch *pulsare* ab, „stoßen", „schlagen" (von dem das Deutsche schon lange vorher den „Puls" geerbt hatte). Und der scheinbar englische „Fan" ist wie der deutsche „Fanatiker" ein lateinischer *fanaticus.* Als solchen bezeichneten die Römer einen Menschen, der von einer Gottheit in Entzücken versetzt war, einen „religiösen Schwärmer". Fans im heutigen Sinne gab es auch schon im Alten Rom zuhauf: glühende Anhänger von Rennparteien im Circus sowie Unterstützer von Gladiatoren und Schauspielern, die auch nicht gerade als Repräsentanten betont rationalen Verhaltens hervorstachen.

Peinliche Vollpfosten mit fader Bildungstünche –
Eine Beschimpfung (fast) auf Latein

Nun aber zu den echten Lehnwörtern! Wir beginnen mit unseren „Latein-Kumpeln“. Zugegeben: ein ziemlich burschikoser Ausdruck, der zum edlen Latein nicht so recht passen will. Angemessener wäre „Freunde des Lateinischen“. Das gefiele ebendiesen Freunden sicher auch deutlich besser. Aber der „Freund“ geht nicht aufs Lateinische zurück, der „Kumpel“ dagegen sehr wohl. Er hat sich nämlich aus einem spätlateinischen *companio* entwickelt. Das war jemand, „mit“ (*cum*) dem man sein Brot (*panis*) zusammen aß. Die abfälligere Lehnwort-Variante ist der „Kumpan“, die ökonomische Version der französischlastige „Kompagnon“. Sie alle sind „gemeinsame Brot“-Esser. Bleiben wir angesichts dieser Auswahl lieber beim Latein-„Kumpel“ – einer Trivialisierung, die ihn zumindest vor unpassender Kriminalisierung und ebenso unpassender Ökonomisierung schützt. „Trivial“ ist, beiläufig bemerkt, ein Wissen oder eine Eigenschaft, die sozusagen an jeder x-beliebigen Straßenecke zu erwerben sind (*tres viae*, „drei Straßen“; *trivialis*, „gewöhnlich“, „gemein“).

Es ist schön, wenn einem die Kumpels auch mal zujubeln. Noch schöner aber, dass „jubeln“ ein Lehnwort aus dem Lateinischen ist. Es geht auf *iubilare*, „frohlocken“, zurück – ursprünglich ein ziemlich rustikaler Ausdruck, den das Christentum jubelnd aufgewertet hat. Und haben sie nicht recht, die Latein-Jubler? Müssen sie sich nicht mal mit kräftigen Worten gegen die vielen Unterstellungen, Halbwahrheiten und Ahnungslosigkeiten zur Wehr setzen, mit denen Latein-Gegner das scheinbar überflüssige Fach madig zu machen versuchen? Von Ignoranten sprechen wir nicht; das wäre ja ein Fremdwort. Der „Vollpfosten“ hat dagegen den Vorzug, im zweiten Teil ein echtes Lehnwort zu sein: *postis*, eben der „Pfosten“, ist das lateinische Ursprungswort. Kein Wunder, denn er ist Teil jenes Steinbaus, den die Germanen als jene römische Hightech bewunderten, die sie selbst nicht beherrschten und kannten. So dass es in diesem Bereich von Lehnwörtern aus dem Lateinischen nur so wimmelt: „Mauer“ von *murus*, „Pforte“ von *porta*, „Ziegel“ von *tegula*, „Kalk“ von *calx*, „Zement“ von *caementum*, „Keller“ von *cella*, „Fenster“ von *fenestra*. Und „Pfosten“ eben von *postis*.

Allein schon diese Serie von Wortübernahmen aus dem römischen Vollbau legt es nahe, von „Vollpfosten“ zu sprechen. Serie? Klar, auch ein Lehnwort – von *series,* „Reihe", „Reihenfolge". Das Verb heißt *sere-re,* „knüpfen", „reihen". Klar? Klar ist „klar" ein weiteres Lehnwort, von *clarus,* „hell", „deutlich". Vollpfosten wirken meist peinlich. Im Klartext (*clarus; textus*): Ihr Kampf gegen Latein verlangt geradezu nach Bestrafung; *poena,* „Strafe", liegt der deutschen „Pein" und ihrem Adjektiv „peinlich" zugrunde.

Was Vollpfosten von sich geben, strömt selten solide (*solidus,* „fest") Bildung aus. Manchmal haben sie sich aber ein Bildungsmäntelchen umgehängt, das ihre Blöße verdecken soll: Die Bildungstünche nimmt ebendieses Bild auf – nur dass sie das „Mäntelchen" durch die Tunica, das hemdartige Untergewand der Römer, ersetzt. Sie ist nämlich das lateinische Wort, das der deutschen „Tünche" zugrunde liegt. Die Parallele überzeugt: So wie die *tunica* den nackten Körper verhüllt, bedeckt die Tünche die nackte Wand – beides allerdings ziemlich oberflächlich. Kratzt man sie ab oder hebt man sie hoch, dann bleibt nichts mehr verborgen. Apropos „Körper" – selbst den hat sich das Deutsche vom Lateinischen besorgt. Die Römer sprachen vom *corpus* und wären ob der Geschlechtsumwandlung vom Neutrum zum Maskulinum, der sich das Lehnwort unterzogen hat, doch sehr erstaunt gewesen.

Mit der „Fadheit" der Bildungstünche treffen wir semantisch ins Schwarze; denn „fade" leitet sich von *fatuus,* „einfältig", „dumm", ab. Zumindest mit einer gewissen Wahrscheinlichkeit – ganz sicher sind sich die Sprachwissenschaftler da, im Unterschied zu den bisher erwähnten Lehnwörtern, nicht. Zum Ausgleich sind sie bei „sicher" ganz sicher: Das leitet sich von lateinisch *securus* ab – „sorglos" oder eben „sicher".

Wer rüde ist, bleibt bildungsmäßig und sozial im Rohzustand

Latein-Gegner treten selten dezent auf, das heißt so, wie es sich eigentlich gehören würde (*decens* von *decere,* „sich ziemen", liegt zugrunde). Meist machen sie ganz massiv Front gegen das scheinbar veraltete Bildungsgut – ohne zu ahnen, dass sowohl „massiv" (von *massa,* „Klumpen", „Masse") als auch „Front" (von *frons,* „Stirn") Lehnwörter aus dem Lateinischen sind. Aber es gibt natürlich (*natura,* die „Natur") Unterschiede im Auftreten der Anti-Latein-Prediger (*praedicare,* „öffentlich erklären",

„rühmen"). Wir haben sie mit den Ausdrücken „forsch" und „robust", „rüde" und „rabiat" beschrieben. Wie es der Zufall will, handelt es sich bei all diesen Adjektiven bzw. Adverbien um Übernahmen aus dem Lateinischen. „Forsch" leitet sich von *fortis* ab, „tapfer"; „robust" von *robustus*, „kräftig" wie *robur*, „Hartholz", und „rabiat" von *rabies*, „Wut" (wie übrigens, für die meisten wohl überraschend, auch „rappelig").

„Rüde" ist ein besonders anschauliches Lehnwort. Das lateinische *rudis* bezeichnet den Rohzustand: Es bedeutet „unbearbeitet", „ungehobelt", also noch nicht kultiviert. Den Erziehungsprozess nannten die Römer *eruditio/erudire*, die Begleitung gewissermaßen „aus dem Rohzustand heraus". Auch gute Manieren sowie Rücksicht und Höflichkeit gegenüber den Mitmenschen wollen gelernt sein. Wer das verpasst oder vergisst, bleibt im sozialen Rohzustand – und verhält sich eben rüde.

Als rüde im römischen Sinne von „ungebildet" erweist sich jeder, der dem Lateinischen als *regina linguarum*, „Königin der Sprachen", seine Reverenz verweigert, ja sie sogar als „Plage" hinstellt – obwohl sie dem Deutschen so viel sprachliches Erbgut hinterlassen hat, einschließlich des Begriffs, der von undankbaren Geistern gegen sie selbst gerichtet wird. Die „Plage" ist, lateinisch gesprochen, eine *plaga*, ein „Schlag". Als weiteres Lehnwort geht die „Plackerei" auf die *plaga* zurück. Diese Assoziation zum Lateinischen können wir nicht gänzlich abstreiten. Manchmal verlangt die Königin erhebliche Lernanstrengungen von ihren Untertanen – aber das ist alles andere als eine unnütze, sinnentleerte Plackerei. Und schon gar keine Plage!

Der Ort der vermeintlichen Plage ist die Schule, das Medium sind die Lehrpläne der Bundesländer. Beides, die „Schule" wie der (Lehr-)„Plan", sind Lehnwörter aus dem Lateinischen. Beim ersten stand die lateinische *schola* Pate, die ihrerseits auf die griechische *scholé* aufbaut – ursprünglich die „Muße", die „freie Zeit", die gut in Bildung investiert wurde. Das zweite, der „Plan", geht über französische Vermittlung auf die lateinische „Fußsohle", *planta*, zurück. *planta* heißt auch „Setzling", „Schössling". Und was ist im Deutschen daraus geworden? Das schön getarnte Lehnwort „Pflanze".

Wer Latein aus den Lehrplänen tilgen will, benötigt dafür die lateinische Sprache. Denn auch das „Tilgen" ist ein Lehnwort. Es verdankt seine Existenz dem lateinischen *delere*, „zerstören", „vernichten", „vertilgen".

Das ist auch dem Nichtlateiner geläufig, wenn er am Computer sitzend die *DEL*-Taste betätigt. *DEL* ist die Abkürzung des englischen Beutewortes *to delete*. Wer *DEL* drückt, „tilgt" das Geschriebene.

Ordentlich den Podex versohlen – Copyright by „Latein"

Wenn wir zu den Verben übergehen, die die Absichten der beiden Parteien (*pars,* „Teil", steckt darin) zum Ausdruck bringen, so stoßen wir auf zwei unerwartete Lehnwörter. „Erpicht" soll lateinischen Ursprungs sein? Und ob! *pix* nannten die Römer das „Pech", und das klebt bekanntlich so heftig, wie der auf etwas Erpichte an seinem Vorhaben klebt. Die Latein-Befürworter zahlen mit gleicher Lehnwortmünze (schon wieder eins: *moneta,* „Münze", ist das Ursprungswort) zurück: „trachten" hat sich entwickelt aus *tractare,* „heftig ziehen", „ausgiebig behandeln". Oder sie „kontern", wie es bald darauf heißt, nur mit geistigen Waffen. „Kontern" und der „Konter" sind als Lehnwörter vielleicht grenzwertig. Auf manch einen mögen sie doch noch fremd wirken. Egal (*aequalis;* „gleichartig") – vom Lateinischen stammen sie allemal ab: *contra,* „dagegen", ist das Ausgangswort.

Gewalt kommt, wie gesagt, auch gegenüber verstockten Lateingegnern nicht infrage. Wir klären sie lediglich darüber auf, dass sich die mehr oder weniger edlen Körperteile, die da verschont bleiben, ohne Latein einen anderen Namen zulegen müssten. Die Gurgel ist ein Lehnwort zu *gurgulio,* „Schlund", „Kehle". Ja, und auch der „Popo" hat seine lateinische Vergangenheit – wenn auch eine semantisch wenig rühmliche. Die Silbenverdopplung entspringt der Kinder- bzw. Ammensprache. Der Einsilbler „Po" aber ist eine Ableitung von lateinisch *podex*. Die Römer haben das Wort eher selten benutzt. Und das aus gutem Grund: Der *podex* ist das Substantiv zu *pedere,* „furzen". Damit ist er zwar als einschlägige Schallöffnung zutreffend beschrieben, aber appetitlich klingt das nicht gerade. Weshalb wir in diesem seltenen Fall das deutsche Lehnwort „Popo" dem derben lateinischen *podex* vorzuziehen geneigt sind.

Wem anders, als wir es favorisieren, der Popo trotzdem versohlt wird, der mag es als tröstlich empfinden, dass das wenigstens sprachlich auf gediegener, sprich lateinstämmiger Basis geschieht: Die „Sohle" ist aus lateinisch *solum,* „Boden", entlehnt worden. Angesichts der Bodennähe des Fußes leuchtet das ein – so unschön es sein mag, dass das echte Versohlen eher mithilfe des Fußes als der Hand vor sich gehen müsste. *Wir* indes versohlen gerade nicht – und auch und schon gar nicht „ordentlich". Obwohl das naheläge, selbstverständlich nur aus sprachlichen Gründen: „Ordentlich" und „Ordnung" sind Lehnwörter aus dem Lateinischen. *ordo,* die „Ordnung", der „Rang", ist das einschlägige Basiswort. Ein weiteres Lehnwort-Adjektiv, das wir für unseren tendenziell freundlichen Umgang mit Latein-Verweigerern bemühen, ist „nett". Im Grunde ein wenig aussagekräftiges Allerweltsadjektiv – und doch gehört es ausweislich seiner Abstammung zur gehobenen, da lateinisch geprägten Kultursprache: „Nett" ist aus *nitidus,* „glänzend", hervorgegangen.

Kostproben, die gute Laune machen

So sind wir eben, die Freunde des Lateinischen: nett und nüchtern. Wir brauchen keinen Wein (eines der ersten deutschen Lehnwörter von lateinisch *vinum*!), um uns Latein und Lateinlernen schönzureden, sondern bleiben in unserer Wertschätzung des Lateinischen der von Rausch und Drogen unbeeinträchtigten nächtlichen Welt verhaftet: „Nüchtern" ist tatsächlich ein Lehnwort zu *nocturnus,* „nächtlich". Im Deutschen hat sich diese Grundbedeutung erhalten, wenn wir morgens nüchtern zum Arzt bestellt werden. Der will uns dann in nächtlichem Zustand sehen und untersuchen – nüchtern eben, ohne dass wir etwas getrunken oder gegessen haben. Nicht unbedingt schön, aber wir lassen uns davon die Laune ebenso wenig vermiesen wie von Latein-Gegnern oder gar -Hassern. Bei der „Laune" ist der Mond im Spiel; ihm sagt man ja erheblichen Einfluss auf unser Gemüt nach. Und so geschah es, dass die lateinische *luna,* der „Mond", jedenfalls sprachlich die Kontrolle über die deutsche Laune zugestanden bekam.

Es bleibt ein letztes Wort zu klären. Und zwar eines, das zum Schluss passt. Die Rede ist von „fein". Klingt urdeutsch, möchte man meinen – und ist doch ein Latein-Ableger. Ursprungswort ist *finitus,* „beendet", „fertig gestellt". Als „fein" im ursprünglichen Sinn gilt etwas dann, wenn es so „vollendet" ist, dass man keinen Verbesserungsbedarf mehr erkennt.

Es kann kein Zufall sein, dass dieser perfekte Zustand mit einem lateinischen Wort bezeichnet wird. Ein feiner Schluss, scheint uns, für dieses Lehnwort-Kapitel.

Dennoch ein Nachtrag, wie er sich für eine Werbeschrift ziemt. Sie haben, verehrte Leserinnen und Leser, hoffentlich eine Menge Aha-Erlebnisse gehabt und Freude daran verspürt, mithilfe des Lateinischen einen Blick hinter die Kulissen der deutschen Sprache zu werfen. Und doch waren das nur Kostproben eines viel umfangreicheren Lehnwort-Erbes, die wir hier exemplarisch vorstellen konnten. „Exemplarisch" – das ist, Ihr Argwohn ist berechtigt, ein Fremdwort. Aber die „Kostprobe", die Sie vermutlich gar nicht mit Latein assoziiert haben – sie ist ein Lehnwort- Erbe. Und zwar gleich ein doppeltes (*duplex,* „doppelt"): Ursprungswörter sind *probare,* „prüfen", und *constare,* „zu stehen kommen", „kosten". Sollten Ihnen die Kostproben gemundet haben, dann schauen Sie im Lateinischen vorbei. Dort finden Sie das volle deutsche Lehnwort-Programm.

Mitgelernte Sprachen –
Wie die Mutter Brücken baut

Es soll ja manchmal immer noch vorkommen, dass Schüler dem Lateinischen nicht ganz so – sagen wir: – aufgeschlossen gegenüber stehen und sich dementsprechend beim Lernen etwas stärker zurückhalten. Das Ergebnis am Ende des Schuljahres ist dann gelegentlich eine „Fünf" auf dem Zeugnis. Einem solchen Probanden bieten wir jetzt einmal einen Motivationsschub: Wir schicken unseren schlechten – pardon: schwachen – Lateiner in den Großen Ferien auf eine Tour durch den Mittelmeerraum – nicht als Belohnung, sondern um ihn für das nächste Schuljahr aufzubauen. Vor allem soll er eine Erfahrung machen, die ihm der Lateinunterricht noch nicht vermittelt hat: dass er mit seinem Latein etwas anfangen kann, dass es ihm im Alltag jener Länder hilft, in denen Ableger des Lateinischen Staatssprache sind.

Erste Station: Mallorca. Dort kommt er zwar mit Deutsch ziemlich weit, aber ein paar Leute gibt es dort doch noch, die Spanisch bevorzugen. Wenn unser Latein-Reisender auf irgendeinem Plakat *cinco* liest, dann dämmert es ihm, dem Fünferkandidaten, dass das etwas mit seiner Lateinzensur zu tun haben könnte. Denn lateinisch *quinque* kennt auch er: „fünf". Dass wir ihn ausgerechnet auf diese Zahl stoßen lassen, hat etwas mit den wichtigsten modernen Tochtersprachen des Lateinischen zu tun. Es sind fünf: Spanisch, Französisch, Italienisch, Portugiesisch und Rumänisch. Daneben gibt es über ein Dutzend weiterer Tochtersprachen, die aber wie das Rätoromanische, das Ladinische oder das Sardische nur kleine Sprachgemeinschaften bilden. Die Katalanen nicht zu vergessen, die es sicher nicht so gut fänden, wenn ihre Sprache unter das Spanische subsumiert würde.

Lateinische Zahlwörter – Für 700 Millionen Menschen kein Problem

Bleiben wir aber, um uns nicht zu verzetteln und um den Aspekt „Anwendungsorientierung" realistisch einzugrenzen, bei den großen Fünf. Sie repräsentieren einen Sprachenmarkt von rund 700 Millionen romanischen Muttersprachlern. Die Römer hätten sich die Augen gerieben, dass ein ganzer Kontinent, der noch gar nicht in ihrem Blickfeld lag, nach ihrer Sprache benannt ist – auch wenn in Lateinamerika nicht ganz so reines Latein gesprochen wird. Gefallen hätte diese Expansion ihrer Sprache den „Erfindern" schon, waren sie doch zum einen expansivem Denken nicht abgeneigt und verfügten sie zum anderen über ein mehr als gesundes Sendungsbewusstsein als Herren über die (damalige) Welt. Was dagegen zumindest manche auf altrömische Moralität pochende Aristokraten die Augenbrauen hätte hochziehen lassen, ist die Abkürzung „Lateintänze": Das Tanzen schien ihnen mit ihrer Würde wenig vereinbar, obwohl sie den tanzenden Pantomimen im Theater kräftig Beifall klatschten.

Zurück zu unserem Fünfer-Lateiner und der lateinischen Fünf. Auch in den anderen romanischen Ländern wird er kein Problem mit der „spätlateinischen" „5" haben: In Portugal ist sie ebenfalls zu *cinco* geworden, in Frankreich zu *cinq*, in Italien zu *cinque* und in Rumänien zu *cinci*.

Diese Anhänglichkeit an ihr jeweiliges lateinisches Ursprungswort haben sich auch die meisten anderen Zahlwörter bewahrt. Verdoppeln wir *quinque*, so kommen wir auf lateinisch *decem*, spanisch *diez,* portugiesisch *dez*, italienisch *dieci* und französisch *dix*. Vom Rumänischen verabschieden wir uns an dieser Stelle, weil es keine Weltsprache ist und außerdem nicht unwesentlich von seiner slawischen Umgebung beeinflusst worden ist. Die erneute Verdopplung führt uns zum Grundwort *viginti* und seinen Ablegern *veinte, vinte, venti* und *vingt*. Der nächste Schritt wird zum Sprung: Wir gehen zu den Hundertern über. Dafür multiplizieren wir *viginti* mit *decem* und kommen auf *ducenti* im Lateinischen, *doscientos* im Spanischen, *duzentos* im Portugiesischen, *duecento* im Italienischen und *deux cents* im Französischen. Noch einmal mit dem Faktor *decem* multipliziert, spricht der Römer von *duo milia,* der Spanier von *dos mil,* der Portugiese von *dois mil* und der Franzose von *deux mille.*

Unser widerwilliger Lateinlerner stellt erstaunt fest: Mit Latein kommt man zumindest im Reich der romanischen Zahlen ganz schön weit. Das Gleiche trifft auch auf die Ordnungszahlen zu: Der 15. beispielsweise, *quintus decimus,* wird zu nur leicht abgewandeltem *decimoquinto* im Spanischen und Portugiesischen, zum *quindicesimo* im Italienischen und zum *quinzième* im Französischen. An der letzten Form lassen sich zwei Beobachtungen machen, die verallgemeinerbar sind: Das Französische ist meist am weitesten auf Abstand zur Mutter Latein gegangen. Und: Bei geschriebenen Wörtern kann man die lateinischen Wurzeln deutlich besser erkennen als in gesprochenen.

Meldezettel, Speisekarte, Verkehrsregeln – Warum Latein keine Einbahnstraße ist

Wir lassen unseren schwächelnden Lateiner weiterreisen. Trotz des Schengen-Abkommens werden ihm bei der Einreise nach Sizilien schriftliche Angaben zur Person abverlangt. Der Meldezettel sieht Eintragungen in den Spalten vor: *nome, cognome, nazionalità, stato civile, età, data di nascita, luogo di nascita, indirizzo und professione.* Mit den meisten Begriffen hat unser junger Freund kein Problem. Die lateinischen Ursprungsbegriffe kennt sogar er: *nomen,* „Name", *cognomen,* „Beiname" (also Familienname), *natio,* „Volk", „Nation", *status civilis,* „bürgerlicher Stand"; nach einigem Überlegen: *età* von *aetas,* „Alter"; *nascita* von *natus,* „geboren"? Aber sicher, allerdings ein Substantiv: „Geburt". *luogo* in diesem Kontext müsste *locus,* „Ort", sein. *indirizzo*: keine Ahnung; das darin steckende *directio,* „Richtung", muss er nicht kennen; *indirizzo* ist die „Adresse". *professio*: Da kommt das Englische freundlich zu Hilfe und macht klar, gemeint ist der „Beruf". Also: Es geht auch ohne Schengen – wenn man über lateinische Basiskenntnisse verfügt.

Weiter geht es nach Frankreich – einem Land, das zu kulinarischen Erfahrungen einlädt. So leicht ist es nicht, eine französische Speisekarte mit lateinischen Grundkenntnissen zu ergründen. Da bleibt schon manches Fragezeichen. Immerhin kommt man im Elementarbereich von Lebensmitteln erfreulich weit: Im *pain* ist *panis* noch gut zu erkennen, „Brot", in *lait* mit einiger Mühe *lac*, „Milch". *eau* dagegen von *aqua* abzuleiten – das ist mühsam. Anders zum Glück bei einem gehaltvolleren Getränk: *vin* hat nur die Endung eingebüßt, ist aber als *vinum*, „Wein", gut identifizierbar.

Dass das, was unter *entrées* auf der Speisekarte steht, im bekannteren Englisch *starters* sind, braucht sich selbst der mäßige Lateiner nicht über englische Vermittlung klarzumachen. Denn er hat gelernt, dass *intrare* „eintreten" heißt. Auf dem entgegengesetzten Ende des *menu*, bei den Desserts, kann er sich zumindest auf *fruits* einen Reim machen. Das sind lateinische *fructus*, „Früchte" – so wie im mittleren Teil der Speisekarte *fruits de mer* als *fructus maris*, „Meeresfrüchte", keine sprachliche Hürde darstellen. Dort stößt man auch auf *bœuf*, dessen lateinischer Ursprung klarer wird, wenn man den Genitiv von *bos*, Rind, mitgelernt hat. Der heißt *bovis*, der Stamm des Wortes folglich *bov-*. *porcus* ist kein Wort des lateinischen Grundwortschatzes, sonst wäre *porc*, „Schweinefleisch", ein sprachliches Kinderspiel. *poisson* dagegen – schwierig, darin noch einen *piscis*, „Fisch", wiederzuerkennen.

Aber was sehen wir da? Eine *salade César*. Zumindest Caesar ist ein alter Bekannter aus dem Lateinunterricht. Aber ein Caesar-Salat ausgerechnet in Frankreich? Immerhin hat der Namensgeber das Land mal unterworfen und hat damit auch noch renommiert. Mutig, so etwas in einem französischen Restaurant zu bestellen. Aber egal – der Hunger ist stärker. Und der versöhnt uns wieder mit der Tochter, die hier folgsam gegenüber der Mutter ist: *faim*, sagt der Franzose, wenn er *fames*, „Hunger", meint.

Das Resümee (*re-sumere*, „wiederaufnehmen") ist zwiespältig, was den alltagspraktischen Nutzen des Lateinischen in gallischen Landen angeht: Einiges klappt, anderes klappt nicht. Das „nicht" überwiegt: Diese Tochter hat sich ein bisschen zu eigenwillig entwickelt – was wir nicht kritisieren, sondern nur konstatieren wollen. Obwohl es uns nicht so recht passt.

Zum Frust aber besteht kein Grund. Denn es ist ja nicht so, dass das Lateinische im modernen französischen Alltag gar nichts brächte – und nur dann wäre es in dieser Hinsicht *frustra*, „vergeblich", es zu lernen. Notabene („merke gut"): in *dieser* Hinsicht.

Die letzte *station* (geht doch! Französisch für *statio*, von *stare*, „stehen", also: Haltepunkt) ist eine *estacão*. Wir begleiten unseren Probanden nach Portugal. Genauer gesagt: in den portugiesischen Straßenverkehr. Wie wenig Latein eine Einbahnstraße ist, merkt er gleich, als er ein Straßenschild mit dem Hinweis *sentido unico* sieht, lateinisch *sensus unicus*, „einziger Sinn", hier gleich „Richtung". Ein *limite de velocidade* muss eine „Beschränkung der Höchstgeschwindigkeit" sein: *limes* ist die „Grenze", *velox* heißt „schnell", das Substantiv dazu ist *velocitas*. Wenn etwas *proibido* ist, dann ist es *prohibitum*, „ferngehalten" oder „verboten". Wer sich darüber hinwegsetzt, nimmt ein *perigo* für sich und andere in Kauf. Etwas knifflig, aber mithilfe der ersten beiden Silben dann doch als *periculum* zu erkennen, „Gefahr". Oft verbindet sich diese Warnung mit dem Hinweis auf *obras*. Vielleicht könnte man auch ohne den mit abgebildeten Schaufel-Mann darauf kommen, dass hier *opera* im Gange sind, „Werke", „(Straßen-)Arbeiten".

Bei *desvio* braucht es ein bisschen mehr Überlegung. Hinten schimmert *via* durch, die „Straße", klar. Und die Vorsilbe *de(s)-*? Sie drückt im klassischen Latein ein „von … weg" und ein „hinunter" aus. Beides passt: Weg von der Straße bzw. herunter von der Straße! Im Deutschen sprechen wir von einer „Umleitung". Schließlich eine *rua sem saida*. Das ist ein harter Knochen, der auch gute Lateiner leicht überfordert. Bei *rua* lassen wir uns mal von der französischen Schwester helfen: *rue*, „Straße", kennt man ja. Das dem zugrunde liegende lateinische Wort *ruga* bedeutet im klassischen Latein „Falte", „Runzel" und begegnet einem vor allem in lateinischer Liebeslyrik, wenn der verschmähte Liebhaber seiner Angebeteten wenig chevaleresk in Aussicht stellt, wie ihr Gesicht einst von *rugae* überzogen sein wird. Im Mittellateinischen wird die „Falte" zur „Gasse", woraus *rua* als „Straße" hervorgeht. Auf *saida* stößt man in Portugal oft, weil das Wort allgemein den „Ausgang" bezeichnet. Hier ist lateinisch *salire*, „springen", im Spiel. *sem* ist nur leicht, wenn man's weiß: Es hat sich aus *sine*, „ohne", entwickelt. Insgesamt also eine „Straße ohne Raussprung", eine „Sackgasse".

Bis auf die *rua sem saida* hat sich das Lateinische keineswegs als Sackgasse erwiesen. Im portugiesischen Straßenverkehr hat es eine ordentliche Alltagstauglichkeit unter Beweis gestellt – keine überragende, aber doch eine, die ein Grund-Verstehen vieler Zusammenhänge erlaubt.

Eine alltagstaugliche Grundlage für romanische Sprachen

Man kann also durchaus formulieren: Wer die Mutter kennt, hat deutlich leichteren Zugang zu den Töchtern – was ja keine schlechte Ausbeute ist, wenn es im Kern darum geht, die Mutter kennenzulernen. Kein vernünftiger Mensch würde behaupten, man solle sich mit Latein beschäftigen, *um* die Tochtersprachen zu lernen. Das Lateinische kann da nur Sprungbrett sein, eine Plattform oder eine Brücke, die ein Stück weit das Mitlernen anderer Sprachen ermöglicht und fördert. In der Sprache der Fischer sind die dabei erworbenen Kenntnisse der Tochtersprachen Beifang, aber keiner, den man als untauglich wegwirft. Eher im Gegenteil. Latein ist das Fundament, auf dem man aufbauen kann – eine solide, belastbare Grundlage, aber nicht schon das Sprachenhaus des Spanischen, Französischen oder Italienischen selbst.

Für unseren Sprachtouristen haben sich die Großen Ferien gelohnt. Zu den nachhaltigen Eindrücken, die er von seiner Rundreise mitgenommen hat, zählt die Brauchbarkeit des Lateinischen für den „romanischen" Schriftalltag. Eine Erkenntnis, die ihn im nächsten Jahr beflügeln wird, ein bisschen mehr Mühe und Freude ins Lateinlernen zu investieren. Der Aspekt „praktische Anwendbarkeit des Lateinischen" hat ihn, auch wenn sie begrenzt war, in seiner Motivation gestärkt. „Motivation" – auf Spanisch *motivación*, auf Portugiesisch *motivação*, auf Italienisch *motivazione* und auf Französisch *motivation*. Und auf Lateinisch? Natürlich würde man auf *motivatio* tippen, aber dieses so folgerichtig gebildete Substantiv kennt das klassische Latein überhaupt nicht (was immerhin zeigt, dass man lateinische Begriffe korrekt bilden kann, die die Römer selbst nicht gebildet haben), wohl aber das zugrunde liegende Verb *movere*, „bewegen".

Wie die Mutter zur Tochter wurde – Regeln als Sprach-Beifang

Wie kann der Lateinunterricht den Motivationsschub nutzen, der von dieser Übertragbarkeit vornehmlich lexikalischen Wissens vom Lateinischen auf seine Tochtersprachen ausgeht und der ab und zu gewissermaßen die Moderne in den Lateinunterricht einbrechen lässt? Didaktiker haben eine Reihe von Materialien entwickelt, von einfachen Übungen, die bestimmte Umformungsregeln erkennen lassen (siehe „Motivation"), bis zu „Paralleltexten" in den romanischen Sprachen, die sich über das Lateinische erschließen lassen. Wer an solchen Texten und Übungen kritisiert, dass sie auf bestimmte Lernstadien und einen begrenzten Wortschatz zugeschnitten und nicht mitten aus dem prallen Leben genommen sind, übersieht, dass sich Lernen, zumal systematisch aufbauendes Lernen, stets in Stufen vollzieht und dem Prinzip der didaktischen Reduktion folgt: Wer mit der Tür ins Haus fällt, ist auch sonst in der Lebenswelt wenig willkommen.

Sinnvolle Übungen betreffen z. B. die Bildung von Wörtern mithilfe eines bestimmten Suffixes, einer Endsilbe. Wie entwickelt sich lateinisch *-tas*, das eine Eigenschaft angibt, in den romanischen Tochtersprachen und dazu im Englischen und Deutschen? Lässt sich diese Bildeweise verallgemeinern? Gewiss: *humanitas,* „Menschlichkeit", wird zur französischen *humanité,* zur spanischen *umanidad,* zur portugiesischen *humanidade,* zur italienischen *umanità,* zur englischen *humanity* und zur deutschen „Humanität" – ein Muster, das für viele andere Substantive auf *-tas* gilt. Im Schnelldurchgang für *dignitas,* „Würde": *dignité, dignidad, dignidade, dignità, dignity,* „Dignität".

Dieses Lernmodell ist auf manche anderen Suffixe wie *-tudo* (*altitudo,* „Höhe", wird z. B. im Französischen zu *altitude*), auf *-io* (*natio wird zu nation*) oder -or (*ardor,* „Hitze", wird zu *ardeur, color,* „Farbe", zu *couleur*) usw. anwendbar. Schnell lässt sich auch Einsicht schaffen in die Tatsache, dass der französische *accent circonflexe* oft für ein ausgelassenes lateinisches „s" steht: (*vous êtes,* „ihr seid", aus *estis; la bête,* das „wilde Tier", aus *bestia, la fenêtre,* das „Fenster", aus *fenestra*).

Solche Übungen finden sich in einer Reihe moderner Lateinlehrwerke. Wie auch folgende Aufgabe: Man gibt Schülern eine Liste mit französischen Verben – durchaus auch Schülern, die *kein* Französisch können

– und fordert sie auf, die entsprechenden lateinischen „Mutterverben" dazu zu schreiben: *accuser – accusare,* „anklagen"; *chanter – cantare,* „singen", *aimer – amare,* „lieben"; *venir – venire,* „kommen"; *finir – finire,* „beenden", *perdre – perdere,* „verlieren"; *faire – facere,* „machen"; *dire – dicere,* „sagen". Solche Übungen führen nicht zwangsläufig zum Aufbau systematischen Wissens, aber sie helfen bei der Wortschatzarbeit. Es macht auch einfach mehr Spaß, über solche Anwendungen lateinische Vokabeln zu lernen bzw. zu wiederholen – und es lässt Schüler erkennen, wie sehr das Lateinische ihnen beim Erlernen romanischer Sprachen helfen kann, was den Wortschatz angeht. Was wir hier an der „sperrigen" Tochter Französisch exemplifiziert haben, lässt sich alles auch auf die „einfacheren" Töchter des Lateinischen übertragen, manches auch auf die Stieftochter Englisch, deren Wortschatz etwa zur Hälfte aus lateinstämmigen Wörtern besteht.

Lateinschüler können auch manchen Lautwandel und dessen Gesetzmäßigkeit herausfinden, etwa den Übergang von harten lateinischen zu weichen Konsonanten im Spanischen: „t" wird zu „d" (*totus zu todo,* „ganz"; *vita* zu *vida,* „Leben"); „p" wird zu „b" (*supra* zu *sobre,* „oberhalb"; *aperire* zu *abrir,* „öffnen"; „c" wird zu „g" (*amicus* zu *amigo,* „Freund"; *secundus* zu *segundo,* „zweiter"). Oder auch Beispiele aus dem Übergang Lateinisch zu Französisch: „c" wird zu „ch" (*cantare* zu *chanter,* „singen"; *canis* zu *chien,* „Hund"); „o" wird zu „oi" (*vox* zu *voix,* „Stimme"; *gloria* zu *gloire,* „Ruhm"); „a" wird zu „ai" (*humanus* zu *humain,* „menschlich"; *amare* zu *aimer,* „lieben"; *pax* zu *paix,* „Frieden").

Was macht die italienische Tochter aus lateinisch „x"? Die Antwort geben *esempio* (*exemplum,* „Beispiel"), *massimo* (*maximus,* „der größte") oder *esistente* (*existens,* „existierend"). Liegt eine regelmäßige Bildung vor, wenn die lateinische *schola* zu einer italienischen *scuola,* „Schule", wird? *luogo,* „Ort" (*locus*), und *buono,* „gut" (*bonus*), geben die Antwort.

Multifunktionsfach Latein, aufgezeigt am Theater von Orange

Gehen wir zu anspruchsvolleren Aufgaben über. Will sagen: zu Texten, die Schüler nicht nur mit isolierten Phänomenen konfrontieren, sondern mit einem ganzheitlichen Sprachprodukt. Auch da muss man reduzieren, das heißt Kunsttexte verwenden, die sich im Wesentlichen auf bekanntes Vokabular stützen und syntaktisch nicht zu schwierig sind. Einen ansprechenden Text hat Barbara Frühwald in einem Aufsatz im „Altsprachlichen Unterricht" vorgestellt. Er hat den Charme, nicht nur Lateinisch und Französisch zu kombinieren, sondern auch noch ein archäologisch-touristisches Thema vorzustellen, das römische Theater im südfranzösischen Arausio (Orange):

Nous visitons le théâtre antique d'Orange. Nous entrons (le prix est bon!). Nous sommes contents. Le théâtre est plein, parce que le spectacle est nouveau. C'est une tragédie: „Le triomphe du monstre". Le peuple voit et applaudit. (…) Mon ami voit la statue d'Auguste. Nous observons le peuple et nous clamons: „Victoire!" Le peuple dit: „Où est le monstre?" Il vient. Bien! Vous amez le théâtre? Vous venez?

Zugegeben, der Kunsttext guckt überall heraus. Aber er wendet sich an eine Klasse im ersten Lateinjahr. Nur so geht es, wenn man Motivation aufbauen und nicht zerstören will. Ohne lateinischen Paralleltext ist er für Nurlateiner ohne Französischkenntnisse noch schwer genug. Man kann sie die Wörter herausfinden lassen, die sie vom Lateinischen kennen, und sie fragen, was sie vom französischen Text verstanden haben. Das wird schon eine ganze Menge sein.

Die Alternative ist die gleichzeitige Präsentation der lateinischen Übersetzung. Die didaktisch bessere und wohl auch motivierendere Variante ist allerdings, den Schülern die Übersetzung erst zur Kontrolle bzw. als weitere Hilfe zum Verständnis der Stellen auszuhändigen, die sie im Französischen nicht verstanden haben:

Theatrum antiquum Arausionis visitamus. Intramus (pretium bonum est!). Contenti sumus. Theatrum plenum est, nam spectaculum novum est. Tragoedia est: „Triumphus monstri". Populus videt et plaudit. (…) Amicus meus statuam Augusti videt. Populum observamus et clamamus: „Victoria!" Populus dicit: „Ubi monstrum est?". Venit. Bene! Theatrumne amatis? Venitisne?

Auf Deutsch: Wir besuchen das alte Theater von Orange. Wir treten ein (der Preis ist gut!). Wir sind zufrieden. Das Theater ist voll, denn das Schauspiel ist neu. Es ist eine Tragödie: „Der Triumph des Monsters". Das Volk sieht zu und applaudiert. Mein Freund sieht die Statue des Augustus.

Wir beobachten das Volk und rufen: „Sieg (für die Schauspieler)!" Das Volk fragt: „Wo ist das Monster?" Es kommt. Gut! Liebt ihr das Theater? Kommt ihr?

Wenn Latein einem spanisch vorkommt

Will man mit anspruchsvolleren Quellentexten arbeiten, so bieten sich Sprichwörter an. Sie sind kurz und dennoch nicht unvollständig, weil sie ihren Kontext im Alltags- oder „Weltwissen" der Schüler finden. Manchmal haben sie auch eine Entsprechung im Deutschen. Uwe Schoberth stellt in einem Aufsatz die folgenden spanischen Sentenzen vor:

No es todo oro que reluce.
Non est totum aurum quod relucet.
Es ist nicht alles Gold, was glänzt.

La fortuna ayuda a los audaces.
Fortuna adiuvat audaces.
Das Glück hilft den Wagemutigen.

La esperanza es lo último que se pierde.
Spes est ultimum, quod se perdit (perditur).
Hoffnung ist das Letzte, was sich (man) verliert.

Todo el bueno fue siempre raro y poco.
Totum bonum fuit semper rarum et paucum.
Alles Gute war immer selten und knapp.

La buena sangre nunca miente.
Bonus sanguis numquam mentitur.
Gutes Blut (Charakter) lügt nie.

Manche Lateinlehrerinnen und -lehrer haben die Sorge, dass sie mit der an sich schon knapp bemessenen Unterrichtszeit für den eigentlichen Stoff nicht auskommen, falls sie sich ab und zu auf solche „romanischen" Nebenwege einlassen. Ich glaube, diese Sorge ist unbegründet. Zum einen wird ja nicht sachfremde Allotria getrieben, sondern durchaus Latein geübt, zum anderen dienen solche Übungen der Wortschatzarbeit. Sie wiederholen und vertiefen bekannte Vokabeln, indem sie sie zusätzlich in einem weiteren sprachlichen Medium umwälzen, und führen zudem die eine oder andere neue Vokabel ein. Das dritte Argument ist aus meiner Sicht das wichtigste. Es sind Übungen, die nicht nur die Routine des Lateinunterrichts auflockern und schon von daher Motivation freisetzen, sondern die auch das Fortleben des Lateinischen erfahrbar machen und evidente direkte Nutzanwendungen aufzeigen.

Wenn wir in der Begründung des Schulfaches Latein das Argument der romanischen Tochtersprachen ins Feld führen, dann müssen wir den Schülern und Eltern auch gelegentlich beweisen, dass das stimmt, dass man auch in diesem Bereich mit Latein etwas anfangen kann. Glaubwürdigkeit und Motivation fallen bei solchen Intermezzi zusammen. Dafür, dass sie nicht im Zentrum des Lateinunterrichts stehen, wird jeder Verständnis haben. Aber für eine bloße Randerscheinung oder gar ein bloßes Feigenblatt sind sie zu wertvoll – zumal sich viele methodische Varianten anbieten, sich und vor allem den Schülern diesen zusätzlichen Schatz zu erschließen und nutzbar zu machen.

Mit Latein Italienisch verstehen

Der Fächer verbindende Charakter solcher Übungen liegt auf der Hand. Vorhin haben wir im Theater von Orange ein historisch-archäologisches Umfeld gehabt. Anhand unserer letzten beiden Beispiele „bedienen" wir zwei zusätzliche: die politische Bildung und die Religion.

Zunächst beschäftigen wir uns mit der Präambel des Vertrags über eine Verfassung für Europa, die im Jahre 2004 unterzeichnet, aber nicht ratifiziert wurde. Die italienische Fassung lautet wie folgt:

L'Unione si fonda sui valori del rispetto, della dignità umana, della libertà, della democrazia, dell'uguaglianza, dello Stato di diritto e del rispetto dei diritti umani (…). Questi valori sono comuni agli Stati

membri in una società caratterizata dal pluralismo, dalla non discrimina-
zione, dalla tolleranza, dalla giustizia, dalla solidarietà e dalla parità tra
donne e uomini.

Nach zwei, drei Lernjahren Latein lässt sich dieser Text mit nur weni-
gen Vokabelhilfen erschließen – natürlich auch über bekannte deutsche
Fremdwörter. Die unterstrichenen Wörter sollten für Schüler aus ihrem
Lateinwortschatz ableitbar sein. Bei einigen Wörtern genügen leichte
Hilfen, nämlich bei *valore*: Substantiv zu lat. *valere*, „wert, stark sein";
parietà: Substantiv zu lat. *par*, „gleich"; *donna* aus lat. *domina*, „Herrin",
„Frau", hervorgegangen. Angegeben werden müssen *fondare*, „grün-
den", *uguaglianza*, „Gleichheit", *diritto*, „Recht" und *tra*, „zwischen".

Hier die deutsche Übersetzung: „Die Union gründet sich auf die Werte
des Respekts vor der Menschenwürde, der Freiheit, der Demokratie, der
Gleichheit, des Rechtsstaats und der Respektierung der Menschenrechte. (…) Diese Werte sind allen Mitgliedsstaaten gemeinsam in einer Gesellschaft, die geprägt ist vom Pluralismus, der Nichtdiskriminierung,
der Toleranz, der Gerechtigkeit, der Solidarität und der Gleichheit zwischen Frauen und Männern." Der gleiche Text auf Spanisch, Portugiesisch und Französisch findet sich in dem Beitrag von Ó.M. Bernao Fa-
riñas und J.-N. Messerschmidt im „Altsprachlichen Unterricht" 2016,
Heft 1).

Wie Latein auch beim Beten hilft

Bei unserem letzten Text verzichten wir auf eine deutsche Übersetzung.
Der Text sollte zumindest als kulturelles Dokument bekannt sein. Als
solches wird er hier auch präsentiert – auch wenn, Stichwort „Fächer
verbindendes Lernen", eine gewisse Affinität zum christlichen Religionsunterricht nicht zu leugnen ist. Um die enge Verwandtschaft der vier
wichtigsten romanischen Töchter mit ihrer Mutter gleichsam auf einen
Blick zu demonstrieren, bieten wir das „Vaterunser" in einer lateinischen,
spanischen, italienischen, portugiesischen und französischen Interlinear-
version an.

Pater noster
Padre nuestro
Padre nostro
Pai nosso
Notre père

qui es in caelis
que estás en los cielos
che sei nei cieli
que estais no céu
qui es aux cieux

sanctificetur nomen tuum
santificado sea tu nombre
sia santificato il tuo nome
santificado seja o teu nome
que ton nom soit sanctifié

adveniat regnum tuum
venga tu reino
venga il tuo regno
venha o teu reino
que ton règne vienne

fiat voluntas tua
hágase tu voluntad
sia fatta la tua volontà
seja feita a tua vontade
que ta volonté soit faite

sicut in caelo
como en el cielo
come in cielo
como no céu
comme au ciel

et in terra
así en la tierra
così in terra
assim na terra
sur la terre

panem nostrum cotidianum
el pan nuestro de cada dia
il nostro pane quotidiano
o pão nosso de cada dia
notre pain quotidien

da nobis hodie
danosle hoy
dacci oggi
nos da hoje
donne-nous aujourd'hui

et dimitte nobis debita nostra
y perdónanos nuestras deudas
e rimetti a noi i nostri debiti
e perdoai-nos as nossas ofensas
et pardonne-nous nos offenses

sicut et nos dimittimus debitoribus nostris
así como nosotros perdonamos a nuestos deudores
come noi li rimettiamo ai nostri debitori
assim como nos perdoamos a quem nos tem ofendido
comme nous pardonnons à ceux qui nous ont offensés

et ne nos inducas in tentationem
y no nos metas en tentación
e non ci indurre in tentazione
e não nos induzas a tentação
et ne nous induis pas en tentation

sed libera nos a malo.
mas líbranos del mal.
ma liberaci dal male.
mas livra-nos do mal.
mais délivre-nous du mal.

Ohne blasphemisch werden zu wollen, dürfen wir ja sicher unserer Überzeugung Ausdruck geben, dass eine Abwendung vom Lateinischen ein
schlimmes kulturelles und pädagogisches Übel wäre. Obwohl Latein
in unseren Schulen boomt, hört man doch immer wieder, dass an *der*
Schraube gedreht werden sollte. So dass wir die Fürbitte des letzten Satzes
prophylaktisch auch auf jede Latein-Feindlichkeit beziehen wollen: *libera
nos a malo!* Erlöse uns von *dem* Übel!

Und bevor arglistige Lateingegner unter den Lesern und Rezensenten
diesen Satz herausgreifen und auf das Lateinische selbst beziehen, sagen
wir noch einmal klipp und klar: Das *malum* wäre die Lateinlosigkeit. Latein dagegen ist, *Deo et dis gratias,* ein *bonum!*

Glamouröse Deponentien – Vom Zauber der Grammatik

Wolf Schneider ist ein ebenso anerkannter wie streitbarer Journalist, einer der ganz Großen, wenn es um ordentliches Deutsch nicht nur im Journalismus geht. Seine Verdienste um die Sprachhygiene im Deutschen sind unbestritten; man kann aus seinen Büchern eine Menge lernen. Aber auch Koryphäen können irren. Und was Schneider im Magazin der „Süddeutschen Zeitung" vom 21. Februar 1992 zu den lateinischen Deponentien geschrieben hat, *ist* ein großer Irrtum. Wobei „Irrtum" noch ein sehr zurückhaltender Begriff ist, wenn man bedenkt, welchen Schaden jemand da durch eine unreflektiert hingeworfene, geradezu populistisch schlichte Bemerkung zu einem wichtigen Phänomen der lateinischen Grammatik angerichtet hat. Wenn eine Sprach-Autorität wie Schneider *das* sagt, wird's schon stimmen. Worum geht es?

In seinem Essay über den Nutzen des Lateinischen kommt Schneider auch auf den Punkt „Logik des Lateinischen" zu sprechen. Davon redet kein ernst zu nehmender Fachdidaktiker. Sprache als ein historisch gewachsenes System ist keine Mathematik und folgt deshalb keinen strengen logischen Regeln. Das Lateinische ist sicher stärker durch bestimmte klare Strukturen und Gesetzmäßigkeiten geprägt als andere Sprachen. Deshalb eignet es sich als Reflexionssprache in besonderer Weise. Wir werden auf den Begriff zurückkommen. Aber Logik als systemische Folgerichtigkeit ist etwas anderes. Insofern hat Schneider recht, wenn er formuliert, dass „die Logik in allen Sprachen einen schweren Stand" habe und im Lateinischen in dieser Hinsicht „keine dramatischen Unterschiede" zu erkennen seien. Die Beispiele, die er im Folgenden anführt, passen indes nicht. Sie wären eher geeignet, das Gegenteil zu beweisen. Ist es unlogisch, wenn *altus* im Lateinischen sowohl „hoch" als auch „tief" bedeutet? In jedem Schwimmbad hätte Wolf Schneider die „Logik" von *altus* nachvollziehen können, und zwar am Beispiel des Fünf-Meter-Turms. Der wirkt von unten ganz schön hoch. Und wenn man draufsteht, kommt einem die Wasseroberfläche ganz schön tief vor. Es ist also eine Frage der Perspektive: *altus* drückt eine Entfernung aus, die je nach Standort als „hoch" oder „tief" erscheint.

Ein logischer Skandal? – Nur wenn man die „Mitte" nicht kennt

Schlimmer aber ist das, was Schneider zu den Deponentien ausführt: „Verben in der Leideform, die das Leiden irgendwo deponiert haben. *admiror* hat die grammatische Gestalt ‚ich werde bestaunt' – aber den Inhalt ‚ich staune.'" Schneiders Fazit: „Logisch der schiere Skandal".

Der ungleich größere Skandal ist es, dass da mit einer Klein-Erna-Logik dargelegt wird, dass Passiv ja nicht Aktiv sein könne. Und wer keine Ahnung von den Dingen hat, klatscht Schneider dankbar Beifall, dass er es dem Lateinischen und seiner vermeintlichen Logik mal so richtig gegeben hat. In Wirklichkeit sind die Deponentien gerade kein Feld, um gegen das Lateinische zu polemisieren und seine fehlende Logik zu skandalisieren.

Es handelt sich in der Tat um Verben, die im Wesentlichen nur Passivformen bilden. Dass sie indes eine aktive Bedeutung hätten, ist in dieser Form falsch. Es gibt nämlich, was Schneider eigentlich wissen sollte, neben Aktiv und Passiv ein drittes Genus verbi. Wegen seiner Mittelstellung heißt es Medium, „das mittlere". Im Griechischen gibt es dieses Medium durchgängig für alle Verbformen; ein Großteil von ihnen ist allerdings mit der jeweiligen Passivform identisch.

Die Deponentien sind, wenn man so will, der lexikalische Restbestand des ursprünglichen Mediums im Lateinischen. Der Begriff „Deponens" vernebelt das eher, als dass er das Wesen dieser Verben zum Ausdruck bringt: Ein „ablegendes" Verb haben antike Grammatiker es getauft und damit beschrieben, dass es seine aktiven Formen „ablege". Heute hört man gelegentlich auch die Erklärung, es „lege" seine passivische Bedeutung „ab". Beide „Definitionen" gehen an dem eigentlichen Kern der Sache vorbei, und das nicht nur haarscharf. Man könnte mit durchaus angebrachter Schärfe formulieren, dass der Begriff „Deponens" auf die Deponie der irreführenden grammatischen Begriffe gehört, weil er den Blick auf das Spezifikum dieser Verben völlig verstellt.

Da wird nichts „abgelegt", sondern da drücken Verbformen eben ein „mittleres" Genus verbi aus, das näher am Passiv als am Aktiv liegt. Auch das Deutsche kennt solche Verben: die Reflexivverben, die sich mit einem „sich" verbinden. „Ich wasche mich": Bei diesem Vorgang bin ich sowohl Subjekt als auch Objekt. Ich tue etwas und zugleich wird etwas an mir getan. „Du entfernst dich": Das „du" handelt, aber es ist zugleich selbst Gegenstand dieser Handlung („dich"). „Wir wundern uns": ein echtes Reflexivverb, das im Unterschied zu den beiden ersten Verben („waschen" und „entfernen" kann auch auf eine andere Person oder eine Sache bezogen sein) stets nur „rückbezüglich" sein kann. Das Objekt bezieht sich stets auf das Subjekt zurück. Man kann es nicht durch etwas Fremdes ersetzen: „Ich wundere dich" oder „wir wundern das Kunstwerk" geht nicht.

Und damit sind wir bei dem von Schneider inkriminierten *admiror*. Das Verb ist zusammengesetzt aus *ad-* und *miror*. *mirari* bedeutet eben „sich wundern" – ein klassisches Medium im gerade aufgezeigten Sinn. Während es im Deutschen durch ein rückbezügliches Fürwort („mich", „dich" usw.) gebildet wird, stellt es im Lateinischen ein eigenes Genus verbi dar. Es sieht so aus wie Passiv, ist aber ein ursprüngliches Medium. *admirari* macht die Sache etwas komplizierter; *ad,* „an, bei, zu", hat grundsätzlich einen Akkusativ bei sich. Dieser Zusatz erweitert die Bedeutungsmöglichkeiten des Verbs. Im *mirari* steckt ein „sich" als gewissermaßen verborgenes Akkusativobjekt, durch *ad-* kann ein „weiteres" Akkusativobjekt hinzutreten: *artificium admiror,* „ich wundere mich ein Kunstwerk an". Also: „Ich bewundere ein Kunstwerk".

Wer folgt, macht sich zum Gefährten

Die Kompliziertheit des letzten Absatzes hat uns Schneider mit seinem Beispielwort *admirari* eingebrockt. Bei anderen Verben ist es viel einfacher zu verstehen, warum sie ein Medium ausdrücken. *proficisci* zum Beispiel: Das wird immer als „aufbrechen", „losmarschieren" gelernt. Schaut man genauer hin, so setzt sich das Verb aus *pro-*, „nach vorn", und *facere*, „machen", zusammen. Hinzu kommt die Bildesilbe *-sc-*, die ein Beginnen ausdrückt. Im Aktiv hieße der Infinitiv *proficiscere*, „anfangen, etwas oder jemanden nach vorn zu bringen". Man bräuchte als notwendige Ergänzung ein Akkusativobjekt: wen oder was nach vorn bringen? Bei einem medialen Infinitiv (*proficisci*) ist das Akkusativobjekt aber schon integriert: „anfangen, <u>sich</u> nach vorn zu bringen".

Ähnlich einleuchtend verhält es sich bei *sequi* – wenn man genauer hinschaut. Die Lernbedeutung „folgen" wirkt sehr aktivisch. Warum sollte das eine Medium-Form sein? Weil *sequi* zur Wurzel *soc-* gehört und darin ein *socius*, „Gefährte", steckt: *sequi* heißt also „<u>sich</u> zum Gefährten machen". Ganz ähnlich bei *comitari,* „begleiten" – eigentlich aber: „<u>sich</u> zum *comes*, Begleiter, machen".

Gewiss, wenn es um solche etymologischen Zusammenhänge geht, bedarf der Laie – in der Regel also der Schüler – einer Hilfe, um das scheinbare Rätsel zu lösen: „In *sequi* steckt *socius,* in *proficisci* steckt *facere*" (obwohl er bei entsprechender Schulung *darauf* selbst kommen könnte). Aber schon bei *recordari* kann jeder Lateinkundige mit etwas Überlegung herausfinden, warum das ein mediales Verb ist: *re-* heißt „zurück", *cor* ist das „Herz" (das den Römern als Sitz des Gedächtnisses galt). Demnach: „<u>sich</u> ins Herz zurück (rufen)" oder eben „<u>sich</u> erinnern" – auch im Deutschen ein Reflexivverb.

Noch einfacher ist es bei vielen sogenannten Deponentien, weil sie im Deutschen eine Parallelbildung mit „sich" haben: *laetari,* „<u>sich</u> freuen", *ulcisci,* „<u>sich</u> rächen", *niti,* „<u>sich</u> stützen", *misereri,* „<u>sich</u> erbarmen", *potiri,* „<u>sich</u> bemächtigen" (eigentlich „sich *potis,* stark, fähig, machen"). Auch mit *oriri* hat man kein Problem, sobald zu der üblichen Lernbedeutung „aufgehen" die weitere Bedeutung „<u>sich</u> erheben" tritt: Der *sol oriens* ist eben „die Sonne, die sich (im Osten) erhebt" – weshalb wir heute noch vom „Orient" sprechen.

Auf diese Weise lässt sich das Wesen des Deponens anschaulich machen und erfassen. Ist das verstanden, stellt auch die Definition des Mediums niemanden mehr vor unüberwindliche intellektuelle Hindernisse: Eine mediale Form liegt dann vor, wenn das Subjekt etwas an sich oder mit sich tut. Oder man spricht von einer Handlung, die in enger Beziehung zum Subjekt steht und dieses Subjekt nicht nur aktiv handeln, sondern zugleich auch passiv in der Diktion Schneiders etwas „erleiden" lässt.

Wir räumen ein, dass sich nicht jedes „Deponens" im Lateinischen so nachvollziehbar erklären lässt. Es gibt offensichtliche Analogiebildungen, die – aus welchen Gründen auch immer – das etablierte Muster übernommen haben (und die insofern „unlogisch" sind). Das ändert indes nichts daran, dass sich das Wesen und die Entstehung des medialen Deponens grundsätzlich sehr schön nachvollziehen lassen. Dazu gehört die Erkenntnis, dass es sich dabei wesenhaft nicht um ein morphologisches (das heißt ein Formen-)Phänomen handelt, sondern um ein semantisches: die zum Ausdruck gebrachte Bedeutung ist das Primäre, die (scheinbare Passiv-) Form das folgerichtig Sekundäre.

„Erholen und wohlfühlen" – Da fühlt der Lateiner nicht wohl

Was ist damit erreicht? Sehr, sehr viel. Nämlich ein Nachdenken über Sprache, ein tiefes Verständnis der Differenzierungsmittel, über die Sprache verfügt, eine Horizonterweiterung, die intellektuelles Vergnügen bereitet oder zumindest daran grenzt: Ich erkenne, dass es auch in der Sprache nicht nur Schwarz und Weiß gibt, sondern dass zwischen Aktiv und Passiv etwas in der Mitte Angesiedeltes liegt. Ich erkenne, dass der Begriff „Deponens" ein ganz schwacher Begriff für eine ganz starke Sache ist. Und ich erkenne, dass es im Deutschen eine semantisch zwar entsprechende, aber anders (mit Hilfe des Reflexivpronomens) zum Ausdruck gebrachte sprachliche Struktur gibt. Eine Struktur, über die ich vermutlich nie nachgedacht hätte, wenn ich nicht mit den scheinbar logisch skandalösen lateinischen Deponentien konfrontiert worden wäre.

Und vielleicht, nein wahrscheinlich begreife ich dann auch, wie dämlich Slogans und Überschriften sind, die bei medialen Formen im Deutschen auf das „sperrige" Reflexivpronomen glauben verzichten zu sollen: Wenn

z. B. Kurorte mit „Erholen" werben und Hotels mit „Wohlfühlen", wenn Broschüren z. B. der Arbeitsagentur „Informieren" heißen oder wenn wir unsere Reaktion auf Wolf Schneiders wundersame Ausführungen über die Deponentien mit einem schlichten „Wundern" überschrieben.

Auch Qualitätsjournalismus schützt vor Torheiten bei Reflexivverben nicht immer. In der „Süddeutschen Zeitung" vom 12. Januar 2016 finde ich, ohne danach gesucht zu haben, gleich zwei Beispiele. Zum einen die Überschrift: „Bewegen hilft". Was, bitte, soll ich bewegen, damit es hilft? Mein Auto, meine Füße, meine Mitmenschen? Ach nein: mich. Besonders schön ist es immer, wenn man den Imperativ dieser Rumpfformen bildet: „Beweg!" Ein anderer Artikel ruft zum „Einmischen" auf. Auch hier entlarvt die Umformung in die Befehlsform die – sagen wir: defiziente – Ausdrucksweise in besonderem Maße: „Misch ein!" Auch der „Stern" hält mit: In der Ausgabe vom 7. Januar 2016 ist der Leitartikel überschrieben: „Weltmacht im Raushalten". Warum nicht gleich als Aufforderung an Deutschland formuliert? „Halt nicht raus!"

So viel, verehrter Herr Schneider, zum scheinbaren schieren logischen Skandal der sogenannten Deponentien. Da haben Sie eine großartige Chance verpasst, über ein lateinisches Phänomen gegen die zunehmende Verlotterung der deutschen Sprache anzuschreiben, wie sie im Weglassen des Reflexivpronomens bei Infinitiven erweist. Ach, Entschuldigung: … sich erweist. Aber gut. Die Chance ist nicht unwiederbringlich dahin. Jeder fundierte Lateinunterricht bietet sie seinen Schülern, wenn die Deponentien an der Reihe sind. Da Sie in Journalistenkreisen auch als „Besserwisser" gelten, erlauben wir uns (mediale Form!) unsererseits, Ihnen ein ziemlich besserwisserisches *si tacuisses* … entgegenzurufen. (Für Nichtlateiner die vollständige Form des berühmten Bonmots: *si tacuisses, philosophus mansisses,* „wenn du geschwiegen hättest, wärest du Philosoph geblieben"). Zugleich fügen wir versöhnlich hinzu: „Ärgern Sie nicht!"

Lust an der Erkenntnis: Wie funktioniert Sprache?

Vielleicht haben Ihnen diese Darlegungen zu den Deponentien sogar ein bisschen Spaß gemacht, verehrte Leserinnen und Leser, weil sie Ihnen ein Aha-Erlebnis vermittelt, Ihnen einen neuen Horizont in Sachen

Sprachreflexion erschlossen haben. Es gibt ja eine Lust an der Erkenntnis, die sich auf alle möglichen Gegenstände erstrecken kann. Warum nicht auch auf die Sprache, zumal sie nach wie vor unser wichtigstes Medium ist – und, bei allem Respekt vor Kommunikationsformen anderer Lebewesen sowie den Fortschritten bei der künstlichen Intelligenz, das eigentliche Spezifikum des Menschen. Wir bemühen uns in allen möglichen Disziplinen, einen Blick nicht nur auf das Funktionieren zu werfen, sondern auch zu ergründen, weshalb das so ist. Das betrifft z. B. die schulische Ausbildung, in der wir uns weder bei den Natur- noch bei den Gesellschaftswissenschaften damit zufriedengeben, den Schülern das Was zu vermitteln, sondern auch das Warum behandeln.

Dieses Fragen, Auf-den-Grund-Gehen, Eindringen in bestimmte Materien ist aber keineswegs auf die schulische Ausbildung beschränkt, sondern vollzieht sich in vielen Vermittlungsbereichen und auf unterschiedlichen Vermittlungsebenen. Auch Fernsehdokumentationen gehören beispielsweise dazu, Sendungen über Länder und Tiere, über Geschichte und Astronomie – und selbst Talkshows, die vielfach keine gute Presse haben, vermitteln ja durchaus Analysen, Einsichten und Denkanstöße. Das alles ist so offensichtlich, dass wir es nicht weiter ausführen müssen. Menschen wollen durchaus lernen, sie streben danach, die Welt zu begreifen, sie sind neugierig, Hintergründe kennenzulernen.

Wenn das so ist, gilt dieses Verlangen, hinter die Kulissen zu schauen, auch für die Sprache. Ausflüge in die Sprachgeschichte sind interessant, aber auch Expeditionen ins Reich der Grammatik. Die stellt das Grundgerüst einer Sprache dar und sorgt dafür, dass die Einzelbestandteile nach bestimmten Konstruktionsregeln zu einem Ganzen zusammengebaut werden. Grammatische Analysen zeigen, wie Sprache „funktioniert". Warum sagen wir: „Der Handwerker arbeitet", aber: „Die Handwerker arbeiten"? Die Antwort ist einfach: Die Verbform sieht anders aus, wenn mehrere etwas tun – obwohl die inhaltliche Aussage des Verbs sich nicht ändert. Im sprachbeschreibenden Vokabular heißt das: Die Semantik des Wortes – seine Bedeutung – bleibt gleich, es findet nur eine Veränderung in der Morphologie statt, der „Formenkunde": arbeit-en ist gegenüber arbeit-et ein Plural-Signal; nunmehr betrifft die Aussage mehrere Leute. So schlicht unser Beispiel ist – es gehört zu den fundamentalen „Gesetzmäßigkeiten" des Regelwerks Grammatik.

Das neue Lateiner-Image:
Grammatiklehrer mit Glamour-Faktor

Dieses Regelwerk gründlicher kennenzulernen, es besser zu verstehen und es beschreiben zu können – das ist das wesentliche Anliegen des sogenannten Grammatikunterrichts. Die dort gewonnenen Erkenntnisse haben durchaus ihren Reiz, ja ihre Faszination. Man sieht es schlaglichtartig daran, dass die wenigen Grammatik-Experten des späten Mittelalters und der frühen Neuzeit, als nur eine kleine Schicht Gebildeter Latein konnte, von vielen geradezu als „Zauberer" angesehen wurden. *grammar,* das englische Wort für „Grammatik", war auch ein Ausdruck für „Zauberei", „Zauber". Und wissen Sie, in welchem neudeutschen, allgegenwärtigen Wort sich dieser Hauch von Zauberei erhalten hat? Es ist „Glamour". *glamour* ist nichts anderes als *grammar.*

Nun gelten Latein-Vermittler in aller Regel nicht als Ausbund einer Glamour-Welt; glamouröses Auftreten ist ihnen eher fremd, und der rote Teppich wird für sie schon gar nicht ausgerollt. Und doch sind sie nach wie vor die Zauberer, die Grammatik beibringen. Da gelten sie zu Recht als Spezialisten und Experten und werden auch gern mal außerhalb der Schule zu grammatischen Sachverhalten konsultiert. Selbst Kritiker des Lateinischen räumen unumwunden ein, dass sie eines im Lateinunterricht gelernt hätten: Grammatik. Und zwar meist wirklich vornehmlich oder sogar ausschließlich im Lateinunterricht – und eben nicht in anderen Sprachfächern. Dass das manchen Skeptikern als Legitimationsgrundlage für mehrere Jahre Schullatein nicht ausreicht, steht auf einem anderen Blatt (und sie hätten recht, wenn es nicht zahlreiche andere Gründe gäbe, die für Latein sprechen). Aber wir halten jetzt doch einmal fest, dass wenigstens dies als allgemeine Überzeugung gilt, selbst in Kreisen erklärter Latein-Gegner oder sogar -Hasser: „Richtig Grammatik" lernt man hauptsächlich im Lateinunterricht. Viele sagen sogar „nur im Lateinunterricht". Aber das wollen wir offenlassen.

Zurück zu den Deponentien. Vielleicht haben Sie ein bisschen Mühe gehabt, den – zugegebenermaßen nicht ganz so eingängigen – Ausführungen zu diesen speziellen Verben zu folgen, und fragen sich: Sind Schüler damit nicht überfordert? Keine Sorge, sie sind es nicht. Denn sie haben tagtäglich im Lateinunterricht mit dem zu tun, was für mit dem

Lateinischen nicht so vertraute Leser(innen) sperrig wirken mag: die Fachbegriffe Genus verbi, Medium, Reflexivpronomen, Objekt usw. Mit anderen Worten: die grammatischen Termini, die zur Sprachbeschreibung verwendet werden. Mit deren Hilfe kann man sich rasch über bestimmte Gegebenheiten verständigen, die man sonst mehr oder weniger umständlich be- oder umschreiben müsste. Das sind Termini, die weit über das Lateinische hinaus der Beschreibung sprachlich-grammatischer Phänomene und Sachverhalte dienen. Man benötigt sie im Deutschen ebenso wie im Englischen, im Französischen und allen anderen Schulsprachen. „Akkusativobjekt" und „Plusquamperfekt", „Adverb" und „Partizip", „Passiv und „Präposition" – das ist Elementarwissen, über das man verfügen muss, wenn man kompetent über sprachlich-grammatische Strukturen sprechen will. Der wissenschaftliche Ausdruck dafür ist abschreckender als die Sache selbst: Man spricht von einem „metasprachlichen Instrumentarium zur Sprachbeschreibung".

Der Abiturient und das Akkusativobjekt – Keine innige Beziehung

Es handelt sich dabei um mehrere Dutzend Begriffe, die „sitzen" sollten, und zwar nicht nur zum Verständnis, sondern auch für eine aktive Handhabung. Und selbst bei, freundlich formuliert, durchschnittlichen Lateinschülern „sitzen" sie, jedenfalls die wichtigsten und am häufigsten gebräuchlichen. Nach ein paar Wochen Lateinunterricht ist kein Schüler vorstellbar, der nicht zumindest „Subjekt", „Prädikat" und „Präsens" „draufhätte". Das ist Handwerkszeug für Latein-Lerner wie die Kelle für den Maurer oder die Kasse für den Verkäufer.

Wovon man aber nicht ausgehen darf, ist die Erwartung, dass jeder, der das Zeugnis der Reife in Händen hält, über dieses Elementarwissen verfügt. Latein ist ja kein Pflichtfach auf dem Weg zum Bildungsabschluss Abitur. Müsste Abiturienten die Begrifflichkeit zur Beschreibung von Sprache aber nicht in den modernen Fremdsprachen vermittelt worden sein, die sie jahrelang auf ihrem Bildungsgang belegt haben und die sie nicht „vermeiden" konnten? Oder im Fach Deutsch mit seinen hohen Wochenstunden-Anteilen? Eigentlich ja – auch wenn man die entsprechenden

Lehrpläne zur Hand nimmt. Aber in der Schulwirklichkeit geschieht das offenbar in vielen Fällen nicht – oder so oberflächlich, dass selbst zentrale Begriffe nicht „hängen bleiben". Es gibt sicher Unterschiede zwischen den Bundesländern und Schulformen, die zum Abitur führen. Aber aufs Ganze gesehen, sind diese Defizite vorhanden. Spricht man mit Deutschlehrern, so finden manche, für solchen grammatischen Lernstoff habe man zu wenig Zeit, andere finden ihn verzichtbar (möglicherweise und ganz ohne Polemik formuliert, weil sie selbst nicht firm genug darin sind).

Die modernen Fremdsprachen haben eine andere Herangehensweise, was die Sprachvermittlung angeht. Sie setzen stark auf imitatives Lernen. Vereinfacht ausgedrückt, sollen die Schüler die Fremdsprache tendenziell eher so lernen, wie man seine Muttersprache lernt – nicht durch langes Nachdenken darüber, warum etwas richtig ist, sondern durch automatisiertes Sprechen. Natürlich werden grammatische Phänomene wie etwa die Adverbienbildung (im Englischen mit -*ly*, im Französischen mit -*ment* usw.) auch im Unterricht besprochen. Von jener Systematisierung, die Markenkern des Lateinischen ist, sind diese grammatischen Intermezzi im neusprachlichen Unterricht aber ziemlich weit entfernt. Hinzu kommt, dass es recht schwierig ist, sich über komplizierte grammatische Sachverhalte in der Fremdsprache zu unterhalten. Die moderne Fremdsprachendidaktik „erlaubt" zwar auch kurze Abweichungen vom Grundsatz der Einsprachigkeit, aber viele Lehrkräfte haben dabei ein schlechtes Gewissen und begrenzen solche Unterrichtsphasen, die der Klärung grammatischer Fragen auf Deutsch dienen, auf ein Minimum.

Im Lateinunterricht dagegen ist die Unterrichtssprache Deutsch. Er hat nicht zum Ziel, dass die Schüler die lateinische Sprache aktiv beherrschen und sich in ihr verständigen können. Er ist also nicht wie die modernen Fremdsprachen auf Performanz ausgerichtet. Die so „eingesparte" Zeit verwendet er unter anderem auf die Sprachbetrachtung, die Beschäftigung mit der Sprache als System. Schlichter formuliert: auf Grammatik. Man spricht deshalb vom Schul-Latein als einer Reflexionssprache. Deren Unterrichtsziele liegen insofern (nicht ausschließlich!) darin, über Sprache reflektiert sprechen zu können. Dieses Sprechen umfasst das erwähnte metasprachliche Instrumentarium oder, einfacher formuliert, das lexikalische Handwerkszeug, um sprachliche Phänomene beschreiben, erklären und auch begreifen zu können.

Grammatik. Wir wuppen das – Ein Markenkern des Lateinunterrichts

Ob das Schulfach Deutsch und die modernen Fremdsprachen gut damit beraten sind, dass sie ihren Schülern dieses Grundwissen nicht oder nur oberflächlich-fragmentarisch zur Verfügung stellen, sollen ihre Vertreter selbst entscheiden. Das Kopfschütteln darüber, dass Grammatik vielfach nicht oder nur rudimentär vermittelt wird, und die entsprechenden Vorwürfe an die Adresse der Deutsch-, Englisch- und Französisch-Kollegen sollten die Lateiner anderen überlassen – den Eltern, den Professoren, den Feuilletonisten. Stattdessen sollten sie ihre guten Dienste gewissermaßen als Service Provider in Sachen grammatischer Grundausbildung anbieten, ohne auf die tatsächlichen oder vermeintlichen Versäumnisse anderer zu schimpfen. Lateinunterricht ist ein anerkanntes Trainingscamp für Grammatik und grammatische Begrifflichkeit. Es stellt den anderen Sprachen gern Kompetenzen zur Verfügung, die sie benötigen, aber selbst nicht vermitteln können oder wollen. Wenn diese Vermittlung zu einem kompetenten Außenanbieter „outgesourct" werden soll – die Lateiner stehen bereit.

Sollte sich das überheblich oder arrogant im Sinne eines problematischen Alleinvertretungsanspruchs anhören, so sei klargestellt, dass es so nicht gemeint ist. Wohl aber muss es erlaubt sein, auf ein Alleinstellungsmerkmal des Altsprachlichen Unterrichts hinzuweisen, das sich vielerorts als solches herausgebildet und bewährt hat. „Grammatik. Wir wuppen das", könnte ein Werbeslogan der Lateiner sein. Oder vielleicht etwas weniger modisch formuliert: „Wir sind die Grammatik-Spezialisten." Bei diesen Werbesprüchen müssten sie nicht rot werden, weil die Leistung zum Werbeversprechen passt. Und zwar selbst dann, wenn sie werblich noch etwas drauflegen und mit Blick auf *grammar/glamour* formulieren würden: „Wir sind die Zauberer."

Wer so vollmundig formuliert, muss allerdings auch liefern, wie man heute sagt („liefern" ist ein Lehnwort zu *liberare*, „befreien" – wer „liefert", befreit sich sozusagen von der Zusageverpflichtung, die er eingegangen ist). Oder, um eine andere Metapher zu bemühen: seine Hausaufgaben machen. Das ist nicht immer der Fall. Was die Chancen grammatischer Reflexion angeht, ist hier und da noch Luft nach oben – übrigens auch bei

den Deponentien, deren didaktisches Potenzial wohl nicht überall ausge-
schöpft wird. Bei anderen Themen leistet der Lateinunterricht vorzügli-
che Arbeit, ganz besonders im Bereich der grammatischen Terminologie.
Wir greifen im Folgenden nur einige wenige Beispiele heraus. Sie sollen
vor allem illustrieren, wie der Lateinunterricht seinem selbst gestellten
Anspruch als Aufklärungsinstanz für grammatische Horizonterweiterung
gerecht wird. Und zwar nicht nur mit irgendwelchen Highlights, sondern
auch und gerade im grauen Unterrichtsalltag, der dank grammatischer
Aha-Erlebnisse ein bisschen weniger grau wird.

Grenzgänger, Zwitter oder schon wieder ein Skandal? – Das Partizip

Erstes Beispiel: das Partizip. Ein merkwürdiges Phänomen, das sich die
Sprache da geschaffen hat – im Grunde ein skandalöser Zwitter. Normalerweise werden Lehrer sehr unangenehm, wenn Schüler auch beim
hundertsten Mal „Deklination" und „Konjugation" durcheinander-
bringen. Das erste meint die Beugung von Nomina, das zweite die von
Verben. Beim Partizip aber ist alles auf einmal ganz anders: Da wird
eine Verbform dekliniert! *agens,* „handelnd", ist ohne Zweifel ein Verb-
Ableger, abgeleitet von *agere,* „handeln". Was seinen verbalen Charakter
unterstreicht: Will man dieses partizipiale Handeln näher erläutern, so
tritt ihm ein Adverb zur Seite, kein Adjektiv. Ein umsichtig Handelnder
ist ein *prudenter agens; prudenter* wohlgemerkt, nicht *prudens* (das wäre
das Adjektiv). Außerdem kann das Partizip ein Akkusativobjekt bei sich
haben: *rem prudenter agens* ist ein „die Sache umsichtig Betreibender".
Woran man, nebenbei bemerkt, sieht, dass das im Deutschen genauso
ist, nur dass sich im Deutschen das Adverb vom Adjektiv in der Form
nicht unterscheidet. Da sind das Englische und die romanischen Sprachen näher beim Lateinischen. Für sie gilt alles bislang über das Partizip
Ausgeführte genauso.
 Nun aber der logische „Skandal" – Wolf Schneider hat uns nachhaltig geprägt. Die offenkundige Verbform *agens* lässt sich deklinieren.
Eine Verbform, die deklinabel ist! (Schülerkommentar zum Lehrer:
„Und *Sie* haben immer gesagt, Verben könne man nicht deklinieren!")

– Verteidigungslinie des Lehrers: „Verben nicht, gewisse Verbformen schon ...“, wobei er bereits ans Gerundium und Gerundivum denkt). Der Genitiv ist *agentis,* „des Handelnden“, der Dativ *agenti,* „dem Handelnden“ usw. Erneute kurze Zwischenüberlegung: im Deutschen ähnlich – Großschreibung und Deklination des Artikels.

Ohne Zweifel also ein sprachliches Mischwesen, dieses Partizip. Und das kommt auch in seiner Benennung zum Ausdruck: *participes* heißt „teilhaftig“, „an etwas beteiligt“. Will sagen: Das Partizip hat teil sowohl am Verb wie am Nomen. In diesem Fall ist der deutsche Begriff (den allerdings kaum jemand kennt) erheblich anschaulicher: „Mittelwort“ – ein Wort in der Mitte zwischen Verb und Nomen.

So viel zum Begriff. Was die Anwendung der Form angeht, so kommen Partizipien im Lateinischen häufig vor, viel häufiger als im Deutschen. Das hat erhebliche Auswirkungen auf ihre Wiedergabe. Eine „wörtliche“ – richtiger: strukturell entsprechende – Übersetzung kommt oft nicht in Frage. *alios amans amatur:* „Ein anderer Liebender wird geliebt“ – das ist kein ordentliches Deutsch. Richtig dagegen: „Wer andere liebt, wird (selbst) geliebt.“ Oder, je nach Kontext: „Wenn er andere liebt, wird er (seinerseits) geliebt.“ Oder auch: „Weil er andere liebt, wird er (seinerseits) geliebt.“ Vier Übersetzungsmöglichkeiten für ein lateinisches Partizip: Übersetzen ist offensichtlich ein kreativer Vorgang. Aber das haben wir ja schon ausgeführt (s. S. 79 ff.)

Wohl aber wollen wir an diesem und dem folgenden Beispiel dem Mythos der besonderen Klarheit des Lateinischen ein bisschen nachspüren. Kürze schaffe Klarheit, behaupten manche und führen die Partizipialkonstruktionen gern als Beleg dafür an. Dass sie kürzer sind als Nebensätze, die mit einer Konjunktion eingeleitet werden, ist evident. Aber klarer? Zweifel daran weckt unser obiges Beispiel; da sind doch deutlich unterschiedliche Sinnrichtungen im Spiel, mit denen das lateinische Partizip *amans* wiedergegeben werden kann: ein verallgemeinerndes „jeder, der“, ein begründendes „weil“ und ein bedingendes bzw. zeitliches „wenn“. Mag sein, dass der hier nicht mitgelieferte Kontext eine größere Eindeutigkeit herstellen würde. Aber das ist keineswegs immer so, wie das nächste Beispiel zeigt.

Niedergeschlagenheit schlägt in Begeisterung um – Nach oder wegen Caesars Rede?

In Caesars erstem Kriegsjahr in Gallien steht auch eine Auseinandersetzung mit Germanen in Aussicht. Germanen sind der Angstgegner der Römer. In Caesars Truppe macht sich Panik breit: „Im ganzen Lager werden Testamente versiegelt", schildert der Feldherr die Situation. Offiziere lassen sich von der defaitistischen Stimmung anstecken. Caesar muss handeln. Er beruft eine Versammlung aller Unterführer ein und redet ihnen ins Gewissen. Die Reaktion in seinen Worten: *hac oratione habita mirum in modum conversae sunt omnium mentes.* Der Satz enthält zwei Verbalaussagen. Die erste Aussage im sogenannten Ablativus absolutus (*hac oratione habita*): Die Rede ist gehalten worden. Die zweite Aussage im normalen Hauptsatz: Die Einstellung aller änderte sich auf erstaunliche, geradezu wundersame Weise. „Höchste Begeisterung und Kriegslust stellten sich ein", schildert Caesar die veränderte Stimmungslage (Caes. B.G. I 41, 1).

In welchem Verhältnis stehen die beiden Aussagen zueinander? *habita* ist ein Partizip Perfekt, das die Vorzeitigkeit anzeigt, das heißt eine Handlung, die früher lag als die nächste Handlung. Die Rede ist gehalten worden, *danach* erfolgte der Stimmungsumschwung. Die übliche Übersetzung heißt entsprechend: „*Nachdem* er diese Rede gehalten hatte, änderte sich die Einstellung aller auf wundersame Weise". Aber schwingt nicht auch ein begründender Gedanke mit, gerade angesichts der Tatsache, dass sich eine Art Wunder ereignet hatte? Natürlich, und deshalb kann man auch übersetzen: „*Weil* er diese Rede gehalten hatte, änderte sich die Einstellung …". Abfolge oder Kausalität? Schwer zu sagen; am besten wäre es, man brächte beides zum Ausdruck: „Als und weil er diese Rede gehalten hatte …"

Das verstößt indes gegen stilistische Regeln der deutschen Sprache. Sie mag keine zwei mit „und" verbundenen Konjunktionen, sondern verlangt Eindeutigkeit. Der Übersetzer muss sich entscheiden – und damit *eine* Bedeutungsvariante opfern. Der lateinische *native speaker* muss das nicht. Die Partizipialkonstruktion lässt die logische Verknüpfung der beiden Aussagen offen. Für den römischen Leser oder Hörer schwingt beides mit: „nachdem" *und* „weil".

Ebendas ist häufig der Vorteil von Partizipialkonstruktionen: ihre semantische Offenheit. Und das ist das genaue Gegenteil der angeblichen Klarheit des Lateinischen. Natürlich könnte Caesar mit einer anderen Wortwahl und Konstruktion eindeutig machen, welches Sinnverhältnis er zwischen den beiden Aussagen herstellen will. Hier aber trifft beides zu: Nach *und* aufgrund der Rede trat der Stimmungsumschwung ein. Eben deshalb bedient er sich hier einer Ausdrucksweise, die den Vorteil der Doppelaussage bietet.

In anderen Fällen kann die semantische Offenheit auch dazu dienen, eine Aussage bewusst zu verunklaren. *Caesare praesente hoc scelus commissum est.* Zwei Aussagen: 1. Der Kaiser („Caesar" erhielt später diese allgemeine Bedeutung; das deutsche Lehnwort „Kaiser" zeigt es ebenfalls an) war anwesend; 2. dieses Verbrechen wurde begangen. Die übliche Übersetzung wäre wohl die inhaltlich neutrale: „Dieses Verbrechen wurde in Anwesenheit des Kaisers begangen." Oder soll eine Kausalität angedeutet, aber nicht ausgesprochen werden? Hat er es vielleicht selbst in Auftrag gegeben? Wurde es gar begangen, weil er da war? Oder verhält es sich umgekehrt? Obwohl der Kaiser da war, wurde das Verbrechen begangen. Bei manchen Kaisern war es gefährlich, Klartext zu reden. Da konnte eine semantisch offene Partizipialkonstruktion unter Umständen Leben retten …

Kennt das Deutsche absolute Partizipien? – Fragen Sie einen Lateinschüler

Kehren wir von diesem Ausflug in die Semantik zum syntaktischen Phänomen des *ablativus absolutus* zurück. Er besteht aus einem Nomen (Substantiv, Pronomen) und einem Partizip, die aufeinander bezogen sind (KNG-Kongruenz: Sie stimmen in Kasus, Numerus und Genus überein), und stehen im Ablativ: *oratione habita*, „die Rede (ist) gehalten". Warum ist das eine absolute, das heißt „losgelöste" Konstruktion? Weil sie kein Beziehungswort im restlichen Satz hat. Sie steht für sich allein, syntaktisch isoliert. Grammatisch ist sie damit losgelöst, inhaltlich-semantisch aber keineswegs, wie wir an Caesars Rede und ihrer Wirkung gesehen haben. Darin erweist sich die „Schwäche" des grammatischen Begriffs

„ablativus absolutus". Er hebt nur auf die Grammatik, genauer: die Syntax ab und ist damit ein passender Gegenbegriff zur zweiten Partizipialkonstruktion, die das Lateinische kennt: dem *participium coniunctum*. Das hat, wie der Name sagt (*coniungere*, „verbinden"), eine Verbindung mit einem Satzglied der zweiten Aussage. *Helvetii omnium rerum inopia adducti legatos miserunt*. Es liegen wieder zwei Aussagen vor: 1. Die Helvetier wurden durch den Mangel an allen Dingen zu etwas veranlasst; 2. die Helvetier schickten Gesandte. Die beiden Aussagen sind auch grammatisch verbunden („coniunct"): Das Partizip *adducti* bezieht sich auf die Helvetier, das Subjekt des Satzes.

In semantischer Hinsicht ist der Begriff *ablativus absolutus* aber regelrecht verfehlt, denn natürlich gibt es eine oder mehrere logische Beziehungen zwischen den Aussagen „Rede ist gehalten" und „Stimmung schlägt um": Da kann von einer „Loslösung" der ersten Aussage nicht die Rede sein. Solche Defizite grammatischer Termini aufzuspüren und zu benennen gehört ebenfalls zu den Anliegen lateinischen Grammatikunterrichts. Und keine Sorge! Auch damit sind Schüler, wenn sie das Trainingslager „Grammatik" lange genug besucht haben, keineswegs überfordert. Vielmehr tut sich ihnen ein interessanter vertiefter Einblick in das System Sprache auf.

Apropos „absolute Partizipialkonstruktion". Gibt es so etwas auch im Deutschen? Gibt es Vergleichbares in den modernen Fremdsprachen? Das Wissen darum ist, zurückhaltend formuliert, sehr begrenzt – auch bei Menschen, die diese Sprachen studiert haben. Die Antwort heißt ja, wenngleich das Phänomen viel seltener vorkommt als im Lateinischen und weitgehend auf stehende Redewendungen beschränkt ist.

Die deutsche Sprache kennt drei Typen. Der eine Typus wird häufig als absoluter Genitiv bezeichnet, auch wenn nicht alle Sprachwissenschaftler damit glücklich sind. Er liegt z. B. vor bei „gesenkten Kopfes", „stehenden Fußes", „unverrichteter Dinge.". Stets handelt es sich um die Kombination Substantiv und Partizip im Genitiv. Dieser Genitiv weist syntaktisch keine Klammer zum Restsatz auf. Man kann ihn mit jedem Subjekt verbinden. „Wir kehrten unverrichteter Dinge zurück." 1. Aussage: Wir kehrten zurück; 2. Aussage: die Dinge waren unverrichtet; statt „wir" könnte auch „du" oder „er" stehen.

Der zweite Typus ist ein absoluter Akkusativ: Den Kopf gesenkt, stand er da. Sie lagen da, die Augen verdreht. Das zweite Beispiel macht besonders deutlich, warum eine absolute Konstruktion vorliegt. „Die Augen" nehmen keineswegs Bezug auf „sie"; das „sie" meint Personen, nicht die Augen. Verdreht sind nur die Augen.

Der dritte Typus betrifft eine sogenannte periphere Partizipialkonstruktion ohne Orientierung. Das hört sich geradezu gefährlich an, meint aber schlicht ein unverbundenes Partizip, allerdings eines ohne Nomen: Offen gesagt, bist du blöd. Oder: Vorausgesetzt, du kommst mit. Oder aber: Bei Licht betrachtet, bist du im Irrtum. Allen diesen Partizipien ist gemeinsam, dass sie sich nicht auf das Subjekt (oder einen anderen Satzteil) der zweiten Aussage beziehen. Auch nicht beim dritten Beispiel: bei Licht betrachtet", wird irgendeine Sache oder ein Umstand, nicht „du".

Auch das Englische kennt absolute Partizipialkonstruktionen: *My husband being absent, I must stay. Weather permitting, we'll go outside. Lunch finished, the guests left the restaurant.* Alle Beispiele enthalten jeweils zwei Aussagen – die erste ist jeweils in einem Partizip formuliert, das in keiner syntaktischen Beziehung zu einem Wort der zweiten Aussage steht.

Inhaltlich dagegen liegt z. B ein kausaler Bezug vor: „*Weil* der Lunch beendet war, verließen die Gäste das Restaurant." Oder ein konditionaler Bezug: „*Falls* das Wetter es erlaubt, werden wir nach draußen gehen."

Auch die romanischen Sprachen kennen vergleichbare Konstruktionen: *detto ciò* (italienisch), *cela dit* (französisch), *esto dicho* (spanisch) bedeutet: „dies gesagt". Auf diese Wendung kann jedes Subjekt ohne Bezug zu dem absoluten Partizip folgen. Auch solche erweiterten Ausflüge in die Muttersprache oder andere Schulsprachen bieten sich bei der Behandlung des lateinischen Ablativus absolutus an – nicht verpflichtend, aber als Option, die großes Erstaunen auslöst. Dies gezeigt (oh je!), können wir das absolute Partizip verlassen. Vielleicht ist deutlich geworden, dass grammatische Beobachtungen und Erkenntnisse einiges an Einsicht befördern – auch für die deutsche Sprache.

Zum bewussten Umgang mit Sprache gehört ab und zu, wir haben es bei der Problematik des Begriffs „absolut" gesehen, auch das Nachdenken über grammatische Begriffe – da, wo es sich anbietet. Zwei weitere Beispiele dafür: „Adverb" und „Präposition".

Ein Hoch auf das Verhältniswort!

Warum das Adverb „Adverb" heißt? Lateinschüler können *die* Frage auf Anhieb beantworten: Weil es *ad verbum*, „zum Verb", gehört. „Die Kinder singen laut" – „laut" ist Adverb, weil es das Singen, also das Verb, näher bestimmt, nicht die Kinder. Auf die Frage, warum der Begriff „Adverb" genau genommen eigentlich zu kurz greife, kommt die Antwort dagegen nicht so spontan. Die richtige Lösung ist: Ein Adverb bestimmt ja nicht nur Verbformen näher, sondern auch Adjektive und andere Adverbien. Werfen wir einen Blick aufs Englische: *He is terribly sad – sad* ist Adjektiv; es charakterisiert „ihn" näher. *terribly* ist ein Adverb dazu, „schrecklich traurig"; es bestimmt den Grad des Traurigseins näher. *He runs extremely fast; fast* ist Adverb, das das Laufen erläutert; *extremely* ein weiteres Adverb, das das „schnell" näher bestimmt. Fazit: Der Begriff „Adverb" ist inhaltlich defizitär, insofern es zwei seiner Funktionen definitorisch nicht erfasst – was man ihm nicht zum Vorwurf, wohl aber sich klarmachen sollte.

„Vor", „nach", „aufgrund", „trotz", „bei" usw. sind Präpositionen. Der Begriff ist ziemlich farblos. Er beschreibt lediglich, dass die Prä-position „vor" (*prae*) ein Nomen „gestellt" (*ponere*) wird. Und was ist, wenn z. B. „wegen" *hinter* dem Substantiv steht („der guten Stimmung wegen")? Manche sprechen dann von einer „nachgestellten Präposition". Aber das ist reichlich unsinnig, wenn das „Vorangestellte" dahinter steht. Der richtige, aber weithin unbekannte Begriff ist „Postposition" (*post*, „hinter"). Aber auch dieser Begriff ist gewissermaßen blutleer. Was man von dem entsprechenden deutschen Terminus nicht behaupten kann: Er heißt „Verhältniswort". Und das ist ein starker Begriff, weil er die semantische Funktion der Präposition beschreibt: Sie setzt Dinge und/oder Sachen in ein bestimmtes Verhältnis zueinander: ein örtliches Verhältnis z. B. durch „in" oder „unter", ein zeitliches Verhältnis z. B. durch „nach" oder „während", ein begründendes Verhältnis z. B. durch „wegen" oder ein Gegengrund-Verhältnis z. B. durch „trotz". Nicht immer, muss auch der Lateiner eingestehen, sind die lateinischen Fachbegriffe zur Sprachbeschreibung ihren deutschen Äquivalenten überlegen. Ein Hoch auf das Verhältniswort!

Haben wir Sie mit unseren Ausführungen hinsichtlich des versprochenen Grammatik-Zaubers überzeugt? Oder aufgrund unseres Wortschwalls nur überredet? Dann versuchen wir abschließend, den Sprung vom Überreden zum Überzeugen mit einem letzten Beispiel zu bewirken. Das ist das lateinische Verb *persuadere*. Es bedeutet „überreden" *und* „überzeugen".

Einsichten versüßen das Leben – Das Beispiel „persuadere"

Wie das? Haben die Römer zwischen den beiden Bedeutungen nicht unterschieden? Gemach, wir nähern uns dem Verb erst einmal von seiner Grundbedeutung her: *per* heißt „durch und durch", und in *suadere* steckt das Adjektiv *suavis*, „süß". *persuadere* heißt also: „jemandem etwas durch und durch süß machen", „ganz versüßen". Und schon wundert sich kein Mensch mehr darüber, dass es (anders als die deutschen Verben „überreden" und „überzeugen") mit dem Dativ steht: *tibi persuadeo* heißt es natürlich, „ich mache *dir* etwas sehr süß". Aber: Ich überrede/überzeuge *dich*.

So, und nun zu dem ersten Eindruck zurück, *persuadere* „bediene" undifferenziert zwei doch sehr unterschiedliche Bedeutungen in gleicher Weise. Wieder so ein logischer Skandal? Ja, aber wieder einer à la Wolf Schneider, einer, der in Wirklichkeit gar keiner ist. Das Lateinische greift hier nämlich auf ein anderes Unterscheidungsmittel (statt zweier unterschiedlicher Verben) zurück: Es hängt von der Konstruktion ab, ob *persuadere* ein „Überreden" oder ein „Überzeugen" zum Ausdruck bringt.

Caesar Romanis persuadet, ut Galliam expugnent. „Caesar überredet die Römer, Gallien zu erobern." Er macht es ihnen zwar sehr schmackhaft, aber in der *ut*-Konstruktion kommt noch deutlich zum Ausdruck, dass es *seine* Absicht, *sein* Wunsch ist. *ut* („dass") leitet einen Begehrssatz ein. Dadurch wird klar, dass die Römer selbst sich noch nicht völlig mit seinem Begehren identifizieren. Sie tun oder denken etwas, weil sie sich dazu gedrängt fühlen. Caesar hat sie „nur" überredet.

Caesar Romanis persuadet Galliam expugnandam esse. „Caesar überzeugt die Römer davon, dass Gallien erobert werden müsse." Hier führt das Schmackhaftmachen zu einer anderen Konstruktion: Der sogenannte *AcI* (*accusativus cum infinitivo*) stellt eine Tatsache, ein Faktum fest. Er zeigt an, dass die Römer tatsächlich zu derselben Meinung gelangt sind wie Caesar. Der Erfolg seiner Versüßungsarbeit ist gewissermaßen nachhaltiger: Aus seinem Begehren ist in den Köpfen der Römer eine eigene Haltung geworden, die der *AcI* als Tatsache konstatiert. Das Deutsche verwendet dafür ein anderes Verb als in der früheren Situation: Caesar hat sie überzeugt.

So lässt sich das kleine Wörtchen *persuadere* als Station auf dem Weg zu erhellenden Erkenntnissen nutzen. Es wird sehr deutlich, dass Grammatik kein sprachwissenschaftlicher Selbstzweck ist, sondern auch kostbare Beiträge zur Semantik leistet. *ut*-Satz oder *AcI* – das entscheidet hier über das richtige Verständnis von *persuadere*.

Grammatikarbeit im Lateinunterricht: Das ist keine Hexerei, wohl aber eine Einsicht und tieferes Verständnis fördernde, gewiss auch intellektuell fordernde Tätigkeit. Wenn wir tatsächlich in einer Spaßgesellschaft leben sollten (woran Zweifel angebracht sind), dann lässt sich auch adäquat formulieren: Erkenntnisgewinn macht Spaß. Und grammatisches Arbeiten ist, wenn es auf solchen Erkenntnisgewinn zielt, geradezu zauberhaft.

Wenn die Klassik ritzt –
Lateinische Graffiti

Lateinische Graffiti? Alltagskritzeleien in der würdevollen Sprache Caesars und Ciceros? Es gibt nicht wenige Menschen, die völlig
überrascht sind, wenn sie erstmals von der Existenz dieser Textsorte
hören. Sie scheint nicht recht zum Image einer Sprache zu passen,
die gravitätisch und seriös daherkommt. Kriegsberichterstattung und
philosophische Abhandlungen, schwungvolle Reden und große Geschichtsschreibung – das passt zu Latein. Aber doch keine fragwürdigen Spontan-Ergüsse einer Subkultur ohne jede literarische Ambition!

Das gerade gezeichnete Klischeebild ergibt sich allenfalls aus einer
allzu „staatstragenden" Auswahl dessen, was der schulische Lateinunterricht in früherer Zeit seinen Eleven vielfach vorgesetzt hat. Aber es
ist kein Spiegel der sehr viel weiter gefächerten, offeneren literarischen
Überlieferung der alten Römer. Die kannten, um nur zwei „unklassi-
sche" Bereiche zu nennen, auch jede Menge humorvoll-unterhaltender
sowie erotischer Literatur, Komödien und Liebeselegien, Satiren – eine
römische Erfindung sogar! – und mit Ovids „Liebeskunst" den ersten
literarisch hochkarätigen Flirtratgeber der europäischen Literaturge-
schichte (s. S. 49 ff.). Das alles wird im modernen Lateinunterricht
auch gelesen. Die Lateindidaktik hat sich gottlob von der Dominanz
der „schweren" (und nicht ganz so schülernahen) literarischen Genera

verabschiedet und wendet sich auch Texten der leichteren Muse zu. Darüber haben wir bereits berichtet.

Gattungsvorteil „authentisch" – Einblicke ins „pralle Römerleben"

Zugegeben, die allermeisten lateinischen Graffiti gehören zu der *ganz* leichten Muse. Bis auf sehr wenige haben sie keinen literarischen Anspruch – Gelegenheitstexte, die sich Müßiggänger und Frustrierte, Liebende und Witzbolde einfallen ließen. Manchmal hatte man die Texte schon im Kopf, die man dann der Wand anvertraute, meistens aber waren es Augenblickseingebungen, emotionale Spontaneinfälle und eine Menge triviales Zeugs, voller sprachlicher und orthographischer Fehler, vielfach in vulgärer Diktion und reich an Obszönem, Primitivem und Belanglosem.

Aber gerade das macht den Reiz dieser Textsorte aus. Das sind ungefilterte, authentische Artikulationen von Befindlichkeiten, von Hoffnungen und Sehnsüchten, Ärgernissen und Ängsten, Freuden und Aggressionen. Langeweile und Wut, Liebesglück und Ausgelassenheit, Freizeitstimmung und Geltungsbedürfnis haben den Schreibern die Hand geführt – und manch andere Emotion und Motivation. In ihrer vielfältigen, widersprüchlichen Gesamtheit erlauben Graffiti uns nach 2000 Jahren einen Einblick ins „pralle Römerleben" – so wie ihn keine andere Textsorte ermöglicht, auch wenn nicht immer pure Unüberlegtheit Pate gestanden hat, sondern sich so mancher Graffito-Skribent vor möglichen Lesern (und vor sich selbst) stilisierte und in Szene setzte.

Allerdings war die Chance eines Graffito, als interaktiver Text zur Kenntnis genommen und gelesen zu werden, eher gering. Im Unterschied zu dem, was wir heute zumeist mit Graffiti assoziieren – weithin sichtbare, mit großen Lettern an eine Wand gesprayte Texte oder figürliche Darstellungen, die nach Meinung der meisten Betrachter nicht gerade zum ästhetischen Erscheinungsbild von Innenstädten beitragen –, waren das, was römische Schreiber auf die Wand aufbrachten, überwiegend kleine Kritzeleien, die nur auffielen, wenn man sehr genau hinguckte. Es kam vor, dass jemand Kohle, einen angesengten Holzspan oder ein Stück Kreide als Schreibgerät benutzte. In der Regel aber verwendete man den

metallenen *stilus*, der sich im Normalfall in das Wachs einer Schreibta-
fel eingrub, um seine „Botschaft" in den Putz von Wänden einzuritzen.
Der feine, spitze Griffel hinterließ dabei keine markanten Spuren, die aus
einer Entfernung von mehreren Metern zu erkennen gewesen wären. Allenfalls größerflächige figürliche Darstellungen – Schiffe, Tiere, die Haar-
und Bartpracht eindrucksvoller Charakterköpfe und andere schraffierte
Flächen – stachen leichter ins Auge. Aber auch sie wirken gegenüber modernen Graffiti geradezu dezent und unauffällig.

Diesem unauffälligen Erscheinungsbild verdanken die antiken Graffiti
auch ihren Namen: Die Ausgräber des 18. Jahrhunderts schufen den Begriff, indem sie ihn vom italienischen Verb *sgraffiare* ableiteten, „zerkrat-
zen". Auf diesem etymologischen Hintergrund müsste man sich eigentlich für das, was heutiger Sprachgebrauch als „Graffito" bezeichnet, einen
neuen Begriff einfallen lassen.

Konservierung durch Ascheregen –
Die Chance der Katastrophe

Mit der Unscheinbarkeit der meisten Graffiti erklärt sich wohl auch die
achselzuckende Toleranz, mit der die meisten Zeitgenossen die „Veröf-
fentlichungen" der Graffiti-Schreiber offensichtlich hinnahmen. Nicht
wenige Kritzeleien sind so hingebungsvoll geritzt und so sorgfältig verfasst worden – hier und da streicht der Verfasser sogar ganz „ordentlich"
durch, was nicht gelten soll –, dass keine Furcht erkennbar ist, erwischt
zu werden. Eher kann man sich vorstellen, dass sich bei der Entstehung
mancher aufwändigen Graffiti – etwa den Siegesstatistiken von Lieblings-
gladiatoren – ein interessierter Kreis von Zuschauern gebildet hat, der das
entstehende „Kunstwerk" mit mehr oder weniger klugen Ratschlägen und
Kommentaren begleitet hat.

Überall im einstigen Imperium Romanum sind Graffiti bei Ausgra-
bungen ans Licht gekommen, die allermeisten – über 10 000, die aber
häufig nur aus einem einzigen Wort bestehen – in den vom Vesuv ver-
schütteten Städten, vor allem in Pompeji. Das verwundert nicht, wenn
man sich den unterschiedlichen Verfallsvorgang vergegenwärtigt. Der
normale schleichende Untergang römischer Städte vollzog sich in der Zeit

zwischen Spätantike und Mittelalter dadurch, dass nicht mehr bewohnte Gebäude einstürzten. Das erste, das abblätterte, war meist der Putz – und in ihn waren die Graffiti gewöhnlich geritzt.

Ganz anders in den Vesuvstädten. Die plötzliche Katastrophe des Vulkanausbruchs im Jahre 79 begrub die kurz zuvor noch pulsierenden Städte in einem Ascheregen, der die unteren Wände der Gebäude geradezu stabilisierte. Der plötzliche Tod konservierte große Teile des urbanen Leichnams. Der Putz hatte gewissermaßen nicht die Zeit abzublättern – und so blieb hier auch vieles erhalten, was auf den Putz gemalt und geschrieben und in ihn geritzt war: sprechende Wände als eine einzigartige Fundgrube des römischen Alltags, die Ernstes und Albernes, Blödes und Nachdenkliches, Fieses und Fröhliches, Interessantes und Triviales bietet – und manchen guten „Spruch" bereithält.

Für den, der mit der römischen Kursivschrift vertraut ist, stellt die Entzifferung lateinischer Graffiti keine besondere Herausforderung dar – wenn nicht jemand mit einer ausgeprägten individuellen „Sauklaue" am Werk war. Allerdings beschränken sich die Dokumente, die in dieser Normalschrift der Römer überliefert sind, weitgehend auf Gefäßinschriften und eben Graffiti. Die Beschäftigung mit ihnen hilft also auch dabei, Einblick in einen zentralen Bereich des römischen Alltags zu bekommen, den die elegante, meist leicht entzifferbare Monumentalschrift der Steinmetzen auf „offiziellen" Inschriften nicht vermittelt. Die Nummerierung der folgenden Graffiti bezieht sich auf den 4. Band des *Corpus Inscriptionum Latinarum* (CIL IV).

„Quellchen grüßt Fischlein" – Die Wand als Postkartenersatz

Eine uns vertraute Graffiti-Gruppe sind Anwesenheitsnotizen und Grüße. Wie sich mancher moderne Mensch – vor allem, wenn er als Tourist daherkommt – bemüßigt fühlt, einen autobiographisch noch so flüchtigen Moment per „Unterschrift" auf dauerhaftem Material festzuhalten, so dokumentierten auch Römer gern, dass sie hier und da gewesen seien: Ein D(ecius) Mus (10205) verband das mit einem geradezu künstlerisch ambitionierten Selbstporträt. Ein schlichtes *Paris hic fuit* (1305) oder *Sabinio hic* (4731) bezeugen, dass Paris bzw. Sabinio hier gewesen ist. Gern wird auch die gemeinsame Anwesenheit mit einer (Lebens-)Gefährtin bezeugt: *Pagatus hic cum Secunda* (491), „Pagatus (war) hier mit Secunda", oder, etwas stärker besitzergreifend, *Daphnicus cum Felicla sua hic* (4066), „Daphnicus (war) hier mit seiner Felicla". Ein früher Pompeji-Tourist scheint Pacatus gewesen zu sein: *Pacatus hic cum suis ma(n)sit Pompeis* (8660), „Pacatus hat sich hier in Pompeji mit seinen Angehörigen aufgehalten", teilt er per Wand mit, während ein anderer Besucher besonders aussagekräftig mitteilt, dass *P. Comicius Restitutus cum fratre (h)ic stetit* (1321): „Publius Comicius Restitutus hat hier mit seinem Bruder gestanden". Gelegentlich empfindet auch eine Frau das Bedürfnis, einen gemeinsamen Aufenthalt per Graffito zu verewigen: *Romula hic cum Staphylo moratur* (2060), „Romula hält sich hier mit Staphylus auf".

Viele nutzen die Wand, um Bekannte zu grüßen oder ihnen Lebewohl zu sagen – angesichts der geringen Wahrscheinlichkeit, dass die gegrüßte Person das je lesen würde, eher eine Art Selbstgespräch oder, na ja, ein Akt der Psychohygiene. *Aephebus Successo patri salut(em)* (4753), „Aephebus grüßt seinen Vater Successus", *Cresce(n)s Spatulo sal(utem)* (4742), „Crescens grüßt Spatalus", oder *Spendusa Sperato sal(utem)* (4639), „Spendusa grüßt Speratus". In die Welt der Kosenamen entführt uns das folgende Graffito: *Fonticulus Pisciculo suo plurima(m) salutem* (4447), „Quellchen grüßt sein Fischlein herzlich". Anderswo „grüßt Pyrrichus seinen Kumpel Salvius", *Pyrrichus Salvio sodali sal(utem)* (2154), und „grüßt Crescens (gleich alle) Pompejaner" (*Crescens Pompeianis salutem;* 4103). Calpurnia dagegen „sagt (einem geheimnisvollen) Dir Auf Wiedersehen" (*Calpurnia tibi dicit vale;* 1819).

„Lass dich doch ans Kreuz schlagen!" – „Fromme" Wünsche für ungeliebte Zeitgenossen

In zwei Inschriften versichern für uns namenlose Fans den Schauspieler Actius ihrer Treue und hoffen auf ein Wiedersehen mit ihm: *Acti, amor populi, cito redi!* (5395); „Actius, Liebling des Volkes, kehre rasch zurück!" bzw. *Acti, dominus scaenicorum, va(le)!* (5399); „Actius, Herr der Schauspieler, leb wohl!" Der Abschiedsschmerz hat unseren Graffitoschreiber sogar die korrekte Vokativ-Bildung vergessen lassen. Wie zumindest katholische Traditionalisten aus der lateinischen Liturgie wissen, sollte da *domine* statt *dominus* stehen. Weniger nett ist bei näherem Hinsehen ein nachbarlicher Gruß: *Pitanae vic(ini) salutem* (4439), „Die Nachbarn grüßen Pitane", heißt es zunächst harmlos. Dann aber folgt der Zusatz: *aer(is) assibus III*, „sie kostet 3 As" – und damit die Bloßstellung der zunächst freundlich Gegrüßten als käufliche Dame.

Damit sind wir bei einer weiteren beliebten Gattung von Graffiti: den Beleidigungen und Schmähungen. Die Wand als Pranger – da erfahren wir beispielsweise, dass „Aephalus ein Windbeutel" ist (*Aephalus ardalio es;* 4765), dass „Sophe" keineswegs, wie ihr Name vermuten lassen könnte, als „weise" tituliert wird, sondern als *nequam*, „Schlampe" (10013). Ein gewisser Pronus wird als *fellator*, „Lecker", diskreditiert (10022), ein Ianuarius als „Knabenschänder" (*cinaedus;* 2312). Einem Ungenannten gilt der fromme Wunsch *in cruce figaris* (2082), „lass dich doch ans Kreuz schlagen", einem Cornelius wird der freundliche Rat zuteil, sich aufzuhängen (*suspende te;* 1864), und „dem Chius wünsche ich, dass deine Warzen wieder aufplatzen und sie schlimmer brennen, als sie je gebrannt haben" (*Chie, opto tibi, ut refricant se ficus tuae, ut peius ustulentur quam ustulatae sint;* 1820). Einem Minio Carpo ruft der Schreiber ein unwirsches „Platz doch!" zu (*tumiscas;* 8422), einem Stronnius wird bescheinigt, schlicht „keine Ahnung zu haben" (*Stronnius nil scit;* 2409a), und einem Macer, dass „sein Hirn locker" sei (*Macer cerebri moti;* 10243) – wobei sich dieses Graffito wunderbar als Beispiel für einen Genitivus qualitatis eignet, aber für eine seriöse lateinische Grammatik vielleicht doch zu wenig politisch korrekt erscheint. Obwohl – einprägsam wäre es.

Was Liebende und Bienen gemeinsam haben – Variationen des *amare*

Gehen wir von den Gemeinheiten zu den Freuden des Lebens über. Die unbestrittene Nummer eins ist da bei den Graffiti-„Poeten" die Liebe. Übungen in der a-Konjugation ließen sich locker mit den verschiedenen Formen von *amare* bestreiten, wie sie pompejanische Wände bereithalten. *amamus, invidemus,* formuliert ein Graffiti-Philosoph, „wir lieben und wir sind eifersüchtig" (1222). *crudelis Lalage, quae non ama(s)* (3042) stöhnt hier ein verschmähter Liebhaber auf, „grausame Lalage, die du (mich) nicht liebst"; dort darf Secundus noch hoffen und uns den Konjunktiv präsentieren: *rogo, dom(i)na, ut me ames* (8364), „Ich bitte dich, Herrin, mich zu lieben!". In der dritten Person Singular „liebt Marcus die Spendusa" (*Marcus Spendusam amat;* 7086). Das Passiv dazu liefert die Feststellung, dass *Cornelia Helena amatur ab Rufo,* „Cornelia Helena von Rufus geliebt wird" (4637). In der Ich-Form erscheint eine Anonyma, die ihre Liebe zu einem Verehrer in den Putz ritzt: *amo te, Facilis,* „Ich liebe dich, Facilis!" (10234). Der Infinitiv schließlich wird kunstvoll im verneinten Imperativ untergebracht: *Thyas, noli amare Fortunatu(m)! Vale!* „Thyas, liebe den Fortunatus nicht! Leb wohl!" (4498). Etwas mysteriös erscheint in diesem Zusammenhang des *Nicht*-Liebens die Abbildung eines Phallus.

Sie würde gewissermaßen als Bekräftigung besser zu einem anderen Graffito passen, in dem „der schöne Hermeros" versichert, „dass er dich, Sabina, liebt" (*Sabine, calos Hermeros te amat;* 1256). Oder auch zu einem Schwerenöter wie Restitutus, der „schon viele Mädchen betrogen hat" (*Restitutus multas decepit saepe puellas;* 5251). Oder auch als „Vorlage" für einen – nicht übertrieben verärgert klingenden – Tadel: *Virgula Tertio suo: indecens es;* „Virgula zu ihrem Tertius: du bist unanständig!" (1881). Oder aber zu so manch einem Graffito, das sich von der Versicherung mehr oder weniger zarter Liebe verabschiedet und zu hartem, obszönem Sex-Vokabular übergeht.

Dazu später. Zunächst wollen wir noch ein bisschen im Reich des zärtlichen Amor verweilen. Da hat sich mancher Graffiti-Schreiber, vielleicht geschult und inspiriert durch die Lektüre der Liebeselegien eines Tibull oder Properz oder der „Liebeskunst" Ovids, an nachgerade poetischen Formulierungen versucht. „Puppe" war ein beliebter Kosename für die Angebetete. Er findet sich in zahlreichen Graffiti, von denen dieses aber mit Abstand das originellste ist:

Si quis non vidi(t) Venerem, quam pin(xit Apelles),
  pupa(m) mea(m) aspiciat: talis et i(lla) nitet (6842).

Die Ergänzungen sind, auch weil metrische Notwendigkeiten vorliegen (es handelt sich um ein elegisches Distichon, in dem auch die großen Liebesdichter schrieben), einigermaßen sicher:

Wenn jemand die Venus noch nicht gesehen hat, die Apelles malte,
so schaue er meine Puppe an: So erstrahlt auch sie.

Apelles galt als der berühmteste Maler des Altertums; sein Aphrodite-Bildnis war legendär, wenn auch heutzutage weniger bekannt. Da käme als modernerer Ersatz vielleicht die Mona Lisa in Frage.

Nicht minder intensiv von der Muse geküsst – auch wenn er selbst eher Amor als Inspirationsquell nennt – erscheint ein anderer Graffiti-Skribent, der seiner Geliebten schwört:

Scribenti mihi dictat Amor mo(n)stratque Cupido:
A peream, sine te si deus esse velim! (1928)
Amor diktiert mir, was ich schreiben soll, und Cupido führt mir die Hand.
Ach, ich will lieber sterben, als ohne dich sogar ein Gott zu sein.

Kann man Liebenden gram sein? Nein! Dass *amantes* und *amentes* nahe beisammen sind, „Liebende" und „Verrückte", wusste schon ein altes Wortspiel. Ein Graffiti-Poet greift dieses Thema mit einem bemerkenswerten Vergleich auf:

alliget hic auras, si quis obiurgat amantes,
et vetet assiduas currere fontis aquas. (1649)
Wenn einer Liebende schilt, könnte er ebenso gut die Winde fesseln
und dem Quellwasser verbieten, immerfort zu fließen.

amantes ut apes vita(m) mellita(m) exigunt, jubelt ein glücklich Verliebter, „Liebende führen wie Bienen ein honigsüßes Leben" (8408), wird aber von einem Spielverderber mit einem „knackig-ironischen" *velle!* auf den Boden der Tatsachen zurückgebracht: „Wollen!", „Wunschdenken!" merkt der Kommentator an. Man könnte auch übersetzen: „Denkste!" Das war keiner, der den Kutscher zu höherem Tempo antreiben wollte, damit er ihn „im Liebesfeuer rasch nach Pompeji bringe, wo meine Liebe ist" (*Pompeios defer, ubi dulcis est amor;* 5092). Sondern ein nüchterner, vielleicht sogar desillusionierter Zeitgenosse, der auch die Qualen und Abgründe der Liebe kennengelernt hatte. So wie jener Schreiber, der seine Wut auf Venus kaum zügeln kann:

quisquis amat, veniat. Veneri volo frangere costas
fustibus et lumbos debilitare deae! (824)
„Jeder, der liebt, komme her! Ich will der Venus die Rippen brechen
mit Knüppeln und der Göttin die Lenden lahm schlagen …"

Keine schöne Aussichten für die Göttin der Liebe, da helfen auch die
metrischen Bemühungen ihres erbosten Widersachers nicht darüber
hinweg. Aber es war halt so, wie Ovid in einer berühmten Sentenz fest-
gestellt hatte: *militat omnis amans*, „jeder, der liebt, leistet Kriegsdienst"
(Ov. am. I 9, 1). Einer seiner Leser erinnert sich und notiert auf der
Wand: *militat omnes* (3149). Da fehlt zwar das entscheidende *amans*,
und die Pluralform *omnes* ist ein weiterer Hinweis auf die Verwirrtheit
eines wohl unglücklich Liebenden. Und doch gefiel diese resignativ-ele-
gische Verarbeitung erlittenen Liebesleids manch einem Graffiti-Leser
sicher besser als ein trotzig aufbegehrendes *quisquis amat, pereat!* (4659),
„Zum Teufel mit jedem, der liebt!" Auch wenn wir das Stürmisch-Lei-
denschaftliche ein wenig vermissen, hören wir das schlichte Treue-Be-
kenntnis einer Ehefrau doch nicht ungern: *virum vendere nolo meom*
(3061), stellt sie ebenso lapidar wie liebenswert fest, „ich will meinen
Mann nicht verkaufen".

„Ich hab's der Wirtin besorgt" – Obszönes mit dem „bösen" F-Wort

Von der Liebe zum Sex. Genauer gesagt, zu einer herben obszönen Sprache, die natürlich auch lateinische Graffiti-Schreiber beherrschen. Da
wird manches auf die Wand gebracht, das in vornehmen Kreisen als
„Gossensprache" bezeichnet wird – derber Verbal-Sex, der wahrhaftig
nicht zu den Ausnahme-Kategorien der Textsorte Graffiti gehört. Und
den wir deshalb in unserem Überblick weder ausklammern dürfen noch
wollen.

Auch im Lateinischen gibt es ein obszönes F-Wort, mit dem der
Geschlechtsverkehr in der „unanständigen" Alltagssprache bezeichnet
wird. Es heißt *futuere* – für die allermeisten Lateinschüler ein Verb, dem
sie im Unterricht nie begegnet sind und begegnen werden (auch wenn

es in der literarischen Hochsprache durchaus Verwendung findet). Bei der Lektüre von Graffiti aber kommt man, will man einigermaßen repräsentativ über das vorhandene Material informieren, ohne das F-Wort nicht aus. Das Renommieren mit *futuere*-Erlebnissen per Graffito war äußerst beliebt – ob es stets der Wahrheit entsprach, ist eine ganz andere Frage.

So kritzelt ein Anonymus auf die Wand, dass er „es hier am 14. und am 20. August getrieben habe" (*hic futui XIX Sept. XIII K(alendas) Sep(tembres)*; 4260), ein anderer teilt mehr oder minder stolz mit, er habe „hier zweimal gevögelt" (*hic ego bis futui*; 4029), ein weiterer Anonymus „hat es der Wirtin besorgt" (*futui coponam*; 8442), und auch gemeinsames *futuere* wird gern als Graffito-Notiz vermerkt: *Festus hic futuit com sodalibus,* „Festus hat hier mit seinen Kumpels gevögelt"; 3935). Nur der arme Messius ist leer ausgegangen und stellt resigniert fest: *Messius hic nihil futuit,* „Messius hat hier nichts gevögelt"; 5187).

Von Ephesus erfahren wir, dass er ein *fututor* sei, ein „Ficker", was zwei andere Schreiber zu dem Kurzkommentar veranlasst: *felix! felix!,* „der Glückliche!" (1503). Auch das feminine Pendant für das Suffix der handelnden Person ist bezeugt: Eine gewisse Miduse wird als *fututrix* bloßgestellt (4196). Aufschlussreich ist auch die Bildung *perfututor;* die Vorsilbe *per-* drückt stets eine Verstärkung aus, die eine „Durch-und-durch-Intensität" beschreibt. Wir erlauben uns „Großer Stecher" als Übersetzungsvorschlag.

Es ist nicht weiter erstaunlich, dass in diesem Kontext auch andere Verben für spezielles sexuelles Tun Verwendung finden: Von *fellare*, „blasen", über *cunnum linguere*, „lecken", bis zu *pedicare*, „es jemandem von hinten besorgen". Die jeweiligen Begleitumstände unterscheiden sich nur geringfügig von den Mitteilungen, die sich ums *futuere* drehen, so dass wir uns hier nicht zu wiederholen brauchen. Beschließen wir diesen nicht ganz jugendfreien Abschnitt mit einem geradezu zeitlosen Wunsch. Er verwendet zwar „böse" Wörter, gibt inhaltlich aber wohl doch eine deutliche Mehrheitsmeinung wieder: *malim me amici fellant quam inimici irrument* (10030), „lieber sollen mich meine Freunde lecken, als dass mir meine Feinde ihr Ding in den Mund stecken". Meint jedenfalls ein Sex-besessener Graffiti-Skribent aus den Siebzigerjahren des 1. Jahrhunderts in Pompeji.

„Naebis macht's, aber hallo, für 2 As" –
Was Graffiti über käufliche Liebe erzählen

Prostitution war im römischen Kulturbereich eine Normalität. Im Ambiente und Niveau der „käuflichen Liebe" gab es große Unterschiede: Von der Straßenprostitution über Séparées in der ersten Etage von Gasthäusern bis zu kleinen Einliegerwohnungen, in denen Dirnen ihrem Gewerbe nachgingen, und Bordellen mit mehreren „Liebeskammern". Kein Wunder, dass mancher Kunde sein erkauftes amouröses Abenteuer in der Nähe des „Tatorts" verewigt – häufig mit einer Kurzcharakteristik der leichten Dame und ihrem Tarif. *hic ego puellas multas futui*, „hier habe ich viele Mädchen gevögelt" (2175) ist als Bekenntnis insofern glaubwürdig, als es in einem Bordell an die Wand gekritzelt wurde. Ähnliche Graffiti finden sich dort in großer Zahl; so gibt eine „Dame" in dieser Umgebung wenig überraschend zu Protokoll, sie sei „hier gut gevögelt worden" (*bene fututa sum hic;* 2217).

Auf Grammatik-Fans muss es geradezu alarmierend wirken, wenn mehrfach ein Kunde mit den Worten gelobt wird *bene futues* (2185 ff.). „Du vögelst gut" soll das heißen, tatsächlich ist *futues* aber falsch als Futur-Form gebildet (statt richtig *futuis*). Empörend, wie da schon „echte" Römer die gleichen Grammatik-Fehler in der konsonantischen Konjugation gemacht haben wie heutige Latein-Eleven!

Auch außerhalb der Bordell-Umgebung finden sich zahlreiche Graffiti, die die „Dame" und ihren Preis verraten: Eine Athenais nimmt ebenso 2 As wie eine Sabine (4150), ebenso „macht's Naebris, aber hallo!, für 2 As" (*Naebris, eia, assibus duobus;* 8394), und auch „die Griechin Eutychis" fordert diesen Lohn. Ihr wird zudem bescheinigt, *moribus bellis* zu sein, „von nettem Wesen" (4592). Der Normaltarif von 2 As war außerordentlich niedrig. Er entsprach einem Kaufkraft-Äquivalent von zwei Laiben Brot oder einem halben Liter Wein gehobener Qualität. Nur wenige Frauen konnten einen höheren Liebeslohn durchsetzen. Spes war eine von ihnen. Auch ihr wird ein „nettes Wesen" bescheinigt; ihr Tarif aber lag bei 8 As (5127). Die absolute Spitzenverdienerin trägt den passenden Namen Fortunata, „die Glückliche". Sie nahm 23 As (8034).

Auch männliche Prostituierte waren keine Seltenheit. Ein Menander, „von nettem Wesen" auch er, nimmt ebenso 2 As wie ein Isidorus (4024; 4441). Der „glückliche" Felix fordert dagegen 4 As, ein gewisser

Florus sogar 10 As (7339). Manch ein zufriedener Bordellkunde vertraute der Wand nach getaner „Arbeit" noch rasch an, was allerdings kaum als Geheimnis gelten konnte: *hic ego cum veni, futui, deinde redei domi.* Cicero hätte weder über das *veni* (Indikativ statt Konjunktiv) noch über das *domi* („zu Hause"; statt richtig *domum*) gejubelt, aber zu verstehen ist der „Spruch" allemal: „Nachdem ich hierhin gekommen bin, habe ich gevögelt, dann bin ich nach Hause zurückgekehrt" (2346). Das war das schlichte „Bekenntnis" eines römischen „Normalos". Eher ungewöhnlich war es, wenn sich jemand von Prostituierten klar distanzierte:

quae pretium dixit, non mea, sed populi est (1860)
Die einen Preis genannt hat, ist nicht die meine, sondern gehört dem Volk.

Schulerinnerungen –
Klassiker-Zitate auf unklassischem Material

So, jetzt verlassen wir aber mal die anstößige Abteilung und wenden uns den Schul-Reminiszenzen zu, zu deren dauerhafter Memorisierung mancher Graffiti-Schreiber die Wand gewählt hat. Nicht wenige haben dort auch einfach nur geübt. Alphabete sind in größerer Zahl überliefert, ebenso Buchstabenfolgen, deren Sinn sich nicht unmittelbar erschließt. Andere Schreiber dokumentieren ihre literarische Bildung, indem sie Klassiker-Verse auf die Wand aufbringen. Meistens bleibt es bei einer Zeile; der „Renner" ist der erste Vers der *Aeneis* Vergils, des römischen Nationalepos. *arma virumque cano, Troiae qui primus ab oris,* „die Waffen und den Mann besinge ich, der als erster von Trojas Küsten …" (4832; 8831). Interessanter ist aus heutiger Sicht eine Verballhornung dieses berühmten Klassiker-Zitats. Ein Nonsense-Text zwar, aber zumindest einer, der metrisch passt: *fullones ululamque cano, non arma virumque* (9131), „die Tuchwalker und das Käuzchen besinge ich, nicht die Waffen und den Mann".

Neben Vergil haben die Schreiber auch Liebesdichter wie Properz und Ovid im Kopf. Dass schon wenige Jahrzehnte nach dem Erscheinen der „Liebeskunst" manche Stellen in den Sentenzenschatz der Römer übergegangen waren, scheint ein Wand-Zitat von *ars amatoria* I 475 f. zu belegen:

quid pote tam durum saxso aut quid mollius unda?
dura tamen molli saxsa lavantur aqua (1895).
Was kann so hart sein wie Stein oder was weicher als Wasser?
Dennoch wird harter Stein von weichem Wasser ausgehöhlt.

So ganz freilich hatte der Graffiti-Schreiber seinen Ovid nicht im Kopf. Bei Ovid heißt der Anfang *quid magis est saxo* – und ist syntaktisch auch viel einleuchtender als das „Remake". Aber immerhin: Der *grammaticus*, der unserem Graffiti-Poeten die lateinische Literatur nahegebracht hat, wäre sicher ganz stolz auf die (wenn auch leicht verunglückte) Reproduktionsleistung seines Schülers gewesen – und all der anderen, die das Graffiti-Potpourri mit einschlägigen, insgesamt allerdings nicht besonders vielen Dichterzitaten bereichert haben. Das waren Lehrerfolge, auf die sich Schulmeister etwas zugute halten konnten, die von ihrer Gesellschaft sonst nicht gerade mit Sozialprestige verwöhnt wurden. Und schon gar nicht mit üppiger Honorierung. Eltern pflegten notorisch geizig zu werden, wenn es an die Bezahlung des Schulgeldes ging. Womit sich auch der Graffiti-Seufzer eines Lehrers erklärt, der eine originelle Belohnung für ordnungsgemäße Honorarzahlung an der Wand auslobt:

qui mihi docendi dederit mercedem, (h)abeat, quod petit a superis (8562)
Wer mir mein Unterrichtshonorar gibt, soll bekommen, was er von den Göttern erbittet.

Viel Belangloses, wenig Politisches – und merkwürdige Einkaufslisten

Eine große Gruppe von Graffiti betrifft Gelegenheitsnotizen, die einfach mal so in den Putz geritzt werden. Ihr Nachrichtenwert ist häufig eher gering. Oder, um es mit einem Original-Graffito zu sagen: *nugae, nugae* (579), „Schnickschnack, Spielerei". Dazu gehört etwa die Warnung an die Maus: „Pass auf, dass dir nichts Böses widerfährt!" (*mus, cave malum!*; 8645). Auch dass „ich deinen Brief bekommen habe" (*accepi epistulam tuam;* 5031), dürfte eine größere Öffentlichkeit kaum interessiert haben, ebenso wenig wie die Feststellung, dass „ich am 19. April Brot gebacken habe" (*XIII K(alendas)*

Maias panem feci; 8972) oder „am 16. Oktober Oliven eingelegt wurden" (*oliva condita XVII K(alendas) Novembres;* 8489). Besonders rätselhafte, wenngleich wirtschaftsgeschichtlich nicht unbedeutende Quellen sind Einkaufslisten, die verzeichnen, was jemand gekauft hat oder kaufen wollte: „In Pompeji … Speck für 3 As, Wein für 1 As, Käse für 1 As, Öl für 1 As, Brot für 2 ½ As, Schweinefleisch für 4 As" (*Pompeiis … lard(i) assibus III, vinum a I, casium a I, oleum a I, panem a IIs, suar(ium) a IIII;* 8561).

Ein anderer Graffiti-Schreiber hat die Liste der Markttage in Pompeji und Umgebung einer Wand anvertraut (863) – immerhin ein frühes Dokument dafür, dass die Planetenwoche in den Siebzigerjahren in Kampanien schon im kalendarischen „Einsatz" war. Wohl aus der Hand eines Kaufmanns stammt das Graffiti-Bekenntnis *abonimo paupero(s). quisquis quid gratis rogat, fatuus est* (9838b). „Ich verabscheue arme Leute. Jeder, der irgendwas umsonst haben will, ist ein Einfaltspinsel." Ein bisschen mehr Geld in seine Schulbildung zu investieren, hätte diesem monetarisch beflissenen Armen-Hasser gutgetan. Dann wäre ihm die peinlich falsche Deklinationsform *pauperos* statt *pauperes* nicht unterlaufen.

Graffiti mit politischen „Botschaften" gibt es erstaunlich wenige – kaum mehr als eine Handvoll. Wenn überhaupt, dann sind sie den „Autoritäten" gegenüber positiv gestimmt. Da wünscht einer schon mal „dem Kaiser viel Glück" (*Augusto feliciter;* 2460) oder konkret „Nero alles Gute" (*Neroni fel(iciter)*); 4814). Ein anderer schließt den kommunalen Stadtrat in die guten Wünsche ein (*ordini feliciter;* 7687). Bis auf ein einziges *o vobis, Nero Poppaea* (1545) („Wehe euch, Nero und Poppaea!") enthalten sich Pompejis Graffiti-Schreiber negativer politischer Kommentare. Anderswo, zumal in der Hauptstadt Rom, waren ihre Kollegen offenbar weniger angepasst; dort waren, berichtet Sueton, Nero-Statuen von Graffito-Schmähungen übersät (Nero 45).

„Wir sind voll wie die Schläuche" – Bettnässer mit höherer Bildung

Pompejanische Graffiti-Schreiber konzentrierten sich da mehr auf die angenehmeren Seiten des Lebens: Wie gesehen, auf Liebe und Sex sowie auf andere Aspekte des Freizeitbereichs. Dass man in Wirtshäusern auf die

Wände kritzelte, überrascht nicht, zumal durch den Weingenuss Hemmungen abgebaut wurden. Und so findet sich denn im Gasthausmilieu neben anzüglich-obszönen Kommentaren (viele Kellnerinnen standen auch für sexuelle Dienstleistungen zur Verfügung) manche Wein-affine Anmerkung. Ein Liberius Venustus wird per Graffito zum Biberius „befördert"; zum „Trinker" (*bibere*, „trinken"; 3107); Epaphra und Elea bekennen sich zu „großem Durst" (*sitientes;* 2378), ebenso „dürstet es Suavis nach Weinkrügen" (*Suavis vinaria sitit;* 1819). Und eine fröhliche Trinkerrunde grüßt von der Wand herab: *avete, utres sumus,* „Seid gegrüßt! Wir sind (voll wie) die Schläuche"; 8492). Aufforderungen an das Gasthauspersonal, munter auszuschenken (*adde calicem Setinum;* „Gieß einen Becher Setiner-Wein nach!"; 1292) dürfen in diesem Ambiente nicht fehlen. Wehe aber, der Wirt vermietet auch Zimmer und versäumt es, ein wichtiges Requisit bereitzustellen! Dann darf er sich nicht wundern, wenn ihm zwei Witzbolde die Graffito-Quittung per Wand überreichen:

> *miximus in lecto, fateor, peccavimus, hospes.*
>   *si dices quare? nulla matella fuit* (4957).
> Wir haben ins Bett gepinkelt. Ich geb's zu, Wirt, da haben wir einen Fehler gemacht.
> Fragst du: Warum? – Es war kein Nachttopf da!

Wenn die beiden wirklich ernst gemacht haben sollten, war es für den Wirt allenfalls ein schwacher Trost, dass die Bettnässer über höhere Bildung verfügten: Sie haben dem Bekenntnis ihrer Untat eine solide metrische Form gegeben. Das Graffito kommt als elegisches Distichon daher und erinnert im Aufbau schon fast an Spottepigramme Martials.

Von Siegesstatistiken und Frauen-Schwärmen – Gladiatoren-Graffiti als Teil des römischen Showbusiness

Die letzte Gruppe pompejanischer Graffiti ist ebenso ungewöhnlich wie für heutige Betrachter verstörend. Die Rede ist von Gladiatoren-Graffiti. Sie zeigen meist ein Gladiatorenpaar im oder nach dem Kampf und verbinden diese figürliche Darstellung mit einer Kampfesstatistik, die ausweist, wie viele Siege und Niederlagen die beiden Kontrahenten jeweils verbuchten. Das erinnert an Sportstatistiken, wie sie heute im Boxen oder auch bei Torjägern im Fußball geführt werden. Aber bei einem „Spiel" auf Leben und Tod würde man das nicht unbedingt erwarten und aus heutiger Sicht als zynisch empfinden. Nicht so in Rom. Gladiatorenkämpfe waren eine in allen Gesellschaftsschichten akzeptierte und populäre Unterhaltung. Und mochte der Gladiatorenstand als Ganzes auch gesellschaftlich verachtet sein, so flogen dem einzelnen Star-Gladiator die Herzen der Menschen zu. Es gab regelrechte Fangruppen, und aus deren Reihen müssen jene Graffiti-„Künstler" stammen, die Szenen dieses spektakulären Showbusiness in die Wände ritzten und offensichtlich über die Kampfesstatistik „ihres" Arena-Helden exakt Buch führten.

Ein Graffito zeigt den Kampf zwischen Marcus Attilius und Lucius Raecius Felix (10236). Genauer gesagt: Der Kampf ist entschieden, Raecius hat seinen Helm verloren und kniet auf dem Boden. Sein Gegner ist bereit, den tödlichen Streich zu führen, falls das Publikum den Daumen senkt. Das war indes, wenn die Gladiatoren mutig und auf hohem technischem Niveau gekämpft hatten, eher selten der Fall. Gewöhnlich wurde der unterlegene Gladiator, der sich professionell verhalten und gewissermaßen eine gute Show abgeliefert hatte, begnadigt. So auch Raecius. Das *m* als letzter Teil seiner Kampfesstatistik bedeutet *missus*, „begnadigt". Zuvor hatte er zwölf Kämpfe siegreich bestritten; das umgekehrte *C* steht für *coronarum*, „an Siegeskränzen". Sein Gegner M. Attilius war ein Neuling in der Arena, ein *tiro*, „Rekrut", wie die Römer sagten. Es war sein erster Kampf vor Publikum. Er hatte ihn gewonnen und verbuchte damit eine *c(onona)*.

Das ausführlichste Gladiatoren-Graffito zeigt zwei Kämpfer, die von Tuba- und Hornbläsern angefeuert zu werden scheinen. Tatsächlich weist diese musikalische „Rahmung" aber auf die gesamte Arena-Veranstaltung hin, von der die Paarung Hilarus (aus der Gladiatorentruppe Neros) und Creunus nur ein Teil ist. Die Beischrift unterhalb der Hornisten weist darauf hin, dass von einem viertägigen Gladiatoren-Spektakel in Nola, einem Nachbarort von Pompeji, die Rede ist (*munus Nolae de quadriduo*). Es wird von einem Marcus Cominius Heres finanziert. Die statistischen Angaben zu den beiden Kämpfern weisen Creunus als Gladiator mit 7 Kämpfen und 5 Siegen aus. Sein Gegner Hilarus hat schon 14 Kämpfe hinter sich, davon hat er 12 gewonnen. Er hat auch diesmal gesiegt (*v* für *vicit*). Hat er wirklich 12 Siege errungen? Der Schreiber scheint unsicher geworden zu sein. Vorsichtshalber hat er die XII durchgestrichen.

Diese Gladiatoren-Graffiti zeigen, welche Faszination von den Helden der Arena ausgegangen ist. Dass ihre Anhänger nicht nur männliche Fans waren, geht aus anderen Graffiti hervor. Sie präsentieren uns vor allem den Thraker Celadus als Frauenschwarm. In mehreren Inschriften wird er als *puellarum decus* bzw. als *suspirium puellarum* gefeiert, als „Zierde und Seufzer der Mädchen" (4289; 4345; 4397). Aber auch der Netzkämpfer (*retiarius)* Crescens kann mithalten, was seine Wirkung auf Frauen angeht. Ihn charakterisiert ein Graffito als *puparu(m) dominus,* „Herr der Puppen" (4356). Ein zweites zeigt seine erotisch „kurativen" Fähigkeiten auf, indem es ihm als *puparum nocturnarum ma(tuti)narum aliarum … medicus* zujubelt, als „Arzt der Nacht-, Morgen- und anderer Puppen" (4353).

Bemerkenswerte kultur- und sexualgeschichtliche Einblicke in den römischen Alltag, die uns da noch nach 2000 Jahren ganz schlichte Kritzeleien bieten! Kaum einer der Graffiti-Schreiber dürfte damit gerechnet haben, dass seine in die Wand geritzte „Botschaft" fast zwei Jahrtausende überdauern würde. Zumal die Konkurrenz groß war, wie eine (dreimal bezeugte) selbstironische Verwunderung der Graffiti-„Community" zeigt:

admiror, paries, te non cecidisse (ruinis),
 qui tot scriptorum taedia sustineas (1904; vgl. 2487)
 Ich wundere mich, Wand, dass du noch nicht zusammengestürzt bist,
 die du das blöde Zeug so vieler Schreiber aushalten musst!

Eigentlich überflüssig anzumerken, über welches Medium diese Graffiti-Kritik auf uns gekommen ist. Es sind Graffiti.

SCHIMPFEN, FLUCHEN,
VERWÜNSCHEN – EIN KLEINER
AUSFLUG INS GOSSEN-LATEIN

„Ich hätte mich auf den Rat und die Hilfe dieses Schafskopfes und stinkenden Stücks Fleisch verlassen sollen? Von diesem weggeschmissenen Aas mir irgendeine Unterstützung und Förderung erwarten sollen? Nach einem Consul habe ich damals gesucht, nach einem Consul, sage ich, aber nicht nach dem da, den ich in diesem kastrierten Schwein nicht hätte finden können."

Sie kommen nicht darauf, wer diesen Kübel fieser Schimpfwörter (*pecus, putida caro, eiectum cadaver, maiale*) da auf einen Angeklagten niederprasseln lässt. Es ist kein Geringerer als der große Cicero. Der Meister der römischen Rhetorik war, wenn es aus seiner Sicht sein musste, auch ein Meister der Schimpfwort-Polemik, der mit wüsten Beleidigungen und schlimmsten persönlichen Kränkungen arbeitete. Ciceros Opfer hier ist Lucius Calpurnius Piso, Caesars Schwiegervater. Die Rede *In Pisonem* (hier § 18) ist eine bitterböse Invektive, in der Cicero alle Register übler Beschimpfung und Verleumdung zieht.

Man braucht nur oberflächlich hinzugucken, um die Rede geradezu als eine Fundgrube von Schimpfwörtern zu entdecken: *furia*, „Wüterich" (8), ist noch ein gemäßigter Ausdruck, den er Piso an den Kopf wirft. Kurz darauf wird er derber: Er nennt ihn ein *fatale portentum*, „verfluchtes Ungeheuer", und *prodigium rei publicae*, „Katastrophe für den Staat" (9), einen *carnifex*, „Henker" (11), und *latro*, „Räuber" (11), *caenum*, „Dreckskerl" (man könnte auch derber sagen: „ein Stück Scheiße"); (13). Weiter geht es mit *sceleratus*, „Verbrecher", und *gladiator*, „Messerheld" (28), sowie mit *immanissimum ac foedissimum monstrum*, „ganz entsetzliches und scheußliches Ungeheuer" (31). Mit *hara productus*, „Abkömmling des Schweinestalls" (17), und *vulturius provinciae*, „Aasgeier der Provinz" (38), knüpft Cicero an die anfänglichen Freundlichkeiten aus dem Tierreich an, bevor er Piso als „Missgeburt aus Töpfererde und Dreck" tituliert (*homullus ex argillo et luto fictus*, 59) und ihn als eine Trias aus *tenebrae, lutum, sordes*, „Dunkelmann, Dreckskerl und Schmutzfink" (62) beschimpft.

„Ehebrecher!", „Säufer!", „Zocker!" – Gezielt wird unter die Gürtellinie

Was ist mit verunglimpfenden Adjektiven? Kein Problem! Wir beschränken uns auf eine einzige reiche Fundstelle: *rapax, sordidus, contumax, superbus, fallax, perfidiosus, impudens, audax* – alles direkt nebeneinander: „räuberisch, niederträchtig, uneinsichtig, hochmütig, betrügerisch, treulos, schamlos, dreist" (66). Gleich im nächsten Satz werden diese Nettigkeiten auf Pisos Lebensweise hin konkretisiert: „Ein Ausbund an Verschwendung, sexuellen Ausschweifungen und Dreistigkeit, unterste Schublade und liederlich wie kein zweiter" (*nihil luxuriosius, nihil libidinosius, nihil posterius, nihil nequius*, 67).

Fressen, Saufen und Huren – das sind die zentralen Lebensinhalte Pisos (41f.). Besonders sein exzessives Saufen wird leitmotivartig in besonders ekelerregenden Details ausgemalt: „Niemand vermag zu sagen, ob der Kerl mehr gesoffen oder gekotzt oder verschüttet hat" (22). Das „Highlight" aber ist die Schilderung einer angeblichen Begegnung Ciceros mit dem verkaterten Piso: „Weißt du noch, du Schmutzfink, wie du mich empfangen hast, als ich um die fünfte Stunde (am späten Vormittag) zu dir kam? Wie du aus irgendeinem Kabuff tratest, einen Wickel um den Kopf, in Pantoffeln, uns aus stinkendem Mund mit ekelhaftem Kneipendunst anhauchtest? (…) Wir standen dann eine Weile in deinem Kaschemmenduft und -dunst, aus dem du uns schließlich durch unverschämte Antworten und ungeniertes Rülpsen vertreibst" (13; Ü: H. Kasten).

Nach heutigen Maßstäben zielt Cicero da ständig unter die Gürtellinie. Wüste Beleidigungen und Verunglimpfungen im Minutentakt – der politische Gegner wird nicht nur als Störer der staatlichen Ordnung mit einem Hagel an Schimpfwörtern überzogen, sondern hemmungslos kriminalisiert. Auch sein Privatleben wird, wenn es nur den kleinsten Anhaltspunkt für Verfehlungen gibt, schonungslos in den Dreck gezogen, wobei *adulter*, „Ehebrecher", *helluo*, „Prasser", *semper ebrius*, „Säufer", und *aleator*, „Zocker", geradezu gängige Schmähungen waren und nicht ungern durch Charakteristika aller möglichen Formen sexueller Devianz ergänzt wurden.

Die Rede gegen Piso ist kein Ausrutscher Ciceros. Auch in seinen Reden gegen Catilina und Marc Anton zieht Cicero mit Verbalinjurien so vom Leder, dass er sich heutzutage jede Menge Beleidigungsklagen einhandeln und sicherlich verurteilt werden würde. In römischen Prozessen durfte dagegen schmutzige Wäsche gewaschen, mit Verleumdungen, Schmähungen und übelsten Beschimpfungen gearbeitet werden – rhetorische Freiheiten gewissermaßen, die so gar nicht zur kunstvollen, hoch entwickelten Rhetorik der Antike, zu einer *ars dicendi*, einer „Redekunst", passen wollen. Aber *ars* ist eben nicht nur die hohe inspirierte und inspirierende „Kunst", sondern auch das souverän beherrschte „Handwerk". Und da gehörten solche Beschimpfungen politischer und persönlicher Gegner, ob man es mag oder nicht, schlicht dazu.

Die undifferenzierte, holzschnittartige Dämonisierung der Gegenpartei mittels einer heute fragwürdig erscheinenden Beschimpfungsorgie war Teil der mit harten Bandagen ausgefochtenen öffentlichen Auseinandersetzung. „Was kann man sich für eine Schandtat oder ein Verbrechen ausdenken, das er sich nicht ausgedacht hätte?", unterstellt Cicero dem Verschwörer Catilina, um dann dessen verkommene Entourage folgendermaßen zu charakterisieren: „Welcher Giftmischer, welcher Bandit, welcher Straßenräuber, welcher Meuchelmörder, welcher Vatermörder, welcher Testamentsfälscher, welcher Fresser, welcher Verschwender, welcher Ehebrecher, welches übel beleumundete Weibsstück, welcher Verderber der Jugend, welches verkommene Subjekt, welcher kaputte Typ lässt sich in ganz Italien finden, der nicht zugäbe, mit Catilina ganz vertrauten Umgang gehabt zu haben?" (Cic. Cat. II 7).

Die Schimpfkanonade zerfällt in zwei Kategorien. Erstens Beschuldigungen schwerster Kriminalität: *veneficus, gladiator, latro, sicarius, parricida, testamentorum subiector*; zweitens Verwürfe wegen unmoralischen Lebenswandels: *ganeo, nepos, adulter, mulier infamis, corruptor iuventutis, corruptus, perditus*. Es sind allesamt pauschale Beleidigungen, für die kein konkreter Beweis oder Beleg oder auch nur Verdacht angeführt wird. Die Diskreditierung läuft über eine allgemeine Beschimpfung und setzt auf den quantitativen Hageleffekt bloßer Aneinanderreihung von Unterstellungen: Catilinas Haus wird so zum schieren Hort des Verbrechens und der Unmoral.

„Schlampe" und „Drecksau", „Scheusal" und „Ekelpaket" – Der Schimpfwort-Fundus der Komödie

Cicero als Großmeister rhetorischen Mobbings – das ist für manch einen sicher eine Überraschung oder sogar ein Schock. Die Kultiviertheit und Eleganz, die sich sonst mit seinem Namen verbinden – in solchen Kontexten sind sie völlig dahin. Cicero schimpft wie der sprichwörtliche Rohrspatz. Für Schimpfwortsammler ein geradezu unerschöpfliches Reservoir bietet dagegen deutlich weniger überraschend die Komödie. Dort gehören „zünftige" Verbalattacken und gegenseitige Beleidigungsorgien zum komischen Handwerkszeug, das sichere Lacher garantiert. Entsprechend fetzen sich die Protagonisten heftig; insbesondere Sklaven verfügen dort über einen scheinbar unbegrenzten Fundus an Schimpfwörtern, die hier und da noch eine Spur derber sind als bei Cicero. So etwa, wenn ein verhasster Bordellbesitzer neben einem Dutzend weiterer Beleidigungen als *lutum lenoninum, commixtum caeno sterculinum publicum* verunglimpft wird, als „Dreckszuhälter, mit Scheiße gut durchmischter Dorfmisthaufen" (Plaut. Pers. 406ff.; Ü: G. Fink) – kurz als „einer, dessen Schweinereien man selbst in dreihundert Versen nicht aufzählen kann".

Für Zeitgenossen, die diese dreihundert Verse tatsächlich gern ausschöpfen möchten, hier eine kleine Auswahl:

ambubaia	Schlampe
amasiuncula	Flittchen
amens	Spinner, Verrückter

asinus	Esel
avarissimus	Geizkragen
belua	Scheusal
crassus	Fettsack
crudelissimus	Brutalo
culus	Arschloch
dedecus	Ekelpaket
ebriosus	Säufer
fatua	BlödeTussi
gulo	Schluckspecht
hircus	geiler Bock; Stinker
ignavus	Faulpelz
impudens	Sittenstrolch
impudicus	Lustmolch
insanus	Verrückter
latro	Bandit
lutum	Dreckskerl
monstrum	Scheusal
nebulo	Angeber, Windbeutel
pecuniae accipiter	Ausbeuter
perditus	kaputter Typ
porcus	Schwein
portentum	Scheusal
purgamentum	Drecksack
rusticus	Landei
sacerrimus	verdammter Kerl
scelus	Verbrecher
senex recoctus	aufgewärmter alter Knacker
sentina	Abschaum
sicarius	Killer
stercus	Mistkerl
sterteia	Heulsuse
stultissimus	Blödmann
sus lutulenta	Drecksau
venefica	Hexe
vervex	Schafskopf

vetula	alte Schachtel
vipera	Schlange
vorax	verfressener Kerl

Muss das sein? – Zur Apologie einer kleinen Schimpfwortkunde

Warum dieses Kapitel? So werden manche Leserinnen und Leser indigniert fragen. Wozu braucht man lateinische Schimpfwörter? Die zweite Frage lässt sich ebenso rasch wie frech beantworten: Um es den Latein-Gegnern, die auch nicht immer zimperlich und verbal zurückhaltend sind, notfalls mit gleicher Münze heimzahlen zu können. Nur in Notwehr, versteht sich, wenn der Gegner keine andere Sprache mehr versteht. Sonst dächten wir, auch als treue *follower* Ciceros, nicht im Traum daran, uns solcher Mittel zu bedienen. Wir setzen viel mehr, dieses Buch ist unser Zeuge, auf argumentative Formen der Auseinandersetzung.

Die Antwort auf die erste Frage hängt damit zusammen. Ich verstehe den Ärger, der aus der Kritik spricht. Haben *wir* das nötig? Müssen *wir* uns auf dieses Niveau begeben? Müssen wir nicht, aber es kann hilfreich sein. Und zwar, um zu demonstrieren, dass Latein eine kraftvolle „echte" Sprache ist, die natürlich auch den wenig kultivierten Bereich der Schimpfwörter abdeckt. Als wenn das jemand bezweifelte! Das ist eben der Irrtum mancher Wissenden: Es gibt genug Menschen, die genau diese Zweifel hegen. Latein wird Schülern in einer weitgehend klinisch reinen Anstands-Form vorgeführt, die derbe Ausdrücke möglichst meidet. Das ist bei den modernen Fremdsprachen nicht viel anders, aber da melden gossensprachliche Ausdrücke aus dem prallen Leben heraus ihre Daseinsberechtigung an. Damit kann das Lateinische nicht dienen, auch und gerade der Vatikan als letzter institutioneller Vertreter gesprochenen Lateins nicht. Obwohl ... – wenn der Papst über seine Kurie mal kräftig auf Lateinisch herzöge und ein paar der weniger schlimmen Kraftausdrücke verwenden würde: Das hätte was und brächte ihm und dem Lateinischen sicher eine gute Presse. Na ja, zumindest ein lautes Presseecho.

Von wegen verstaubt! Von wegen abgehoben und nicht am Puls des Volkes! Ebendas will dieses Kapitel zeigen: dass Latein eine ganz normale

Sprache ist, die selbstverständlich auch alle jene semantischen Untiefen und Abgründe einer echten Sprache kennt und dass die *native speakers* diese ausgelotet, ja ausgekostet haben einschließlich jenes „Vaters der römischen Redekunst", der uns das edle ciceronische Latein gelehrt hat. Und der selbstredend alle diese üblen Beschimpfungen in eine Kunstprosa von höchstem Niveau eingeflochten hat. Wer jetzt immer noch die Nase rümpft über diesen unseren Ausflug in die Katakomben des Alltagslateins, der nutze einfach die oben abgedruckte Schimpfwortliste, um dem Autor Passendes an den Kopf zu werfen. Zusätzlich verraten wir Ihnen zwei Verbalinjurien, die Sie vielleicht besonders gern in seine Richtung loswerden möchten: *demisse*, „heruntergekommener Kerl", oder auch *supplex*, „Schleimer". Für ältere Semester: „Anbiederer!"

„Quäle und töte, Dämon, die Pferde der Grünen und Weißen ..." – Fluchtafeln mit wenig frommen Wünschen

Das Schimpfwort wird vielfach – wenn auch nicht bei einer wohlüberlegten Cicero-Rede – aus dem momentanen Affekt heraus gebraucht und hat in vielen Situationen nur eine auf den Moment berechnete Wirkung. Da ist der überlegt geplante Fluch von ganz anderem Kaliber. Er soll die verfluchte Person auf Dauer treffen, ist bitterernst als Rache oder Ausschaltung von Rivalen gemeint. Wer es so ernst meinte und nicht nur momentan einen Mitmenschen verfluchen wollte, griff in der römischen Zivilisation zu einem Fluchtäfelchen aus Blei und vergrub es, den Geist des Ortes zu Hilfe rufend, im Boden. Die Römer sprachen von einer *devotio*, „Verfluchung", in der modernen Literatur ist von *defixiones* die Rede. Das Substantiv ist abgeleitet von *defigere*, „jemanden bannen", „unbeweglich machen". Nicht selten wurde dem Fluchtäfelchen noch eine Art Voodoo-Puppe beigegeben, auf der die verfluchten Körperteile markiert waren. Verfluchungen dieser Art gehörten zu magischen Praktiken, die im Prinzip strafbar waren. Aber wer sollte den Beweis führen, wenn der Urheber zwar die verfluchte Person beim Namen nannte, den eigenen aber wohlweislich unterschlug?

Eine populäre Form der Verfluchung war der Liebeszauber. Manche, deren Liebe unerhört blieb, baten lokale Gottheiten um Vergeltung:

„Dich, der du über die Unterwelt herrschst, bitte ich, dir übergebe ich Julia Faustilla, die Tochter des Marius, auf dass du sie schneller wegführst und dort bei dir in der Unterwelt behältst" (CIL VIII 12505).

Im germanischen Raum griff man seltener zu Fluchtafeln. Aber es gab sie auch hier. In Groß Gerau wurde im Jahre 1999 eine gefunden, die gleich drei Gottheiten um Rache für erlittenes Liebes-Unrecht bittet: „Rächt mich an Priscilla, der Tochter des Carantus, die den großen Irrtum beging, (einen anderen) zu heiraten (...). Priscilla soll zugrunde gehen!" (Kropp, defixiones 5.1.3/1)

Auch manche Sportfans glaubten an die Kraft der Verwünschung. Ihre Sprache war kompromisslos, ihr Begehren ebenso eindeutig wie brutal formuliert: „Ich beschwöre dich, Dämon, wer du auch bist, und vertraue auf dich, dass du von dieser Stunde an, von diesem Tag an, von diesem Augenblick an die Pferde der Grünen und Weißen quälst und tötest, dass du die Jockeys Clarus, Primulus und Romanus umbringst, sie Unfälle bauen lässt und ihnen keinen Lebenshauch zurücklässt" (Audollent 286).

Bestohlene Zeitgenossen verstehen in der Regel keinen Spaß. Manche dokumentierten ihre Wut in Fluchtäfelchen. Engländern klaut man am besten ihre Kappe nicht, sonst werden sie ungemütlich – wie schon ein früher „Engländer" aus Sul (Bath). Er wendet sich an die Göttin des Badeortes: „Ich überantworte dir, Minerva, der Göttin von Sul, den Dieb, der meine Kapuze gestohlen hat, egal, ob er ein Sklave oder ein freier Mensch, ein Mann oder eine Frau ist" (Kropp, defixiones 3.2./7).

Im Alltag griffen freilich nur wenige Römer zu solchen schriftlichen Verfluchungsritualen. Die allermeisten begnügten sich mit einer Verwünschungsformel, die im Unbestimmten blieb: *di te perdant!*, oder in altlateinischer Form *di te perduint!* Oder auch, weibliche Gottheiten mit in die Verantwortung nehmend: *omnes di deaeque te perdant!*, „mögen alle Götter und Göttinnen dich zugrunde richten!" Dass da statt des *te* auch schon mal *magistrum* gestanden hat, können wir nicht ausschließen. Wohl aber, dass es sich bei dem so verfluchten Lehrer um einen Lateinlehrer gehandelt haben könnte.

KÜCHENCHEF APICIUS –
KOCHEN WIE DIE ALTEN RÖMER

Lateinunterricht gilt als verkopft, kognitiv fordernd und nicht gerade sinnenfreudig. Gibt es für das angestrengt arbeitende Gehirn denn nicht auch mal süße Sinnesnahrung? Man weiß doch, wie versessen ständig beanspruchte graue Zellen auf Zucker sind. Keine Sorge, wir haben ein Rezept dafür. Genauer gesagt: Rezepte. Rezepte für römisches Kochen, um es ganz genau zu sagen. Das ist eine wunderbare Sache ab und zu – kreativ, spannend und, was Allgemeinpädagogen mit besonderer Freude hören werden, handlungsorientiert. Man lernt etwas beim Tun, und Spaß macht es auch noch. Ob es schmeckt, steht auf einem anderen Blatt. Man kann ja auch erst einmal andere probieren lassen, z. B. auf einem Schulfest, bei Projekttagen oder anlässlich eines *dies Romanus*, „römischen Tages". Bei all diesen Gelegenheiten kann die römische Koch-AG ihre Produkte einem größeren, dafür erfahrungsgemäß sehr aufgeschlossenen Publikum präsentieren. Lukanische Würstchen oder Schichtkuchen à la Cato finden – die Wette gilt – interessiertere Abnehmer als sagen wir: eigene Übersetzungen aus dem Lateinischen.

Nur mit *einem* können wir nicht dienen: mit dem vorhin erwähnten Zucker. Der ist bei römischem Kochen absolut tabu; denn die Römer kannten ihn noch nicht. Ihr einziger „richtiger" Süßstoff war Honig. Der ist ernährungswissenschaftlich erheblich gesünder und ökologisch deutlich unbedenklicher als Zucker, so dass die Umweltgruppe der Schule sich ebenfalls gern zum Probieren einfinden wird. Und das Lehrerkollegium genauso.

Honigwein als Aperitif

Als preiswerteres Mittel zum Süßen von Speisen kam in der echten römischen Küche aufgekochter und eingedickter Most (*sapa*; *defrutum* bzw. *defritum*) infrage. Der Vorgang spielte sich vornehmlich in Bleigefäßen ab, und das war dann nicht ganz so gesundheitsfördernd. Außerdem ist es, auch wenn man andere Töpfe nimmt, ein ziemlich aufwendiges Vorbereitungsverfahren, um Süßstoff für das eigentliche Kochen zu gewinnen. Bleiben wir lieber beim Honig.

Schade nur, dass wir nicht zumindest den volljährigen Besuchern unserer *taberna Romana* auch ein Glas *mulsum* als Aperitif anbieten können. Das war ein beliebtes Getränk der Römer, bevor sie zu speisen begannen: eine Art Met, mit Honig vermischter Wein, dem zusätzlich – wie jedem Wein in der Antike – ein ordentlicher Schuss Wasser zugesetzt wurde. *mulsum* lässt sich relativ unkompliziert herstellen, indem man Langnese-Honig in Frascati einrührt. Mit *dem* Rezept hatte ich auf Schulfesten als Wirt einer *taberna Romana* immer Erfolg – vielleicht auch deshalb, weil ich das Wasser weglassen und das ziemlich klebrige Anrühren auf einen Nebenraum verlagert habe. Hier gilt das gleiche Prinzip, das Ovid den Schönen Roms für ihre kosmetischen Anstrengungen ins Stammbuch schreibt: *multaque, dum fiunt, turpia, facta placent*; „vieles ist hässlich, während es entsteht, gefällt aber, wenn es fertig ist" (Ov. ars III 218).

Dabei ist *mulsum* ausgesprochen bekömmlich und gesund dazu. Als Kaiser Augustus einmal den hundertjährigen Romilius Pollio fragte, wodurch er sich seine geistige und körperliche Frische erhalten habe, antwortete der rüstige Greis: „Innen mit *mulsum*, außen mit Öl" (Plin. NH XXII 114).

Aber vorbei! Zu meinen Frascati-plus-Langnese-Honig-Zeiten galt das absolute Alkoholverbot für Schulveranstaltungen und schulische Räume noch nicht ganz so absolut. Insofern muss man heute bei römischem Kochen, soweit es in der Organisationshoheit der Schule geschieht, auf ein

Stück Authentizität verzichten: Kein *mulsum* mehr und auch kein echter Wein, wie verdünnt er auch immer sein mag! Bei den Römern lag das Mischungsverhältnis bei mindestens der Hälfte Wasser, aber es konnte auch noch deutlich ungünstiger für den Wein sein. Der hatte allerdings seine 18 bis 19 Prozent Alkohol – und außerdem zogen sich römische Trinkabende in die Länge …

Hoffentlich haben wir jetzt niemandes Vorfreude auf unsere römischen Speisen gedämpft. Aber wie man auch ohne Alkohol fröhlich sein kann, so kann man auch ohne *mulsum* und Wein römisches Essen genießen. Wobei wir, sobald das außerhalb des schulischen Rahmens stattfindet, doch dazu raten würden, dem römischen Vorbild zu folgen. Natürlich nur, weil dann alles authentischer ist.

Kirschen und andere kulinarische Köstlichkeiten – Auf den Spuren des Lucullus

Eine AG oder ein Projekt „Römisches Kochen" liegt nicht nur aus pädagogischen und motivationalen Gründen nahe. Man kann gewissermaßen nebenbei auch so einiges über römische Kulturgeschichte lernen. Und über deutsche Sprachgeschichte dazu: Hätten Sie gedacht, dass sich das deutsche Verb „kochen" sowie die Substantive „Koch" und „Küche" vom Lateinischen ableiten? *coquere, cocus* und *coquina* sind die „Originalbegriffe". *coquina* wurde später zu *culina*, weshalb auch das Fremdwort „kulinarisch" ein Latein-Ableger ist. Und dann gibt es noch die „lukullischen Genüsse". Das sind Tafelfreuden, die wir dem römischen Politiker, Feldherrn und Feinschmecker Lucius Licinius Lucullus (100–56 v. Chr.) verdanken. Lucullus war der ungekrönte König der römischen Genießer-Fraktion in der Zeit der ausgehenden Republik, ein bekennender Luxus-Jünger, der legendäre Gastmähler auszurichten pflegte – legendär hinsichtlich der Qualität und der Raffinesse der Speisen, legendär aber auch hinsichtlich der Kosten.

Dabei war Lucullus keineswegs der Gourmet, der sich von geistigen Genüssen ferngehalten hätte. Er war auch literarisch und philosophisch interessiert und stellte seine umfangreiche Bibliothek allen Gelehrten, die es wollten, zur Verfügung. Cicero schätzte ihn sehr – und die (westeuropäische) Nachwelt verdankt ihm außer der Metapher „lukullisch" eine köstliche Frucht. Vom Kriegsschauplatz am Schwarzen Meer brachte Lucullus die von den Griechen *kerásion* genannte Fruchtspezialität mit nach Italien. Sie erhielt den lateinischen Namen *cerasus* bzw. *cerasum* und verbreitete sich rasch über Italien hinaus auch im Raum jenseits der Alpen. Dort ist sie unter der germanischen Lehnwort-Bezeichnung „Kirsche" bzw. *cherry* immer noch ein beliebtes Früchtchen. Entscheidet man sich für einen schlichten Nachtisch aus Kirschen, so liegt dem zwar kein römisches Originalrezept zugrunde. Und doch kann man sicher sein, dass schon römische Legionäre sich an germanischen *cerasi* delektiert haben, hören wir doch vom Naturforscher Plinius, dass „die an den Ufern des Rheins gedeihenden Kirschen" mit zu den besten im gesamten Imperium Romanum zählten (Plin. NH XV 103).

Aus einem weiteren Grund sind praktische Übungen zum römischen Kochen sehr Latein-affin. Die lateinische Literatur bietet eine Fülle von Beschreibungen ausgedehnter Tafelgenüsse mit vielen anschaulichen Details – häufig, aber nicht immer in satirischer Absicht, um tatsächliche oder vermeintliche Übertreibungen zu geißeln. Auch in philosophischen Abhandlungen wird das Thema aus kritischer Distanz beleuchtet: Muss dieses grenzenlose Schlemmen denn sein? Muss man alle Länder und Meere nach neuartigen Leckerbissen für den verwöhnten Gaumen durchforsten? Das sind Anfragen seitens des philosophischen Essayisten Seneca, der den luxuriösen Gastmählern seiner aristokratischen Standeskollegen den *modus*, das „Maß" – eine altrömische und stoische Grundhaltung – abspricht. Damit hatte er zweifellos recht. Auch die Kaiser-Biographien Suetons und andere historische Darstellungen sind wichtige einschlägige Quellen. Sie versorgen uns mit einer Fülle von Informationen über die Essgewohnheiten und kulinarischen Ansprüche der „feinen" römischen Gesellschaft.

Römische Originalrezepte als „App" des Lateinunterrichts

Dass viele Römer der Oberschicht dem Schlemmen und Prassen so zugetan waren, erklärt sich auch mit der Konkurrenz innerhalb der „feinen" Gesellschaft. Man suchte einander in der Repräsentation mit Statussymbolen zu übertrumpfen. Opulente Gastmähler, zu denen man seine Bekannten einlud, *waren* solche Statussymbole. Wer nicht Erlesenes und delikat Zubereitetes auftischte, zog in diesem Wettbewerb den Kürzeren. Fast jedes *convivium*, „Gastmahl", wurde als gesellschaftliches *event* zelebriert. Da überrascht es nicht, wenn für diesen Bereich eine Fülle von Nachrichten vorliegt.

Wo die Quellen üppig sprudeln, sind die Historiker nicht fern. Die römische Bankettkultur ist in den letzten zwei Jahrzehnten durch eine Reihe wissenschaftlicher Studien gründlich erforscht worden – als soziologisches Phänomen, aber auch unter kulturgeschichtlichen Fragestellungen einschließlich dessen, was man heute „Kulinarik" nennt. Außerdem sind zahlreiche solide, zum Teil hervorragende Sachbücher zum römischen Kochen, Essen und Trinken herausgekommen. Viele von ihnen enthalten praktische Tipps zum Nachkochen römischer Speisen, die die Autorinnen und Autoren selbst ausprobiert haben. Was das Thema „Essen" in römischer Zeit angeht, scheint der Buchmarkt immer noch nicht satt zu sein. Die Menschen interessieren sich dafür, und damit liegt auch römisches Kochen in der Schule als praktische kulinarische „App" des Lateinunterrichts voll im Trend.

Bei aller kulinarischen Kreativität bedarf es zum Nachkochen römischer Gerichte doch konkreter Vorlagen, vulgo „Rezepte" genannt. Wie kommt man *daran*? Nichts leichter als das. Es sind an die tausend Kochrezepte überliefert, in original lateinischer Sprache, versteht sich. Etliche lassen sich Agrarschriftstellern wie Cato und Columella entnehmen, die vor allem längerfristig haltbare eingemachte Speisen im Blick haben. Auch der Ältere Plinius, der ein vielbändiges Werk über „Naturgeschichte" geschrieben hat, flicht Rezepte in seine Darstellung ein. Die ergiebigste Quelle aber ist ein Kochbuch mit lateinischen Rezepten, das unter dem Namen des Apicius überliefert ist. Es handelt sich um eine Sammlung aus dem späten 4. Jahrhundert, die 478 Rezepte enthält.

Die zehn Bücher von *De re coquinaria*, „Über die Kochkunst", sind thematisch gegliedert. So enthält beispielsweise das zweite Buch im Wesentlichen Hackfleischgerichte, das dritte befasst sich mit Gemüsesorten, das vierte mit Aufläufen und Omeletts, das sechste mit „Geflügeltem" und das neunte und zehnte mit Fischgerichten. Das kulinarische Niveau ist als Hausmannskost zu beschreiben, auch im siebten Buch, das den „Genießer" anspricht und einige exklusivere Speisen auflistet. Von wirklich luxuriösen Delikatessen oder gar ausgefallenen, fragwürdigen Innovationen vom Typ Pfauenzungen, Flamingohirn oder gefüllten Papageienköpfen, wie sie einige extravagante Kaiser bevorzugt haben sollen, sind alle diese Rezepte weit entfernt. Solidität ist Trumpf, Raffiniertes ist manchmal dabei, Exzentrisches fehlt.

Gegenüber modernen Kochbüchern weisen die Apicius-Rezepte allerdings ein nicht unbeträchtliches Defizit auf: Mengenangaben für die einzelnen Zutaten fehlen, ebenso Zeitangaben für Koch- und Backvorgänge. Im Prinzip werden recht einsilbig nur die Zutaten und die wichtigsten Zubereitungsschritte erwähnt – was aber andererseits der Intuition, Kreativität, Flexibilität und Erfahrung der Nachkochenden viel Raum lässt. Sich sklavisch an den Buchstaben des Kochrezepts halten – das geht bei diesen Rezepten nicht. Manchen Zeitgenossen, die sich auf die Fährte römischen Kochens begeben, gefällt dieser Freiraum besonders, anderen eher nicht.

„Kostbare Jauche aus faulenden Fischen" – Wie kommt man an „garum"?

Bei einigen Zutaten und Gewürzen stößt man auf Schwierigkeiten. Echtes nordafrikanisches *laser* (griechisch *silphion*), aus dessen Wurzel eine Würzessenz gewonnen wurde, war schon im 1. Jahrhundert n. Chr. ausgestorben. Der letzte auffindbare Stängel sei Kaiser Nero einst geschickt worden, berichtet Plinius und fügt hinzu, dass die Pflanze vernichtet worden sie, weil man Schafe des kurzfristigen Profits wegen auf den entsprechenden Flächen habe weiden lassen (Plin. NH XIX 38f.). Römische Köche behalfen sich mit den Importprodukten ähnlicher Gewürzpflanzen aus dem vorderasiatischen Raum. Als enge Verwandte des verschollenen *laser* gilt eine Pflanze mit dem wenig appetitanregenden deutschen Namen „Stinkasant" oder „Teufelsdreck". In der „Nachkoch-Literatur" wird dringend empfohlen, dieses Gewürz in nur ganz geringen Mengen zu verwenden; sonst ruiniere man jedes Gericht.

Wie aber steht es um *garum* bzw. *liquamen*? Das war die bei den Römern äußerst beliebte Fischsauce, die bei kaum einem Gericht fehlen durfte – ein Universalgewürz, das manchmal als „römisches Maggi" bezeichnet wird. Der Herstellungsprozess ist aus moderner Sicht ziemlich gewöhnungsbedürftig. Das Erfolgsgeheimnis des *garum* war sein Fermentierungsprozess: Fische und andere Meerestiere wurden in einen Topf gelegt, stark gesalzen und zwei Monate lang unter kräftigem Rühren in die Sonne gestellt. Der Geruch war wenig berauschend, so dass auch manche Römer von einer „kostbaren Jauche aus faulenden Fischen" sprachen (Seneca). Nach dem Ende der Gärung wurde die Brühe mehrfach durchgeseiht. Die abfließende Flüssigkeit war von heller Farbe; ihr Geruch wirkte auch auf empfindliche Nasen nicht mehr als olfaktorischer Killer.

Das Igittigitt-Image des Herstellungsprozesses haftete dem fertigen Produkt nicht mehr an – versichern jedenfalls alle, die *garum*-Rezepte nachgeahmt haben. Seine Beliebtheit und Ubiquität legen diese Schlussfolgerung ebenfalls nahe. *garum* war ein wichtiges Massenprodukt, das in Amphoren überall im Römischen Reich gehandelt wurde. Selbstverständlich ließen sich auch die in Germanien stationierten römischen Legionäre dieses Leib-und-Magen-Gewürz ihrer Küche in ihre Lager liefern. Ein Großteil der *garum*-„Industrie" war in Südspanien angesiedelt. In der direkt am Atlantik gelegenen Ruinenstadt Baelo Claudia am Westeingang der Straße von Gibraltar sind Produktionsstätten noch gut erhalten – fast ein archäologischer Geheimtipp für alle, die dort in der Umgebung Urlaub machen. Auch in Pompeji ist zumindest ein *garum*-Produzent nachweisbar; durch seine Geschäftsräume kann man heute noch streifen.

Die eigene Zubereitung von *garum* dürfte etwas problematisch sein, auch wenn man den natürlichen Fermentationsprozess durch Erhitzen deutlich abkürzen kann. Als schneller – und sozial verträglicher – Ersatz bietet sich eine ostasiatische Fischsauce an, alternativ auch normales Speisesalz. Das kommt dem modernen Geschmack wohl entgegen, hat aber aromatisch mit dem römischen Original wenig gemein.

Lukanische Würstchen, Bohneneintopf und Erbsenauflauf

Im Folgenden stellen wir einige wenige Rezepte des Apicius vor. Es gibt ein paar Restaurants, die auch „römische Gerichte" servieren. Auf den einschlägigen Speisekarten finden sich meist auch „lukanische Würstchen", pardon *Lucanicae.* Ob sie wohl immer à la Apicius hergestellt worden sind? Bilden Sie sich Ihr eigenes Urteil! Hier das Originalrezept:

„Man mahlt Pfeffer, Kümmel, Saturei (Bohnenkraut), Raute, Petersilie, Gewürzkraut, Lorbeer und *garum.* Feingeschnittenes Fleisch wird so damit gemischt, dass alles zusammen gemahlen und zerrieben wird. Fülle es zusammen mit dazu gemischtem *garum,* ganzen Pfefferkörnern und reichlich Fett und Pinienkernen in die Wursthaut, die möglichst dünn gezogen sein soll. So wird es zum Räuchern aufgehängt" (Apicius II 4).

Für den Kochspaß in der eigenen Küche sicher eine brauchbare Anleitung. Aber auch ein realistisches Rezept für eine schulische *taberna*? Da haben wir, Schande über uns!, auch schon mal beim Metzger Räucherwürstchen eingekauft und sie auf unserer – selbstverständlich formvollendeten lateinischen – Speisenkarte als *Lucanicae* empfohlen.

Über unser zweites Rezept werden sich Vegetarier freuen. Apicius empfiehlt folgenden Bohneneintopf: „Koche Saubohnen, zerstoße Pfeffer, Liebstöckel, Kümmel und frischen Koriander. Dann gießt du *garum* hinzu und schmeckst es mit Wein und *garum* ab, gibst es in einen Topf und fügst Öl hinzu" (Apicius V 4, 1).

Deutlich aufwendiger ist der von Apicius beschriebene Erbsenauflauf, in dem lukanische Würstchen wieder auftauchen, diesmal als Zutaten. Wir begnügen uns mit einer Kurzfassung: Eine viereckige Auflaufform einfetten und mit Öl begießen, unten eine Schicht aus Pinienkernen und Bohnen, darüber Vorderschinken, Lauchstangen und klein geschnittene lukanische Würstchen, dann die nächste Erbsenschicht, darauf eine weitere Fleischschicht und so weiter, bis die Auflaufform voll ist. Eine Schicht Erbsen schließt den Auflauf ab. Das Ganze wird auf kleiner Flamme gekocht. Die Sauce dazu: Hartgekochte Eier ohne Dotter werden mit weißem Pfeffer, Pinienkernen, Honig, Weißwein und ein wenig *garum* in einen Mörser gegeben, zerstoßen und aufgekocht. Der letzte Schritt: „Gib den Erbsenauflauf auf eine Platte und übergieße sie mit der Sauce" (Apicius V 23, 2).

Wie wäre es mit einem mageren Hühnchen-Gericht? Apicius schlägt vor: „Huhn à la Fronto. Brate das Huhn an und würze es mit einer Mischung aus *garum* und Öl. Gib dazu ein kleines Bündel Dill, Lauch, Saturei (Bohnenkraut) und frischen Koriander und koche es. Sobald es gar ist, nimm es vom Herd, feuchte eine Platte mit *defrutum* (eingedicktem Most) ein, streue Pfeffer darauf und serviere das Gericht" (Apicius VI 9, 13).

Fischliebhaber kommen, insbesondere was Saucen angeht, im neunten und zehnten Buch des Apicius auf ihre Kosten. Wir beschränken uns auf ein einziges Rezept, und zwar eingesalzenen Thunfisch (*sarda*): „Der Thunfisch (bzw. exakter: Bonito) wird gekocht und entgrätet. Er wird mit Pfeffer, Liebstöckel, Thymian, Oregano, Raute, Datteln und Dottern von hart gekochten Eiern garniert. Dazu etwas Wein, Essig, *defrutum* und grünes (=bestes) Olivenöl" (Apicius IX 10, 3).

Gehen wir zum Nachtisch über! Ein aus heutiger Sicht ungewöhnliches Rezept stellen die *dulcia domestica* dar, „hausgemachte Süßspeisen" auf Dattelbasis: „Fülle große oder normal große Datteln nach Entfernung des Kerns mit Nüssen, Pinienkernen und gemahlenem Pfeffer. Bestreue sie außen mit Salz, brate sie in gekochtem Honig und serviere" (Apicius VII 13, 1).

Apicius hat auch eine heiße Eiercreme im Rezept-Angebot: „Stampfe Pfeffer, Pinienkerne, Honig, Raute und *passum* (Traubensirup), koche das in Milch und angerührtem Mehl. Rühre ein paar Eier darunter und koche auf. Übergieße das Ganze mit Honig und bestreue es mit Pfeffer" (Apicius VII 13, 5).

Diese wenigen Rezepte müssen an dieser Stelle genügen. Wer auf den Geschmack gekommen ist, mag auf weitere kulinarische Entdeckungstour im Kochbuch des Apicius gehen oder sich der kompetenten Hilfe moderner „Nachkocher" versichern, die ihre angewandten Kochkünste auf den Spuren des Apicius einer interessierten Öffentlichkeit in Publikationen zur Verfügung stellen. Eine Auswahl empfehlenswerter Bücher ist im bibliographischen Anhang zusammengestellt.

Ein doppelter Apicius? –
Das konsequente Ende eines Schlemmers

Müssen wir ans Ende dieses Kapitels einen Warnhinweis stellen? Der Verbraucherschutz hat da ja mittlerweile strenge Vorschriften. Aber eigentlich können wir gelassen bleiben und Sie beruhigen: Selbst wenn Sie sich des Öfteren für römische Fleisch- und Fischgerichte entscheiden sollten, bei denen die Zutaten ordentlich ins Geld gehen, werden Sie sich zwar vielleicht gern als *follower* des Apicius bekennen. Aber Sie werden kaum auf den Gedanken kommen, es dem – wohl eher vermeintlichen als tatsächlichen – Urheber der Rezeptsammlung nachzutun, was die Planung Ihres Lebensendes angeht.

Im 1. Jahrhundert n. Chr. lebte in Rom ein gewisser Marcus Gavius Apicius, ein notorischer Schlemmer und überhaupt „von Geburt zu jeder Art von Luxusleben geschaffen", wie der Ältere Plinius sagt (Plin. NH IX 66). An anderer Stelle tituliert er ihn sogar als „tiefsten Schlund aller Prasser und Schwelger" (Plin. NH X 133). Der Philosoph Seneca bestätigt diese Charakteristik und attestiert diesem Apicius darüber hinaus, die Wissenschaft der Kochkunst zum Beruf gemacht und mit seiner Liebe unser Zeitalter infiziert zu haben" (consolatio ad Helviam matrem 10, 8). Hundert Millionen Sesterze habe Apicius in extrem aufwendige, kulinarisch ambitionierte und raffinierte Gastmähler gesteckt, dann habe er eines Tages sein Restvermögen bilanziert: „Nur" noch zehn Millionen waren übrig. Zum Vergleich: Der Tagesverdienst eines Arbeiters lag bei rund sechs Sesterzen. Aber das war keine Größenordnung, an der ein Apicius sich orientiert hätte. Er sah voraus, dass er seinen Lebensunterhalt mit den verbliebenen zehn Millionen auf Dauer nicht auf dem gewohnten Niveau werde halten können, und fasste einen insofern konsequenten Entschluss: „Er beendete sein Leben mit Gift."

Mag sein, dass in die spätere Sammlung einige Rezepte dieses exzentrischen Gourmets eingeflossen sind. Der Großteil der sogenannten Apicius-Rezepte aber dürfte nicht auf Apicius zurückgehen, jedenfalls nicht auf den gerade skizzierten Multimillionär Apicius. Auf deren Grundlage hätten die restlichen zehn Millionen nämlich allemal für ein langes Leben gereicht. Keine Angst also beim römischen Kochen und Schlemmen à la Apicius! Sie werden angenehm satt, aber nicht arm werden.

Warum 10=12 ist – Oder:
Unser römischer Kalender

Leiden auch Sie häufig unter der Diktatur des Terminkalenders? Vielleicht wirkt es etwas entlastend, wenn Sie erfahren, wer daran schuld ist. Natürlich die Römer. Jedenfalls im sprachlichen Sinn: „Diktator", „Termin" und „Kalender" sind samt und sonders Wörter, die aus dem Lateinischen kommen. Unter *dictare* verstanden die Römer ein intensives, durchaus auch energisches *dicere*, „sagen". Das deutsche „diktieren" wird noch ähnlich verwendet, wenn wir etwa einem Unterlegenen Bedingungen „diktieren". Das sind klare Ansagen, die sich vom Befehl kaum unterscheiden. Der Diktator ist im modernen Verständnis ein undemokratisch in seine Stellung gelangter Machthaber, der nicht nur sagt, wo es langgeht, sondern der auch über die Machtmittel verfügt, seine „Ansagen" notfalls mit Gewalt durchzusetzen.

Im Alten Rom war der *dictator* dagegen ein legitimer, in Notzeiten oder für bestimmte einzelne staatlich-kultische Handlungen ernannter Beamter. Ein „Sager" schon mit außergewöhnlichen Vollmachten: Der einzige römische Beamte, der keinen Kollegen hatte und damit keinem kollegialen Veto unterworfen war. Allerdings wurde er auch maximal auf ein halbes Jahr berufen. Normale Beamte wurden für ein volles Jahr gewählt. Und wenn der *dictator* seine Mission erfüllt hatte, die ihm zusammen mit der kaum eingeschränkten Amtsgewalt übertragen worden war, dann musste er von sich aus zurücktreten. Im Prinzip war er also ein König auf Zeit, der über alle anderen Magistrate das „Sagen" hatte. Sein Amt hieß *dictatura*; die deutsche „Diktatur" ist, wenn man die Wortgeschichte kennt, ein anschaulicher Begriff: Ständig „sagt" sie einem, was man zu tun hat …

Zwölfmal im Jahr Zinsen zahlen: Die Kalenden

Solch eine Diktatur übt mitunter eben auch der Terminkalender aus. Der „Termin" ist ein Zeitpunkt, der Grenzen setzt. Wer einen Auftrag mit Termin annimmt, weiß, bis wann er fertig zu sein hat, oder dass er, wenn er es nicht schafft, eine Grenze überschreitet, die seine Lage deutlich unbequemer macht. Der lateinische Ursprungsbegriff ist *terminus*, die – zunächst örtliche, dann auch zeitliche – „Grenze". Das dazugehörige Verb heißt *terminare*, „begrenzen", „eine Grenze ziehen" und damit „beenden".

Schließlich der „Kalender". Auch er ist ein römisches Vermächtnis. Zunächst einmal in sprachlicher Hinsicht: Das *calendarium* war ein Verzeichnis, das sehr verschiedenartige Emotionen auslöste. Wer reich war und (auch) vom Geldverleih lebte, freute sich, wenn dort viele fremde Namen und hohe Summen verzeichnet waren; wer seinen eigenen Namen darin las, fand das deutlich weniger schön. Denn dann war er in der Position des Schuldners; er hatte sich vom Besitzer des *calendarium* Geld geliehen. Das *calendarium* war mithin ein Schuldner-Verzeichnis bzw. ein Kredit-Kalender. Seine Bezeichnung verdankte es dem ersten Tag des Monats. Ihn bezeichneten die Römer als *Kalendae*. Und an ihm waren die Zinsen fällig: Römische Gläubiger forderten sie zwölfmal im Jahr ein – was für den Schuldner neben der monatlichen Zinszahlung zwölf unangenehme Erinnerungen daran waren, dass er irgendwann auch das Kapital würde zurückzahlen müssen.

Wie aber erklärt sich die Bezeichnung *Kalendae* für den Monatsersten? Sie ergibt sich als Ableitung von *calare*, „ausrufen". Mit einer genau festgelegten Sakralformel rief ein Priester von alters her den Neumond aus – und dieser Ausrufetag wurde dem Monatsersten als Name zugewiesen. Die Griechen kannten diesen Ritus nicht und auch nicht die einschlägigen Begriffe, weshalb es bei ihnen auch keine Kalenden gab. Darauf beruht der Witz, wenn jemand etwas *ad Kalendas Graecas* verschiebt, „auf die griechischen Kalenden". *Die* Sache ist auf ewig vertagt. Im Deutschen sprechen wir vom „Sankt-Nimmerleins-Tag". Aber es hört sich doch viel gediegener an, wenn man zum Beispiel formuliert, die Rückzahlung der griechischen Staatsschulden verschiebe sich *ad Kalendas Graecas*. Jedenfalls reduziert sich damit der unangenehme Termindruck, von dessen Diktatur wir am Anfang des Kapitels ausgegangen waren.

Die „Kalenden" hat das Deutsche zwar aus dem Lateinischen übernommen, hat das Wort aber in der Bedeutung weiterentwickelt. Was wir „Kalender" nennen, bezeichneten die Römer als *fasti*. Also doch nur eine vordergründige Übernahme? Von wegen! Die Hauptsache kommt erst noch. Das sind zum einen die Bezeichnungen der Monats- und Tagesnamen. Und das ist zum anderen die Zeitstruktur des Jahres selbst. Sie verdanken wir zur Gänze den Römern. Na gut, mit einer kleinen Ausnahme, auf die wir später zu sprechen kommen werden.

Dezimalsystem, Dezennium, Dezimieren – Variationen der „10"

Beginnen wir mit den Monatsnamen. Schaut man genauer hin, so erkennt man im letzten Drittel des Jahres ein System – sofern man Latein oder zumindest eine romanische Sprache beherrscht. September, Oktober, November, Dezember: Darin stecken offensichtlich Zahlwörter. Und zwar die lateinischen Zahlwörter *septem*, „sieben", *octo*, „acht", *novem*, „neun", und *decem*, „zehn".

Am „Dezember" könnte das auch der des Lateinischen Unkundige erkennen: Das Dezimalsystem beruht bekanntlich auf der Grundzahl 10, *decem*. Auch im Fremdwort „Dezennium" erscheint erneut die 10: Ein „Jahrzehnt", das aus *decem anni*, „zehn Jahren", besteht. Ebenso ist das „Dezimieren" als Fremdwort geläufig, auch wenn es vielfach ohne Wissen um seine Sprachgeschichte als Synonym zu „reduzieren" verwendet wird. Der Ursprung war indes viel brutaler. Bei Gehorsamsverweigerung oder anderen erheblichen kollektiven Disziplinverstößen konnte der römische Feldherr als Strafe die Dezimierung seines Heeres anordnen: Jeder „Zehnte", *decimus*, wurde dabei getötet.

So weit, so klar: Der Dezember ist offenkundig der zehnte Monat. Und wieso schreibt man den ersten Dezember in Ziffern als 1.12.? Zehn = zwölf – eine merkwürdige Logik. Merkwürdig ja, aber durchaus zu erklären, wenn man in die römische Kulturgeschichte schaut. Ursprünglich begann das römische Jahr am 1. März. In dieser Rechnung ist der Dezember tatsächlich der zehnte Monat. Im 2. Jahrhundert v. Chr. aber stellten die Römer auf den 1. Januar als Jahresbeginn um, ließen jedoch die Monatsnamen bestehen. Seitdem ist das arithmetische Wunder in der Welt, dass in diesem Bereich 10=12 ist. Und zwar weltweit überall dort, wo der lateinische *December mensis* in moderne Kalendersysteme und Sprachen übernommen worden ist. Sozusagen Roms Schein-Logik für die Welt.

Das Gleiche gilt für die anderen „Zahlen-Monate" September, Oktober und November. Ein Septett bleibt eine Musikergruppe aus sieben Mitgliedern, auch wenn der September der neunte Monat ist, und die Oktave bleibt ein Tonintervall aus acht Tönen, auch wenn der Oktober den zehnten Monat des Jahres benennt.

Auch die übrigen Monatsnamen gehen auf das Konto der Römer. Da es sich aber um Eigennamen handelt, liegen keine Verstöße gegen mathematische Grundregeln vor. Von Januar bis Juni haben römische Gottheiten bei der Benennung der Monate Pate gestanden. Der Juli und der August sind zwei prominenten römischen Staatsmännern gewidmet: Julius Caesar und seinem Adoptivsohn Kaiser Augustus. Ähnliche Ehren haben sich übrigens auch andere römische Kaiser sichern wollen – unter anderem, was kaum verwundert, Nero –, aber spätestens nach ihrem Tod wurde diese Eigenwerbung für die Ewigkeit rückgängig gemacht. Mit den beiden erwähnten Ausnahmen, die noch heute unsere Sommer überstrahlen – wobei vermutlich den wenigsten Menschen bewusst sein dürfte, dass der Juli etwas mit Caesar zu tun hat. Ein frappantes Beispiel dafür, wie das Alte Rom noch die moderne Welt prägt, auch wenn wir es nicht zur Kenntnis nehmen.

Warum Freitag der Tag der Liebe ist

Aber damit nicht genug. Auch die Bezeichnungen für die Tage verdanken wir im Wesentlichen den Römern. Sie selbst übernahmen die Planetenwoche seit dem 1. Jahrhundert n. Chr. aus dem griechisch-vorderasiatischen Raum. Der erste Tag der Woche war Sol, dem Sonnengott, gewidmet, der zweite dem Mond (Luna), es folgten Mars, Merkur, Jupiter, Venus und Saturn. Die germanischen Sprachen übernahmen diese Zuweisung. Allerdings ersetzten sie die römische Gottheit jeweils durch ihr germanisches Pendant. Aus dem *dies Lunae* wurde so der Mond-Tag, aus dem *dies Iovis* (Genitiv von *Iupiter*) wurde der nach dem höchsten germanischen Gott Thonar benannte Donners-Tag. Der römischen Venus entsprach die germanische Freya; daher mutierte der *dies Veneris* (französisch *vendredi*, italienisch *venerdì*; spanisch *viernes*) zum Frei-Tag. Der hat also nichts mit der Vorbereitung auf das „freie" Wochenende zu tun, sondern ist, wenn man es überhaupt so funktional deuten will, der Tag der Woche, an dem man sich der Liebe widmet.

Alle ursprünglichen lateinischen Tagesnamen spiegeln sich noch gut erkennbar in den Tages-Bezeichnungen der romanischen Sprachen wider (z. B. *dies Lunae*: *lundi, lunedì, lunes*). Bis auf einen. Das ist der *dies Solis*. Er wurde im 4. Jahrhundert n. Chr. im Zuge der Christianisierung durch die *dies dominica* ersetzt, den „Tag des Herrn". In die romanischen Sprachen ist er gewissermaßen selbstverständlich übergegangen als *dimanche, domenica* und *domingo*. Die germanischen Sprachen sind jedoch, weil sich das Christentum in ihrem Sprachraum erst deutlich später durchsetzte, beim „altrömischen" Begriff geblieben: Sonn-tag bzw. *sun-day*. Was ja spätestens seit dem „christlichen Mittelalter" ähnlich anachronistisch war wie der Dezember bei den Römern: Am „Tag der Sonne" ging man in das „Haus des Herrn" („Kirche" aus griechisch *kyriaké* zu ergänzen *oikía*, „zum Herrn gehöriges Haus").

Geht die unterschiedliche Anzahl der Tage, die jeder Monat hat, etwa auch auf die Römer zurück? Sie vermuten ganz richtig. Wir treffen bei diesem Punkt sogar auf einen alten Bekannten, den Namensgeber des Juli: Die Struktur unseres Kalenders beruht auf dem Julianischen Kalender, dessen Einführung ein Werk Caesars war. Er setzte im Jahre 46 v. Chr. eine Kommission ein, die das in den vorangegangenen Jahrzehnten durch

Schalttage und -monate eingetretene Kalenderchaos ein für alle Mal beendete. Das Jahr wurde auf 365 ¼ Tage festgelegt, einem jeden Monat wurden 30 bzw. 31 Tage zugewiesen, dem Februar allerdings nur 28 bzw. alle vier Jahre 29 Tage.

Im Prinzip gilt der Julianische Kalender noch heute. Die Gregorianische Reform des Jahres 1582 betraf nur eine Ungenauigkeit: Innerhalb von 400 Jahren entfallen drei Schalttage am Anfang dreier Jahrhunderte. Das Jahr 2000 hatte einen 29. Februar, die Jahre 2100, 2200 und 2300 werden keinen haben. Ansonsten bedurfte Caesars Kalender keiner Modifikation. So dass wir wohl nicht zu vollmundig erscheinen, wenn wir uns kalendarisch als legitime Erben Roms ausgeben. „Kalender" und „Juli", „Sonntag", „Dezember" und „Termin" – so „modern" ist Latein, und so interessant lässt Latein uns sprachlich und kulturgeschichtlich hinter die Kulissen blicken. Und macht uns gegen alles Geschrei der Mathematiker vollkommen sicher, dass 10 gleich 12 ist. Zumindest manchmal.

Zahnpasta und Hooligans –
Römische Kulturgeschichte in
40 Begriffen

Latein war die Sprache des Alten Rom. Dessen Literatur steht im Zentrum von Lateinunterricht – und damit auch die Kultur Roms, der Europa seine Fundamente und viele bis heute wirkende Traditionen und Anregungen verdankt. Begegnungen mit der lateinischen Sprache sind damit auch Begegnungen mit der Kulturgeschichte Roms. Was bei der Diskussion um das Schulfach Latein vielfach übersehen wird: Latein ist auch ein Sach-Fach, dessen Inhalten Schülerinnen und Schüler sehr aufgeschlossen begegnen.

Das Interesse an dieser in vielem ganz anderen, manchmal sogar exotisch wirkenden Alten Welt ist groß. Kulturgeschichte wird als anschaulich, spannend und anregend empfunden. Der Spagat zwischen Fremdheit und Nähe macht den besonderen Reiz dieses „Sach-Lateins" aus, zumal es sich mit Ausflügen in die Archäologie kombinieren lässt. In diesem Kapitel soll diese Seite von Lateinunterricht an 40 Kultursplittern aus ganz unterschiedlichen Bereichen aufgezeigt werden – in Kurzform und rein exemplarisch. Statt 40 könnten wir auch locker 400 Stichwörter „bedienen", aber das brächte die inhaltliche Balance dieses Buches erheblich ins Wanken.

Armut

Die meisten Menschen im Römischen Reich waren arm. Man schätzt, dass der Anteil derer, die keine nennenswerten Rücklagen bilden konnten, bei rund 85 Prozent lag. Der Staat unterstützte Bedürftige in nur sehr geringem Maße. In der Hauptstadt gab es 200 000 Bezieher kostenlosen Getreides. Angesichts eines Wertes von 3500 Kalorien pro Person war das nur ein Beitrag zum Lebensunterhalt einer Familie, kein Ersatz für Erwerbsarbeit. Auch die Geldgeschenke, die Kaiser in Rom von Zeit zu Zeit austeilen ließen, ermöglichte niemandem ohne zusätzliche Einkünfte ein materiell sorgenfreies Leben. Außer den *frumentationes* (Getreideverteilungen) in Rom gab es nur noch *eine* staatliche Sozialleistung: kostenloses Trinkwasser von meist hervorragender Qualität. Es kam Bewohnern aller Städte zugute, die von Aquädukten versorgt wurden.

Brechmittel

Sicher, es gab ein paar Leute, die Brechmittel nahmen oder sich den Finger in den Hals steckten, um den Magen für weitere kulinarische Genüsse frei zu machen. Aber das war eine kleine Minderheit. Das beliebte Klischee von den römischen Luxusjüngern, die sich dieser Methode regelmäßig bedient hätten, gehört in die Mottenkiste historischer Legenden. Was jedem klar wird, der diese „Dekadenz" einmal selbst ausprobiert: Nach dem Ausspeien schmeckt's ja bekanntlich besonders gut …

Briefbeförderung

Ein organisiertes Postwesen kannten die Römer noch nicht. Der *cursus publicus* der Kaiserzeit, der manchmal als „Staatspost" bezeichnet wird, diente nur der Beförderung von Beamten und offizieller Korrespondenz; auf private Zweckentfremdung standen hohe Strafen. Wohlhabende Römer hatten in ihrer Sklavenschar Läufer, die Schreiben im Nahbereich oder auch über Entfernungen von 20 bis 25 Kilometern übermittelten. Auf weitere Entfernungen vertraute man Briefe Bekannten an, die auf Reisen gingen, manchmal auch Fremden. Dieses gegenseitige Gefälligkeitssystem funktionierte ganz gut, wie wir Ciceros Korrespondenz – mehreren hundert Briefen – entnehmen können, auch wenn man manchmal schon den zweiten Brief schrieb, bevor man eine Antwort auf den ersten bekommen hatte. Private Kuriere boten ihre Dienste gegen Bezahlung an. Und wer es ganz eilig hatte, übergab seine Nachricht einem tierischen Postboten: der Brieftaube.

Erwerbstätigkeit

In der römischen Oberschicht dominierte das Leitbild des Rentiers, der von den Erträgen seines (Groß-)Grundbesitzes lebt. Am Morgen geht er politischen oder gesellschaftlichen Pflichten nach und kümmert sich um seine wirtschaftlichen Interessen, ab dem Mittag hat er Freizeit (vgl. Martial IV 8). Auf das Gros der Bevölkerung lässt sich dieser Tagesablauf nicht übertragen. Die meisten Männer gingen von morgens bis abends einer Erwerbstätigkeit nach; der durchschnittliche Arbeitstag dürfte deutlich über acht Stunden gelegen haben. Ein freies Wochenende kannten die Römer nicht; arbeitsfreie Tage waren auf wenige hohe Festtage bzw. individuell eingelegte (unbezahlte) kurze Unterbrechungen der Arbeit beschränkt. Dem Normbild der Frau entsprach es, dass sie die Hausarbeit erledigte. Dieses Oberschicht-Ideal ließ sich in den unteren Bevölkerungsschichten häufig nicht verwirklichen. Erwerbsarbeit von Frauen (eher im Dienstleistungsbereich als in der Produktion, aber auch als Hebammen-Ärztinnen) war ebenso üblich wie Kinderarbeit. Zu welchem Prozentsatz Frauen und Kinder einer Erwerbstätigkeit nachgingen, lässt sich aber seriös nicht sagen.

Fußgängerstau

An den langen Samstagen vor Weihnachten kommt es in modernen Innenstädten häufig zu Fußgängerstaus. Eine riesige zähe Masse wogt durch die Straßen, der Einzelne hat kaum eine Chance, schneller als der gesamte Pulk voranzukommen. Im Rom des 1. und 2. Jahrhunderts n. Chr. war ein solches Gedränge nicht auf besondere Tage beschränkt; es war der

Normalfall. Die City von Rom war ständig verstopft – obwohl schon Caesar im Jahre 45 v. Chr. ein Tagesfahrverbot für Wagen erlassen hatte, das nur wenige Ausnahmen zuließ. Da sich ein großer Teil des Warentransports und wohl auch des Personenverkehrs dadurch auf die Nacht verlagerte, ging der für Rom charakteristische Krach (*strepitus*) in den Nachtstunden weiter.

Gestank

Man weiß, dass es im Mittelalter und in der frühen Neuzeit in Europas Städten übel gerochen hat. Hat es auch in römischen Städten gestunken? Sicher bei weitem nicht so: Der Hygienestandard war durch Zufluss von Frischwasser über Aquädukte und vielfach auch durch Entwässerungssysteme deutlich besser. So wurde z. B. das überschüssige Wasser aus Laufbrunnen in die Straßen abgeleitet, um Unrat in die Gullys zu spülen. Andererseits waren keineswegs alle Latrinen an Abwasserkanäle angeschlossen, die Werkstätten von Gerbern, Färbern und anderen Handwerkern lagen keineswegs alle an der Peripherie, und vor allem im Winter stieg Rauch von unzähligen Kohlebecken auf. Auch aus den Krematorien kamen üble Gerüche. Die ärmere Bevölkerung – und das heißt: die meisten – hat sicherlich nicht täglich gebadet und nicht immer frische Kleidung getragen. Über Rom hing meistens eine Art Smogwolke, die Luft dort galt als „schwer". Kurzum, heutige, an eine deodorierte Umwelt gewöhnte Nasen hätten zumindest eine Geruchsbelästigung gewittert. Die meisten Römer empfanden das wohl nicht so, sondern waren gewissermaßen olfaktorisch erst dann alarmiert, wenn es irgendwo ungewöhnlich streng roch.

Glücksspiel

Spielkasinos und „Daddelbuden" gab es bei den Römern nicht, wohl aber illegale „Spielhöllen" in Hinterzimmern von Kneipen und Nachtlokalen, wo kräftig „gezockt" wurde. „Medium" des Glücksspiels waren Würfel. Würfelspiel war geradezu eine römische Obsession, der Angehörige aller Gesellschaftsschichten bis hin zum Kaiserhaus frönten. Dabei war das Glücksspiel ohne Geld erlaubt, mit Geld dagegen bis auf wenige Tage im Jahr (die Saturnalien, Roms „Karneval") streng verboten. Was den Reiz, es zu tun, nur noch erhöhte: Kaum ein Spieler fand Freude am „faden" Glücksspiel ohne Einsatz. Polizeikontrollen scheinen selten gewesen zu sein, entsprechend hoch flog der Würfel bei regelmäßigen Privatrunden ebenso wie in Gaststätten, wo dem Wirt Gefahr hauptsächlich von den Zockern selbst drohte: Schlug ihm einer der Spieler aus Enttäuschung oder im Rausch das Mobiliar kurz und klein, brauchte er gar nicht erst vor Gericht zu gehen: „Spielunternehmer" genossen keinen Rechtsschutz.

Haustiere

Das wichtigste Haustier war der Hund. Zum einen bewachte er Haus und Hof – berühmt sind die Warnschilder *cave canem*, „Hüte dich vor dem Hund!" –, zum anderen war auch der Schoßhund beliebt. Katzen dagegen wurden als Schoßtier wenig geschätzt, allenfalls wurden sie als Mäusejäger gehalten. Populär waren Vögel, darunter auch sprechende wie Papageien und zahme Elstern. Manche Kinder hatten einen Hasen als Spielkameraden, Affen dagegen galten als ziemlich exotische Haustiere.

Hooligans

Gewiss, das ist ein anachronistischer Begriff. Aber er wird von englischsprachigen Wissenschaftlern durchaus verwendet, wenn sie das Phänomen der *grassatores* beschreiben. Darunter verstand man „Raufbolde" und „Nachtschwärmer", die zeitweise die Straßen Roms und anderer Städte unsicher machten. Sie pöbelten Passanten an, nahmen Nachtlokale „auseinander", raubten Läden aus und verprügelten Menschen, deren Nase ihnen nicht passte. Solchen Jugendgangs schlossen sich meist Söhne aus „gutem" Hause an. Auch der spätere Kaiser Nero gehörte zeitweise einer solchen Gang an, die vor allem aus Übermut und Langeweile oder in alkoholisiertem Zustand zuschlug. Als ernste Gefahr für die Innere Sicherheit wurden diese Hooligans allerdings selten wahrgenommen. Randale bei öffentlichen Schauspielen kam vor. Besonders die Circus-Besucher galten als ausgesprochen ausgelassen, aber meist nicht gewalttätig. In der Arena von Pompeji kam es im Jahre 59 n. Chr. zu einem Eklat, als Pompejaner und Zuschauer aus einem Nachbarort aufeinander losgingen. Der römische Senat reagierte ebenso prompt wie hart: Pompejis Amphitheater wurde für zehn Jahre gesperrt.

Hüllenloses Baden

In den Thermen wurde in der Regel nackt gebadet – auch dort, wo Frauen und Männer gemeinschaftlich badeten. Nur wenige Thermenbesucher trugen einen Lendenschurz. Sie wurden deshalb eher misstrauisch beäugt als die anderen Badegäste, die nichts anhatten – außer Holzpantinen, wenn der Boden in manchen Räumen sehr heiß war.

Imbissbuden

In Rom waren die Mieten hoch, die Wohnungen in den Mietshäusern aber klein. Dort lebten ganze Familien auf engem Raum; für eine Küche blieb häufig kein Platz. Warme Mahlzeiten holte man deshalb vielfach an Imbissbuden. Sie waren, wie sich in Pompeji zeigt, in den Städten in großer Zahl vorhanden. Theken für den Außerhausverkauf gehörten zur Ausstattung der „Bistros", die am ehesten mit heutigen italienischen „Bars" vergleichbar sind. Auch fliegende Händler boten verschiedene Snacks an, darunter auch gekochte Speisen. Die Bäcker machten ihre *tabernae* schon am frühen Morgen auf: Schulkinder, die zu Hause nicht gefrühstückt hatten, waren zu dieser frühen Stunde ihre beste Kundschaft.

Karneval

Auch wenn es zwei lateinische Erklärungen für den Begriff gibt (*carrus navalis*, „Schiffskarren"; bzw. *caro, vale,* „Fleisch, lebe wohl" als Beginn der Fastenzeit), kannten die Römer ihn nicht. Aber sie hatten ein Fest im

Dezember, das karnevaleske Züge hatte: die Saturnalien. Sie erinnerten an das „Goldene Zeitalter", als alle Menschen noch frei waren. Deshalb durften Sklaven ihren Herren an einem Tag der Saturnalien ungestraft alles sagen, was sie lange schon loswerden wollten (ob viele es taten, wissen wir nicht), und die Herren bedienten ihre Sklaven. Der Wein floss in Strömen, es waren *madidi dies*, „feuchte Tage". Man feierte ausgelassen, und selbst das Glücksspiel um Geld war erlaubt. Mit anderen Worten: Eine Woche Ausnahmezustand, dann kehrte man zum bürgerlichen Alltag zurück.

Katakomben

Seit dem 2. Jahrhundert n. Chr. wurde es im Umkreis der Stadt Rom üblich, auch unterirdische Grabbauten anzulegen. In das Tuffgestein ließen sich Gräber und Gänge mit nur geringer Mühe graben, ohne dass die Stabilität gefährdet war. Die große Zahl der später auch in mehreren Stockwerken verfügbaren Bestattungsplätze senkte die Kosten erheblich. Viele Christen gehörten den einkommensschwachen Schichten an. Zumal sie wegen der bevorzugten Körperbestattung mehr Platz benötigten als bei einer Urnenbestattung, bot sich diese unterirdische Lösung an. Die Toten wurden in Nischen (*loculi*) bestattet, die mit einer Marmorplatte verschlossen wurden. Die Bezeichnung „Katakomben" leitet sich von einem Flurnamen an der Via Appia ab: Der griechische Begriff *kata kymbas* bedeutet „bei den Mulden". In Zeiten von Christenverfolgungen wurden die Katakomben auch als Versteck genutzt. Das ist jedoch nie ihre eigentliche Funktion gewesen.

König

Seit der gewaltsamen Abschaffung der Monarchie im Jahre 509 v. Chr. war der Begriff *rex*, „König", bei den Römern verpönt. Er galt geradezu als Schimpfwort – ein Synonym für „Tyrann" oder „Gewaltherrscher". Caesars vorsichtiger Versuch, sich das Königsdiadem aufsetzen zu lassen, scheiterte an der zurückhaltenden Reaktion der Bürger, die der Szene beiwohnten. Der einzige König, den die Römer akzeptierten, war der *rex bibendi*: Der „Trinkkönig" gab die Regeln für eine *comissatio* vor, ein „Trinkgelage".

Kosmetik

Das Nationalmuseum in Neapel besitzt ein seltenes Exponat: einen Schminkkoffer mit Make-up-Utensilien aus Pompeji. Solche *beauty cases* waren nichts Unübliches; viele Frauen zumal der Oberschicht verwendeten einige Mühe darauf, sich zu schminken. Weißer Puder, Rouge, Glimmer, Lidschatten, Lidstrich in Grün oder Blau sowie Schönheitspflaster waren selbstverständliche Accessoires, ebenso Gesichtsmasken, Färbemittel für Haare und natürlich jede Mengen Salben und Parfums. Der Lippenstift ist nicht nachgewiesen. Von Ovid ist sogar ein Lehrgedicht über „Mittel der weiblichen Gesichtspflege" fragmentarisch überliefert, und auch in seiner „Liebeskunst" behandelt er diesen Aspekt. Von zu stark aufgetragenem Make-up wird allerdings abgeraten: Damit gerieten ehrbare Frauen in die Nähe von Prostituierten.

Krankenhaus

Überraschend aus heutiger Sicht: Im zivilen Bereich gab es keine Krankenhäuser. Allenfalls hatten Arztpraxen einen oder zwei zusätzliche Räume, in denen Patienten nach schwierigen Eingriffen einige Tage bleiben konnten. Bettlägrige Kranke mussten aber im Prinzip in ihren Wohnungen gepflegt werden. In Gladiatorenkasernen gab es Krankenstuben, beim Militär Lazarette (*valetudinaria*), die am ehesten modernen Krankenhäusern nahekamen. Auch große Landgüter verfügten meist über eine Krankenstation für arbeitsunfähige Sklaven und freie Landarbeiter.

Kurort

Baden-Baden, Badenweiler, Bad Aachen und andere deutsche Städte waren schon zu Römerzeiten beliebte Kurorte. Überall, wo warme Quellen dem Boden entströmten, wurden Thermen gebaut. Das war im gesamten Imperium Romanum so. Der berühmteste Kurort in Italien war Baiae am Golf von Neapel. Dort besaßen viele reiche Römer ein eigenes Landhaus, dort vergnügte sich die feine Gesellschaft und genoss ihre Ferien – oder ließ sich vom warmen Heilwasser kurieren.

Kuss

Als Geste der Begrüßung wurde der Kuss unter Männern in der Kaiserzeit üblicher. Als förmliche Geste der Ehrerbietung küssten Klienten ihrem Patron bei der morgendlichen Begrüßung die Hand, seltener andere Körperteile. In der Familie waren Küsse zur Begrüßung und zum Abschied üblich, ebenso bei Trauer, Versöhnung oder glücklichen Ereignissen. Frauen hatten das „Recht", enge Verwandte zu küssen. Der Liebeskuss in der Öffentlichkeit war verpönt, im Übrigen waren Küsse mehr oder weniger leidenschaftlicher Art selbstverständlicher Teil der Zärtlichkeit unter Liebenden. Berühmt sind Catulls Kussgedichte (durchaus auch eine Lektüre im Lateinunterricht!). In *carmen* 5 fordert er seine Geliebte Lesbia auf, ihm „tausend Küsse, danach hundert, dann weitere tausend, dann noch einmal hundert, … insgesamt viele tausend zu geben" – und sich am nörgligen Gerede alter Männer nicht zu stören …

Lebenserwartung

Den Forschern steht hier nur eingeschränktes und nicht unbedingt repräsentatives Quellenmaterial zur Verfügung: vor allem Grabinschriften und Skelette. Die Säuglings- und Kindersterblichkeit war hoch; sie bleibt in vielen Berechnungen unberücksichtigt. Bei der Geburt lag die durchschnittliche Lebenserwartung in der frühen römischen Kaiserzeit zwischen 28 und 30 Jahren; 35 Jahre wäre wohl schon ein zu optimistischer Wert. Genau gesagt, handelt es sich bei diesen Zahlen um das durchschnittlich erreichte Lebensalter. Die individuelle Lebenserwartung differiert ja nach dem schon erreichten Alter. Sicher ist: Die römische Bevölkerung war eine recht junge, eher mit der in heutigen

Ländern der sogenannten Dritten Welt vergleichbar als mit den Verhältnissen im Europa unserer Zeit.

Liebesheirat

Eine Liebesheirat war bis zur Epoche der Romantik die Ausnahme – so auch bei den Römern. In der Oberschicht wurden Heiratspläne vor allem nach familiärem Kalkül geschmiedet: Nutzte eine Ehe den beiden Sippen? Das war die entscheidende Frage. Braut und Bräutigam wurden vielfach nicht gefragt; die Väter regelten die Angelegenheit mehr oder weniger diskret. Mag sein, dass es die Angehörigen der Unterschichten da besser hatten und dass dort, wo es auf Macht und Geld eh nicht ankam, die Brautleute selbst eher zueinanderfinden konnten. Aber das Quellenmaterial ist zu spärlich, um die Frage seriös beantworten zu können. Immerhin zeigt die Komödie, dass es dem jungen (wohlhabenden) Herrn schon einmal gegen den Willen seines Vaters gelang, die Dame seines Herzens zu erobern, selbst wenn sie Zwangsprostituierte eines gewerbsmäßigen Zuhälters war. Aber das betraf, wenn es denn überhaupt realistisch war, nur einen ganz kleinen Teil aller Hochzeiten. Die meisten Ehen dienten in der „guten" Gesellschaft dazu, legitime Nachkommen hervorzubringen. Sexuelle Erfüllung fanden die Männer häufig bei anderen Frauen – auch bei Prostituierten unterschiedlicher Klassen. Der Verkehr mit einer „ehrlosen" Hure galt nicht als Ehebruch; das war juristisch eindeutig geregelt. Diese lockere Sexualmoral galt indes nur für die Männer. Suchte sich die Ehefrau einen außerehelichen „Lover", dann galt das in jedem Fall als völlig inakzeptabler Ehebruch. Es hat indes den Anschein, dass sich seit dem 1. Jahrhundert v. Chr. immer mehr Frauen über diese Norm hinwegsetzten. Wie stark diese „Bewegung" zum Abbau sexueller Frustration war, lässt sich allerdings aus den Quellen nicht eruieren – nicht einmal als Größenordnung.

Mittelfinger

Das Vorstrecken des Mittelfingers war eine Geste, die der Angesprochene ähnlich wie heute als obszöne Beleidigung deuten musste, nämlich als

Drohung, ihn mit dem Penis zu penetrieren. Die Römer sprachen vom *digitus impudicus*, dem „unzüchtigen Finger".

Morgenbegrüßung

Ein aus heutiger Sicht befremdliches Ritual, das sich da Morgen für Morgen in Rom abspielte: Tausende von Klienten, alle in die vornehm-steife Toga gewandet, machten sich oft noch vor Sonnenaufgang auf den Weg, um zum Haus ihres Patrons zu „pilgern" und ihm ihre morgendliche Aufwartung zu machen. Manche *patroni* hatten mehrere Dutzend Klienten. Was hatten die Patrone davon, zumal manch einem diese zeitaufwendige *salutatio* („Begrüßung") lästig war? Sie zeigte ihnen selbst und anderen, wie bedeutend sie waren. Klienten repräsentierten Einfluss, Vermögen und gesellschaftliches Prestige. Und was bekamen die Klienten dafür? Den Beistand des Patrons z. B. vor Gericht, einen mächtigen „Schutzherrn" für alle Fälle sowie kleine Belohnungen in Naturalien oder als Geldzahlung. Davon leben konnten sie nicht, daher zogen sie sich nach ihrer Grußpflicht um und gingen ihrer üblichen Arbeit nach.

Opfer

Im Unterschied zu landläufigen Vorstellungen war ein Großteil römischer Opfer unblutig. Man opferte den Göttern Wein und Weihrauch, Früchte und Speisen. Bei blutigen Opfern wurde in der Regel ein Tier getötet. Das preiswerteste Opfertier war das Schaf (der moderne Begriff „Opferlamm" spiegelt das noch); es folgte das Schwein, am meisten ins Geld ging ein Rind als Opfertier. Allerdings verfuhren die Römer ebenso pragmatisch wie die Griechen: Auf dem Opferaltar verbrannten sie die Innereien der *hostia*, das Fleisch war dem menschlichen Verzehr vorbehalten.

Parteien

Das politische System Roms kannte auch in republikanischer Zeit keine politischen Parteien im heutigen Sinn. Die Optimaten und die Popularen waren zwei politische Lager. Optimatische Politiker („die Besten") waren bemüht, den Einfluss des Sentas zu stärken, populare Politiker gaben sich volksnäher (*populus,* „Volk") und betrieben die eigene politische Karriere mit größerer Nähe zu den einfachen Leuten. Sie traten für eine sichere Getreideversorgung und Agrarreform zugunsten von Kleinbauern ein.

Von (unpolitischen) Parteien spricht man traditionell hinsichtlich des Circuspublikums. Die vier *factiones* würde man heute eher als Fangruppen oder Fanlager bezeichnen. Sie unterschieden sich nach Farben: Weiß, Rot, Blau und Grün. Viele Anhänger waren geradezu fanatisch; ein Großteil der stadtrömischen Bevölkerung „bekannte" sich zu einer der vier Circuspar-teien – was zu einer entsprechend aufgewühlten Atmosphäre bei den Wagenrennen führte. Beobachter sprachen angesichts des ohrenbetäubenden Krachs vom *furor circi,* dem „Wahnsinn des Circus". Gleichwohl waren Zuschauerausschreitungen im Circus eher selten. Im Theater kamen sie öfter vor. Dort war die Rivalität zwischen Anhängern einzelner Schauspieler stark ausgeprägt – ohne dass man von „Parteien" spräche.

Schiffsreise

Schiffsreisen waren ungemütlich und gefährlich. Reine Passagierschiffe gab es nicht, nur Frachter, die auch Passagiere mitnahmen. Die Fahrgäste mussten sich selbst verpflegen. Schiffbruch und Piraterie waren sehr reale Risiken. Viele Menschen vermieden Schifffahrten, wenn sie nicht dringend verreisen mussten. Überseekaufleuten sagte man gern Gier nach, weil sie das Risiko der Schiffsreise für ihren Profit in Kauf nahmen. Im Winter ruhte die Schifffahrt im Mittelmeer weitgehend, weil Stürme das Meer noch unsicherer machten als in der warmen Jahreszeit.

Schulbuch

Selbst in unserem digitalen Zeitalter sind Lehrbücher noch immer das Leitmedium im Schulunterricht. Nicht so bei den Römern: Bücher waren teuer, weil jedes Exemplar von Hand kopiert werden musste. Als Ersatz diente meist das Diktat des Lehrers; die Schüler mussten Wichtiges auf ihrer Tafel notieren.

Schulpflicht

Die Schulpflicht ist eine Errungenschaft der Neuzeit (auch wenn Schüler sie manchmal anders bewerten würden). Im Alten Rom war es die freiwillige Entscheidung der Eltern, ob sie ihre Kinder von einem Lehrer unterrichten ließen. Der Staat kümmerte sich weder um die Ausbildung der Lehrer noch um die Lehrpläne. Viele Eltern konnten sich das Schulgeld nicht leisten. Der Prozentsatz der Kinder, die wenigstens Lesen, Schreiben und Rechnen erlernten, wird sehr unterschiedlich geschätzt: zwischen 20 und über 50 Prozent.

Showbusiness

Der Begriff ist modern, die Sache selbst war Teil der römischen Freizeitkultur. Bei den öffentlichen Spielen – Wagenrennen, Theateraufführungen, Gladiatorenkämpfen, Athleten-Shows – traten vornehmlich hervorragend ausgebildete Profis auf, darunter auch Sklaven, die man zu diesen Auftritten zwang, aber nicht minder gut darauf vorbereitete. Erfolgreiche Schauspieler, Wagenlenker und Gladiatoren hatten eine Fangemeinde, die ihre Idole umjubelte und umschwärmte – auch wenn sie unfrei waren. Es kam vor, dass Anhänger an der Stelle, wo ihr Idol ums Leben gekommen war, Blumen niederlegten. Namen und Abbildungen berühmter Stars des Circus und der Arena finden sich auf kunstgewerblichen Gegenständen, auf Gemälden in reichen Haushalten und in Wandgraffiti. Die Gagen und Belohnungen für Publikumslieblinge und Sieger waren zum Teil schwindelerregend hoch. Insbesondere Schauspieler und Wagenlenker, die zu der Spitzengruppe zählten, wurden zu Multimillionären. Sie erhielten auch Einladungen in die Häuser der gesellschaftlichen Elite, obwohl alle im Showbusiness Tätigen (mit Ausnahme der Berufsathleten) als ehrlos galten. Durch diese Sanktion wollte man Söhne aus „gutem" Hause davon abhalten, eine Karriere im Showbusiness anzusteuern. Sklaven und Freigelassenen konnte diese Diskriminierung als „Ehrlose" ziemlich gleichgültig sein. Für sie oder besser für einige von ihnen bot das Showbusiness ein Sprungbrett zu Anerkennung und mindestens finanziellem Aufstieg wie kein anderer Bereich – vergleichbar mit der heutigen Situation in besonders beliebten Sportarten.

Sklavenehe

Sklaven durften nicht heiraten. Wohl aber konnten sie, wenn der Herr es erlaubte, eine Lebensgemeinschaft eingehen (*contubernium*, „Zeltgemeinschaft") – ebenso wie Legionäre, denen in der aktiven Dienstzeit ebenfalls keine rechtmäßige Ehe gestattet wurde, damit sie leichter versetzt werden konnten. Meistens stimmte der Herr einer Partnerschaft zwischen Unfreien zu: Sie führte zu größerer Zufriedenheit und ließ sich notfalls als Repressionsmittel gegen unbotmäßige Sklaven einsetzen.

Sklavenhalsband

Ohne die Institution beschönigen und das Leben des normalen Sklaven idealisieren zu wollen, darf man doch feststellen, dass Unfreie zumindest in Stadthaushalten in der Regel ordentlich behandelt wurden. Voraussetzung war, dass sie ihr Schicksal akzeptierten und nicht aufbegehrten. Bei konformem Verhalten winkte vielen sogar die Freilassung. Wer jedoch ständige Drangsalierung und Fremdbestimmung nicht aushielt und einen Fluchtversuch unternahm, büßte das vielfach, wenn er erwischt wurde, mit einem Stigma.

Dann wurden ihm eine runde Marke – die Assoziation „Hundemarke" geht gar nicht ganz fehl – oder ein Band um den Hals geschmiedet, das ihn beim nächsten Fluchtversuch als *fugitivus*, „Fluchtsklave", entlarvte: *tene me, ne fugiam*, stand beispielsweise darauf: „Halte mich fest, damit ich nicht fliehe", gefolgt vom Namen des Eigentümers und seiner Adresse. Eine üble, diskriminierende Praxis, die auch den Sklaven traf, der alle Fluchtpläne begraben hatte: Er trug das stigmatisierende Halsband ja fortwährend im Alltag.

Sparen

Wie konnte man in Zeiten ohne bargeldlosen Zahlungsverkehr Geld ansparen? Ganz einfach: Indem man kleine Geldsummen einer Spardose und größere Münzmengen einer Truhe anvertraute. Die Sorge, dass Diebe sich die physischen Ersparnisse aneignen könnten, war stets präsent. Allerdings betraf sie nur einen geringen Teil der Bevölkerung: Die allermeisten Leute lebten von der Hand in den Mund; sie konnten keine großen Rücklagen bilden. Die Wohlhabenden beorderten oft einen Sklaven als Wächter an ihre Geldtruhe, und außerdem wurden die Türen gut abgeschlossen. In unruhigen Zeiten wurden Münzen vergraben. Gelegentlich vergaß man sie im Boden; dann kommen sie manchmal noch heute durch Zufall oder bei Grabungen als Hortfunde ans Licht. Die Untersuchung dieser „Schätze" zeigt, dass man bevorzugt ältere Münzen als Sparguthaben zurücklegte: Die hatten in der Regel einen höheren Edelmetallgehalt. Der Staat reduzierte im Laufe der Zeit den Gold- und Silberanteil und strich den Profit dieser Münzverschlechterung ein – auch das eine Form des Sparens.

Spitzname

Spitznamen, die sich aus auffälligen Eigenschaften von Menschen ergaben, schafften es in Rom vielfach sogar ins offizielle Namenssystem. Viele Cognomina (Beinamen) von Familien gingen auf Spitznamen zurück: Naso z. B., das Cognomen des Dichters Ovid, erinnerte an die große Nase eines seiner Vorfahren; Fronto weist auf die breite Stirn, Ruber auf auffällig rote Haare und Celer auf die Schnelligkeit eines Urahnen hin. Glaber, „kahlköpfig", Plautus, „plattfüßig", oder gar Arvina, „Schmerbauch", zeigen einen, freundlich formuliert, offenen Umgang mit körperlichen Defiziten an; Brutus, „dumm", und Caldus, „hitzköpfig", lassen „Offenheit" gegenüber geistigen bzw. charakterlichen Mängeln erkennen. Individuelle Spitznamen sind von etlichen Prominenten überliefert. Der Kaiser Gaius ging sogar mit seinem viel bekannteren Spitznamen Caligula, „Stiefelchen", in die Annalen Roms ein. Ein Gelehrter namens Domitius zog sich wegen seiner Grobheiten den Spitznamen Insanus zu, „der Verrückte".

Und Kaiser Tiberius wurde wegen seiner besonderen „Nähe" zum Wein gleich mit einem dreifachen Spitznamen „geehrt": Aus seinem offiziellen Namen Tiberius Claudius Nero machten Witzbolde den „Trinkernamen" Biberius Caldius Mero (*bibere*, „trinken", *caldum*, „Glühwein", *merum*, „unvermischter Wein").

Sport

Für eine aktive sportliche Betätigung fehlte den meisten einfachen Leuten die Zeit. In den Thermen war Ballspiel beliebt, für ambitioniertes Schwimmen waren die *natationes* (Schwimmbecken) selten ausgelegt. Leichtathleten trainierten in Rom auf dem Marsfeld; der eine oder andere nahm auch Unterricht im Boxen oder Ringen. Auch Jogger waren etwas außerhalb der überfüllten City unterwegs. Eine beliebte Joggingstrecke führte in Rom an dem Kanal vorbei, in den sich die „jungfräuliche Wasserleitung" (Aqua Virgo) ergoss. Bei den großen Wettspielen z. B. in Olympia oder im Rahmen von Schauathletik waren allerdings ausschließlich Profis am Start.

Statussymbole

Rom war eine Klassengesellschaft. Daraus machten die Römer keinen Hehl. Im Gegenteil: Es gab offizielle Statussymbole, die die Zugehörigkeit zu einer höheren Gesellschaftsschicht anzeigten: breite Purpurstreifen an der Toga und rote Schuhe für Senatoren, ein schmaler Purpurstreifen an der Toga und goldene Ringe für Ritter. Für die beiden höchsten Klassen der Gesellschaft waren auch die ersten Reihen im Theater und Amphitheater reserviert.

Inoffizielle Statussymbole, die Reichtum erkennen ließen, waren ausgesprochen beliebt: Kleidung und Schmuck, prächtige Wohnsitze und Kunstsammlungen, erlesenes Tafelgeschirr und eine große Zahl Sklaven. Hast du was, dann bist du was – dieser moderne Slogan traf auch auf die feine römische Gesellschaft zu: Luxus wurde nicht versteckt, sondern in der Öffentlichkeit vorgezeigt und teilweise geradezu zelebriert.

Stenographie

Cicero war ein ungemein fleißiger Schriftsteller; ein „Vielschreiber", würde man heute vielleicht etwas abfällig sagen. Insofern ist es kein Zufall, dass seinem Sekretär, dem Freigelassenen Tiro, die Erfindung der lateinischen Stenographie zugeschrieben wird. Die sogenannten *notae Tironianae*, „Tironischen Noten", zeichneten sich vor allem durch die Kombination von Wort- und Endungszeichen aus. Die Schnellschrift umfasste mehr als 10.000 Zeichen und wurde bis ins Mittelalter verwendet. Für die Antike war Stenographie deshalb besonders wichtig, weil vieles – Briefe, aber auch literarische Werke – mündlich diktiert wurde.

Toilette

Auf dem Land war das traditionelle „Plumpsklo" mit einer darunter liegenden Fäkalgrube weitverbreitet. In den Häusern der Wohlhabenden gab es „Einsitzer", die zum Teil an die Kanalisation angeschlossen waren. Für das Gros der städtischen Bevölkerung standen mehrsitzige öffentliche Latrinen zur Verfügung, die sich von heutigen Toilettenanlagen in einem Punkt deutlich unterschieden: Es gab keine Trennwände – was den Toilettenbesuch zu einem kommunikativen Erlebnis machen konnte. Ein besonderes zivilisatorisches Phänomen war die römische Prachtlatrine für Oberschicht-Angehörige; in ihr wurde das sonst wenig einladende Ambiente durch Statuen und Stuck, Malereien und Springbrunnen veredelt. In den kleinen Mietwohnungen ersetzte der Nachttopf (*matella*) die Toilette.

Unterwäsche

Kaum zu glauben, aber wahr: Unter der Tunica trugen die meisten Römerinnen und Römer – nichts. Der Lendenschurz war die Ausnahme, die meisten Leute gingen „unten ohne". Manche Frauen – aber wohl nicht die Mehrheit – trugen ein Brustband, das man als BH-Ersatz bezeichnen könnte. Und die berühmten „Bikini-Mädchen" von Piazza Armerina? Das ist eine ganz singuläre Darstellung, die sie eher als Profi-Sportlerinnen (vor Publikum) erscheinen lässt denn als Badenixen. So ganz ist ihr Geheimnis aber noch nicht gelüftet – was nichts daran ändert, dass sie eines der beliebtesten Abbildungsmotive in Werken zur römischen Kulturgeschichte sind.

Vorkoster

Ein reichlich merkwürdiger Beruf: In unseren Zeiten wäre der Vorkoster (*praegustator*) vermutlich arbeitslos. Der Bedarf entstand in Rom in der Kaiserzeit. Die Loyalität zum Herrscher war nicht so ausgeprägt, dass er nicht Giftattentate hätte fürchten müssen. Also wurde ein Vorkoster, in der Regel ein vertrauenswürdiger Freigelassener, an die Test-Front geschickt. Zeigten sich bei ihm einige Zeit, nachdem er die Speisen probiert hatte, keine Vergiftungssymptome, so durfte auch der Kaiser zu Messer und Löffel greifen. Pech nur, wenn der Vorkoster mit von der Verschwörungspartie war: Das falsche Spiel seines *praegustator* Halotus kostete Kaiser Claudius das Leben.

Wahlwerbung

Zu Zeiten der römischen Republik profilierten sich Bewerber um Staatsämter gern durch Großzügigkeit. Sie veranstalteten öffentliche Spiele, stifteten Bauwerke und luden schon einmal zu öffentlichen „Speisungen" ein. In der Öffentlichkeit präsentierten sie sich mit einem großen Gefolge von Klienten und Freunden. An ihrer schneeweißen (*candidus*) Toga erkannte man sie als „Kandidaten". Ein überliefertes Handbuch für den Amtsbewerber aus der Feder von Ciceros Bruder Quintus gibt Ratschläge für ein opportunistisches Verhalten gegenüber den Wählern: zu allen freundlich sein, viel versprechen, ein Netzwerk von Unterstützern aufbauen. Wie in Landstädten für kommunale Spitzenämter Wahlkampf gemacht wurde, zeigen Hunderte in Pompeji erhaltene Wahlaufrufe: Unterstützer riefen an den Häuserwänden zur Wahl ihrer Favoriten auf. Programmatische Aussagen finden sich dabei kaum; man wählte eine Persönlichkeit. Dabei war die Unterstützung durch möglichst viele Wahlhelfer aus unterschiedlichen Milieus (Nachbarn, Berufsgruppen) hilfreich.

Zahnpasta

Die einfachste Form, die Zähne zumindest grob zu reinigen, war das Ausspülen des Mundes mit Wasser. Das gehörte bei vielen Leuten zur Morgentoilette. Für das Putzen der Zähne gab es meist auf Basis von Natron hergestelltes Pulver, das aber wohl nicht regelmäßig vom Gros der Menschen verwendet wurde, außerdem andere Substanzen. Manche Leute schworen auch auf Eigenurin als Zahnputzmittel.

FASZINATION UND IRRITATION –
ROMS GLADIATOREN

Millionen Touristen besuchen es, viele nehmen lange Warteschlangen und happige Eintrittspreise in Kauf: Das Colosseum steht neben dem Petersdom an der Spitze der Attraktionen, die die Ewige Stadt zum Magneten für Besucher aus aller Herren Ländern machen. Ohne Zweifel ist das Amphitheatrum Flavium – „Colosseum" ist ein Spitzname wegen der engen Nachbarschaft zu einer längst verschollenen Kolossalstatue Neros – ein architektonisches Meisterwerk. In nur einem Jahrzehnt für bis zu 50.000 Zuschauer errichtet, strahlt es auch noch nach zwei Jahrtausenden geradezu Ehrfurcht gebietende Monumentalität aus – obwohl es eine Menge an originaler Bausubstanz eingebüßt, seine von Marmor glänzende Fassade verloren hat und im Laufe der Zeit für manch andere Nutzung in Anspruch genommen worden ist: als Festung der Adelsfamilie Frangipane, als Hospital, als Umrahmung einer Märtyrerkirche und nicht zuletzt als Steinbruch. Vor allem seine Marmorplatten und Travertinverkleidungen wurden beim Bau des Petersdoms, der Lateranbasilika und ihrer Scala Santa sowie repräsentativer Palazzi römischer Aristokraten recycelt.

Der Bildungstourismus des 18. und 19. Jahrhunderts, die *Grand Tour* nordeuropäischer Reisender im Mittelmeerraum, entdeckte das Colosseum als archäologisches Denkmal neu. *„In Antiquities the Colisaeum takes the lead",* „was Altertümer angeht, steht das Colosseum an der Spitze", notiert Thomas Martyn in seinem „Gentleman's Guide Through Italy" aus dem Jahre 1787. Ruinenromantik spielte in dieser Rezeption keine geringe Rolle, und auch Goethe schwärmte vom Colosseum in einer Vollmondnacht: „Seit drei Tagen haben wir die hellsten herrlichsten Nächte wohl und vollständig genossen. Einen vorzüglich schönen Anblick gewährt das Colisee". Als „ungeheure und doch gebildete Masse" stellte sich ihm das Colosseum dar – trotz des Verkehrs, der es heute wenig romantisch umbraust, kann man das nachempfinden (Italienische Reise zum 2. 2. 1787).

Das Colosseum – „Spielstätte" römischer „spectacula"

Ruinenromantik ausgerechnet in Verbindung mit dem Colosseum, das Kritikern eher als „Schlachthaus" und Schandmal der römischen Zivilisation erscheint? Der Blick des 18. und 19. Jahrhunderts war tatsächlich vielfach so: Das vom Mond beschienene Flavische Amphitheater wird in Reiseführern der Zeit als *das* romantische Highlight vorgestellt. Natürlich meldeten sich auch andere Stimmen zu Wort. Charles Dickens etwa begrüßte die „Funktionsuntüchtigkeit" des Colosseums mit den Worten: *„God be thanked: a ruin!"* Und manch einer stand voller Schauder und Erschütterung vor dieser grandiosen Ruinenmasse. Ganz gleich, mit welchen Gefühlen man das Colosseum früher wahrnahm und heute wahrnimmt: Es ist das wirkmächtigste architektonische Monument des Alten Rom, ja es ist geradezu eine Chiffre für das antike Rom und seine Zivilisation. Und zugleich, folgt man einer berühmten frühmittelalterlichen Sentenz, eine Bestandsgarantie für die Ewige Stadt, ja der ganzen Welt: *quamdiu stat Colisaeus, stat et Roma! Quando cadet Colisaeus, cadet et Roma; quando cadet Roma, cadet et mundus.* „Solange das Colosseum steht, steht auch Rom. Wenn das Colosseum fällt, wird auch Rom fallen; wenn Rom fällt, wird auch die Welt fallen."

In diesem Sinn müssen wir geradezu darauf hoffen, dass das Colosseum noch lange bestehen bleibt. Immerhin wird es zurzeit aufwändig restauriert, nachdem der eine oder andere Stein der Umfassungsmauer heruntergefallen war und endlich auch die Behörden alarmiert hatte: die moderne Variation des alten Themas „Tod im Colosseum".

Vom Colosseum geht offenbar eine Faszination aus, die sich nicht allein mit der beeindruckenden Baumasse – als neues Weltwunder rühmt es ein römischer Dichter bei seiner Einweihung (Mart. spect. 1, 7f.) – erklären lässt, sondern auch mit seiner praktischen Bestimmung zu tun hat. Das waren Gladiatorenkämpfe und Tierhetzen. Ein „Spiel" auf Leben und Tod, das ein Spezifikum der römischen Zivilisation war, in Quantität wie „Qualität", Logistik wie Popularität ein zivilisatorisches Alleinstellungsmerkmal. Darauf kann der Freund der Antike nicht stolz sein, aber er sollte auch der Versuchung widerstehen, es zu verharmlosen und als bloßes Randphänomen abzutun. Das war es sicher nicht. Sondern es war ein in allen Schichten der Bevölkerung beliebter Teil des Showbusiness, das unter dem Oberbegriff *spectacula* formierte, „Schauspiele". Das *spectare*, „Schauen", war den Römern wichtig. In ihrer Liebe zu wahrhaft spektakulären Shows stehen sie der westlichen Kultur des 20. und 21. Jahrhunderts sehr nah. Die Römer waren ebenso wie wir Augenmenschen.

Ein anderer Begriff für das Unterhaltungswesen ist *ludi*, „Spiele". Mit diesem Wort wurde auch das beschrieben, was im Amphitheater vor sich ging. Man hetzte Tiere gegeneinander und sprach davon, dass diese Tiere „spielten" (*ludere*) – eine Ausdrucksweise, die angesichts des tödlichen Ausgangs der Tierhetzen aus heutiger Sicht ein blanker Zynismus ist. Auch Gladiatorenkämpfe wurden als *ludi* bezeichnet. Sie endeten nicht zwangsläufig mit dem Tod eines Akteurs, aber spielerischen Charakter hatten sie zumindest für die „Darsteller" sicher nicht. Es war, wenn überhaupt, dann ein „Spiel" auf Leben und Tod – bei dem niemand, der es heute als Buchtitel oder Überschrift verwendet, auf die Anführungszeichen bei „Spiel" verzichten sollte: So viel Platz – und Abgrenzung – muss sein.

Populärer Thrill als Werbung?

Andererseits ist einzuräumen, dass vom römischen Gladiatorenwesen eine Faszination auf viele Menschen – auch auf junge – ausgeht, die, ob man es will oder nicht, ein Werbefaktor für die Beschäftigung mit dem Altertum ist. Sachbücher über das Thema erzielen hohe Auflagen, Dokumentarfilme vergleichsweise hohe Einschaltquoten. Stehen bei „Römerfesten" auch Gladiatoren-Vorführungen von sogenannten Reenactmentgruppen auf dem Programm, so dürfen die Veranstalter auf regen Zuspruch hoffen. Es gibt hier und da Werbeaktivitäten auch für den Lateinunterricht, die zumindest mit der Ausstellung und dem Herumreichen von Gladiatorenrüstungen bzw. Teilen davon potentielle Eleven beeindrucken und anlocken möchten. Da wird mit etwas geworben, dessen Fragwürdigkeit später im Lateinunterricht zum Thema gemacht wird. Ein bisschen Doppelzüngigkeit ist dabei schon im Spiel. Das sollte man sich durchaus selbstkritisch zugeben – auch wenn es einem guten Zweck dient. Der Autor dieser Zeilen nimmt sich vom Vorwurf opportunistischer Inanspruchnahme des Themas „Gladiatoren" und der damit verbundenen Doppelmoral nicht aus.

Das „Werbepotenzial" der Arena-„Spiele" ist beachtlich. Wie erklärt sich das? Vermutlich vor allem dadurch, dass es ungeheuerlich und reichlich exotisch wirkt, Männer (und ganz selten auch Frauen) um ihr Leben kämpfen zu lassen und das als voyeuristisches Schau-Spiel in Szene zu setzen. Die Römer – die haben sich was getraut, die haben da mit großer Konsequenz eine Grenze überschritten und diese Grenzverletzung offensiv als Thrill vermarktet, bei dem man live zuschauen und „mitgehen" konnte. Mit römischen Augen gesehen, waren das ja keine bemitleidenswerten armen Teufel, die in der Arena aufeinandergehetzt wurden, sondern Kriegsgefangene, die ihr Leben verwirkt hatten, weil sie sich hatten gefangen nehmen lassen (so wurde auch die Sklaverei theoretisch gerechtfertigt), oder Kriminelle, die sich schwere Verbrechen hatten zuschulden kommen lassen („schwer" im Sinne der damaligen Rechtsordnung), oder mehr oder minder verrückte Hazardeure, die sich freiwillig für eine bestimmte Zeitspanne vom Betreiber einer Gladiatorenschule (*lanista*) hatten unter Vertrag nehmen lassen.

Weder gab es damals das Konzept der unantastbaren, unveräußerlichen Menschenwürde im heutigen Sinne, auf die auch „Outlaws" Anspruch haben, noch grundsätzliche Bedenken gegen die Verhängung der Todesstrafe. Will sagen: Die fundamentalen ethischen Leitplanken, an denen der Vollzug der Rache seitens der Gesellschaft für ein „todeswürdiges" Verbrechen und erst recht ihre im wahrsten Sinne spektakuläre Vermarktung hätten abprallen müssen, existierten damals nicht. Wenn der Philosoph Seneca als einer der wenigen antiken Beobachter die Gladiatorenkämpfe kritisiert, dann nicht, weil er Zweifel an der Rechtmäßigkeit der Todesstrafe hatte, sondern weil er in dem blutigen Arena-Geschehen die Gefahr einer Verrohung der vielen Augenzeugen sah. „Weil er jemanden ermordet hat, hat der da es verdient, so etwas zu erleiden – du aber, armer Mensch, womit hast du es verdient, dies ansehen zu müssen?" (Sen. ep. 7, 5). Gladiatorenkämpfe seien eine Erziehung der Zuschauer zur Grausamkeit, meint Seneca und formuliert seine Vorbehalte gegen den sittlich verderblichen Umgang mit der Masse, die an solchen Schauspielen Gefallen findet, so: *„(redeo)... crudelior et inhumanior, quia inter homines fui*; „grausamer und unmenschlicher kehre ich zurück, weil ich unter Menschen war" (Sen. ep. 7, 3).

„Masse" ist hier kein soziologischer Begriff, sondern stellt eine Abgrenzung zu den philosophisch Interessierten dar. Ihnen will der Philosoph Seneca klarmachen, wie riskant das Bad in der Menge grundsätzlich für Menschen ist, die ethische Fehlhaltungen vermeiden wollen. In diesem Sinn gehören die meisten Angehörigen der römischen Oberschicht zur Masse. Es wäre falsch, in den blutigen Arena-„Spielen" eine Belustigung fürs einfache Volk sehen zu wollen. Die unteren Zuschauerreihen waren überall für Ritter und Senatoren reserviert, und die Fanartikel – Darstellungen von Gladiatoren und Tierhetzen auf Gegenständen des Hausrats und auf Mosaiken –, haben sich auch und gerade in den Villen der Reichen gefunden. Was sich im Amphitheater abspielte, war sozusagen klassenlose Unterhaltung.

Natürlich gab es Menschen, die diese Brutalitäten nicht sehen wollten und die Arena nicht besuchten, aber das war eine Minderheit. Und elementare Kritik an der „Inhumanität" dieser Shows gab es noch viel weniger. Der Kirchenvater Tertullian bezeichnet die „Spiele" der Arena als *insignissimum spectaculum ac receptissimum*, als „das berühmteste und beliebteste Schauspiel" (Tert. spect. 12). *Die* Aussage trifft zweifellos zu. Tertullian weiß, wovon er spricht. Nicht wenige seiner christlichen Mitbrüder empfanden den Reiz der *spectacula* durchaus – und schauten sich nicht nur die Wagenrennen im Circus und die Schauspiele im Theater an, sondern besuchten auch das Colosseum und andere Arenen. In seiner Schrift *de spectaculis* („Über die Schauspiele") aus dem späten 2. Jahrhundert n. Chr. stellt Tertullian gewissermaßen ein für alle Mal klar, dass die Teilnahme an jedwedem *spectaculum* für Christen eine Sünde sei: Zum einen seien sie alle Teil des „heidnischen" Kultes, zum anderen verstoße speziell das Geschehen in der Arena gegen das Fünfte Gebot und andere ethische Grundsätze des Christentums. Es ist, das zeigt die Eindringlichkeit der Argumentation und des Tonfalls, gar nicht so leicht für den Kirchenvater, diesen Standpunkt durchzusetzen. Manche Gemeindeglieder wollten sich den Spaß an den „Spielen" nicht verderben lassen …

Geschenk für die Totengötter – und die Wähler

Wie war es dazu gekommen, dass Gladiatorenkämpfe zum „beliebtesten Schauspiel" aufgestiegen waren? Ihren Ursprung hatten die Gladiatorenkämpfe im Totenkult. Sowohl in Etrurien als auch im südlicher gelegenen Kampanien gab es eine Tradition, Kriegsgefangene am Grab eines prominenten Adligen kämpfen zu lassen, um die Totengeister zu besänftigen. Das war, so merkwürdig es klingt, sogar Teil einer gewissen Humanisierung, insofern dem Toten zuvor Menschenopfer in Form der Tötung von Feinden gebracht worden waren. Der lateinische Begriff für „Gladiatorenkampf" spiegelt diesen Ursprung: Man sprach von einem *munus*, „Geschenk", für die Totengeister (Plural: *munera*).

Wie der Brauch im Einzelnen nach Rom gekommen ist, wissen wir nicht. Tatsache ist jedoch, dass im Jahr 264 v. Chr. erstmals zu Ehren eines bedeutenden Politikers seine Söhne eine opulente Leichenfeier ausrichteten, bei der drei Gladiatorenpaare aufgeboten wurden. Dieses Spektakel machte schnell Schule. Bei weiteren Leichenbegängnissen in der Hocharistokratie wurden entsprechende Schauspiele geboten. Diese Kampf-Shows kamen bei den Zuschauern offenbar gut an – Grund genug für ehrgeizige Angehörige der führenden Familien, der Erwartungshaltung der Menschen zu entsprechen und immer größere Summen in diese „Werbung" zu investieren. Aristokratische Leichenfeiern waren von jeher Repräsentationsveranstaltungen, bei denen sich die betroffene Familie in Szene setzte. Ideologiekritisch betrachtet, war das eine bemerkenswerte Instrumentalisierung des Todesfalls. So etwas ist ja keineswegs eine römische Eigenart. Man könnte nur formulieren, dass die römische Oberschicht dieses Mittel der Selbstdarstellung besonders konsequent – andere mögen sagen: besonders skrupellos – genutzt hat.

Angesichts ihrer rasch wachsenden Popularität konnte es kaum ausbleiben, dass die *munera* auch unabhängig vom Totenkult als Wahlkampf-Hilfen von ambitionierten Politikern entdeckt wurden und dass eine einschlägige Konkurrenz in Sachen Großzügigkeit in Gang kam, die zu immer häufigeren und üppigeren Unterhaltungsangeboten mit „Schwertkämpfern" (*gladius*, „Schwert") führte. Caesar wurde per Senatsbeschluss daran gehindert, geradezu unmäßige Rekordzahlen an Kämpfern aufzubieten: Das sei unlautere Wahlkampfkonkurrenz, fanden die Senatoren. Gleichwohl verstand Caesar es, sich den *favor populi*, die „Gunst des Volkes", durch besonders freigebige „Spiele" zu sichern.

Sein Adoptivsohn Augustus begründete eine neue Alleinherrschaft – auch wenn er vorgab, den Rahmen der Republik nicht anzutasten. Es war nur folgerichtig, wenn er die „Spiele"-Politik der Republik fortsetzte und auch damit sein Ansehen und seine Stellung als „Kaiser" stärkte. Alles andere wäre politisches Harakiri gewesen. Die bekannte, scheinbar einleuchtende „Brot-und-Spiele"-These stimmt gleichwohl nicht: Die „Spiele-Politik" der römischen Kaiser war zwar eine Investition in Beliebtheit, aber sie führte keineswegs zu einer Entpolitisierung des Volkes. Eher traf das Gegenteil zu: Die Schauplätze der *spectacula* entwickelten sich nunmehr zu einer Bühne, auf der das Volk sich stimmgewaltig artikulieren konnte und manche Stimmung, manches Unbehagen und manche Forderung zum Ausdruck brachte. Die *panem-et-circenses*-Formel bringt eine bestimmte Form von Gefälligkeitspolitik in grandioser Verdichtung auf einen knappen Nenner, aber sie stammt von einem Satiriker (Juvenal). Wer käme heute auf die Idee, die sprachliche Zuspitzung eines politisch komplexen Sachverhalts durch einen Kabarettisten als 1:1-Beschreibung der Realität anzusehen?

Man mag den Bau einer gewaltigen Arena in Rom als feste Heimstätte der *munera* und *venationes* („Jagden", „Tierhetzen") als folgerichtigen Ausdruck einer jahrhundertelangen Entwicklung ansehen. Tatsächlich wurde das Flavische Amphitheater zum Stein gewordenen Symbol für blutige Schau-„Spiele". Zuvor waren *munera* in Rom auf großen freien Flächen und in hölzernen Behelfsarenen veranstaltet worden. Aber es gibt durchaus ältere Arenen. Im selben Jahr (79/80 n. Chr.), als das Colosseum in Rom, obwohl noch nicht ganz fertiggestellt, seine erste Einweihung erlebte, ging die Arena in Pompeji unter. Sie wurde wie die gesamte Stadt vom Ascheregen des Vesuvs verschüttet – nach einer „Dienstzeit" von rund anderthalb Jahrhunderten. Die Arena im benachbarten Capua war einige

Jahrzehnte jünger, stammte aber wohl auch schon aus augusteischer Zeit. Der Bau des Colosseums in der Hauptstadt wirkte wie ein Startschuss: Überall im Westen des Reiches schossen Amphitheater wie Pilze aus dem Boden: Im oberitalienischen Verona, heute Schauplatz wunderbarer sommerlicher Opernaufführungen unter freiem Himmel, ebenso wie im süditalienischen Puteoli (Pozzuoli), in den südfranzösischen Städten Arles und Nîmes, im kroatischen Pula und im spanischen Mérida, im österreichischen Carnuntum und in der Colonia Ulpia Traiana (Xanten), in Trier und im schweizerischen Avenches, im nordafrikanischen Thysdrus (El Djem) und in Pergamon an der heute türkischen Westküste.

Die Zahl der archäologisch nachweisbaren Amphitheater liegt bei knapp 200. Die größte Verbreitungsdichte hatten sie in Italien, in Nordafrika und in Gallien. Wenn sich diese typisch römische Architekturform im griechischsprachigen Osten des Reiches nicht durchgesetzt hat, so lässt das nicht auf eine geringere Beliebtheit der Gladiatorenkämpfe in den östlichen Provinzen schließen. Dort standen seit alters Stadien und Theater als Veranstaltungsorte für *munera* zur Verfügung. Der Eindruck, die „kultivierteren" Griechen hätten sich diesem eher rüden Unterhaltungsangebot verweigert, täuscht: Was die Begeisterung für Gladiatorenkämpfe bei den meisten Menschen angeht, die in den Grenzen des Imperium Romanum lebten, lassen sich keine signifikanten regionalen Unterschiede feststellen.

Gladiatorenkämpfe waren ein Zuschauermagnet. Zwar wurde, wie wir aus pompejanischen Mauerinschriften wissen, für den Besuch geworben, aber dahinter stand eher die Werbung für den Sponsor, der das kostspielige Spektakel ausrichtete, als die Sorge, die Reihen des Amphitheaters könnten nicht gefüllt sein. Vermutlich war jede Vorstellung bis auf den letzten Platz ausgebucht.

Mutmaßungen zur Psychologie des Arena-Publikums

Was trieb Männer wie Frauen in die Arena, was wollten sie sehen? Bei vielen war sicher auch das Gefühl einer gewissen Macht im Spiel: Man sah von weit oben aus zu, wie Gladiatoren um ihr Leben kämpften oder wie Tiere dem Unterhaltungsbedürfnis der Menschen geopfert wurden, nachdem sie einzig zum Zweck der Vernichtung über Hunderte oder sogar Tausende

Kilometer zu einer Arena gebracht worden waren. Der einzelne Zuschauer mochte sich einbilden, dass er Herr über dieses Geschehen in der Arena sei – zumal ja der Spielgeber die Entscheidung über das Schicksal des unterlegenen Gladiators an das Publikum delegierte. Und er konnte auch Stolz empfinden über die grundsätzliche Machtdemonstration, die sich da vollzog. So zynisch es klingen mag: Der Bau gewaltiger Arenen und die dramatisch inszenierten Vorführungen im Amphitheater waren auch Ausdruck einer beeindruckenden Leistungsfähigkeit der römischen Zivilisation.

Wichtiger aber war die Spannung, die sich mit dem Verfolgen der Kämpfe verband. Der Ausgang einer Gladiatoren-Paarung war offen; keiner der beiden wurde mit einem offenkundigen Vorteil in den Kampf geschickt. Die Darsteller waren bestens trainiert, körperlich fit und technisch hervorragend ausgebildet. Damit war jeder Kampf ein Thriller, der gegenüber „anderen" Formen des Kampfsports den zusätzlichen Nervenkitzel bot, dass da zwei Menschen nicht nur um den Sieg, sondern zugleich auch um ihr Leben kämpften.

Aus einer Reihe von Zeugnissen geht klar hervor, dass die allermeisten Zuschauer keine Gemetzel und Schlächtereien sehen wollten, sondern möglichst brillante Kämpfe auf hohem technischem Niveau, dass sie Mut und Draufgängertum erleben und echte „Römer" anfeuern wollten. Das schließt nicht aus, dass bei dem einen oder der anderen auch sadistische Neigungen „bedient" wurden. Aber es ist eine völlig falsche Vorstellung, dass sich da ein Mob im Amphitheater in einen Blutrausch gesteigert und geradezu Leichenberge gefordert hätte. Gewiss, es ging im Zuschauerraum laut und leidenschaftlich zu – üblicherweise hatte jeder Gladiator eine eigene Fangemeinde, die ihn anfeuerte und mit ihm bangte –, und sicher trug die große Masse auch zur Enthemmung Einzelner bei. Aber das führte nicht zu Erwartungen oder gar Forderungen der Zuschauer, dass möglichst viele Gladiatoren ihr Leben verlieren sollten.

So steht es auch nicht in der berühmten Alypius-Passage des Kirchenvaters Augustin. Er berichtet, wie Freunde Alypius ins Colosseum schleppten, obwohl er sich heftig sträubte. Er wollte die dort gezeigten Grausamkeiten nicht ansehen. Deshalb nahm er sich vor, die Augen geschlossen zu halten. Als aber bei einer besonders dramatischen Wende des Kampfgeschehens ein Aufschrei durch die Menge ging, öffnete Alypius unwillkürlich die Augen. Fortan wurde auch er zum Opfer der spannenden Darbietung, ließ sich von den Kämpfen faszinieren und schloss die Augen nicht wieder. „Im Gegenteil, er heftete seinen Blick auf das Geschehen, sog die Raserei in sich auf, ohne es zu merken, empfand Freude am Verbrechen des Kampfes und berauschte sich an dem blutigen Vergnügen" (*cruenta voluptate*; Aug. conf. VI 8, 13).

Das ist schon eine eindrucksvolle, aufrüttelnde Schilderung, wie jemand von seinen Sinnen übermannt und in christlicher Interpretation zum Opfer des in ihm entfesselten eigenen Bösen wird – ein Text, der in jede Unterrichtsreihe gehört, die sich mit dem Thema „Gladiatorenkämpfe" ausführlich beschäftigt, auch weil er von überzeitlicher Aktualität ist. Er veranschaulicht psychische Mechanismen, die unter dem Einfluss der Masse in Gang gesetzt werden können, und bringt die Perversion dieser Art von Unterhaltung anschaulich zum Ausdruck.

Aber ein Dokument für eine auf unbedingtes Töten ausgerichtete Menge ist er nicht. Es gibt auf der anderen Seite eine Reihe von Belegen dafür, dass sich die Zuschauer regelmäßig für die *missio*, „Begnadigung", des Unterlegenen aussprachen, wenn er eine gute Show geboten und mit wahrer Todesverachtung gekämpft hatte. Grobe Schätzungen gehen davon aus, dass das Risiko eines Gladiators, den Kampf nicht zu überleben, bei 1:10, in späteren Jahren bei 1:5 lag. Statistisch stieg das Risiko mit jedem weiteren Kampf; allerdings überstieg die Zahl der jährlichen Einsätze selten das halbe Dutzend. Freiwillige Gladiatoren verpflichteten sich auf zwei oder drei Jahre. Wäre die Überlebenschance minimal gewesen, wie es in manchen modernen Darstellungen suggeriert wird, dann wäre die Zahl dieser potentiellen Selbstmordkandidaten im Laufe der frühen Kaiserzeit kaum auf rund ein Drittel aller Gladiatoren gestiegen.

Die römische Gewalt und wir – Ein fragwürdiges Erbe

Diese Klarstellungen sollen die Sache an sich weder beschönigen noch verharmlosen. Sie war auch mit diesen Einschränkungen schlimm genug – aus heutiger Sicht ein Schandfleck der römischen Zivilisation. Gab es neben der Unterhaltung der Zuschauer weitere Gründe für diese Art von „Spielen"? Manche Wissenschaftler vertreten die These, Gladiatorenkämpfe hätten auch eine volkspädagogische Botschaft gehabt: den

Zuschauern zu demonstrieren, was echter Mut und wozu er imstande sei. Es gibt Äußerungen von Cicero und anderen Autoren, die die Todesbereitschaft der Gladiatoren rühmen (z. B. Cic.Tusc. II 41), aber es gibt kein Zeugnis für ein staatlich verfolgtes „Konzept", das die Römer mittels Gladiatorenshows zu dieser Haltung hätte erziehen wollen.

Andererseits waren Gladiatorenkämpfe, ob das in der Antike so reflektiert wurde oder nicht, als Form ritualisierter Gewalt ein möglicherweise hilfreiches Ventil, um Gewaltbereitschaft und Gewaltphantasien, wie es sie zumindest latent in jeder Gesellschaft gibt, relativ unschädlich für die Gemeinschaft zu kanalisieren. Die Aggressionen der Zuschauer konnten sich sozusagen in Ersatzkämpfen auf dem Sandboden des Amphitheaters und der Leidenschaft der Anteilnahme austoben. Fußball als „Kriegsersatz": Diese moderne Hypothese lässt sich durchaus auch zur Deutung der römischen Gladiatorenkämpfe heranziehen – ebenso wie es frappante Ähnlichkeiten zwischen den Wagenrennen im römischen Circus und dem heutigen Formel-I-Zirkus gibt.

Braucht eine Gesellschaft den Thrill des Gewaltsamen, der zumindest imaginierten Präsenz des Todes? Lässt man die Fülle von Krimis Revue passieren, die die Fernsehsender jede Woche ausstrahlen und addiert man die Zahl der darin Ermordeten – und zwar zum Teil grausam Ermordeten –, dann ist man geneigt, die Frage zu bejahen. Gewiss, bei den Römern war die Gewaltdarstellung live, und es gab wirklich Tote, während in heutigen Krimis alles fiktiv und „gespielt" ist. Aber was ist das für eine Zivilisation, die an dieser phantasierten Gewalt so großen Gefallen findet und Morde in einer schier unvorstellbaren Zahl erfindet? Welche Faszination bringt bis zu zehn Millionen Zuschauer an die Fernsehgeräte, wenn Sonntagabends der „Tatort" läuft?

Das sind Überlegungen zum Thema Gewalt in einer Gesellschaft, die, zum dritten Mal sei's gesagt, die römischen *munera* nicht verharmlosen wollen oder sollen, sondern nach Erklärungen suchen. Dazu gehört auch die eingangs gestellte Frage, wie sich das heutige Interesse an den römischen Arenen und ihren „Spielen" erklärt, wo wir doch zumindest in theoretischen Konzepten zur Humanität viel weiter sind – Stichworte Menschenrechte und Menschenwürde.

Ich bin weit davon entfernt, diese Fragen beantworten zu können, erkenne aber ein didaktisches Potenzial in der Beschäftigung mit den Gladiatorenkämpfen: Sie sind uns fremd und nah zugleich und ermöglichen es uns, auf dem Umweg über ein verstörendes kulturgeschichtliches Phänomen auch über uns selbst nachzudenken. Es gibt moderne Sportarten, die einen Teil ihrer Attraktivität für Zuschauer auch dem Nervenkitzel verdanken, ob „etwas passiert" – wobei dieses „Etwas" im schlimmsten Fall auch der tödliche Ausgang eines Unfalls sein kann, bei Autorennen ebenso wie bei Ski-Abfahrten. Im Januar 2016 kam die „Streif" wieder durch eine Serie schwerer Stürze an einem einzigen Tag in die Schlagzeilen. Die „Süddeutsche Zeitung" titelte: „Kitzbüheler Kolosseum".

Mit ödem, unfruchtbarem Moralisieren oder dem gewissermaßen relativierenden erhobenen Zeigefinger hat das nichts zu tun. Aber ich finde: Sich lediglich über römische Inhumanität aufzuregen, sie als überwundene Barbarei abzutun und sich stolz auf die Schulter zu klopfen, dass wir da „weiter" sind – das wäre ein bisschen zu billig. Andererseits fehlt mir persönlich das Verständnis für eine experimentelle Archäologie, in der man Gladiatorenkämpfe möglichst „echt" nachstellt. Das dahinter stehende Erkenntnisinteresse ist mir, um es milde zu formulieren, zu technizistisch.

Und wissen Sie, für wen ich auch kein Verständnis habe? Das ist der Lateinlehrer, der sich beim Besuch eines römischen Amphitheaters mit einer Schülergruppe in die Mitte der Arena stellt und demonstrativ den Daumen nach unten streckt. In meinen Augen ist das eine mindestens unüberlegt-geschmacklose, man könnte aber auch sagen: populistisch-zynische Geste.

LUSTVOLLE LERNORTE –
LATEIN UND ARCHÄOLOGIE

Vielleicht sollte ich das nicht an den Anfang stellen, worauf ich mich immer besonders gefreut habe, wenn der Besuch des Archäologischen Parks Xanten mit einer Klasse anstand. Das war, um ehrlich zu sein, das Fußballspielen auf dem schönen großen Rasen des Parks mittags nach der Besichtigung, wenn sowohl das Museum als auch der kulturelle Durchgang durch das Freigelände mit Hafentempel und Arena, römischem Hotelgasthof und Nordtor geschafft waren. Das eine war für mich das Pflichtprogramm, dann folgte das Vergnügen – jedenfalls nachdem ich zum sechsten oder siebten Mal dort war.

Die meisten Schülerinnen und Schüler aber waren zum ersten Mal dort. Sie erlebten es zum ersten Mal, im Museum als römischer Senator oder als Sklavin eingekleidet zu werden, auf einen Wachturm der Stadtmauer klettern und römische Spiele ausprobieren zu können. Viele waren von dem Erlebnis begeistert: Diese Variante von Lateinunterricht kam ausgesprochen gut an – weil sie mit Angucken und Anfassen, mit *action* und authentischer Antike zu tun hatte. Puristen unter den Archäologen mögen naserümpfend einwenden, dass diese Art von Rekonstruktion, die sich nur auf ein paar Grundmauern und den Vergleich mit erhaltenen

Gebäuden aus römischer Zeit anderswo stützt, mit Authentizität herzlich wenig zu tun habe. Aus schul- und museumsdidaktischer Sicht sind solche Bedenken zu vernachlässigen. Da zählt, dass die Schüler hoch motiviert bei der Sache sind, dass ihre Phantasie angeregt wird (meinetwegen hier und dort auch in eine falsche Richtung) und sie eine andere Dimension der Latein-Vermittlung erleben, als es selbst ein mit Bildern arbeitender Schulunterricht leisten kann. Außerschulische Lernorte – so heißen die im Pädagogen-Deutsch – sind auch deshalb so beliebt, weil sie außerhalb der Schule liegen.

Schauen als Lernen – Die Welt der Römer war bunt

Wir sind eine Zivilisation von Augenmenschen. Bilder üben eine große Faszination auf uns aus. Dass Bilder täuschen und lügen können, dass sie uns manipulieren und oberflächlich werden lassen können – das alles wissen wir, und solche Risiken müssen didaktisch bedacht werden. Andererseits steht gerade der Lateinunterricht nicht im Ruf, seine Schülerinnen und Schüler mit bunten Bildern zu überfluten oder zu oberflächlichem Bilderkonsum zu verführen. Eher muss er sich vor einem kognitiven Überhang hüten, der Schüler überfordert, wenn man ihnen keine Erholungspausen gönnt. Bilder *sind* Erholungspausen, und Ausflüge zu „Bildern" sind es erst recht.

Ausgrabungsstätten und Museen sind nicht nur Erlebnis-, sondern auch Lernräume, die in enger Beziehung zum Lateinunterricht stehen. Er ist ja, anders als vielfach angenommen, nicht nur Sprach-, sondern auch Sachunterricht, der seine Schüler möglichst anschaulich und intensiv mit der römischen Zivilisation als einem Teil ihrer Geschichte bekannt machen soll. Dazu gehören auch kleine alltägliche Dinge wie Gewandspangen, Schreibutensilien und Trinkbecher, Werkzeuge und ärztliche Instrumente, Schlüssel und Kämme, Silberlöffel und Öllämpchen, Ohrringe, Spielzeug und vieles andere mehr. Fast alle Antikenmuseen, auch die kleineren, verfügen über solche Exponate.

Es müssen gar nicht immer die monumentalen Bauten bzw. ihre Überreste sein, die das Interesse von Schülern auf sich ziehen. Auch Kleinfunde, erst recht, wenn sie schön glänzen und funkeln wie Schmuckstücke und Hortfunde von Münzen, haben ihren Reiz. Da kehrt dann in den Köpfen mancher Betrachter die Archäologie wieder zu ihren Ursprüngen, der Schatzgräberei, zurück. Und? Was ist schlimm daran? Es wird später noch genug Zeit und Gelegenheit sein, die moderne Archäologie als stark naturwissenschaftlich geprägte Disziplin wahrzunehmen, in der genaues Analysieren und gründliches Dokumentieren nicht mehr viel Raum für schwärmerische Ausgrabungsromantik übrig lassen.

Der zweite fachspezifische Grund, warum Sichtbares in den Lateinunterricht gehört, verbindet sich mit einer Parallele zwischen der heutigen und der römischen Zivilisation: Auch die römische Kultur, jedenfalls die urbane, über die wir gut Bescheid wissen, war eine Zivilisation von Augenmenschen. Nicht umsonst hießen die beliebten Freizeitunterhaltungen *spectacula*, das heißt Ereignisse, bei denen es etwas zu sehen (*spectare*) gab: Theateraufführungen der Kaiserzeit wurden mit riesigem Pomp inszeniert, und Triumphzüge wurden schon in der Zeit der römischen Republik als wahrhaft spektakuläre Shows arrangiert, bei denen 100 000 bis 200 .000 Menschen die Straßen der Hauptstadt säumten, um den Zug zu *sehen*. Selbst Begräbnisse wurden in Kreisen der Hocharistokratie als Spektakel in Szene gesetzt – wobei das griechisch-lateinische Basiswort *skené/scaena* nichts anderes heißt als „Bühne".

Gewiss lässt sich die Schaulust der Römer nicht ohne weiteres als Argument dafür heranziehen, dass heutige Lateinschüler das Alte Rom möglichst auch visuell erfahren und erleben sollten. Aber zumindest kann man mit diesem Hinweis grämlich-kritischen Kommentaren begegnen, die eine Latein-Welt mit Bildern, eine bunte Römer-Welt für eine Art Verrat an der Seriosität des Faches Latein halten. Wir müssen uns ohnehin in unseren ästhetischen Vorstellungen viel stärker an die Buntheit der antiken Welt gewöhnen.

So „edel" in „jungfräulichem" Marmor, wie sie sich heute in Museen präsentieren, haben griechische und römische Skulpturen vor 2000 Jahren nicht dagestanden. Sie waren bunt, manchmal grellbunt angemalt. Farbe und *gravitas*, „Würde", schlossen einander nicht aus. Wer daher für mehr Farbe und mehr Anschauung im Lateinunterricht eintritt, ist fachlich auf der sicheren Seite. Latein hat gottlob schon eine Menge von seinem einstigen Graue-Maus-Image abgelegt, aber es kann durchaus noch bunter werden, ohne dass es am Ende zu bunt wird.

Rom als Teil deutscher Geschichte

Archäologische Parks wie die in Xanten und Kempten (Allgäu), wo einige Gebäude des römischen Cambodunum rekonstruiert worden sind, aber auch im österreichischen Carnuntum haben die Nachfrage unserer Zeit nach Anschauung erkannt und genutzt. Sie haben sich zu höchst erfolgreichen Besuchermagneten entwickelt und halten zudem für Schulklassen hervorragende museumsdidaktische Angebote bereit. Wo immer sie oder andere „Römerparks" erreichbar sind, stellen sie ein attraktives – nein, eben nicht Zusatzangebot für den Lateinunterricht dar –, sondern sie sind integraler Bestandteil eines modernen, nicht ausschließlich sprachlich orientierten Lateinunterrichts.

Daneben gibt es eine Vielzahl von Städten, kleineren Orten und ganzen Landschaften, die originale Überreste baulicher und materieller Art aus Deutschlands römischer Vergangenheit aufzuweisen haben. Ein nicht unerheblicher Teil dessen, was heute die Bundesrepublik territorial ausmacht, ist ja fast ein halbes Jahrtausend unter römischer Herrschaft gewesen; ein weiterer Teil grenzte an das „römische Deutschland" und wurde von ihm kulturell maßgeblich beeinflusst. Und alle heutigen Nachbarstaaten im Westen und Süden waren einst ebenfalls römisches Territorium, die Benelux-Länder ebenso wie Frankreich, die Schweiz und Österreich.

Alle diese Gebiete verfügen nicht nur über sehenswerte Ausgrabungsstätten und Museen, sondern sie haben auch eine eigene römische Geschichte. Sechs deutsche Bundesländer haben einmal, wenn auch einige nur mit einem Teil ihres heutigen Territoriums, zum Imperium Romanum gehört: Nordrhein-Westfalen, Hessen, Rheinland-Pfalz, das Saarland, Baden-Württemberg und Bayern. Niedersachsen kann zumindest auf Kalkriese als historischen Erinnerungsort an die Römer verweisen – auch wenn der Ort für die entscheidende Niederlage der Römer unter Varus im Jahr 9 n. Chr. steht, die die „Dynamik" der römischen Germanienpolitik zum Stillstand gebracht hat. Gewiss, die römische Vergangenheit spielt im Tourismus-Marketing dieser Regionen eine bedeutende Rolle – warum auch nicht? Darüber hinaus ist sie im Bewusstsein vieler Menschen aber auch als Teil ihrer Geschichte und Identität präsent.

Ein Fach wie Latein, das sich kulturellen Traditionen in besonderer Weise verpflichtet weiß, kann und will dieses Geschichtsbewusstsein fördern – angesichts des einstigen Vielvölkerstaates Rom eben gerade ohne nationalistischen Zungenschlag und krampfhaft-unreflektierte Rettung-des-Abendlandes-Ideologie. Nur damit kein Missverständnis aufkommt: Der Terminus „Abendland" ist ein durchaus brauchbarer Definitionsbegriff, auch der des „lateinischen" oder „christlichen Abendlandes". Wenn man sich indes die jüngst verstärkte Ideologisierung und vor allem die dreiste Usurpierung des Begriffs durch „Pegida"-Anhänger vergegenwärtigt, lässt man jedenfalls zurzeit besser die Finger davon. Traurig, aber notwendig.

Römerbäder, Römerparks und Limeskastelle – Latein vor Ort

Trier und Köln sind sicher die beiden bekanntesten „Römer-Städte" Deutschlands, die mit ihren zum Teil spektakulären Baudenkmälern und herausragenden Museumsexponaten aus römischer Zeit viele Besucher anziehen. Bedeutende römische Thermenanlagen sind unter anderem in Zülpich, Weißenburg, Baden-Baden, Badenweiler und Bad Gögging zu besichtigen. Die drei zuletzt genannten Heilbäder gehen nicht zufällig auf römische Gründungen zurück: Wo warme Quellen dem Boden entströmten, fühlten sich römische Legionäre, Handwerker und Kaufleute besonders wohl. Sie machten das raue Klima Germaniens ein wenig erträglicher. Baden gehörte, auch wo es solche Thermalquellen nicht gab, zum römischen *way of life*. Das ist heute noch im Bewusstsein vieler Menschen präsent: Mit Werbung für „römische Thermen" oder „Römerbäder" lassen sich Besucher moderner Freizeitbäder anlocken.

Römische *villae rusticae*, Gutshöfe mit teils repräsentativen Herrenhäusern, findet man unter anderem in Ahrweiler, Fließem, Borg, Winnigen und Nennig (wunderbare Mosaiken!), in Hechingen, Mückenlohe, Wiesenbach, Lauffen und in manch anderen Orten vor allem Südwest-Deutschlands. Ein Unikat im deutschen Raum ist die Eifelwasserleitung, die das römische Köln mit Wasser versorgte. Von Limes-Kastellen haben sich dagegen Grundmauern in großer Zahl erhalten. Teile dieser Kastelle sind vielerorts anschaulich rekonstruiert worden. Die bekannteste, weil an der Wende zum 20. Jahrhundert am aufwändigsten wiederhergestellte ist die Saalburg bei Bad Homburg. Weitere lohnende Ziele an der deutschen „Limes-Straße", die sich über rund 700 Kilometer erstreckt, sind unter anderem (!) Osterburken, Waldmössingen, Köngen, Welzheim, Aalen, Kellmünz, Weißenburg und Eining sowie Passau und Regensburg.

Das ist eine subjektive Auswahl, die sich erheblich erweitern lässt. Manche dieser Kastelle sind in „Römerparks" integriert, anderen sind ausgesprochen instruktive Museen angeschlossen (z. B. Aalen), in denen Funde der Umgebung ausgestellt sind. „Römerziele" gibt es für Lateinklassen im Westen und Süden Deutschlands genug, und es ist ausgesprochen erfreulich, wie selbstverständlich der Besuch der einen oder anderen Stätte in den Fachcurricula vieler Schulen festgeschrieben ist. „Latein zum Anfassen" hat Konjunktur – auch dank jugendgemäßer museumsdidaktischer Programme, die das horazische *delectare* und *prodesse* solcher Erkundungen „vor Ort" sehr gut miteinander verbinden: „erfreuen und nützen". Oder einfach: Lernspaß.

Was machen die Lateinschüler im Norden und Osten der Republik, um sich authentische Eindrücke von der materiellen Hinterlassenschaft der Römer zu verschaffen? Schüler haben darauf schnell eine Antwort: Dann eben direkt nach Rom oder nach Südfrankreich fliegen – da gibt es auch eine Menge Römisches zu sehen, und außerdem ist das Wetter dort besser. Wenn es da nicht die leidige Finanzfrage gäbe – ich wäre sofort dafür (und kaum eine Lateinlehrkraft entzöge sich dieser reizvollen Verpflichtung).

Die realistischere, kleinere Lösung aber heißt: In den großen Metropolen unseres Landes gibt es überall Museen mit römischen Sammlungen von hoher Qualität – auch wenn es sich dabei oft nicht um Funde aus der Region handelt. Berlin beispielsweise liegt denkbar weit ab vom einstigen deutsch-römischen Gebiet, kann aber mit seinen wunderbaren Antikensammlungen manche interessante Lateinstunde „vor Ort" garantieren. Hinzu kommen Sonderausstellungen in der einen oder anderen Stadt, die sich vielfach zu gern besuchten Events entwickelt haben: Pompeji oder Nero, bunte römische Götter oder römische Schiffswracks, Konstantin der Große oder Luxus (Römermuseum in Haltern) – an zugkräftigen Themen hat es in den letzten Jahren nicht gemangelt und ebenso wenig am Zulauf.

Wer sich als „normaler" Besucher solcher und anderer Römerausstellungen mitunter über eine unruhige, drängelnde oder umherlaufende Schulklasse ärgert, dem seien Nachsicht und Verständnis anempfohlen: Da sind wahrscheinlich Lateinschüler bei der Arbeit. Dass aus deren Reihen einmal engagierte Archäologen und gute Ausstellungsmacher hervorgehen werden, hat eine gewisse Wahrscheinlichkeit. Und mit solchen Kultur schaffenden Talenten sollte man es sich nicht verderben.

WENN HOLLYWOOD SANDALEN TRÄGT – DAS ALTE ROM IM MODERNEN FILM

Brian legt eine Mutprobe als jüdischer Widerstandskämpfer ab: Er schreibt an die Wand des Palastes von Pilatus *Romanes eunt domus* – und wird dabei von einem römischen Centurio erwischt. Es folgt eine köstliche Persiflage. Der Centurio verkleidet sich sozusagen als Lateinlehrer und veranlasst Brian in sehr kleinschrittigem Verfahren dazu, seine Parole „Römer, geht nach Hause!" (alias *Ami, go home!*) in korrektes Latein zu überführen. Hören wir mal rein:

> Centurio: *Eunt?* Was heißt *eunt?*
> Brian: Geht ... Äh
> Centurio: Konjugiere das Verb „gehen"!
> Brian: *ire eo is it imus itis eunt*
> Centurio: Somit ist *eunt* ...?
> Brian: Dritte Person Plural Indikativ Präsens: Sie gehen.
> Centurio: Aber „Römer, geht nach Hause!" ist ein Befehl. Also brauchst du ...
> Brian: Den Imperativ!
> Centurio: Und der wäre ...

Brian: Aah … i
Centurio: Wie viele Römer?
Brian: Plural! Plural! *Ite! Ite!*

Kann man sich eine anregendere Einführung in die Konjugation des unregelmäßigen Verbs *ire* vorstellen als diese Szene aus dem Film „Das Leben des Brian“? Hier wird traditioneller, sehr formenverliebter Lateinunterricht köstlich durch den Kakao gezogen. Und die Römer anschließend obendrein. Zur Strafe für Brians stümperhaftes Latein lässt ihn der blöde Lehrer-Centurio hundertmal *Romani, ite domum!* mit riesigen Lettern auf die Palastmauer pinseln – unter strenger Bewachung durch römische Soldaten. Einer von denen kommentiert den Abschluss des subversiven Anti-Römer-Geschmieres mit einem gutmütig-herablassenden „Gut. Und dass mir das nie wieder vorkommt!“ Er meint den Lateinschnitzer, nicht etwa die antirömische Widerstandsparole. Die durfte Brian unter dem Schutz der Aufpasser vervielfältigen. Kann eine Besatzungsmacht so blöd sein? Mit jahrzehntelanger Asterix-Lektüre im Hinterkopf wird mancher antworten: „Ja, kann sie.“ Denn ein Großteil des Asterix-Erfolges rührt daher, dass die großspurigen Herren der Welt im Alltag oft ziemlich vertrottelt daherkommen. Klein gegen Groß – da weiß man, wem man die Daumen zu drücken hat. Erst recht, wenn Groß sich so doof anstellt.

Asterix, Brian und Ben Hur – Motivationshilfe Movie

Selbstverständlich hat der Film, *das* Medium des 20. Jahrhunderts, Einlass in den Lateinunterricht gefunden – zunächst als Motivationshilfe, aber durchaus auch als Informationsquelle über die Antike sowie als Medium, das sich methodisch als Einstieg, Diskussionsgrundlage, manchmal auch als Zusammenfassung von Unterrichtsergebnissen nutzen lässt. Die heutigen technischen Möglichkeiten erlauben einen viel reibungsloseren und unkomplizierteren Einsatz von Filmen, als es vor zwei, drei Jahrzehnten der Fall war. Und falls es dem Lateinlehrer an technischer Kompetenz gebrechen sollte, gibt es da in jeder Lerngruppe 20 und mehr Kundige, die dabei gern das Ruder übernehmen.

Das gemeinsame Anschauen eines vollständigen Films ist allerdings die Ausnahme, die auf bestimmte Situationen wie etwa die letzte Doppelstunde vor den Ferien beschränkt ist. Üblicher ist es, sich auf eine bestimmte Filmsequenz zu beschränken – einen „Einspieler", der didaktisch-methodisch überlegt in den Aufbau einer Lateinstunde integriert ist. Die irre *ire*-Lektion für Brian ist solch ein Ausschnitt. Von Bilderkonsum ist man bei diesem Einsatz einer genau auf einen neuen Unterrichtsgegenstand zugeschnittenen Szene weit entfernt. Das einzige Problem für die Lehrkraft besteht darin, hart zu bleiben – den Bitten der Schüler, das Vorführgerät noch nicht auszustellen, standhaft zu trotzen. „Lassen Sie doch noch ein bisschen weiterlaufen, Herr Weeber!" Herr Weeber gibt zu, dass er manchmal hat weiter laufenlassen. Aber nur selten, na, bleiben wir lieber bei „manchmal".

Das methodische Umfallen lässt sich indes didaktisch begründen. Dann stand eben die Motivation der Schüler in dieser Stunde an erster Stelle! Die Nachhaltigkeit, die sich damit verbindet, wird schon dafür sorgen, dass der versäumte Lernstoff, sozusagen der kognitive Verlust der Stunde rasch nachgeholt werden kann.

Aber wieso eigentlich „kognitiver Verlust"? Beim Anschauen von Antik- oder, etwas spöttisch formuliert, „Sandalenfilmen" hat man doch auch etwas gelernt. Das ist so – jedenfalls wenn man nicht zu genau hinschaut. Der große Vorzug des Mediums Film ist seine visuelle Wirkungsmächtigkeit auch und gerade bei „Gesamtbildern". Der Betrachter bekommt einen Gesamteindruck vom Forum Romanum, vom Colosseum, vom Circus und vor allem von der Atmosphäre, die dort herrschte. Bei „Ben Hur" sind manche Details des Wagenrennens wie z. B. Messer an den Radnaben geradezu skandalös unhistorisch. Will man aber erfassen, was da auf den Zuschauerrängen los war und welche Atmosphäre in einem römischen Circus herrschte, so gibt es nichts Besseres und Eindrucksvolleres.

Anschaulich und farbig – aber auch lehrreich?

Viele Antikfilme *made in Hollywood* sind extrem aufwändige, kostspielige Ausstattungsfilme. Auch diese Opulenz vermittelt nachhaltige Eindrücke

und stellt eine willkommene Ergänzung des recht nüchternen Geschichts-
bildes dar, das die literarischen Quellen vermitteln. Filme wirken im eigentlichen Sinn illustrierend. Sie setzen antikes Leben ins Licht, beleuch-
ten es und machen es anschaulich. Sie liefern einen optischen Rahmen,
in den sich manche Einzelheiten, die man kennt, besser einfügen, und
schaffen einen allgemeinen Hintergrund, den die lateinischen Autoren
vielfach nicht darstellen, weil er ihren zeitgenössischen Lesern bekannt
und bewusst war. Sklaverei wird im Lateinunterricht behandelt; es gibt
zum Teil ausführliche Quellen dazu wie Senecas berühmten 47. Brief.
Aber was Sklaverei für den einzelnen Unfreien tatsächlich bedeuten konnte, wird in Stanley Kubricks *Spartacus*-Film von 1960 (in der Hauptrolle:
Kirk Douglas) sehr viel anschaulicher als bei Seneca. Dass die Lebens-
bedingungen der einfachen Leute eher bescheiden waren und dass sie
in starkem Kontrast zum „goldenen Rom" der Monumente und Paläste
standen (auch wenn das Alte Rom keine Slums kannte), lässt sich z. B. aus
Martials Spottepigrammen erschließen. Richtig plastisch wird das aber
erst durch einige Szenen in Richard Lesters Film *A funny thing happened
on the way to the Forum* (1966). Dessen deutscher Titel „Toll trieben es die
alten Römer" grenzt allerdings ans Idiotische.

Wer diese anerkennenden Worte für den Historienfilm mit immer
größerem Stirnrunzeln verfolgt, der sei beruhigt: Wir kommen auch noch
zu den Schattenseiten. Zuvor aber gilt es sich dem Dank an den Antikfilm
anzuschließen, den Marcus Junkelmann so formuliert hat: „Nichts hat in
den letzten hundert Jahren so wirksame Reklame für die Beschäftigung
mit dem Altertum gemacht wie der viel belächelte ‚Sandalenfilm'" (Hollywoods Traum 21).

Junkelmann kommt das Verdienst zu, einige Antikfilme äußerst de-
tailliert auf ihre Historizität hin untersucht zu haben. Im Vordergrund
seines höchst lesenswerten Werkes über „Hollywoods Traum von Rom"
steht der Film *Gladiator* von Ridley Scott aus dem Jahre 2000. Ein gewaltiger Monumentalfilm, der ebenso kommerziell erfolgreich war wie
durch mehrere Oscars preisgekrönt, der aber in zahlreichen Punkten nicht
dem Erkenntnisstand der Wissenschaft entsprach. Dieses Schicksal teilt
er mit fast allen Antikfilmen – übrigens auch in der Hinsicht, dass Filme
eine Vollständigkeit von Wissen vorspiegeln, das keine literarische oder
archäologische Quelle vermittelt. Aber der Film kann im Unterschied

etwa zum Roman keine Leerstellen lassen; solche weißen Punkte oder Flächen würden ihn geradezu ruinieren.

Fakten und Fiktion ergänzen einander auf diese Weise und gehen ineinander über. Das schmälert die Zuverlässigkeit des Spielfilms (auch des weniger aufwändig inszenierten TV-Spielfilms) als Informationsquelle aus didaktischer Sicht nicht unerheblich. Aber da ist es, wie schon angedeutet, ein Vorteil, dass wir es mit einem *movie* zu tun haben, mit *bewegten* (*movere*) Bildern, die rasch aufeinanderfolgen und meist keine tiefen Spuren historisch fragwürdiger Details im Gedächtnis zurücklassen.

Nero? – Das ist doch Peter Ustinov!

Klar, dass auch im Lateinunterricht Medienkompetenz nicht vernachlässigt werden darf und die Schüler auf die Gefahr jener Unwiderstehlichkeit der Bilder hingewiesen werden müssen, die auf der anderen Seite ihre Faszination ausmacht. Ob dieses theoretische Wissen allerdings wirklich dabei hilft, z. B. Nero nicht im Unterbewusstsein mit Peter Ustinovs Gesichtszügen zu sehen (*Quo vadis*, 1951), ist fraglich. Gerhard Polt behandelt dieses Problem der Schein-Identifikation in seinem Sketch „Der Kaiser Nero" auf höchst amüsante Weise. Sein Sohn hat eine Fünf in Geschichte nach Hause gebracht, weil er Nero nicht gekannt habe. Genauer gesagt: Weil er ihn mit Arnold Schwarzenegger „verwechselt" habe – wo doch ganz Europa wisse, dass Peter Ustinov Nero sei.

Ein Sketch, der die suggestive Kraft der Bilder wunderbar auf den Punkt bringt. Bilder – auch die Historienmalerei des 19. Jahrhunderts, die Vorläufer des Antikfilms war – gaukeln eine Eindeutigkeit vor, die literarische Vorlagen nicht haben. Die verfügen über Leerstellen, die der Leser mit seiner eigenen Imagination füllt. Film und Bild geben vieles vor und engen damit Interpretationsspielräume ein, indem sie die scheinbar endgültige „Lösung" präsentieren. Die ist natürlich auch nur eine von vielen möglichen Interpretationen, aber das Bild suggeriert etwas anderes. Nicht: So *kann* es gewesen sein, sondern: So *war* es.

In der unterrichtlichen Behandlung gibt es wenigstens noch die Chance, auf diese Fallstricke des Mediums Film hinzuweisen und Stilisierung und Heroisierung, Kitsch und Effekthascherei an einzelnen Beispielen im Unterrichtsgespräch zu entdecken und kritisch zu analysieren – oder das von vielen Sandalenfilmen gezeichnete Bild eines wahrhaft imperialen Roms mit literarischen Parallelen oder Gegendarstellungen etwa aus antirömischer Sicht zu vergleichen. Diese Art der Aufarbeitung ist jedoch ausgeschlossen, wenn Schüler solche Filme im Kino, im Fernsehen oder als Video sehen oder sie aus dem Internet herunterladen. Da wird dann meist kritiklos konsumiert – was man ohne erhobenen Zeigefinger sagen, aber eben auch sich klarmachen sollte. Antikfilme sind dann ein geheimer Miterzieher, der überhaupt keiner Kontrolle unterliegt. Auch das spricht für ihren gelegentlichen Einsatz im Unterricht.

Römervideos made in Lateinunterricht

Manche Lerngruppen lassen sich von den großen Antikfilmen – und einer engagierten Lehrkraft – auch zu eigenen bescheidenen Produktionen anregen. Sie drehen mehr oder wenige kurze Videos, in denen dann auch oft Latein als gesprochene Sprache vorkommt. Solche Projekte leben von einem unglaublichen Engagement und setzen vielfach wunderbare Kreativität frei. Dabei können viele Schülerinnen und Schüler in unterschiedlichen Funktionen mitmachen; Filmarbeit ist bekanntlich höchst personalintensiv. Für jede Projektwoche ist so etwas ein lohnendes, wenngleich durchaus ambitioniertes Projekt, das sicher sein kann, am Ende viele Zuschauer zu finden. Und selbst die Allgemeindidaktiker werden begeistert sein, dass der Lateinunterricht da so schön ihren Empfehlungen zur Handlungsorientierung folgt. Das tut er ja bekanntlich mit guten Gründen nicht immer …

Filme und Filmen im Lateinunterricht – ist das nicht doch zu viel Zeitgeist? Muss denn die moderne Medienwelt auch noch einen roten Teppich ausgerollt bekommen, der bis in den Lateinunterricht reicht? Gehört so etwas zu den *Fach*gegenständen eines soliden Lateinunterrichts?

Wer so skeptisch mit dem Schulunterricht ins Gericht geht, der schaue sich mal in der altphilologischen Forschung um. Da gibt es Universitätsseminare der Klassischen Philologie, die die Rezeption der Antike im Film als wichtigen Forschungszweig ausweisen. Wenn die das „dürfen", wird ja wohl auch ein motivierender Lateinunterricht nicht in Verruf kommen, der Sandalenfilme didaktisch verantwortungsvoll einbezieht. Ein Schwerpunkt wird das sicher nie sein. Da gilt wie so oft das kluge horazische Wort gegen alle Extreme: *est modus in rebus, sunt certi denique fines*; „es gibt ein Maß in den Dingen, es gibt schließlich bestimmte Grenzen" (sat. I 1, 106).

Eine Sprache, die nicht gesprochen wird? – Chancen und Grenzen der „Latinitas viva"

Salvete, discipuli (discipulaeque)! – Salve, magister! So fängt manche Lateinstunde an – mit einer lateinischen Begrüßung. Es folgt dann vielleicht noch ein *considite!* seitens des Lehrers („Setzt euch!") – wenn die Schüler nicht ohnehin sitzen geblieben sind. Und dann geht es in der Regel auf Deutsch weiter. Denkbar wäre aber auch noch ein *ut valetis?*, „Wie geht es euch?", das aber von der Verbindlichkeit noch unter dem englischen *how are you?* liegt und keine Antwort erwartet. Auch ein *incipiamus* könnte noch folgen, „lasst uns anfangen". Aber das erwartet eh jeder.

Wenn der Lärmpegel im Laufe des Unterrichts zu stark anschwillt, wäre ein *tacete* oder *silete* angebracht („Schweigt", „Ruhe!") oder ein *attendite* („Passt auf!"). Ein mehr oder minder drängendes *perge* passt auch zu vielen Situationen – wobei nicht völlig auszuschließen ist, dass ein paar Schüler sich fragen, wer und wo denn die neue, offenbar angesprochene Mitschülerin Perge sei (*perge* ist Imperativ Singular von *pergere*, „fortfahren", „weiter machen") … Die übliche Abschiedsformel ist *valete, discipuli (discipulaeque)*. Und an dem Punkt sprechen dann auch die Schüler noch mal Latein: *vale, magister!*

Das ist keine Karikatur einer Lateinstunde, sondern die Beschreibung einer sehr häufigen Praxis, in der ich auch meinen eigenen Unterricht wiedererkenne. Mit gesprochener Sprache haben diese paar vorgestanzten Formeln wenig zu tun. Wohl wahr. Der Lateinunterricht zielt nicht darauf ab, seinen Schülerinnen und Schülern eine aktive Beherrschung der Fremdsprache beizubringen. Seine Unterrichtssprache ist Deutsch. Darin unterscheidet er sich von den modernen Fremdsprachen fundamental. Und das ist gut so, jedenfalls im Prinzip. Es gibt ein hübsches Geschichtchen dazu, das den Unterschied in der Vermittlung alter und neuer Sprachen auf den Punkt bringt. Der Englischlehrer sagt: *„Open the window!"* Ein Schüler steht auf und öffnet das Fenster. Der Lateinlehrer sagt: *aperi fenstram!* Ein Schüler übersetzt: „Öffne das Fenster!"

Historisch kommunizieren, ohne zu sprechen – und das ist auch gut so!

Aber wieso ist das „gut so"? Das klingt wie eine Provokation, wo doch jeder weiß, dass es zum Wesen einer Sprache gehört, gesprochen zu werden. Das Problem beim Lateinischen ist, dass sich die *native speakers* seit dem frühen Mittelalter von ihrer Sprache gewissermaßen verabschiedet haben. Das klassische Latein hat, wie jeder weiß, keine Muttersprachler mehr; auch und erst recht nicht im einzigen Staat, in dem es noch als Amtssprache hochgehalten wird: Die Geburtenrate innerhalb der Vatikanischen Mauern ist denkbar gering. Und was neue Muttersprachler angeht, würde sich auch nichts ändern, wenn der Zölibat aufgehoben würde. So gesehen, ist Latein tatsächlich eine tote Sprache.

Andererseits ist es eine ziemlich beschränkte Sicht auf Sprache, wenn man sie nur gesprochen als echte Sprache anerkennt. Es gibt ja neben der mündlichen Kommunikation auch eine schriftliche, die über das Medium Sprache funktioniert. Selbst im Zeitalter der digitalen Kommunikation werden neben Bildern und Icons auch noch schriftliche Textbotschaften versendet und empfangen. Eine nicht gesprochene Sprache büßt ohne Zweifel einen wesentlichen Teil ihrer Funktionen ein, aber sie hört nicht auf, Kommunikationsmittel zu sein. Da im Lateinunterricht Texte der römischen Antike im Vordergrund stehen – jene „klassischen" Texte also, die wie die großen Texte anderer Literaturen zu uns sprechen und uns bis zum Beweis des Gegenteils noch etwas zu sagen haben (was kein ernst zu nehmender Mensch bestreitet) –, hat man den Begriff der „historischen Kommunikation" geprägt. Den muss man, weil er ein bisschen gestelzt und distanziert klingt – viel distanzierter als, sagen wir: eine Plautus-Komödie wirkt –, nicht mögen. Aber er macht klar, dass das Lateinische zu den Sprachen zählt.

Selbstverständlich wäre es kein Problem, Latein in ähnlicher Weise zu lernen wie Englisch, Französisch oder Spanisch. Der Unterricht müsste methodisch in vergleichbarer Weise angelegt, das Hörverstehen und aktive Sprechen der Schüler müssten intensiv trainiert werden, Lateinunterricht könnte auf Lateinisch stattfinden. Die Sache mit den hilfreichen Sprachkursen im Ausland stieße allerdings auf gewisse Schwierigkeiten, und in der Lehrerausbildung müsste sich einiges ändern – dazu später noch ein paar Sätze. Aber prinzipiell wäre ein ähnlicher Grad an performativer Kompetenz wie bei den modernen Fremdsprachen zu erreichen: Nicht fehlerfrei, nicht immer flüssig, nicht unbedingt stilistisch auf Ciceros Spuren, aber man käme prima auf Lateinisch ins Gespräch.

Zumindest im Lateinunterricht – und das ist die *eine* Crux, wenn aktive Lateinbeherrschung als Ziel angestrebt würde. Außerhalb des Lateinunterrichts nähme die Zahl derer, mit denen man eine gepflegte lateinische Konversation betreiben könnte, dramatisch ab. Dass sich „draußen" auch nur eine nennenswerte Community Latein sprechender Schüler verschiedener Schulen herausbilden könnte – dazu fehlt mir die Vorstellungskraft, weil ich auch nicht sehe, dass sich deutsche Schüler in ihrer Freizeit miteinander ohne Not auf Englisch oder Französisch unterhalten. Sie tun es gelegentlich, wenn sie auf jemanden treffen, der des Deutschen nicht oder kaum mächtig ist. Aber als Latein Sprechende wären sie schon arg in der Diaspora.

Es gäbe so gut wie niemanden, mit dem sie sich lateinisch unterhalten könnten. Wer davon schwärmt, dass einst an Universitäten bis in die Neuzeit ganz selbstverständlich Latein gesprochen worden sei, und davon träumt, dass man diesen Zustand wiederherstellen könne, übersieht, dass das Englische sich mittlerweile als *lingua franca* der Wissenschaften etabliert hat und an manchen deutschen Universitätsseminaren sogar schon zur Unterrichtssprache geworden ist.

Von aktiver Sprachbeherrschung träumen – und böse erwachen

Dieses Rad wird niemand zurückdrehen können, und Utopien können nicht zu einem Bildungsziel öffentlicher Schulen ausgerufen werden. Wenn schon die Universitäten als Stützpunkte gesprochenen Lateins ausfallen, braucht man sich nach weiteren möglichen Bastionen aktiven Lateinsprechens gar nicht erst umzuschauen.

Ja, Latein ist eine wunderbare Sprache, gesprochenes Latein besticht durch Schönheit und Eleganz, durch Anmut und Rhythmus. Ja, es ist ein ästhetisches Vergnügen, Könnern wie Wilfried Stroh (Valahfridus) zuzuhören, ein Genuss, dabei zu sein, wenn *Latinitas viva*, „lebendiges Latein", zelebriert wird. Das ist ein Fest, aber das Fest ist das strahlende Gegenprogramm zum grauen Alltag. In dem finden sich aber eben keine Gesprächspartner für gesprochenes Latein. Wozu also sollen Schüler eine tote Sprache sprechen lernen? Wer das fordert – als *grundsätzliche* Kehrtwendung wohlgemerkt gegenüber der traditionellen Didaktik des Lateinunterrichts –, muss der Gesellschaft den Nutzen dieses Konzepts darlegen. Der kann sich aber nicht in der elitären selbstreferentiellen Behauptung erschöpfen, der Nutzen liege gerade im Nicht-Nutzen, die mangelnde Anwendbarkeit des über Jahre hinweg mühsam Gelernten, seine „Zweckfreiheit", sei ihr größter Bildungswert.

Das ist nicht nur Schul- und Kultusministern nicht plausibel zu machen, die manchmal in der Tat zu energisch und einseitig nach dem *unmittelbaren* Nutzen eines Schulfaches und seinem direkten Anwendungsbezug fragen. Auch auf Informationsveranstaltungen für Schüler und auf Elternabenden wird man mit den Argumenten der Zweckfreiheit und der „Schönheit" der lateinischen Sprache, um deretwillen man sie wählen müsse, böse Schiffbruch erleiden.

Es sind indes nur wenige, die diesen abenteuerlichen Weg in die schulische und damit wohl auch gesellschaftliche Bedeutungslosigkeit des Faches propagieren, vorwiegend Fachvertreter aus dem Hochschulbereich. Diese Pioniere einer „Revitalisierung der lateinischen Sprache" im Sinne aktiver Sprachbeherrschung müssen sich allerdings schon fragen lassen, warum selbst in ihrem Zuständigkeitsbereich so wenige Lehrveranstaltungen für Fachstudierende in lateinischer Sprache angeboten werden.

Warum bietet nicht jedes Seminar für Klassische Philologie pro Semester wenigstens eine Vorlesung auf Latein und ein Seminar an, in dem Lateinstudenten aktive Lateinbeherrschung – Hörverstehen und Sprechen – trainieren können? Und zwar, wenn ich richtig recherchiert habe, auch da nicht, wo die Latein-„Aktivisten" akademisch zu Hause sind? Ich persönlich würde so etwas sehr begrüßen. Denn dann könnten auch mehr Elemente des *Latine loqui* („Lateinisch sprechen"), die gleich vorgestellt werden, in den normalen Lateinunterricht Eingang finden. Im Augenblick wären die allermeisten Latein-Lehrkräfte schlicht überfordert, wenn ihnen aktives Lateinsprechen abverlangt würde.

Weil das als Kompetenz im Schulunterricht nicht angestrebt wird, fehlt dieser Aspekt konsequenterweise auch in der Lehrerausbildung. Das ist nicht als Kritik an den Studienordnungen oder gar an den Lateinlehrern zu verstehen, sondern muss nur deutlich in einer Öffentlichkeit gesagt werden, in die hinein die Latein-„Aktivisten" ihre Forderung nach einer fundamentalen Neuorientierung des Lateinunterrichts rufen und diejenigen, die den didaktischen Mainstream vertreten, als kleingläubige „Apologeten" und „Utilitaristen" diskreditieren. Die Fensterreden, die gelegentlich noch in der Anregung gipfeln, Latein wieder zur gesprochenen Sprache Europas schlechthin zu machen, wären erheblich glaubwürdiger, wenn sie sich in einem allerersten Schritt mit einschlägigen Studienangeboten verbänden. „Aber die Schulministerien schreiben ja diese und jene Obligatorien für die Ausbildung von Lehramtsstudenten vor!" Schon richtig. Aber wer hindert einen Aktivisten daran, eine Lehrveranstaltung zusätzlich zu seinem Lehrdeputat anzubieten? Oder mehrere? Dem stünden keine Studienordnung der Welt und kein Schulministerium im Wege – und schön wär's doch auch.

Entschlüsselung eines komplizierten Codes – Sinnvolle Investition eingesparter Lernenergien

Gehen wir zu den positiven Seiten des Verzichts auf aktive Lateinbeherrschung über. Die Lernenergien, die nicht in das aktive Sprechen und Hörverstehen des Lateinischen fließen, werden auf zwei Kompetenzfelder umgeleitet, die dem Lateinischen im Gesamtcurriculum entscheidende

Alleinstellungsmerkmale verschaffen (wenn man vom „exotischen" Griechisch absieht). Das ist zum einen die intensive Beschäftigung mit Texten – in der Lehrbuchphase mit sogenannten Kunsttexten, die Lehrbuchautoren gemäß der jeweiligen Lernprogression verfasst haben, in der zweiten Phase dann mit Originaltexten vornehmlich, aber nicht ausschließlich der antiken lateinischen Literatur. Unterrichtssprache ist dabei Deutsch, und in sie gilt es die lateinischen Texte zu übersetzen. Ein verstehendes Lesen, wie es in den modernen Fremdsprachen praktiziert wird, ist bei lateinischen Texten meist nicht möglich. Daher wird dem Übersetzen ein Entschlüsselungsprozess vorgeschaltet, den die Fachdidaktiker „Texterschließung" nennen. Ziel dieser ersten Begegnung mit einem neuen Text ist es, seinen Inhalt zu verstehen und die grammatischen Strukturen zu begreifen, mit denen dieser Inhalt „verschlüsselt" ist.

Dafür gibt es verschiedene Techniken. Die bekannteste ist die Konstruktionsmethode, bei der möglichst alle Satzteile vom Prädikat her aufgerollt werden. Daneben haben sich aber weitere Erschließungsansätze etabliert, die sich in Kombination mit der Konstruktionsmethode oder ganz eigenständig an das „Knacken" des lateinischen Codes machen. In den letzten Jahrzehnten spielt dabei die Semantik des Textes – sein Sinn – eine größere Rolle sowie das Bemühen, Texte nicht nur Satz für Satz, sondern auch mit satzübergreifenden, inhaltsbasierten Methoden zu erschließen. In diesem Bereich hat der Altsprachliche Unterricht einiges von den neuen Fremdsprachen übernommen und ist jetzt methodisch, um es in der Sprache der Wirtschaft zu formulieren, breiter aufgestellt. Man könnte auch – mindestens um zu zeigen, dass Lateiner terminologisch *up to date* sind – formulieren: Hinsichtlich der Erschließungsmethoden hat der Lateinunterricht deutlich diversifiziert. Das ist erfreulich, weil die isolierte Konstruktionsmethode dazu neigt, nur auf grammatische Richtigkeit zu achten, den Sinn des Textes aber manchmal zu vernachlässigen. Nicht alles, was grammatisch „geht", ergibt Sinn.

„Formale Bildung" – Latein als geistiges Trainingszentrum

Auf der anderen Seite gibt sich Lateinunterricht nicht damit zufrieden, nur das herauszufinden, was da so ungefähr im Text steht. Das genaue Beachten von Endungen gehört nach wie vor zum Anspruch des Lateinunterrichts. Ohne Genauigkeit und Gründlichkeit geht es bei Latein nicht; das muss man offen sagen und deutlich machen, dass das ein Argument *pro* Latein ist. Latein ist kein „oder so"-Fach, und deshalb ist harte detektivische Arbeit (*de-tegere*, „aufdecken"), vonnöten, um die sprachliche Struktur eines Textes zu erfassen. Ausbüxen geht nicht – das hat Latein mit Mathematik gemeinsam. Womit wir überhaupt nicht die alte „Weisheit" bestätigen wollen: Wer „Mathe" kann, kann auch Latein und umgekehrt. Dafür gibt es zahllose Gegenbeispiele – was natürlich auch damit zu tun hat, dass Latein eine Sprache ist und sich mit Textinhalten beschäftigt.

Richtig ist sicher, dass geistige Disziplin dabei hilft, lateinische Texte zu entschlüsseln, ebenso Geduld und die Fähigkeit, mithilfe von *trial and error* („Versuch und Irrtum") zu neuen Lösungsansätzen zu kommen, wenn der zuvor eingeschlagene Weg nicht zum Ziel führt – und dass all das auch durch Beschäftigung mit Latein geschult wird. Dass die so erworbenen Haltungen und Fähigkeiten auf andere Disziplinen übertragen werden können, ist plausibel. Das ist indes etwas anderes als die Behauptung, Latein schule das logische Denken. Strikte Logik gibt es in keiner Sprache, und keine Sprache ist ein logisches System wie Mathematik. Aber Genauigkeit, Gründlichkeit, Frustrationstoleranz und Analysefähigkeit – dazu trägt Latein bei, weil seine sprachlichen Strukturen diese Kompetenzen erfordern und gleichzeitig ausbilden. Wenn nicht alles täuscht, kann unsere Gesellschaft derart geschulte Köpfe gut gebrauchen.

Das ist indes kein Alleinstellungsmerkmal des Faches Latein, aber doch ein nicht unwillkommener *windfall profit*. Gewiss, die Verfechter des gesprochenen Latein haben recht, wenn sie sagen, hier werde etwas *an* der lateinischen Sprache gelernt; es werde aber nicht *die* lateinische Sprache gelernt. Doch ist diese Polemik gegen die sogenannte formale Bildung allenfalls eine Viertelwahrheit. Denn selbstverständlich lernt doch auch *die* lateinische Sprache, wer sich mit ihrem Wortschatz und ihrer Grammatik beschäftigt. Und für ebendiese ausführliche Beschäftigung mit der Struktur einer Sprache hat der Lateinunterricht Zeit, weil er im Unterschied zu den modernen Fremdsprachen auf die aktive Kommunikation verzichtet. Man spricht deshalb, wie bereits erwähnt, vom Lateinischen als einer Reflexionssprache. Damit eröffnet sich ein anderer Zugang zu Sprache, von dem vieles vom Lateinischen auf andere Sprachen übertragbar ist.

Konkretes dazu haben wir im Kapitel über den „Zauber der Grammatik" erörtert (S. 149ff.).

Ein anderer Zugang zu Sprache – Alleinstellungsmerkmal Sprachreflexion

Mit diesem anderen – stärker reflektorischen – Zugang zu Sprache unterscheidet sich der Lateinunterricht ganz bewusst von den modernen Fremdsprachen. Würden wir ihn auf den – meinetwegen: „normalen" – Zugang zu Sprache über aktiven Sprachgebrauch gleichsam umpolen, so verlöre er genau dieses Alleinstellungsmerkmal – und der Sprachenbereich als ganzer seine Typusvarianz. Dann wäre es auch mit dem Service des Lateinischen für andere Sprachen einschließlich der Muttersprache schnell vorbei, denn *alles* geht nicht. Intensive Grammatikarbeit und eine gut ausgebildete, bei vielen Lernern geradezu internalisierte Fähigkeit, Sprache mit Fachbegriffen zu beschreiben, *plus* Lateinsprech-Training: Da kommt man mit dem vorhandenen Stundenvolumen selbst bei größtem methodischem Geschick nicht aus. Das wäre ein Überstrapazieren des Maßes, eines für die Antike ganz wichtigen Gedankens. Apropos Maß: Mit Inhalten beschäftigt sich der Lateinunterricht ja auch noch – weshalb jeder Rundumschlag gegen „formale Bildung" eher doch nur eine Achtelwahrheit enthält.

Grammatikschulung ist die eine unangefochtene Domäne des Lateinunterrichts, Übersetzen ist seine zweite. Dazu ist im einschlägigen Kapitel einiges gesagt, das hier nicht wiederholt zu werden braucht. Damit verfügt der Lateinunterricht allein in seiner Ausprägung als Sprachfach – Literatur und antike Kultur kommen ja noch hinzu – über zwei Trümpfe im Gesamtcurriculum, die ihm kein anderes Fach streitig macht. Vielleicht ist auf den letzten Seiten deutlich geworden, warum es gut so ist, dass Lateinsprechen in allen Bundesländern *kein* Ziel von Lateinunterricht ist.

Singen und Rappen auf Latein? – Aber sicher!

Gleichwohl spricht überhaupt nichts dagegen, dass Schüler Latein häufiger und intensiver auch als gesprochene Sprache erleben als nur in den paar Standardfloskeln, die wir an den Anfang des Kapitels gestellt haben. In der fachdidaktischen Literatur finden sich zu solchen punktuellen – aber eben nicht systematischen – Übungen zahlreiche Vorschläge. Dazu gehören z. B. kurze Fragen zu einem erarbeiteten Lehrbuchtext mit *quis* („wer?"), *ubi* („wo?"), *quando* („wann?"), *cur* („warum?") usw. Die Fragen werden auf Lateinisch gestellt und beantwortet, allerdings nicht in freier Sprachproduktion, sondern in Anlehnung an den bekannten Text.

Das Nachspielen von Lehrbuchtexten mit verteilten Rollen bietet sich ebenfalls als sprachaktives Moment an; besonders dann, wenn es sich um Dialoge handelt. Lateinisches Sprechen und Nachspielen einer Szene – das gehört in jedes erste und zweite Latein-Lehrjahr. Wenn die Zahlwörter eingeführt werden, lassen sich kleine Rechenaufgaben vom Typ *duo et tres – quot sunt?* („Zwei und drei ist wie viel?") durchführen.

Singen auf Latein? Aber sicher! Und das nicht nur, aber vielleicht mit einem gewissen Schwerpunkt vor Weihnachten. Neben lateinischen Weihnachtsliedern gibt es anderes lateinisches „Liedgut" in großer Menge. Vom klassischen *gaudeamus igitur*, das aber nicht so zu jüngeren, tendenziell sangesfreudigeren Schülern passt, bis hin zu *Pancovi erat Follis cum suo filio*. Haben Sie's erkannt? Follis ist „Bolle" und Pancovi ist *ablativus loci*: „in Pankow". Oder: *fer auxilium mihi!* Besser bekannt als „Help" von den Beatles. Oder *Dilectulus meus trans undas oceani est* – alias „My bonnie is over the ocean". Franz Schlosser hat unter dem mehrfach wiederaufgelegten Titel „Cantate Latine" ein Reclam-Bändchen mit 60 ins Lateinische übersetzten Liedern und Songs herausgegeben. Bei den Betonungen passt es nicht immer so, aber ein zentrales Werk für *Latine cantare* bleibt es trotzdem. Der letzte Text ist übrigens *Viri* überschrieben. Wer steht also auf dem – na ja – ehrenwerten letzten Platz? Klar, Herbert Grönemeyer und seine „Männer".

Latein und Musik – das ist ein anderes, aber insoweit verwandtes Thema, als es auch den auditiven Kanal betrifft: Schüler werden Gregorianische Choräle, Carl Orffs Vertonungen der Gedichte Catulls (*Catulls carmina*, 1930/1) und Jan Nováks Kompositionen von Werken des Horaz, des Vergil und sogar des Apicius nicht mitsingen, aber beim Zuhören gewissermaßen Hörzeugen „angewandten" Lateins sein.

Anders bei modernen Vertonungen lateinischer Texte etwa im Sprechgesang des Raps. Der wird zwar wegen seiner rhythmischen Struktur auch als laut gesprochene Merkhilfe z. B. deutsch formulierter Regeln eingesetzt. Aber auch lateinische Texte lassen sich rappen. Die Pop-Gruppe Ista, um die es seit einiger Zeit allerdings still geworden ist, hat es vorgemacht. Unter dem Slogan *Latein goes Hiphop* hat sie lateinische Gedichte in Rap-Stücke verwandelt – was übrigens von der Sache her durchaus naheliegt: Antike Lyrik wurde regelmäßig mit Musikbegleitung vorgetragen. Auch was moderne Songs angeht, lassen sich im Internet rasch eine Menge ins Lateinische übersetzter Texte finden – eine Rechercheaufgabe, die Lehrer ja durchaus an Schüler delegieren können – ach was: sollten.

„nuntii Latini" – Latein-Nachrichten aus dem Radio

Wie wäre es mit Rundfunk-Nachrichten auf Latein? So etwas gibt es tatsächlich. Man kann sie als Podcast herunterladen und den Schülern vorspielen. Leicht ist das für ungeübte Latein-Hörer nicht. Unbekannte (vor allem neulateinische) Wörter müssen vorher entlastet werden. Und dann kann man ja mal ausprobieren, was die Schüler verstehen. Die Abwechslung, die damit in den Lateinunterricht kommt, und die Aktualität der Informationen sind Motivationsfaktoren. Und wenn man nicht zu hohe Ansprüche an das Hörverstehen stellt, dürfte die Motivation auch für das nächste Mal reichen. Es muss ja nicht schon wieder in der nächsten Woche sein.

Wo findet man lateinische Nachrichten? Es gibt drei Sender, die sie ausstrahlen. Der finnische Rundfunk hat damit im Jahre 1989 begonnen. Seit November 2001 sendet auch Radio Bremen an jedem Freitag *nuntii Latini*. Sie werden von einem Team aus sieben Altphilologen und einem Redakteur zusammengestellt und ins Lateinische übersetzt. Die Überschriften im Februar 2016 hießen z. B.: *profugi affluere pergunt*, „Flüchtlinge strömen weiter" – außer *pergunt* für jüngere Schüler allerdings schwer zu verstehen. Leichter dagegen ist die Überschrift *annus omnium calidissimus*, „das wärmste Jahr von allen". Und noch einfacher: *Seehofer visitat Putin*. Insgesamt ein innovatives Radio-Format, das mit großem Engagement deutlich macht, wie das Lateinische leben kann und lebt. Wenn Sie sich jetzt fragen, woher die Radiomacher denn das Vokabular zur Bezeichnung moderner Begriffe wie „Elektroauto" oder „Energiewende" nehmen, dann verweisen wir Sie auf das folgende Kapitel.

Der „Oldtimer" unter den lateinischen Radio-Nachrichten sind die *nuntii Latini* von Radio Vaticana. Sie beschränken sich allerdings auf kirchliche Themen und gingen erstmals am 12. Februar 1931 über den Äther. Papst Pius XI. persönlich begrüßte damals seine Hörer mit den zusammengestellten Bibelzitaten: *Audite, caeli, quae loquor, audiat terra verba oris meis.* „Hört, ihr Himmel, was ich spreche, es höre die Erde die Worte meines Mundes." So steht es im Februar 2016 auf der Homepage des vatikanischen Rundfunks. Gute Lateiner reiben sich jetzt vermutlich die Augen. Das *caeli* ist tatsächlich ein im Kirchenlatein üblicher Plural von *caelum*, „Himmel" (statt „richtig" *caela*). Das abschließende *meis* aber ist falsch. Es muss *mei* heißen, weil es zu *oris* gehört, „meines Mundes". Im nächsten Satz wird aus *percipite*, „vernehmt", in der „Abschrift" von 2016 ein *peripite*. Das sollen lateinische Nachrichten sein? *O tempora, o mores!*

Über solche Schnitzer dürften diejenigen am wenigsten erfreut sein, die sich dem *Latine loqui* („Lateinsprechen") mit großer Leidenschaft verschrieben haben. Es gibt überall im deutschsprachigen Raum, aber auch in anderen europäischen Ländern und sogar über Europa hinaus Gruppen und Gesprächszirkel, die das aktive Latein pflegen. Sie organisieren Vorträge und Tagungen, Sommerkurse und Internetforen. Als breite Bewegung zur Revitalisierung des Lateinischen als gesprochener Sprache wird man diese Jünger der *Latinitas viva* allerdings nicht bezeichnen können. Aber sie haben Zulauf. Und auch das ist gut so. Es gibt deutlich geistlosere Möglichkeiten, seine Freizeit zu verbringen. Ich persönlich ziehe den Hut vor jedem, der fließend Latein spricht und sich in der Sprache Ciceros elegant auszudrücken versteht.

Jeder, der auf der Schule Latein lernt oder gelernt hat, kann einem dieser Latein-Zirkel beitreten – eine wunderbare Ergänzung zu dem Latein, das er im Schulunterricht gelernt hat, und eine Horizonterweiterung, die glücklich machen kann. Für die Schule ist das aber kein Modell. Dort wird manche Form eines bescheidenen *Latine loqui* praktiziert, wie es auf den letzten Seiten skizziert worden ist. Ein Ausbau dieser Ansätze ist wünschenswert und wohl auch möglich. Aber man täte weder der Schule noch dem Fortbestand des Lateinischen noch den Universitätsseminaren für Klassische Philologie, deren Existenz weitgehend von der Schule gesichert wird, einen Gefallen, wenn man die ebenso einleuchtende wie erfolgreiche Begründung des Schulfaches Latein durch eine Annäherung an die modernen Fremdsprachen gefährdete.

bona illa sunt vera, quae ratio dat, solida et sempiterna, sagt Seneca (Sen. ep. 74, 16). „Wahre Güter sind die, die die Vernunft gibt; sie sind dauerhaft und ewig." Seneca hat recht: *ama rationem!* „Liebe die Vernunft!" (Sen. ep. 74, 21). Ein freundlicher Rat, den wir bei aller Wertschätzung auch an Valahfridus weiterreichen möchten.

HAMBURGER, HOSENTRÄGER, HANDY – WIE SAG ICH'S AUF LATEIN?

Wenn man einen römischen Kaiser mittels Zeitmaschine in die Gegenwart beamen sollte, dann fiele die Wahl wohl rasch auf Hadrian. Er war Kaiser von 117 bis 138 n. Chr. Obwohl sich bedeutende Bauwerke in und um Rom mit seinem Namen verbinden (unter anderem das Mausoleum Hadriani, besser bekannt als „Engelsburg", sowie die Villa Hadriana bei Tivoli), war Hadrian viel unterwegs – ein reisefreudiger Kaiser, der sicher auch aufgeschlossen für einen Zukunftstrip gewesen wäre. Für den Trip in eine Zukunft, in der es keine lateinischen Muttersprachler mehr gibt, wohl aber jede Menge neuer Dinge, Erfindungen und Gegebenheiten, für die die lateinische Sprache zur Zeit Hadrians noch keine Begriffe hatte. Oder besser: haben konnte, weil es keine reale Grundlage dafür gab. Wie also soll Hadrian sich sprachlich in der Moderne zurechtfinden?

Die Sorge nehmen ihm die „Neolatinisten" und vor allem der Vatikan ab, in dem ja Latein nach wie vor Amtssprache ist und der bei aller – sagen wir: konservativen – Grundeinstellung doch ein erweitertes lateinisches Vokabular benötigt, um seine Botschaften im Amtsvatikanischen – sprich: Latein – in die Welt hinaus senden zu können. Es gibt also für alle Dinge, die in der Zeit zwischen Spätantike und heute dazugekommen sind, lateinische Ausdrücke.

Woher man sie bezieht, werden wir etwas später sehen. Zunächst aber begrüßen wir Hadrian in der Bundesrepublik Deutschland des Jahres 2016. Selbstverständlich reist er per *aeronavis*, „Flugzeug" (eigentlich „Flugschiff"), an. Er landet an der *statio aeronautica* respektive dem *aeroportus* von Berlin. Der *viator aerius* („Pilot") und die *vectorum adiutores et adiutrices* („Flugbegleiter(innen)") wissen, was sich gehört: Sie bilden ein Spalier, als der prominente Gast aussteigt – natürlich auch, weil die Lufthansa als zuständige *societas aeronautica*, „Fluggesellschaft", ihren Angestellten den entsprechenden Wink gegeben hat. Die haben das erstaunlicherweise ohne Androhung eines *operistitium* („Streik") bereitwillig in die Tat umgesetzt. Ob Hadrian von den *scalae aeronavis* aus, der „Gangway", mehr oder minder verstohlene Blicke auf die Beine der *vectorum adiutrices* wirft, können wir nicht sagen; „Diskretion" als lateinstämmiges und „Willkommenskultur" als neudeutsches Wort hindern uns daran. Dass er an *tuniculae minimae* („Miniröcken") Freude hätte, dürfen wir aufgrund der Angaben seiner antiken Biographen als sicher annehmen, obwohl er durchaus auch dem eigenen Geschlecht zugewandt war. Dieses Interesse würde das Neulateinische als Neigung zur *homosexualitas* versprachlichen. Zu Hadrians Zeit hätte man noch von *viri molles*, „weichen Männern", gesprochen.

Zwei „isicia Hamburgensia" für Hadrian

Auf dem *campus aeroportuensis*, „Flugfeld", steht schon ein *autocinetum Lemovicense*, eine „Limousine", mit *autocinetistes*, „Chauffeur", bereit, um den hohen Gast in ein *deversorium quinque stellarum* zu bringen, ein „Fünfsternehotel". Solche Luxusherbergen gab es in römischer Zeit nicht. Gast- und Rasthäuser waren wenig einladend und für Angehörige der Oberschicht im Grunde nicht zumutbar. Nur im Notfall nächtigten sie dort mit einfachen Reisenden unter einem Dach; normalerweise verfügten sie über ein Netzwerk guter Beziehungen, um in der Privatvilla eines in der Nähe wohnenden Aristokraten unterzukommen. Da das für Hadrian vorgesehene *deversorium* in der *media urbs*, „City", liegt, bietet sich in Berlin ein Transfer mittels *helicopterum* nicht an.

Die Fahrt über die *latior via vehicularis* („Autobahn", „ziemlich breiter Fahrweg für Wagen") versetzt Hadrian in Erstaunen. Er ist auf manchen berühmten Römerstraßen gereist, aber die waren maximal fünf bis sechs Meter breit, und das Tempo war auch deutlich eingeschränkter, höchstens ein Siebtel der Geschwindigkeit, die jetzt trotz dichten Verkehrs und vieler *autocineta oneraria* („Lastwagen") erreicht wird.

Hadrians Blick fällt während der Fahrt auf die *notacula autocinetorum*. Eine Nachfrage bei seinem Fahrer – einem habilitierten Privatdozenten für Klassische Philologie, der noch auf einen Ruf als Professor wartet – ergibt, dass jedes Fahrzeug ein „Kennzeichen" haben müsse, sogar *birotae automatariae* („zweirädrige Motorräder"), nicht allerdings einfache *birotae*, „Fahrräder" ohne Motor. Noch mehr erstaunt ihn, dass für alle motorgetriebenen Fahrzeuge ein Vertrag mit einer *societas sarciendis damnis* abgeschlossen werden muss, einer „Versicherung" („Gesellschaft zur Wiedergutmachung von Schäden"). Zu seiner Zeit war der Versicherungsgedanke noch sehr unterentwickelt; allenfalls Schiffsladungen waren gegen hohe Prämien versicherbar.

Man ist schon fast am *deversorium* angekommen, als Hadrian Hunger verspürt und den *autocinetistes* bittet, kurz an einer Imbissstube anzuhalten. Schnellimbisse – die gab es auch schon zu seiner Zeit. Das Speisenangebot hat sich allerdings ziemlich verändert. Der Chauffeur hält an einer McDonald's-Filiale – der *filia*, „Tochter", eines großen Unternehmens, ist Hadrian klar, als er das Wort hört – und empfiehlt seinem Gast ein *isicium Hamburgense,* einen „Hamburger". Oder vielleicht auch ein *pastillum botello fartum*, einen „Hotdog". Allerdings wisse er nicht so genau, ob es so etwas bei McDonald's gebe. Der Kaiser besteht darauf, selbst zu bestellen. Er ordert zwei *isicia Hamburgensia* oder zwei *pastilla botello farta*. Die Resonanz auf der anderen Seite der Theke ist entmutigend. Man versteht ihn einfach nicht – wieder ein Beweis dafür, wie wenig die Branche in die Fortbildung ihrer Mitarbeiter investiert. Am Ende muss der *autocinetistes* die Sache regeln.

Die *schedula emptoria*, den „Kassenbon", schaut Hadrian sich genau an. Besonders das *fiscale pretii additamentum*, die „Mehrwertsteuer", fasziniert ihn. Indirekte Steuern füllten einst auch seine Staatskasse, den *fiscus*, aber dass da fast ein Fünftel von jedem Umsatz automatisch an den Fiskus überwiesen wird, sieht er als großartigen Fortschritt an. Auf Grundnahrungsmittel und Bücher liege allerdings nur sieben Prozent Steuer, erläutert sein Fahrer etwas naseweis, stellt damit aber immerhin unter Beweis, dass auch habilitierte Altsprachler sich in der modernen Lebenswelt auskennen.

Ob er gesundheitliche Probleme habe, fragt der *autocinetistes* den Kaiser vorsichtig. Dann empfehle er ihm eine *totius corporis inspectio*, einen „Check up“, in einem äußerst renommierten *nosocomium*, einer „Klinik“. Was das denn sei, fragt der Kaiser zurück. Ach je, fällt dem Chauffeur ein, es gab ja keine zivilen Hospitäler im Alten Rom, sondern nur Krankenstationen bei der Armee: *valetudinarium* fällt ihm gerade noch rechtzeitig ein, „Lazarett“. Hadrian winkt ab: „Keine Probleme!“

Man ist im Hotel angekommen. Hadrian bezieht seine Suite. Sein besonderes Interesse gilt dem *frigidarium parvum*, der „Minibar“, mit Getränken, von denen er die meisten nicht kennt: *vischium*, „Whisky“, *citratae potiones* („Limonaden“) und *validae potiones* („starke, das heißt alkoholische Getränke“) unterschiedlicher Art. Aber er hält sich zurück und bestellt nur eine sehr gesunde *cafaeria potio sine cafeino*, „Kaffee Hag“, über den Zimmerservice. Service? Klar, *servitium*, „Sklavendienst“, denkt Hadrian.

„pedilusium“ ist klar – aber was ist eine „positio anomala in ludo“?

Dann nimmt er ein ausgedehntes Freizeitprogramm in Angriff. Ballspiel hat er stets gemocht – wie die meisten seiner römischen Landsleute. Aber mit dem Fuß? *pedilusium*, „Fußball“, ist doch recht gewöhnungsbedürftig. Die Idee des Spiels wird ihm allerdings rasch bei einem Besuch im Olympiastadion klar: Dass das Ziel jeder Aktion letztlich die *follis in portam impulsio* ist, das „Einschießen des Balls ins Tor“ – oder kurz „Tor“ –, dass der *oppugnator medius*, „Mittelstürmer“, die besten Chancen hat, dabei erfolgreich zu sein, die *follis iaculatores* („Abwehrspieler“, „Ballwegschleuderer“) das aber mit allen Mitteln zu verhindern trachten und dabei manchmal *non collinent* („Foul spielen“, „von der Linie abweichen“). Die Regel *extra ludum* oder *positio anomala in ludo* („Abseits“; „außerhalb des Spiels“, „unnormale Stellung im Spiel“) bleibt für ihn jedoch ein Buch mit sieben Siegeln: Sein Chauffeur kann ihm *da* nicht weiterhelfen; mit *pedilusores*, „Fußballspielern“, will er nun wirklich nichts zu schaffen haben.

Nach dem Stadionbesuch geht es in ein *cinematographicum*. Eine wunderbare Erfahrung für Hadrian: Wie alle Römer, so liebt auch er *spectacula*, „Schau-spiele“. Auch auf den Theaterbühnen des Alten Rom hat es eine Menge Bewegung gegeben, aber *diese* Art der *pellicula cine-*

matographica („Film") stellt alles in den Schatten. Ob es auch *pelliculae cinematographicae obscaenae* gebe, will Hadrian von seinem Begleiter wissen. „Die heißen bei uns ‚Pornofilme'", erklärt der ihm und fügt hinzu: „Von *porné*, griechisch ‚Hure'". Hadrian schaut ihn irritiert an: „Ich *spreche* Griechisch!" Der Privatdozent wird rot: „Ja, natürlich!"

Nach dieser Peinlichkeit leistet er Hadrians nächstem Wunsch keinen Widerstand, obwohl das wahrlich nicht sein *mundus ambiens*, „Milieu", ist: Hadrian will partout in eine *orbium phonographicorum theca*, manchmal auch kurz *discotheca* genannt. Sein Begleiter hütet sich, ihm den modernen Begriff von griechisch *dískos*, „Scheibe", her zu erklären. Die Atmosphäre mit zuckenden *radii laserici*, „Laserstrahlen", gefällt Hadrian und auch der *orbium phonographicorum exhibitor*, („Aufleger der Schallplatten", „Discjockey"). Der mache seine Sache ganz prima, findet er. „Die breiten *bracarum habenulae*, die der trägt (‚Hosenträger') – das hat was", denkt Hadrian, während andere Gäste ihn in seiner Toga mustern und denken: „Das hat was!"

Ein Kaiser in „manicae"

Hadrian denkt sogar schon daran, trotz Toga in der Masse mitzutanzen, da wird sein Begleiter plötzlich ganz unruhig: „Kommen Sie schnell! Wir müssen verschwinden! Schauen Sie mal da links in der Ecke: ein paar *toximania affecti*, ‚Junkies') und ihr *venditor clandestinus medicaminum stupefactivorum* (‚Dealer'; ‚heimlicher Drogenverkäufer'). Das kann Ärger geben!" Aber es ist schon zu spät. *custodes publici*, „Polizisten", stürmen die *discotheca*, verhaften einige Verdächtige und lassen sich von allen Anwesenden die *diplomata*, „Ausweise", zeigen.

Hadrian hat kein *diploma*. „Das gibt es bei uns nicht", erläutert er und lässt seinen Chauffeur übersetzen: „Außerdem bin ich der Kaiser von Rom!" – „Und ich der von China!", entgegnet der *scelerum indigator*, „Kriminalkommissar". Als Hadrian sich sträubt, werden ihm *manicae*, „Handschellen", angelegt. In der *publicae securitatis sedes* („Polizeipräsidium", „Sitz der öffentlichen Sicherheit") wird er verhört. Die Sache lässt sich nicht so schnell aufklären, insbesondere die Toga wirkt irritierend. „Sieht nach Nahem Osten aus", meint einer der Beamten. „Vielleicht ein *tromocrates*, ,Terrorist!'" – „Eher ein *scurra*, ,Witzbold'", meint ein anderer. Lassen wir den *causae criminalis actor* entscheiden, den „Staatsanwalt". Den gab es im Alten Rom nicht, so dass die ganze Prozedur für Hadrian nicht nur ärgerlich, sondern auch interessant ist. Sein magisches *civis Romanus sum*!, „Ich bin römischer Bürger!" hilft ihm *hier* auch nicht weiter.

Zu allem Überfluss ist der Staatsanwalt nicht erreichbar. „Wir klären das morgen", entscheiden die Beamten. Hadrian steht eine unbequeme Nacht in einer *custodia temporaria*, „Arrestzelle", bevor. Er wird von einem Polizisten abgeführt, der demonstrativ auf seine *manuballista*, „Pistole", hinweist. Hadrian weiß zwar nicht so genau, wie das Ding funktioniert, wohl aber, dass alle *civis-Romanus*-Beteuerungen an ihm abprallen werden.

Sein Chauffeur hat ihm Hilfe versprochen. Er hält Wort, indem er sich an die *legati sedes*, „Botschaft", des Vatikans wendet. Nur von daher ist Rettung für einen lateinischen *native speaker* zu erwarten. Für irgendwas muss es doch gut sein, dass Latein nach wie vor Amtssprache im Vatikan ist, denkt er und erkennt bald, wie richtig er damit liegt. Der Papst persönlich schaltet sich ein – vielleicht auch weil die Engelsburg – früher eben das Mausoleum Hadriani – vielen seiner Vorgänger als Fluchtburg gedient hat. Der *pontifex maximus* interveniert im deutschen *munus cancellarii*, „Kanzleramt". Es dauert nicht lange, und Hadrian wird auf freien Fuß gesetzt. So hat Latein ihn gerettet.

Dass sich der Chauffeur mit Hadrian auf Lateinisch verständigen konnte, verwundert nicht, auch wenn er mit dieser aktiven sprachlichen Beherrschung unter seinen altphilologischen Kollegen ziemlich allein dasteht. Aber woher hat er die Begriffe für moderne Dinge genommen, die die Römer noch nicht kannten?

Ein Lexikon der Kuriositäten als Bestseller

Hier kommt erneut der Vatikan ins Spiel. Wer Latein als Amtssprache verwendet und nicht völlig aus der Welt gefallen erscheinen will, muss sich in amtlichen Verlautbarungen wie Enzykliken auch mit den Gegebenheiten und Problemen der modernen Welt auseinandersetzen. Zur Überwindung der sprachlichen Kluft gibt es im Vatikan eine Kommission. Diese Sprachwissenschaftler sorgen dafür, dass der Papst auch von „Atomkraft"

(*vis atomica*) und „Gewerkschaft" (*collegium opificum*), von „Aktienge-
sellschaft" (*consocatio anonyma*) und „Konsumterror" (*rerum consumen-
tarum immoderatio*), von „Antibiotikum" (*antibioticum medicamentum*)
und „Radar" (*radioeletricium instrumentum detectorium*) sprechen kann.
Sie erfinden neue lateinische Begriffe entweder durch Latinisierung entsprechender Termini aus einer modernen, meist der italienischen Sprache,
oder umschreiben den Begriff mit einer knappen Definition (die das sonst
knappe Latein häufig zu einem längeren Text werden lässt).

Das (vorläufige) Ergebnis der vatikanischen Lateinexperten wurde in
den Neunzigerjahren in einem Lexikon mit rund 15 000 Einträgen ver-
öffentlicht; zunächst in einer italienisch-lateinischen Version als *Lexicon
recentis Latinitatis*, „Lexikon des modernen Lateins". Im Jahre 1998 erschien eine deutsche Ausgabe unter dem Titel „Neues Latein-Lexikon".

Mit geschickter Werbung gelang es dem Verlag, die Neuerscheinung
in zahlreichen Zeitungen und Zeitschriften „unterzubringen" – allerdings
meist auf den Seiten „Vermischtes" unter der (nicht ausgesprochenen)
Rubrik „Kuriositäten". Darüber muss man sich als Lateiner nicht freuen,
denn es kommt einem Pyrrhussieg nahe, wenn Latein nur so – gewissermaßen als netter Gag – für einige wenige Wochen in die Schlagzeilen gerät. Mit nachhaltiger Werbung hat das nichts zu tun. Aber das „Lexicon"
ist mehr als ein Gag. Es ist ein wichtiges Hilfsmittel und Nachschlagewerk
für alle, die heute auf Lateinisch kommunizieren bzw. sich unterhalten
wollen. Und diese Community ist keineswegs auf den Vatikan und sein
Umfeld beschränkt. Natürlich kann man über manche umständliche Formulierung lächeln, natürlich ist *tunicula minima*, „winzig kleine Tunica",
nur eine Annäherung, die einigen Spielraum bis zum prägnanten Begriff
„Minirock" lässt, aber das „Lexicon" macht doch klar, dass sich grundsätzlich jeder Begriff ins Lateinische übertragen lässt. Auch wir haben uns, um
diese gewöhnliche Art dynamischer Weiterentwicklung eines Wortschatzes vorzustellen, des *Lexicon recentis Latinitatis* bedient.

„Vicipaedia" – 100 000 lateinische Seiten im „interrete"

Die Moderne schreitet unaufhaltsam fort; das Zeitalter der Digitalisierung
stand, als das „Neue Latein-Lexikon" erschien, noch ziemlich am Anfang.

Zentrale, heute jedermann geläufige Begriffe dieser neuen „Welt" waren noch nicht geprägt oder kaum bekannt. Natürlich hat das Lateinische auch diesen Sprung ins digitale Zeitalter mühelos geschafft. Wie sich das begrifflich darstellt, wollen wir am Ende dieses Kapitels an einigen Beispielen demonstrieren.

„Kommunikation" ist ein lateinischstämmiges Wort. *communis* steckt darin, „gemeinsam", „gemeinschaftlich". Die *communicatio* war schon bei den Römern eine „Mitteilung". Kein Wunder also, wenn die Übertragung der modernen Begrifflichkeit der Nachrichtenübermittlung ins Lateinische für gewiefte Neolateiner ein Kinderspiel ist. Wo wir gerade beim „Spiel" sind: Die „Spielkonsole" ist ein *monitorium lusorium*. Das Basiswort des digitalen Zeitalters ist der „Computer". Der ist gewissermaßen englisch eingefärbtes Latein, insofern klassisches *computare* „zusammenrechnen" bedeutet. Also kann man beim *computatrum* bleiben oder etwas umständlicher vom *instrumentum computatorium* sprechen. Der „Laptop"? Ist natürlich ein *computatrum gestabile* oder *portabile*, ein „tragbarer Rechner".

Solche Ausdrücke findet man im *interrete*. *rete* ist das „Netz", mehr brauchen wir dazu nicht zu erklären. Im *interrete* gibt es einen lateinischen Ableger von „Wikipedia" namens *Vicipaedia*. Sie funktioniert nach dem gleichen Prinzip wie das allgemeine Online-Lexikon – nur dass die Artikel in lateinischer Sprache verfasst sind. Mittlerweile verfügt *Vicipaedia* schon deutlich über 100 000 Seiten. Das deutschsprachige „Wiki" klärt die Dummies übrigens in diesem Zusammenhang darüber auf, dass Latein „eine sogenannte alte Sprache" sei.

Wem es also zu mühsam ist, in der deutschen Version nachzuschlagen, was eine E-Mail ist, kann sich unter dem Stichwort *cursus electronicus* („elektrische Post") in *Vicipaedia* schlau machen. Weitere Begriffe sind *litterae electronicae*, „elektronischer Brief", oder *electrogramma*. Und wer nicht weiß, was eine Homepage ist, erfährt es unter *situs interretialis* („Internet-Sitz"). Eine Variante ist *interretialis pagina domestica* – woran man wieder sieht, wie lateinaffin doch das Englische ist. So auch bei den *media socialia, social media*. Aber Vorsicht: Im Lateinischen muss das „e" von *media* kurz gesprochen werden! Ein „Blog" neulateinisch *blog* zu nennen ist etwas unbefriedigend. Wir raten sehr zu *commentarii interretiales*, „Kommentare im Internet".

Und was ist mit dem „Handy"? Da ist jeder Begriff besser als dieser unsäglich falsche englische Ausdruck für das „Mobiltelefon". Das Neulateinische bietet entweder *telephonum gestabile* oder *portabile* an, „tragbares Telefon". Die Weiterentwicklung zum *„multitasking*-fähigen" Telefon, das viel mehr kann als nur telefonieren, war zweifellos ein Meilenstein auch in Richtung künstlicher Intelligenz. Insofern ist es nicht abwegig, das Smartphone als griechischstämmiges *sophophonum* im Lateinischen heimisch zu machen: *sophós* heißt „klug", und das war auch ein Ausruf, den z. B. römische Zecher als Anerkennung für einen besonders originellen oder klugen Beitrag zur Unterhaltung verwendeten: *sophós*, „weise", „bravo!"

Und die „Apps", die man allenthalben auf das weise Telefon laden soll? Nichts leichter als das: Die englische Langform *application* ist eine ursprünglich lateinische *applicatio*, „Anwendung", weshalb man den Begriff nicht neu erfinden muss. Cumputer-Spezialisten dürften aber den präziseren Begriff *programmatura applicativa* vorziehen.

Auch über den USB-Stick gibt es Informationen in der lateinischen *Vicipaedia*. Das Stichwort heißt *clavis memorialis USB*, „Erinnerungsschlüssel USB". Andere sprechen von der *memoria USB*; *memoria* ist das „Gedächtnis". Das sahen auch schon die Römer als Speicher an; die Handhabung *dieses* Speichers funktionierte allerdings noch nicht auf einen Klick hin.

Stichwörter, die man – jedenfalls im Frühjahr 2016 – noch vergeblich in der lateinischen *Vicipaedia* sucht, sind „Datenschutz" und „Datensicherheit". Aber die lateinischen Pendants lassen sich mühelos bilden. Das eine ist *datorum protectio*, das andere *datorum securitas*. Auch Nichtlateinern ist das unmittelbar eingängig: „Protektion" kennen sie als deutsches Fremdwort einer Form des Schutzes, der einer Begünstigung nahekommt, und die *security* ist ja im Alltagsdeutsch allgegenwärtig. Ursprünglich ist das der Zustand der *se-curitas*, der „Sorg-losigkeit". Die Vorsilbe *se-* drückt eine Trennung aus. Und die „Daten"? Das ist im Grunde ein urlateinisches Wort, Partizip Perfekt Passiv im Plural von *dare*, „geben" (*data*). Mithin: die „gegebenen Dinge". *datorum securitas* – da sage noch einer, Latein sei nicht zukunftsfähig!

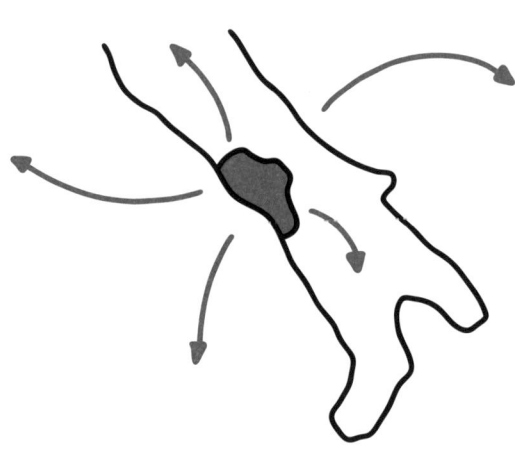

DAS REICH DER „REGINA LINGUARUM" –
WELTSPRACHE LATEIN

Auch große Königreiche haben meist ganz klein angefangen. So war es auch mit dem Reich der *regina linguarum*, der „Königin der Sprachen", wie das Lateinische bis in die Neuzeit hinein gerühmt wurde. Der Ursprung ihres Reiches lag in Mittelitalien, in der nicht allzu großen Landschaft Latium. Hier siedelte der Stamm der Latiner, und dessen Sprache war folgerichtig die *lingua Latina*: „Latein" ist der deutsche Begriff dafür; die englische und die französische Bezeichnung *Latin* und der italienische und spanische Begriff *Latino* sind zumindest orthographisch näher am Original.

Rom lag auf latinischem Territorium. Die Römer gehörten zu den Latinern und sprachen deshalb Latein. Mit ihrem Aufstieg zunächst zur Vormacht in Italien und dann zur Supermacht im Mittelmeerraum ging der Siegeszug ihrer Sprache einher. In Italien setzte sich das Lateinische als gemeinsame Landessprache bis zur Zeitenwende weitgehend durch. In Süditalien, einem frühen Kolonisationsgebiet der Griechen („Neapolis" z. B. ist griechisch und heißt „Neustadt"), blieb das Griechische in begrenztem Rahmen auch noch in der Kaiserzeit als Muttersprache erhalten.

Wie alle anderen Sprachen, so kannte auch das Lateinische unterschiedliche Sprachvarietäten. Die lateinische Kunstprosa, die sich vor allem mit den Namen Caesar und Cicero verbindet, war eine gehobene Literatursprache; sie unterschied sich deutlich vom Alltagslatein. Selbst Cicero verwendet in seinen Briefen eine weniger kunstvolle Sprache. Das Latein der kleinen Leute wird häufig als Vulgärlatein bezeichnet. Das ist im Kern ein beschreibender, kein wertender Begriff, auch wenn er vielfach abschätzig verstanden wird. Gemeint ist aber die Sprache des *vulgus*, der „großen Masse" Latein sprechender Menschen. Dieses Latein war deutlich weniger normiert als die literarische Hochsprache. Es war flexibler, evolutionären Änderungen unterworfen und natürlich, vom Standpunkt prinzipientreuer Grammatiker aus gesehen, fehlerhafter. In pompejanischen Inschriften findet sich beispielsweise gleich dreimal *cum* mit Akkusativ: Da wirbt doch ausgerechnet ein Lehrer (möglicherweise aber auch ein Handwerksmeister) für einen Amtsbewerber *cum discentes*, „mit seine (!) Schüler". Lateinlehrer erschaudern darob, Schüler freuen sich, dass selbst lateinische Muttersprachler im 1. Jahrhundert n. Chr. solche Grammatik-Böcke geschossen haben.

Exportschlager der Zivilisation

Auch in lateinischen Grabinschriften geht es, was Grammatik und Rechtschreibung betrifft, nicht immer so zu, wie die damaligen und heutigen Lehrer es gern hätten – erst recht, wenn sie von Römern mit Migrationshintergrund oder aus den Provinzen stammen. Dort setzte sich Latein ebenfalls durch, zunächst bei der Rom-affinen und von Rom politisch geförderten Oberschicht, später auch bei den einfachen Menschen. Es erwies sich schlicht als hilfreich, Latein zu können; die Sprache der Römer wurde zu einem wichtigen Transmissionsriemen von Romanisierung und Integration. Insofern war es eine folgerichtige Entwicklung, dass die romanischen Sprachen Jahrhunderte später aus dem „provinziellen" Latein hervorgingen. Als die Zentralmacht zusammengebrochen und das Imperium Romanum untergegangen war, bildeten sich in den einzelnen Gebieten Volkssprachen heraus, die sich gewissermaßen individuell weiterentwickelten – die Metapher von den Töchtern der lateinischen Mutter beschreibt diesen Prozess ebenso anschaulich wie zutreffend.

Im Osten des Reiches konnte sich das Lateinische gegenüber dem etablierten Griechisch, das zudem eine von den Gebildeten bewunderte

Literatur hervorgebracht hatte, nicht durchsetzen. Noch heute zeigt die sprachliche Landkarte Europas und des Nahen Ostens, dass die Königin der Sprachen in diesem Teil des ehemaligen Römischen Reiches chancenlos blieb. Dem militärisch-politischen Triumph der Römer folgte hier kein Triumph ihrer Sprache.

Nirgendwo haben die Römer eine harte Einsprachenpolitik verfolgt. Sie haben nie Sprachenkriege geführt, sondern konnten sich darauf verlassen, dass ihre Sprache über kurz oder lang die Oberhand gewann. Latein folgte den römischen Soldaten, Beamten und Händlern. Je attraktiver der römische *way of life* erschien, umso selbstverständlicher erschien es in den Provinzen auch, Latein zu lernen. Und er *war* attraktiv, der römische *way of life*. Zudem konnte, wer Latein sprach, bessere Geschäfte machen; er besaß ein höheres Kultur- und Sozialprestige. Insofern verwundert es nicht, dass das romanisierte Spanien schon im 1. Jahrhundert n. Chr. Literaten von Weltrang hervorbrachte, die Lateinisch schrieben – der aus Cordoba gebürtige Seneca war nur einer von ihnen.

Latein wurde so zu einem allgemeinen Integrationsfaktor. Der Ältere Plinius zählt die lateinische Sprache zu einem der zivilisatorischen Exportschlager Roms, „der die verschiedenartigen und rohen Sprachen so vieler Völker durch eine Gemeinsamkeit der Umgangssprache zusammenführte und den Menschen Menschlichkeit verlieh" (Plin. NH III 39). Obwohl Rom dabei weitgehend auf Freiwilligkeit setzte, weist der Kirchenvater Augustin nicht zu Unrecht darauf hin, dass der Vorteil einer Einheit und Harmonie stiftenden gemeinsamen Sprache letztlich teuer erkauft worden war: „Durch wie viele schreckliche Kriege, durch wie viel Blutvergießen wurde das erreicht!" (Aug. CD XIX 7). Das ist wohl wahr: Ohne die kriegerische Expansion Roms wäre das Lateinische nie zur Weltsprache aufgestiegen. Auch dieser Aspekt gehört zur Wahrheit ihres Erfolges.

Nach dem Absturz ein lateinisches Jahrtausend

In den Wirren der Völkerwanderungszeit zwischen dem 6. und dem 8. Jahrhundert konnten die Waffen der Legionäre ihrer Königin indes nicht mehr helfen. Die Volkssprachen liefen dem Lateinischen allmählich den Rang ab – ein fortschreitender Prozess, der sich nicht genau terminieren lässt. Das Lateinische verlor damals seine Muttersprachler. Die meisten Schulen waren geschlossen; die Zahl der Gebildeten, die Latein beherrschten, ging rapide zurück. Während im 5. Jahrhundert schätzungsweise noch mehr als 100 000 Menschen über eine solide Schulbildung verfügten, sank die Zahl im 8. Jahrhundert auf wenige hundert Latein-Kundige (Leonhardt 167). Rückzugsorte des Lateinischen waren die Klöster; eine bemerkenswerte Kulturinsel im weiten Meer allgemeiner Latein-Ignoranz stellten die Klöster in Irland und Südengland dar. Den dort lebenden Mönchen verdankt das Lateinische, wenn man es zugespitzt formulieren will, sein Überleben.

Ihnen und Karl dem Großen, der das Lateinische als einheitliche Verwaltungs- und Kirchensprache für sein neues Reich brauchte und energisch dafür sorgte, dass die ziemlich verwilderte Sprache allmählich wieder den Anschluss an das Latein der Spätantike fand. Karl verfügte die Neugründung von Schulen und versammelte an seinem Hof Gelehrte, die Latein nicht nur beherrschten, sondern auch eine neue Epoche der lateinischen Literatur einleiteten. Diese Bildungsoffensive ist unter der Bezeichnung „Karolingische Renaissance" bekannt. Einer der herausragenden Schriftsteller dieser Generation war Einhard, der Biograph Karls des Großen. Seine am Vorbild der „klassischen" Kaiserbiographien Suetons orientierte *Vita Caroli Magni* gehört mittlerweile zu den etablierten Lektüren eines Lateinunterrichts, der sich auch der späteren Latinität geöffnet hat.

In den folgenden Jahrhunderten nahm die Zahl der Latein-Kundigen kontinuierlich zu. Sie alle waren freilich keine Muttersprachler mehr; das Lateinische wurde zu einer Zweitsprache vor allem für den Klerus und die Gebildeten. Europäische Kultur und Latein verschmolzen seit der karolingischen Wiederbelebung zu einer unauflöslichen Einheit, die rund ein Jahrtausend fortbestand. Damit setzte sich die lateinische Prägung Europas, zu der die Römer den Grund gelegt hatten, auch im Mittelalter und in der frühen Neuzeit fort. Latein und Europa waren eins; Europas geistige Tradition ist ohne Latein nicht denkbar.

Das mag sich bildungsbürgerlich vollmundig anhören, aber es ist unbestreitbar – und ideologiefrei (zumal aus dem Munde eines Altphilologen, der sich der klassischen Antike verpflichtet fühlt). Weil die geistige Tradition in diesem Jahrtausend so intensiv vom Lateinischen geprägt ist, sollte jeder, der sich wissenschaftlich mit dieser Zeit befasst – mit Geschichte und Kirchengeschichte, mit Religion und Philosophie, mit Literatur und Kunst, mit Architektur und mit Jura –, über Lateinkenntnisse verfügen. Das war bis vor einiger Zeit Konsens – egal, ob man das Lateinische besonders mochte oder es als notwendiges Übel ansah.

Heute meinen viele, für Lehramtsstudenten der Geschichte, der Philosophie, der Religion und der Philologie sei das eine zu hohe – und unnötige – Hürde. Warum sollten sie entsprechende Lernenergien investieren? Wer so argumentiert, besorgt letztlich das Geschäft derer, die die universitäre Lehrerausbildung ohnehin nur noch zu einem schnellen Durchlauferhitzer ohne gründliche wissenschaftliche Fundierung machen wollen. Dann soll man aber auch dazu stehen – einschließlich der Einbuße an Kompetenz, die das – noch einmal: für ein *wissenschaftlich* fundiertes – geisteswissenschaftliches Studium bedeutet. Es ist wohlgemerkt nicht der Lateiner, dem damit die Felle wegschwimmen. Er kann sich insoweit zurücklehnen und entspannt zuschauen – wenngleich er natürlich auch den damit einhergehenden Qualitätsverlust bei den Schulen, in denen diese Lehrkräfte ankommen, nicht besonders lustig findet.

Universalsprache der Wissenschaft – und ein Riesenberg an unübersetzten Dokumenten

Es geht dabei also nicht in erster Linie um die lateinische Literatur des Mittelalters und der Neuzeit, sondern um jenen riesigen Fundus an Alltagstexten, von der Kirchenchronik über Urkunden, Schulordnungen, juristische, theologische und medizinische Schriften bis zu Bauinschriften, Grabsteinen und anderen „Gebrauchstexten", der sich im lateinischen Jahrtausend Europas aufgetürmt hat. Quantitativ überragen diese Texte die antike Textüberlieferung um das 10 000-fache. Literarisch-qualitativ sieht die Rechnung freilich ganz anders aus. Aber für Historiker, Theologen, Neuphilologen, Juristen und Kunsthistoriker stellt sich die Frage der Relevanz dieser lateinischen Texte durchaus anders dar. Und wie sieht es mit Übersetzungen aus? 99,9 Prozent des gesamten Überlieferungsbestandes an lateinischen Texten ist unübersetzt. Ohne eigene Lateinkenntnisse kommt man an sie gewissermaßen nicht heran.

Das trifft auf die gehaltvolle lateinische Literatur des Mittelalters, die zwischen dem 11. und 13. Jahrhundert ihre Blütezeit hatte, nicht zu. Da gibt es Übersetzungen, aber eben nur für die wirklich herausragenden mittellateinischen Texte. Ein ähnliches Bild zeigt sich bei den meisten bedeutenden Autoren, die zur neulateinischen Literatur zählen, wenngleich es da durchaus große Lücken in der Verfügbarkeit von Übersetzungen gibt, die sicher auch nicht so rasch Geschlossen werden dürfen. Ausgangspunkt dieser neulateinischen Literatur waren die Bemühungen der Humanisten des 15. und 16. Jahrhunderts. Höchstes Ziel ihrer *studia humanitatis* war die Bildung der Menschen durch Sprache. Und diese Sprache wollten sie gegenüber den freieren Regeln des Mittellateins stärker normieren: Cicero wurde zum Vorbild guten, „richtigen" Lateins. Eine allgemeine Antikenbegeisterung ging Hand in Hand mit dieser sprachlichen Neubesinnung. Man wollte an das Altertum anknüpfen und empfand diesen – wir würden heute sagen: *restart* als eine Renaissance, eine geistige Wiedergeburt.

Es entstanden Lateinschulen, in denen ebenso intensiv Latein gelernt, geschrieben und gesprochen wurde wie auf den Universitäten. Manche Schulordnungen verlangten von ihren Schülern, sogar in den Pausen nur Latein zu sprechen. Vorlesungen und Disputationen auf Latein waren an allen Hochschulen Europas selbstverständlicher Standard. Latein war die Universalsprache der Wissenschaften – noch verbindlicher als heute das Englische; Gelehrte aller Länder Europas verständigten sich ebenso wie Kleriker in lateinischer Sprache. Kein Wunder, dass auch das Gros der wissenschaftlichen Publikationen auf Latein erschien – und zwar auch in den naturwissenschaftlichen Fächern, in Physik und Mathematik. Newton schrieb über die mathematischen Grundlagen der Physik ebenso auf Latein wie Gauß noch zu Beginn des 19. Jahrhunderts über Astronomie und Zahlentheorie.

Diese „goldene Zeit" des akademischen Lateins ging im Laufe des 18. Jahrhunderts zu Ende. Damals machten sich immer mehr Wissenschaftler daran, ihre Werke in den Nationalsprachen zu veröffentlichen; das Zeitalter des Nationalismus forderte auch hier seinen Tribut. Vor allem Juristen und Mediziner hielten noch lange am Lateinischen fest – und erst recht die katholische Kirche, die das Lateinische ja bis auf den heutigen Tag als Amtssprache im Vatikan pflegt.

Gleichzeitig florierte neben den nationalsprachlichen Literaturen auch eine neulateinische Literatur, die sich in den letzten Jahrzehnten zunehmend zum Gegenstand universitärer Forschung entwickelt hat. „Neulatein" hat in vielen Seminaren, die sich früher fast ausschließlich der Klassischen Philologie widmeten, ausgesprochen Konjunktur. Auch in den Schulunterricht haben neulateinische literarische Texte Einzug gehalten – eine erfreuliche Ausweitung der Latinität, die auch von den Lehrplänen der meisten Bundesländer gefördert und gefordert wird.

Mehr als eine kurze Bekanntschaft mit späteren Phasen der lateinischen Literatur machen die Schülerinnen und Schüler im Allgemeinen aber nicht. Im Zentrum des Lateinunterrichts stehen nach wie vor – mit guten Gründen – die „hochkarätigen" literarischen Texte der Antike. An dieser Gewichtung wird sich bei tendenziell zurückgehender Unterrichtszeit wohl auch so schnell nichts ändern. Aber immerhin: Es hat sich auch da einiges getan. Der Lateinunterricht hat entsprechende Anregungen aufgegriffen und sie in seine Didaktik eingespeist. Auch das eine Reverenz an die *regina linguarum*, deren Herrschaft eben keineswegs mit der Antike zu Ende war. Und eine weitere Bestätigung unseres Titel-Mottos: Latein – da geht noch was.

„IN DUBIO PRO REO" – JURISTENLATEIN IN KERNIGEN „SPRÜCHEN"

Latein und Jura – das passt zusammen. Wie man schon an „Jura" sieht: Das ist, klein und mit ursprünglichem „i" geschrieben, echtes Latein und bedeutet die „Rechte". Streng genommen ist, wer heutzutage vorgibt, Jura zu studieren, in aller Regel ein Hochstapler. Denn das Studium der Rechtswissenschaft beschränkt sich mittlerweile fast überall auf das weltliche Recht. Das kirchliche (kanonische) Recht gehört nicht mehr zum normalen Rechtsstudium – weshalb man in Österreich und in der Schweiz auch zutreffender formuliert, jemand studiere „Jus". Das ist der Singular zu „Jura". Aber immerhin ebenso Latein wie die „Jurisprudenz", die nur ganz oberflächlich aus *iuris prudentia* eingedeutscht ist, die „Rechtsgelehrsamkeit". Und eben auch der „Jurist". Er geht auf einen mittellateinischen *iurista* zurück. Die Römer sprachen dagegen von einem *iuris peritus* oder *iuris consultus*, einem „Rechtskundigen".

Der sprachliche Befund entspricht dem grandiosen juristischen Erbe, das Rom Europa und der Welt hinterlassen hat. Römische Juristen haben in jahrhundertelanger Arbeit das Modell einer Wissenschaft vom Recht erschaffen, auf das ihre Nachfolger in Mittelalter und Neuzeit aufbauen konnten und tatsächlich aufbauten – auch wenn es durch andere Rechtsquellen und -vorstellungen wie das germanische Recht und das Kirchenrecht erweitert, modifiziert und beeinflusst wurde. Dieser Einfluss betrifft vor allem das Privatrecht; im Strafrecht ist der römische Einfluss deutlich geringer – auch weil ein nicht unerheblicher Teil heutiger strafrechtlicher Sachverhalte im Alten Rom zivilrechtlich abgehandelt wurde.

Erfolgsgeheimnis römischen Rechts

Das *ius civile*, „bürgerliche Recht", Roms ließ Kaiser Justinian im 6. Jahrhundert von einer 17-köpfigen Expertenkommission in einem großen Werk zusammenfassen: dem *Corpus Iuris Civilis*, dessen wichtigster Teil die Digesten waren, das „systematisch zusammengestellte" geltende Recht seiner Zeit. Dieses *Corpus Iuris* wurde gewissermaßen zur Rechtsbibel Europas. Bis ins 18. Jahrhundert war es der „Grundtext einer einheitlichen europäischen Rechtswissenschaft" – ein lateinischer „Schlüsselcode aller Kommunikation zwischen den Juristen der Welt" (F. Wieacker). Es ging in zahlreiche grundlegende Rechtsordnungen des modernen Europa und darüber hinaus ein. Das deutsche BGB, das am 1. Januar 1900 in Kraft trat, gründet wesentlich auf römischem Recht, vor allem im Privat-, Eigentums- und Erbrecht.

Wie erklärt sich dieser Siegeszug des römischen Rechts über die Jahrtausende? Zum einen damit, dass es sich um eine hoch entwickelte Wissenschaft handelte, die festen methodischen Grundsätzen folgte und sprachlich ebenso präzise wie nüchtern eine klare Begrifflichkeit pflegte. In diesen systematischen Rahmen arbeiteten Generationen römischer Rechtsgelehrter hinein, die zu mehr oder minder komplizierten konkreten Rechtsfragen Stellung nahmen. Diese *responsa*, „Antworten", „Gutachten", juristischer Autoritäten hatten fast Gesetzeskraft, zumal wenn sie sich in der Kritik und Diskussion durch andere Rechtsgelehrte bewährt hatten. Der juristische Kommentar ist bis heute eine wesentliche Quelle der Fortentwicklung des Rechts; er wird gewissermaßen einer Fach-Community zur Begutachtung vorgelegt.

Das zweite Erfolgsgeheimnis römischer Jurisprudenz liegt in ihrer Unabhängigkeit. Römische Juristen lösten sich früh von der Religion los und durchbrachen damit weltanschauliche Schranken. Die Bereiche Recht und

Nicht-Recht waren deutlich voneinander getrennt; das Recht wurde gleichsam gegen äußere ideologische Einflüsse und Manipulationsversuche abgeschirmt und konnte sich weitgehend ungestört davon weiterentwickeln.

Die Art dieser Weiterentwicklung war die dritte Garantie für die Solidität und Strahlkraft des römischen Rechts. Es war ein offenes System, das auf der einen Seite Prinzipien wie Freiheit, Schutz des Eigentums sowie Treu und Glauben verpflichtet, auf der anderen Seite aber sehr flexibel und aufnahmefähig für die „Einspeisung" neuer Fragestellungen und Antworten darauf war. Die Lösung praktischer Rechtsfragen an konkreten Fallbeispielen (*casus*) war römischen Juristen im Zweifel wichtiger als abstrakte Rechtstheorie. Daher erwies sich die Dynamik römischer Jurisprudenz in einer weitgehend kasuistisch geprägten Rechtsentwicklung.

Alle diese Erfolgsfaktoren konnten sich als solche nur auf einer entscheidenden Basis auswirken. Das war das, was lateinisch *ratio scripta* heißt, ein verschriftlichtes, der Vernunft zugängliches und methodisch stringentes (wenngleich nicht völlig widerspruchsfreies) Rechtssystem. Die Schriftform war bei der Herausbildung des Rechts die Voraussetzung für Nachprüfbarkeit und Transparenz, für kritische Anfragen, fachliche Diskussionen und später für seine Weitergabe und (Wieder-)Einspeisung in die europäische Tradition.

Ob und in welchem Umfang die römische Rechtsgeschichte angesichts ihrer historischen Bedeutung und ihres Einflusses auf das moderne Zivilrecht Gegenstand der heutigen Juristen-Ausbildung sein sollte, darüber gehen die Meinungen in Juristenkreisen weit auseinander. Ohne Zweifel ist der Anteil „römischen Rechts" im Jura-Studium stark zurückgegangen. Lehrstühle für Römisches Recht gibt es kaum noch.

Kann man ohne Lateinkenntnisse ein guter Richter oder ein tüchtiger Rechtsanwalt sein? Die meisten Juristen würden heute wohl sagen: Ja. Viele würden hinzusetzen: Aber natürlich. Gleichwohl haben sich lateinische Fachbegriffe, Regeln und Rechtsgrundsätze in der Juristensprache erhalten, deren Kenntnis ausgesprochen hilfreich ist. Bestimmte Rechtsgrundsätze stellen knappe Zusammenfassungen von Sachverhalten dar, die durch ein paar lateinische Wörter geklärt sind und nicht weiter erörtert werden müssen, bestimmte Fachbegriffe sollten auch Nichtlateinern geläufig sein. *dolus* ist solch ein Begriff, „Arglist", „Vorsatz, der mit dem Prinzip von Treu und Glauben nicht vereinbar ist". Oder *culpa*, die

„Schuld", oder *obligatio*, die „Verbindlichkeit". *agere* ist in der Juristensprache der Terminus technicus für „klagen", *actor* der für den „Kläger", „Antragsteller", *actio* der für die Klage. Das entspricht der allgemeinen Bedeutung des Allerweltsverbs *agere*: „handeln", „tun", „aktiv werden". Auch „aktiv" leitet sich bezeichnenderweise von *agere* ab.

Als *exceptio* bezeichneten schon römische Juristen die „Einrede", „Einwendung". Der Zeitpunkt, ab dem etwas gilt, wird gern mit lateinischen Begriffen benannt: *ex nunc*, „von jetzt an", bzw. *ex tunc*, „rückwirkend", weil „vom damaligen Zeitpunkt an".

„In dubio contra fiscum" – So macht Latein Spaß

Eindrucksvoller aber sind – nicht nur in dem Sinn, dass sie Eindruck machen bzw. machen sollen – lateinisch nobilitierte Rechtsgrundsätze und -regeln. Ein einziger Satz bringt oft wichtige juristische Prinzipien oder Verfahrensweisen auf den Punkt. Mit der Prägnanz und Kürze verbindet sich zusätzliche Autorität, die andere verstummen lässt: So ist es, darüber gibt es keine Diskussion. Nicht auszuschließen, dass die fetzige lateinische Sentenz auch mal als Ersatz für Argumente oder als Einschüchterungspotenzial herhalten muss.

Es gibt Hunderte von diesen lateinischen Rechtsregeln. Das Gros stammt nicht aus der Antike. Viele gehen in der sprachlichen Formulierung auf den Rechtsunterricht des späten Mittelalters und der frühen Neuzeit zurück, inhaltlich beruhen sie indes meist auf römischem Recht. Detlef Liebs, der eine wunderbare Sammlung vorgelegt hat, bezeichnet sie als „Merkregeln gewissermaßen aus der juristischen Subkultur" (13). Ein Urteil, das keineswegs abfällig gemeint ist, sondern gerade in unserem Kontext ein Qualitätsmerkmal war und ist: Diese pointierten Regeln und Sprichwörter in lateinischer Sprache bringen wichtige Grundlagen der Rechtskultur in die Köpfe – und zwar auch in die Köpfe der Nichtjuristen. Wird nicht die Strafbarkeit unterlassener Hilfeleistung wunderbar anschaulich durch ein scheinbar paradoxes *et non facere facere est* illustriert („auch Nichthandeln ist Handeln")?

Die wohl berühmteste Rechtsformel ist *in dubio pro reo (iudicandum est)*, „im Zweifel (ist) zugunsten des Angeklagten (zu urteilen)" – ein strafrechtlicher Grundsatz dafür, dass ein Angeklagter nur verurteilt werden darf, wenn das Gericht von seiner Schuld überzeugt ist – und dass nicht der Angeklagte seine Unschuld beweisen muss.

Bleiben wir einen Moment beim *dubium*, dem „Zweifel", der ja in Rechtsdingen nichts Ungewöhnliches ist. Mit ihm verbinden sich weitere lateinische Rechtsregeln:

In dubio semper id, quod minus est, debetur, „im Zweifel wird stets nur der geringere Betrag geschuldet". In der Tendenz entspricht diese Regel einer anderen, die den *possessor*, „Besitzer" einer Sache, begünstigt: *in dubio pro possessore*, „im Zweifel für den Besitzer". Stellt jemand einen Antrag auf Herausgabe, der Zweifel begründet, so hat der Inhaber der Sache die stärkere Rechtsposition. Im Strafrecht gilt, dass eine unklare Formulierung im Gesetz zugunsten des Angeklagten zu werten ist: *in dubio pars mitior est sequenda*, „im Zweifel ist der milderen Möglichkeit zu folgen". Was ursprünglich nur eine unklare Formulierung im Testament zur Freilassung eines Sklaven betraf, hat sich zu einem allgemeinen Postulat auf vielen anderen Gebieten erweitert: *in dubio pro libertate*, „im Zweifel für die Freiheit".

Beschließen wollen wir unsere kleine „Im-Zweifel"-Rubrik mit einem ebenso erstaunlichen wie erfreulichen Rechtsgrundsatz: *in dubio contra fiscum*, „im Zweifel gegen den Fiskus". Nein, der „Spruch" stammt nicht von Uli Hoeneß und ist auch nicht das Motto der Vereinigung deutscher Steuerberater. Er besagt vielmehr, dass das Finanzamt keine zweifelhaften Steuern erheben, einen Graubereich im Steuerrecht also nicht zu seinen Gunsten auslegen darf. Ob es sich stets daran hält? Viele Steuerbürger haben da ihre Zweifel – und erheben den „Slogan" zur Maxime ihres eigenen steuerlichen Handelns. Das ist zumindest dort, wo kein echter Zweifel möglich ist, nicht ohne Risiko.

Zart besaitet ist das Finanzamt freilich auch nicht. Das lässt eine andere bekannte Sentenz erkennen: *fiscus non erubescit*, „der Fiskus wird nicht rot". Im Klartext: Er schämt sich nicht, er nimmt Steuern auch aus moralisch fragwürdigen Quellen wie etwa der Prostitution oder dem Glücksspiel ein. Oder er kauft Steuer-CDs mit offenkundig gestohlenen Datensätzen an, um seinerseits Steuerbetrüger überführen zu können.

„lex prospicit, non respicit" – Keine rückwirkende Bestrafung!

Kehren wir zum Strafgericht zurück. Da gibt es neben *in dubio pro reo* weitere geradezu in Erz gemeißelte Rechtsgrundsätze. Einer von ihnen ist: *ne bis idem*, „nicht zweimal für dasselbe (Delikt)" darf jemand verurteilt werden. Wer einmal für ein kriminelles Vergehen verurteilt worden ist, darf, sofern das Urteil Rechtskraft erlangt hat, im Prinzip kein weiteres Mal dafür belangt werden – auch wenn sich die Beweislage zu seinen Ungunsten geändert hat. Nur in ganz seltenen Ausnahmefällen darf von diesem Grundsatz, der auf Rechtsfrieden zielt, abgewichen werden.

Ähnlich prominent ist der Grundsatz *nulla poena sine lege*, „keine Strafe ohne Gesetz". Damit wird vor allem die rückwirkende Strafverfolgung für eine Tat untersagt, die im Zeitpunkt der Begehung noch nicht unter gesetzlicher Strafandrohung stand. Vergleichbar ist *nullum crimen sine lege*, „kein Verbrechen ohne Gesetz": Es liegt kein Vergehen oder Verbrechen vor, wenn kein einschlägiges Gesetz in Kraft gewesen ist. Sprachlich prägnant und anschaulich kommt das Verbot rückwirkender Bestrafung in einer weiteren Rechtsregel zum Ausdruck: *lex prospicit, non respicit*, „das Gesetz schaut nach vorn, nicht zurück".

Auf der anderen Seite gilt aber auch das Prinzip *nullum crimen sine poena*, „kein Verbrechen ohne Bestrafung". Wenn das Gesetz eine Strafe vorsieht, so darf das Gericht den Übeltäter im Grundsatz nicht ohne Sanktion davonkommen lassen. Das würde das Gerechtigkeitsgefühl verletzen und hätte damit mindestens indirekt negative Auswirkungen auf die gesetzestreuen Bürger: *bonis nocet, qui malis parcit*, „den Guten schadet, wer die Schlechten schont". Außerdem wirkt hingenommenes, nicht bestraftes Unrecht geradezu stimulierend auf Gesetzesbrecher: *impunitas semper ad deteriora invitat*, „Straflosigkeit lädt stets zu Schlimmerem ein".

Selbst wenn jemand nur wegen einer Ordnungswidrigkeit belangt wird, gilt: *accusare nemo se debet (nisi coram Deo)*, „niemand muss sich selbst bezichtigen (außer vor Gott)". Der Anhörungsbogen darf also, was die Sache angeht, unausgefüllt zurückgeschickt werden. Legt jemand jedoch aus freien Stücken ein Geständnis ab, so darf sich der Staatsanwalt freuen: *confessio est regina probationum*, „das Geständnis ist die Königin der Beweise". Demgegenüber darf das Schweigen eines Angeklagten nicht zu seinen Ungunsten ausschlagen: *is, qui tacet, non fatetur*, „wer schweigt, gesteht nicht".

In Zeiten, da sich im Fernsehen vermeintlich reale Gerichtsshows mit sehr fragwürdigen Auftritten aller Prozessbeteiligten großer Beliebtheit erfreuen, scheint es nicht unpassend, die Rolle eines Zeugen mit einem lateinischen Bonmot in Erinnerung zu rufen: *testis non est iudicare*, „es ist nicht Sache eines Zeugen zu urteilen". Prozessparteien sollten sich die Zeugen, die sie benennen, vorher gut ansehen: *testem, quem produco, reprobare non possum*, „den Zeugen, den ich selbst beibringe, kann ich nicht anzweifeln". Will sagen: Seine Aussage als unwahr zurückzuweisen, wenn sie mir nicht passt, widerspricht meiner eigenen Prozessstrategie. Wie ernst muss das Gericht einen Zeugen nehmen, den es bei einer Unwahrheit ertappt hat? Die Rechtsregel ist da unmissverständlich: *testis in uno falsus in nullo fidem meretur*, „ein Zeuge, der in einem Punkt gelogen hat, verdient in keinem Punkt Glauben".

„iniuria non excusat iniuriam" – Rom steht über Wildwest

Darf man ein Gesetz – auch eine Verordnung oder auch nur ein Verbots- oder Gebotsschild im Straßenverkehr – ablehnen, weil man den Sinn oder die Sanktion im Falle einer Übertretung nicht einsieht? Ein „knackiger" lateinischer Rechtsspruch gibt knappe Auskunft: *dura lex, sed lex*, „ein hartes Gesetz, aber ein Gesetz"! Notorischen Besserwissern und „Klugscheißern" erteilt das Recht mittels zweier Sprichwörter eine klare Absage: *neminem oportet esse sapientiorem legibus*, „keiner darf klüger sein als die Gesetze" (und sich deshalb darüber hinwegsetzen). Oder, noch etwas drastischer: *stulta sapientia, quae vult lege sapientior esse*, „törichte Klugheit, die klüger sein will als das Gesetz!"

Und schließlich gibt es auch auf den Klassiker unter den Ausreden („ich wusste nicht, dass das verboten ist") eine kompromisslose lateinische Erwiderung: *ignorantia legis neminem excusat*, „die Unkenntnis des Gesetzes entschuldigt niemanden".

In einem anderen Fall beruft sich der Besserwisser darauf, ihm sei Unrecht geschehen. Daraufhin habe er für Vergeltung gesorgt. Kommt er damit aus der Sache heraus? Das Sprichwort sagt es klipp und klar: *iniuria non excusat iniuriam*, „Unrecht entschuldigt Unrecht nicht". Wäre es anders, so würde Wildwest herrschen, aber nicht das Recht. Einen ähnlichen

Sachverhalt meint eine weitere Rechtsregel: *ex iniuria ius non oritur*, „aus Unrecht entsteht kein Recht" – sozusagen kompensatorisch-widerrechtliche Übergriffe werden nicht geduldet, und am Anfang von Recht darf niemals Unrecht stehen.

Wo stößt das Gesetz an seine Grenzen? Zum einen dort, wo es auf Menschen trifft, die das Unrechte ihres Handelns nicht erkennen können. Das trifft auf psychisch Kranke ebenso zu wie auf Kinder: *furiosi voluntas non est*, „ein Geisteskranker hat keinen Willen". Er kann also nicht vorsätzlich handeln. Und: *in parvulis nulla deprehenditur culpa*, „bei kleinen Kindern findet sich keine Schuld". Jemandem, der von einem Verbrechen erfährt, aber keine Möglichkeit zum Einschreiten hat, ist ebenfalls kein Vorwurf zu machen: *culpa caret, qui scit, sed prohibere non potest*; „von Schuld ist frei, wer zwar (von einem Verbrechen) weiß, es aber nicht verhindern kann".

Noch grundsätzlicher formuliert ein anderer Grundsatz, der nicht nur rechtlich, sondern auch moralisch gilt und allgemein die Grenze des Zumutbaren zieht: *ultra posse nemo obligatur*, „über sein Können hinaus ist niemand verpflichtet". Von keinem Menschen darf mehr erwartet und gefordert werden, als er zu leisten imstande ist – das trifft auf Grenzsituationen *de iure* wie *de facto* zu. Auch der rechtfertigende übergesetzliche Notstand wird auf einen kurzen lateinischen Nenner gebracht: *necessitas non habet legem*, „Not hat kein Gesetz" bzw. „Not kennt kein Gebot". Oder als sprachliches Paradoxon formuliert: *propter necessitatem illicitum efficitur licitum*, „aufgrund einer Notlage wird Unerlaubtes zu Erlaubtem".

„caveat emptor" – Augen auf beim Kleingedruckten!

Werfen wir noch einen Blick auf Zivilprozesse. Das geht es häufig um Verträge bzw. deren Auslegung. Grundsätzlich gilt: *pacta sunt servanda*, „Übereinkünfte sind einzuhalten". *pactum*, im Fremdwort „Pakt" noch enthalten, leitet sich ab von *pacisci*, „sich einigen", „verabreden", „einen Vertrag schließen". Man könnte auch sagen: In einer umstrittenen Angelegenheit *pax* herstellen, „Frieden" durch vertraglichen Interessenausgleich.

Bei Kaufverträgen stand das römische Recht bezeichnenderweise stärker auf der Seite des Verkäufers, das heißt des Besitzers der Ware. Abgesehen von arglistiger Täuschung erlegte es daher dem Käufer besondere Sorgfaltspflicht vor dem Kauf auf: *caveat emptor* heißt die berühmte Kurzformel dafür, „der Käufer sei auf der Hut!" – ein Grundsatz, der angesichts gestärkter Konsumentenrechte so nicht mehr gültig ist. Selbstverständlich hat die römische Rechtstradition aber niemanden geschützt, der *dolo* handelte, „mit betrügerischem Vorsatz". Da galt: *dolus omni modo puniatur*, „Arglist ist auf jeden Fall zu bestrafen".

Wer sich indes wissentlich auf ein für ihn schlechtes Geschäft einlässt, der kann seinen Kontrahenten später nicht vor den Richter schleppen: *non decipitur qui scit se decipi*, „nicht wird betrogen derjenige, der weiß, dass er betrogen wird." Oder noch allgemeiner: *volenti non fit iniuria*, „dem Wollenden geschieht kein Unrecht". Wer sich mit etwas für ihn Riskantem oder Nachteiligem einverstanden erklärt hat, kann im Schadensfall keinen Anspruch auf Wiedergutmachung oder Schadenersatz geltend machen. Erst recht verhält es sich so, wenn jemand selbst durch seine Schenkung sozusagen aktiv eine Schmälerung seines Vermögens betreibt. Die Rückforderung eines Geschenks ist im Prinzip nicht möglich: *donare est perdere*, heißt der einprägsame Grundsatz, „schenken heißt verlieren" (bzw. „sein Eigentum aufgeben").

Eine Reihe von Rechtsregeln bezieht sich auf den Richter. Im Deutschen spricht man von ihm gelegentlich als dem „Arm des Gesetzes", im Lateinischen erscheint er als dessen „Mund" (*iudex est lex loquens*, „der Richter ist das sprechende Gesetz"). Seine Unparteilichkeit erweist sich in der Anhörung beider Seiten. *audiatur et altera pars*, fordert eine eherne Gerichtsregel, die die Fairness auch im „normalen" Leben gebietet: „Auch die andere Seite soll gehört werden". Eine sprachliche Variante ersetzt den höflich-freundlichen Konjunktiv durch einen unmissverständlichen Imperativ: *audi alteram partem*, „hör auch die andere Seite!"

Für Petitessen sollte niemand ein Gericht anrufen: *minima non curat praetor*, „der Prätor (als Gerichtsherr) kümmert sich nicht um Kleinigkeiten". Fragt sich nur, wie man die *minima* definiert … Ist der Richter für Rechenaufgaben zuständig? Nein, er soll Recht sprechen, das kleinliche Rechnen aber ist unter seiner Würde – stellt zumindest eine bekannte Sentenz fest: *iudex non calculat*, „der Richter rechnet nicht". Schön wär's vielleicht. Aber nicht nur Scheidungsrichter können sich heutzutage nicht mehr auf diese „Regel" berufen. Sie meint allerdings noch einen weiteren

Sachverhalt: Reine Rechenfehler in einem Urteil wirken sich nicht unmittelbar negativ auf dessen Rechtskraft aus. Sie können unbürokratisch korrigiert werden.

Justitia – Eine noble Dame aus Rom

Vielleicht ist durch die dichte Aufeinanderfolge lateinischer Rechtsregeln deutlich geworden, warum die Personifikation des Rechtswesens noch heute sinnvollerweise eine römische Dame ist. Die Rede ist von Justitia. Das ist im Lateinischen die „Gerechtigkeit". Sie gilt als „Grundlage der Staaten" (*iustitia est fundamentum regnorum*; *regnum* im eigentlichen Sinne: „Königsherrschaft") und sollte über jeden Korruptionsverdacht erhaben sein (*nihil iniquius venali iustitia*, „nichts ist ungerechter als eine käufliche Gerechtigkeit"). Gerechtigkeit darf niemandem verweigert werden (*iustitia nemini neganda*) und lässt sich im Ganzen so definieren: *iustitia est constans et perpetua voluntas suum cuique tribuendi*, „Gerechtigkeit ist der stetige und dauerhafte Wille, einem jeden das Seine zu geben".

Zumindest im Sinne einer Verpflichtungserklärung wird dem kaum jemand widersprechen. Oder regt sich Widerstand? Dann greifen wir zu der juristischen Keule, mit der zumindest das katholische Kirchenrecht für Ruhe zu sorgen sich bemüht hat: *Roma locuta, causa finita*, „Rom hat gesprochen, der Prozess (die Sache) ist beendet". Oder neudeutsch: *basta!*

Der „Spruch" hat auch in allgemeinerer Hinsicht Karriere gemacht in dem Sinn, dass gegen das „Machtwort" eines Vorgesetzten Widerspruch nicht opportun ist. Opportun vielleicht nicht, wünschenswert oder sogar notwendig gleichwohl. Und zwar sowohl gegenüber der Autorität Papst als auch der Autorität weltlicher Herrscher: *lex non a rege est violanda*, „das Gesetz darf (nicht einmal) vom König verletzt werden". Und von demokratisch gewählten Mächtigen erst recht nicht. Rom sei Dank!

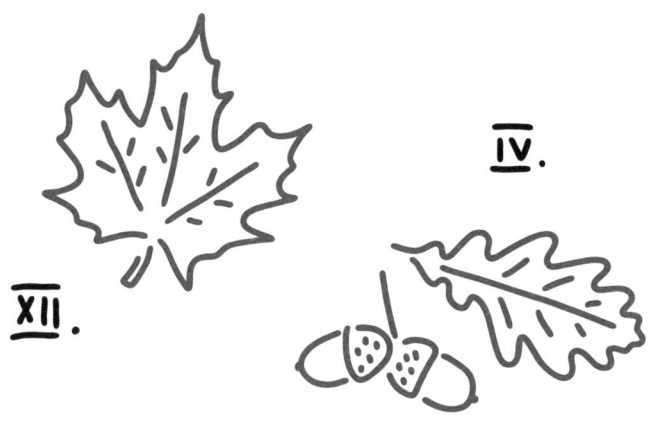

BIO-LATEIN – DIE SYMBIOSE ZWEIER WISSENSCHAFTSWELTEN

Carl von Linné? Kenne ich nicht. Carolus Linnaeus? Aber sicher! Das war doch der, der die Biologie mit Latein ausgesöhnt hat. Exakt der! Auf ihn, den Sohn eines schwedischen Landpfarrers, geht das (später mehrfach modifizierte) System der Klassifizierung aller Pflanzen und Tiere nach einem „binären" System zurück. Im Jahre 1735 veröffentlichte der 28-jährige Carl von Linné sein Werk *Systema Naturae*, in dem er – auf Latein selbstverständlich – eine Systematik der botanischen und zoologischen Nomenklatur vorstellte. Er machte sich für ein nach Gattung (Genus) und Art (Species) differenziertes allgemeines Begriffssystem stark, das die bis dahin unterschiedlichen Begriffe vereinheitlichen sollte – und zwar in der Wissenschaftssprache Latein, die allen Gebildeten zugänglich war und im Unterschied zu „volkssprachlichen" Benennungen von Pflanzen und Tieren Klarheit, ja Eindeutigkeit in der Bezeichnung schaffte. Der lateinische Name sollte fortan verbindlich sein – und nicht irgendeine lokale, regionale oder nationale Benennung einer Pflanze oder eines Lebewesens, so einleuchtend sie in ihrem Rahmen auch sein mochte. Denn mit solchen sehr unterschiedlichen Benennungen waren Missverständnisse programmiert, drohte man aneinander vorbeizureden.

Gegenüber Linnaeus hat es bestimmte Modifikationen in der biologischen Terminologie gegeben, aber im Prinzip ist sie gleich geblieben, vor allem in ihrer sprachlichen Form. Die heißt bis heute Latein. Da ist manches neulateinisch Formulierte in den biologischen „Code" eingegangen und auch manches Griechischstämmige, das oberflächlich latinisiert wurde. Und doch ist Latein bis in unsere Tage die unbestrittene internationale Basis der biologischen Begrifflichkeit geblieben: Bio-Latein sozusagen. Und es sieht überhaupt nicht danach aus, als plante da irgendjemand eine Änderung. Auch der Wechsel zur neuen Wissenschaftssprache Englisch ist offensichtlich nicht ins Auge gefasst.

Daher kann, wer Latein gelernt hat, manche Beschreibung einer Pflanze leicht verstehen. Dazu reichen vielfach einige Basisbegriffe aus dem Vokabular des Lateinunterrichts. Zum Beispiel in der Farbe: Eine *viridiflora* ist ein „grün blühendes" Gewächs. Warum? Weil *viridis* „grün" und *flora* „Pflanze" heißt. Eine *pallidiflora* dagegen wirkt unscheinbarer; sie blüht *pallida*, „bleich". Eine *albiflorens* kommt ihr farblich nahe; das ist eine „weiß blühende" Pflanze. Womit wir auch den semantischen Bestandteil *florens* geklärt hätten: Das ist das Partizip Präsens von ist *florere*, „blühen", also: „blühend". Und wenn eine Blume *semperflorens* ist? Dann macht sie den Betrachtern viel Freude, weil sie „ausdauernd", ja geradezu „immer" (*semper*) blüht. *parviflorum* ist ein Gewächs, das kleine (*parvus*) Blüten hat, *pleniflorum* ist das Gegenteil, insofern es „voll" (*plenus*) blüht.

Von den Blüten zu den Blättern. Auch sie sind ja ein wichtiges Unterscheidungsmerkmal. Das entsprechende semantische Element im Lateinischen ist *-folius* (*folium* ist das „Blatt"). Ein Gewächs, das *paucifolium* ist, hat nur wenige (*pauci*) Blätter. Ist es dagegen *angustifolium*, so weist es schmale (*angustus*, „eng") Blätter auf. Als hübscher dürfte allgemein empfunden werden, wenn eine Pflanze die Artbezeichnung *cordifolium* trägt. Dann hat sie Blätter in „Herzform"; *cor, cordis* ist das „Herz".

Andere Kombinationen sind leicht möglich – nicht nur in der Natur, sondern auch in der Beschreibung. *latus* heißt „weit", „breit". *latiflorus* ist demnach ein „Breitblütler". *globus* ist die „Kugel", *globulus* die Verkleinerungsform dazu und *ferre* heißt „tragen", eine *globulifera* ist demnach eine Pflanze, die kleine kugelige Büscheln hat. Die Vorsilbe *a-* oder *an-* verneint etwas. Man kennt das von Fremdwörtern im Deutschen: asozial ist jemand, der „nicht gesellschaftsfähig" ist. *apetalus* ist demnach eine Pflanze, die „ohne

Blumenblätter" auskommt. Und wenn etwas mit *odor-* gebildet wird? Dann kann man zuverlässig davon ausgehen, dass es besonders intensiv riecht und (angenehmen) Duft hervorbringt; *odor* ist der „Geruch". Das *Viburnum odoratissimum* ist sogar ein „äußerst angenehm duftender" Schneeball.

Und? Muss man das wissen? Biologen schon, andere eher nicht. Aber für all die anderen, die Latein gelernt haben, ist es eine befriedigende Erfahrung, dass sie sich das Äußere so manch eines Gewächses aufgrund seiner lateinischen Bezeichnung vorstellen können. Ist doch ganz schön, wenn man mit Latein sogar in der ganz anderen Welt der Naturwissenschaften etwas anfangen kann! Und das – dank Linnaeus – international, so wie zu den guten alten Zeiten, als Latein noch ganz selbstverständlich die Sprache *aller* Wissenschaften war. Wie schön, dass ausgerechnet die Biologie diese Erbschaft ins 21. Jahrhundert hinübergerettet hat!

Was der Flora recht ist, muss der Fauna billig sein. Auch das Tierreich ist taxonomisch durch und durch erfasst, und zwar im Prinzip mit der gleichen binären Nomenklatur, die sich aus Gattung und Art zusammensetzt. Neben diese beiden fundamentalen Klassifikationsmerkmale treten weitere Differenzierungen zum Allgemeinen hin sowie eine weitere, die Subspecies, zum Besonderen hin – samt und sonders mit lateinischer Begrifflichkeit. Damit ist garantiert, dass die Wissenschaftler im übertragenen, aber auch im eigentlichen Sinn eine gemeinsame Sprache sprechen. Im Alltag überwiegt zugegebenermaßen der deutsche, sozusagen volkssprachliche Begriff. Selbst der Lateiner muss einräumen, dass es im normalen Gespräch miteinander merkwürdig klänge, auf einen *passer domesticus* hingewiesen zu werden, der sich gerade an einem verwaisten Stück Kuchen zu schaffen mache.

Wissen Sie, wovon die Rede ist? *domesticus* weist auf *domus* hin, das „Haus". Und den *passer* haben Sie bei der Catull-Lektüre kennengelernt – oder hätten ihn kennenlernen können, wenn Sie sich für Latein entschieden hätten. Der römische Liebesdichter Catull, ein Zeitgenosse Caesars (und durchaus noch ein im Lateinunterricht viel gelesener Autor), besingt in einem seiner Gedichte den *passer* als *deliciae meae puellae*, „Liebling meines Mädchens, mit dem sie spielt und den sie auf ihrem Schoß sitzen lässt" (Catull. carmen 2; vgl. c. 3) Nein, der *passer* ist kein Kanarienvogel und kein Papagei, sondern ein Sperling. Und der *passer domesticus* der – wenn er sich über unseren Kuchen hermacht, wirklich gemeine – „Hausspatz".

Latein im Supermarkt – Wie die Römer unsere Konsumwelt veredeln

Sie finden, Latein sei ein alter Hut? Nichts, das mit der modernen Welt in Beziehung stehe? Oder gar mit ihrem Konsum-Universum? Dann schlendern Sie mal durch einen ganz modernen Supermarkt und schauen Sie genau hin – ausnahmsweise nicht auf die Preise, obwohl auch die gewissermaßen lateinstämmig sind („Preis" ist ein Lehnwort zu lateinisch *pretium*, „Preis"), sondern auf die Produktnamen. Da sind etliche Hersteller ganz gern bei den alten Römern in die Schule gegangen.

Langnese etwa hat mit „Magnum" einen großen Coup in Sachen Speiseeis gelandet – vielleicht, weil das „Große" wegen seiner reinrassigen lateinischen Abstammung so viel Vertrauen in echte Qualität weckt? Auch „Mars" hat sich durchgesetzt – wie bei einem Schokoriegel, der den Namen des römischen Kriegsgottes – und Stammvaters der Römer! – trägt, nicht anders zu erwarten war. Nicht minder gut ist „Duplo" in der Naschwarenabteilung im Rennen; der kalorienträchtige Doppelpack aus Keks und Schokolade weicht ein bisschen vom lateinischen Ursprungswort *duplex* ab, ist aber näher dran als das deutsche Lehnwort „Doppel". Dem würde als Produktname das gewisse lateinische Etwas fehlen.

„Viva Vital!" – Lateinisch leben macht gesund

„Vitalis" ist ein Müsli, das „Leben spendet", ja schlicht „zum Leben gehört" (so das lateinische Adjektiv *vitalis* zu *vita*) – jedenfalls zu einem bewusst gesunden Leben, wie ja alles mit „Vita" Zusammengesetzte positiv konnotiert ist. Und werblich entsprechend kräftig genutzt wird: Die Netto-Gruppe lässt das Leben gleich mit einer ganzen Produktlinie hochleben: „Viva Vital" heißt sie und bietet leichte Kost. Und das auch grammatisch: Was das so im Einzelnen heißen soll, dieses Gemisch aus Latein, seinen beiden Töchtern Spanisch und Italienisch und der Stieftochter Deutsch, bleibt unklar. Auf jeden Fall aber ganz viel klein und groß geschriebenes „Leben" (*vita*, „Leben"; *vivere*, „leben"). Ähnlich gesund kommt das „Vitapan"-Brot daher: *panis* („Brot"), das *vita* garantiert.

Im Getränkebereich hängen sich „Vita-Malz" an den positives Leben verheißenden Latein-Trend sowie eine Firma namens „Aquavita". Sie vertreibt Wasserspender und wirbt damit, dass auf Ärztekongressen aus ihren „Coolbehältern" erquickendes „Lebenswasser" getrunken werde. Abends gehen die Mediziner vermutlich zu einem schon etwas länger bekannten „Lebenswasser" über: dem „Aquavit". Der klänge für Lateiner-Ohren als „Aquavitae" („Wasser des Lebens") noch besser. Aber als Zielgruppe sind Lateiner zu unbedeutend, um dem falsch eingeführten Begriff ein grammatisches Facelifting verpassen zu können. Dass sich Apotheken gern „Vita" nennen und auch Gesundheitszentren, Fitnessstudios und Krankenpflegeeinrichtungen, erstaunt nicht, ebenso wenig, dass ein Südtiroler Handelsunternehmen für Obst und Gemüse unter dem Namen „Vitafruit" firmiert. Das englische *fruit* nehmen Lateiner achselzuckend hin. Sie wissen, dass *fruit* ebenso wie die deutsche „Frucht" ein Lehnwort zu lateinisch *fructus*, „Frucht", ist.

Bei der „Vita Cola" beschleichen uns leise Zweifel, ob das ein so gelungener Produktname ist. Oder sollte Cola gesünder sein, als wir bisher dachten? Vielleicht geht es aber auch mehr darum, die Lebensgeister mit Hilfe von „Vita Cola" wieder zu wecken, sie sozusagen zu revitalisieren. Zumindest auf kurze Frist wäre das kein falsches Versprechen. Mehr vom Gedanken an die *dolce vita* geprägt als von Leben schaffender Intention geleitet dürfte die Namensgebung unseres letzten Vital-Produktes sein. Die Rede ist von „Vitalis Kondomen", die sich selbst als „Premium Kondome" nobilitieren. Diese Selbsterhöhung von Konsumwaren kennen wir ja auch aus anderen Sparten: Premium-Produkte sind natürlich ursprünglich lateinische *praemium*-Artikel, das heißt solche mit „Auszeichnung" und zusätzlichem „Vorteil". Wenn man sie kauft, tut man sich etwas Gutes. So auch bei den „Vitalis Premium Kondomen". Die Herstellerfirma verspricht zumindest Lebensfreude: „Spaß beim Ausprobieren garantiert!"

Dentalux – ein echter Lichtblick für Lateiner-Zähne

Kehren wir vom süßen Leben ins Süßigkeitenregal zurück, so stoßen wir auf „Amicelli". Das sind in lateinisch-italienischer Koproduktion „kleine Freunde" (*amicus* ist der Ausgangsbegriff), die wir uns genüsslich in den Mund schieben, wenn wir das große „Magnum" bewältigt haben. Dafür, dass sich schon Kleinkinder vom besonderen Geschmack industriell gefertigter Lebensmittel überzeugen lassen, die einen lateinstämmigen Namen tragen, tritt die Firma „Alete" ein. Sie bietet Babynahrung an – und hat sich da bei der Namensgebung von lateinisch *alere*, „ernähren", sprachliche Schützenhilfe geholt. Das ist offenkundig. Die konkrete Form dagegen ist nicht ganz so überzeugend gebildet. Soll das ein Imperativ Plural sein: „ernährt"? So deuten viele die Form. Die hieße aber *alite*. Manchmal stößt man auch auf die Übersetzung „ernährt euch!" Das gibt mehr Sinn, aber es gibt keinen Imperativ Passiv im Lateinischen. Sie finden, die ganze Beckmesserei sei typisch Lateiner? Da haben Sie nicht ganz unrecht – und außerdem viele Gesinnungsfreunde sogar schon in der römischen Antike. Da meinten nicht wenige Leute, man brauche zum Gastmahl nur einen Philologen einzuladen, wenn man einen echten Stimmungskiller brauche, der die ganze Runde mit haarspalterischen philologischen Finessen langweile. Geben wir uns also bei „Alete" mit dem – eher lateinfernen – Wörtchen „irgendwie" zufrieden: „Alete" hat irgendwie etwas mit *alere*, „ernähren", zu tun.

Unweit der Süßigkeiten finden sich die Kaugummi-Regale. Die Römer und Kaugummi? Das liegt gar nicht so fern. Es gab im Altertum manch einen, der das Harz des Mastix-Baumes zu kauen pflegte. Es hatte gleich drei Funktionen: Kaumittel, für frischen Atem oder um die Zähne glänzend zu machen. Und *gummi* kannten die Römer auch schon, meist als *cummi* oder *cummis* – ein Lehnwort von griechisch *kómmi*, eben „das Gummi".

Im modernen Supermarkt aber weckt besonders die Kaugummi-Marke „Trident" unsere Aufmerksamkeit. Englisch *trident* ist, auf lateinisch *tridens* zurückgehend, der „Dreizack" der Fischer, auch das Szepter des Meeresgottes Neptun. Für ein Kaugummi indes eine ziemlich missverständliche Bezeichnung; denn *dens* ist in der Grundbedeutung der „Zahn". Das passt ja noch. Aber *tri*? „Drei"? „Dreizahn" klingt nicht ganz so Vertrauen erweckend, wenn es um Kaugummi geht: Was ist da mit den anderen Zähnen passiert? Da muss „Trident" uns Lateinern einiges erklären.

Wir bleiben bei den Zähnen, schlendern dabei aber in die Hygiene-Abteilung des Supermarktes. Da gibt es eine Menge Tuben – ganz richtig vermutet: Die „Tube" geht auf lateinisch *tubus* zurück, die „Röhre" –, die uns den Schutz unserer Zähne signalisieren. Das aufdringlichste verbale „Zeichen" dazu gibt „Signal" – *signum*, „Zeichen", hat Pate gestanden. Es folgen „Dentagard", „Dentasmile" und „Dentril", „Blend-a-dent", „Biodent Vital", „Mentadent" und „Dentisept" – alles zum Schutz und Hochglanz unserer *dentes*, „Zähne", angeboten. Unser Favorit wäre allerdings „Dentalux", weil es die lateinischen *dentes* mit einer lateinischen *lux*, „Licht", kombiniert. Ein echter Lichtblick für Lateiner-Zähne! Philhellenen würden sich dagegen wohl eher für „Dontodent" entscheiden, weil es griechisch *dontes*, „Zähne", nicht nur mit römischen *dentes* doppelt, sondern sie ihnen auch noch voranstellt. Mehr Zahnschutz geht nun wirklich nicht. Obwohl … da stoßen wir ja noch auf „Biodent-Vital"-Zahncreme. „Bio" plus „Vital" – ein griechisches und ein lateinisches Leben und mittendrin unsere *dentes*. Überzeugt, nehmen wir.

Nivea und Penaten – Römisches Verwöhnprogramm für die Haut

Mit „Biodent-Vital" haben wir jetzt den sprachlich optimalen Zahnschutz im Einkaufskorb. Der hat übrigens auch eine lateinische Vergangenheit. Wie manche andere Gefäßbezeichnung hat auch der „Korb" lateinische Wurzeln; *corbis* war der Ausgangsbegriff. Doch nun zur Haut! Sie ist, wenn auch oft malträtiert und gering geschätzt, unser größtes Organ. Grund genug, ihre Pflege Mitteln anzuvertrauen, die besondere Glaubwürdigkeit und Autorität ausstrahlen. Und tatsächlich gibt es gleich zwei sehr renommierte Pflegeserien, die unsere Erwartungen im Sprachlichen erfüllen. Die eine ist die „schneeweiße" „Nivea", an der uns allenfalls die ziemlich unrömische Alltagsbetonung auf dem „e" stört. Cicero hätte „Nívea" gesagt; *niveus* ist das Adjektiv zu *nix*, „Schnee". Die andere vertraut unsere Haut der Obhut altrömischer Hausgötter an. Das waren die Penaten, ursprünglich eher zuständig für die *penus*, die „Speisenkammer", den „Vorrat an Lebensmitteln", dann aber auch ganz allgemein für den Schutz von Haus und Hof. Für die Pflege des männlichen Gliedes waren die Penaten, um Missverständnissen vorzubeugen, allerdings nicht zuständig. Das lange „e" im „Penis" verträgt sich nicht mit dem kurzen „e" in „Penaten". Die moderne Penatencreme dürfte da offener für einschlägige Expansions-Anwendungen sein.

Dass der „Labello" ein wohltuender Stift für die Lippen ist, bliebe auch einem wiedergeborenen Caesar nicht verborgen: *labrum* heißt in seiner Muttersprache die „Lippe"; *labellum* ist die Deminutivform dazu, „Lippchen". Auch mit „Credo" könnte Caesar etwas anfangen, wenn man ihm einen kleinen Anwendungstipp gäbe. Steht „Credo" im hochsprachlichen Deutsch für das christliche – oder ein anderes, nicht unbedingt religiöses – „Glaubensbekenntnis", so drückt es im Hygienebereich mein Vertrauen in eine wirkungsvolle Beeinflussung meiner Schweißdrüsen aus: „Ich vertraue" darauf, dass „Credo" mir auch in stickiger Umgebung böse Blicke und indigniertes Naserümpfen meiner Mitmenschen erspart. Eine Karriere im Produktmarketing, die sich die 1. Person Singular von *credere* vor 2000 Jahren auch noch nicht hätte träumen lassen!

Die Römer griffen seinerzeit zum *unguentum*, einer parfümierten „Salbe", um eine ähnliche Wirkung zu erzielen. Was Caesar indes reichlich verwirrend fände, ist der Sammelbegriff „Deo" für die beliebten Schweißhemmer. Eine mit Verlaub kreuzdämliche Abkürzung, die auch nach Caesars Vergöttlichung nicht „für den Gott" ist – das nämlich bedeutet *deo* auf Lateinisch. Die Langform „Deodorant" bezeichnet dagegen etwas, das „Geruch wegnehmend" ist: *odor* ist der „Geruch" – wenn's arg kommt, auch der „Gestank" –, während die Vorsilbe de- „von", „weg" bedeutet. Mithin „Weg mit dem Geruch!" Beim „Deo" ist freilich der Stamm *odor-* auf ein völlig defizientes „o" reduziert – weshalb wir an der Wirksamkeit von „Deos" eher zweifeln, an die von Deodorants dagegen fest glauben und von „Credo" vollends überzeugt sind.

Hätte Caesar begriffen, wobei „Lenor" ihm helfen kann? Mit ein wenig Hilfe („Waschmittel!") schon, denn das zugrunde liegende Adjektiv *lenis*, „sanft", „weich", schimmert im Produktnamen noch schön durch. Bei „Domestos" käme *Caesar redivivus* zumindest darauf, dass es etwas für die *domus*, das „große Haus", ist. Bei „Meister Proper" geriete er ins Schwimmen, obwohl das eigentlich pures Latein ist. Der „Meister" ist ein Lehnwort zu *magister*, „Leiter", „Aufseher", und „proper" hat sich über französische Vermittlung aus *proprius*, „eigen", entwickelt – zu einer etwas eigentümlichen Bedeutung hin, die das „Eigene" vor allem im „Sauber-Adretten" erkennen will. Nebenan im Regal der alte „Ajax" als Konkurrent des modernen „Sauber-Meisters"? Na ja. Zumindest aus Caesars Sicht ein wenig ehrenvoller Absturz des berühmten Helden aus dem homerischen Schlachtengetümmel in das biedere Haushaltsgetümmel, in dem Ajax nunmehr kraftstrotzend aufräumen soll.

Heizlüfter „Venus" – Garant für schwüle Erotik?

Aber vielleicht ist das doch noch erträglicher als das, was Gillette mit der Liebes- und Schönheitsgöttin Venus anstellt? Sie haben sie tatsächlich zur Namenspatronin eines Apparats für Damenrasur gemacht. „Gillette Venus" sei, behaupten sie, „für jede Göttin die richtige Wahl". Historisch gesehen können wir allenfalls zugestehen, dass das Epilieren auch wesentlicher Teil der Schönheitspflege römischer Damen gewesen ist – und dass Venus gewissermaßen als Schutzherrin über all diese kleineren und größeren kosmetischen Operationen angesehen wurde. Aber trotzdem: Achsel- und Beinhaare weg dank „Venus"? Geht's nicht eine Nummer kleiner?

Andererseits: Wendet man den Blick über den Supermarkt hinaus, so wird Venus in der modernen Konsumwelt in mannigfacher Weise in Anspruch genommen – und das hier und da noch weniger passend als von Gillette. „Venus-Dessous" und „Venus-Moden" – das können wir akzeptieren, ebenso die Pflegeserie „Venus" der Firma Douglas, wenngleich uns da der Slogan „Werden Sie zur verführerischen Venus!" als ziemlich platt aufstößt. Auch mit einem „Beautysalon Venus" müssen wir unseren Frieden machen und auch – widerstrebend, aber grundsätzlich einsichtig – mit einem „Nagelstudio Venus". Dass die „Venus-Messe" eine

Erotik-Ausstellung sei, haben wir uns gedacht, bevor wir es schwarz auf weiß nachgelesen haben. Zumindest wird da auf die Kernkompetenz der römischen Göttin Rücksicht genommen. Aber ein „Venus Heizlüfter"? Das hat nicht einmal mehr etwas mit schwüler Erotik zu tun. Schlimmer noch: die Waschmaschine „Bauknecht Venus 1200" und der „Wäschekorb Venus". Das lässt ziemlich tief blicken, wie die Namensgeber dieser Produkte ihre Venus daheim ansehen. So anmutig kann selbst Venus den Wäschekorb nicht tragen, dass das Appetenz generiert. Doch es geht noch ärger. Ein „Venus-Duschvorhang"? Äußerst verführerisch. Und erst recht der „Venus (Toiletten-)Papierhalter", der in der Werbung sehr stolz „mit Deckel" präsentiert wird. So groß kann der Deckel gar nicht sein, dass er uns vor dem Anblick dieser fiesen Venus-Usurpation schützt. Wer, beim Jupiter, lässt sich *so* etwas einfallen?

Da ist es ja nachgerade charmant, wenn sich das Klopapier selbst als „Servus" empfiehlt, als unser „Diener" oder sogar „Sklave", dem man sogar noch ein freundlich-dankbares „Servus!" zurufen kann, bevor man es hinunterspült. Ganz in der Nähe fordern uns „Tempo"-Taschentücher auf, „Zeit" zu sparen. Tatsächlich erklärt sich der Name mit der Erfindung des Papiertaschentuchs in den Zwanzigerjahren des 20. Jahrhunderts. Im Unterschied zu Stofftaschentüchern mussten „Tempos" nicht aufwändig gewaschen werden – die Waschmaschine wie z. B. der „Lavamat" (*lavare*, „waschen") war seinerzeit ja noch nicht erfunden –, und das bedeutete ein gehöriges Plus an *tempus*, „Zeit". Wegwerfprodukte sind ja ein Spezifikum jener Akzelerationsspirale (*accelerare*, „beschleunigen"; *spira*, „Windung"), die das 20. Jahrhundert prägte, die heutzutage aber unter ökologischem Aspekt teilweise kritischer gesehen wird. Mit „Tempos" nahm indes nicht unbedingt das Schnäuzen Fahrt auf, wohl aber der Absatz an Einmal-Artikeln.

Bonaqa und Sinalco – Nicht berauschend und trotzdem Latein

In der Getränkeabteilung freuen wir uns, dass die mächtige Coca Cola Company ihr Tafelwasser einem lateinischen Namen anvertraut: „Bonaqa" ist, wenn auch (noch) nicht in aller, so doch in vieler Munde – eine Zusammenziehung aus *bona aqua*, „gutes Wasser". Das fehlende „u" wollen wir mal nicht kleinkariert bemängeln, sondern als Ausdruck einer interessanten orthographischen Innovation werten. „Innovation" und „innovativ" sind ja äußerst positiv konnotierte, Aktualität und Modernität spiegelnde Begriffe. Kein Wunder: Schon die Römer sprachen von *innovare,* wenn sie „erneuern" meinten (auch wenn sie dem *novum,* dem „Unerprobten", „noch nicht Bewährten", erheblich skeptischer begegneten als wir).

Deutlich mehr Geschmack als „Bonaqa" verspricht „Sinalco". Eine Limonade, die sich schon im Namen selbstbewusst, ja geradezu konstitutiv von gefährlichen Suchteffekten abgrenzt: *sine alcohole* ist der Markenkern, „ohne Alkohol". Was man vom „Rex Pils" nebenan nicht gerade sagen kann. Die Biersorte gehört mittlerweile zur weitgefächerten Radeberger Familie, präsentiert sich im Namen aber als deren unbestrittener „König" (*rex* mit langem „e"!). Die Absatzzahlen dürften das nicht gerade belegen, aber vielleicht die Qualität? Wir halten uns da, Rom-affin wie wir sind, besser mit dem Urteil zurück. Bier war bekanntlich keine römische Spezialität. Wohl aber *vinum* – wie sich auch am „Wein" zeigt, einem der ältesten lateinischen Lehnwörter in der deutschen Sprache.

Am Zeitschriftenregal begrüßen uns einige Titel mit sympathisch lateinischen Namen. Gerade im Bereich der leichten Illustrierten-Muse hätten wir die nicht unbedingt erwartet. Und doch werben „Amica" und „Bella" für sich mit Namen, die der Gelehrtensprache Latein entnommen sind, die „Freundin" und die „Schöne". Und dann ist da noch der „Focus". Sein Name ist Programm: Themen, die er behandelt, stehen zumindest nach Ansicht der Redaktion im „Brennpunkt". Der physikalische Begriff geht auf den römischen *focus* zurück, der den „Brandaltar", den „Herd" des Hauses und damit übertragen auch „Haus und Hof" bezeichnete. Hat sich der „Focus" als seinerzeit neues Nachrichtenmagazin mit seinem lateinischen Namen gegenüber dem etablierten „Spiegel" einen Vorteil hinsichtlich Seriosität und Zuverlässigkeit verschafft? Nur bei oberflächlichem Hinschauen. Denn hinter der Lehnwortfassade des „Spiegel" scheint, guckt man näher hin, mit *speculum* ein solides lateinisches Vorgängerwort auf, eben der „Spiegel".

Warum Asics-Produkte wahren humanistischen Geist atmen

Dass sich die Gesundheitsbranche gern mit Produktnamen schmückt, die der Medizinersprache Latein entnommen sind, ist allgemein bekannt.

Aber da wir im Supermarkt sind und nicht in der Apotheke, gehen wir an dieser Stelle auf die vielen lateinischen Arzneibezeichnungen nicht ein – zumal sie ja nicht nur fröhliche Gefühle auslösen. Wohl aber sollten wir die (auch im Supermarkt erhältlichen) Artikel der Firma „Sanitas" nicht übergehen. Sie stellt Blutdruckmesser und Thermometer, Waagen und Massageapparate her und bietet uns damit Geräte an, die grundsätzlich auf unsere *sanitas*, „Gesundheit", abzielen. Im batterieabhängigen Modus (der „Art und Weise", dem *modus* des Betriebs) ergänzen wir die „Sanitas" - Geräte durch Duracell-Batterien. Sie lassen, für Lateiner unschwer zu erkennen, lange Haltbarkeit (*durare*, „dauern") der kleinen Energie-Zellen (*cella*) erwarten.

Sollte die „Sanitas"-Waage Körpergewichtswerte anzeigen, die dem Produktnamen nicht gerade alle Ehre machen, so wäre ein kurzer Abstecher in die Sportabteilung des Supermarkts zu überlegen: Joggingschuhe besorgen, sozusagen als erster Schritt zur notwendigen Gewichtsreduktion! An „Adidas"-, „Nike"- und „Puma"-Auslagen gehen wir achtlos vorbei. Was uns fasziniert, sind „Asics"-Produkte. Denn die atmen wahren humanistischen Geist, der bekanntlich geistige und körperliche Fitness vereint. Jedenfalls, wenn wir dem römischen Dichter Juvenal glauben dürfen, der das vielfach rezipierte Motto prägte *mens sana in corpore sano (sit)*, „ein gesunder Geist (soll sein) in einem gesunden Körper". Kein schlechter Slogan auch für Sportartikel, sagten sich die „Asics"-Gründer. Wie wäre es, wenn man den jeweils ersten Buchstaben des Mottos in Form eines Akronyms zu einem klassisch geadelten Markennamen zusammenzöge? Heraus kommt „Msics". *Die* Marke würde wegen Unaussprechlichkeit binnen kurzem floppen. Da war man sich einig – und behalf sich mit einem lateinischen Synonym für *mens*, nämlich *anima*. *anima* ist tendenziell etwas stärker physisch („Atem") bzw. metaphysisch („Seele") konnotiert als *mens*. Aber es verfügt über einen viel brauchbareren Anfangsbuchstaben. Die Marke „Asics" war geboren: ***anima sana in corpore sano***. In dermaßen lateinisch nobilitierten Sportschuhen läuft es sich ja fast von alleine, sind wir sicher – und auch die „Sanitas"-Waage und der „Sanitas"-Blutdruckmesser werden binnen kürzester Zeit Entwarnung geben. Latein sei Dank!

Wir verlassen den Supermarkt, und zwar, wie es sich gehört, durch den Kassenbereich, wo wir die eingekauften Latein-affinen Produkte ordnungsgemäß abrechnen. Der Wartestau vor der Kasse lädt zu einer kurzen sprachlichen Analyse des gerade Gesagten ein. Sie fällt überraschend lateinlastig aus. „Produkt" geht auf lateinisch *producere* zurück, „hervorbringen", in „ordnungsgemäß" findet sich römisches *ordo*-Denken wieder, eben die „Ordnung" – so wie im „kaufen" der römische *caupo*, „Krämer", „Kaufmann", präsent ist. „Affin" sind Dinge, die „an der Grenze" (*ad* + *finis*) liegen; die „Kasse" ist ein Lehnwort zu *capsa*. Damit bezeichneten die Römer zunächst einen Behälter für Buchrollen, später ganz allgemein einen Behälter für alles Mögliche – eben auch zur Aufbewahrung von Geld. Ja, und auch der „Supermarkt", in dem wir einige Seiten lang lateinsprachigen Konsumartikeln (*consumere*, „verbrauchen"; *articulus*, „Knöchelchen", „kleines Glied") nachgespürt haben, ist ein ganz und gar lateinisch geprägter Verkaufsraum: *super* bezeichnet alles „über", „oberhalb" der Normalität, und der deutsche „Markt" ist ebenso wie sein englischer „Kollege" *market* ein Lehnwort zu lateinisch *mercatus*, „Markt". Kein Wunder, dass Lateiner gern im Supermarkt sind – zumindest sprachlich fühlen sie sich da wie zu Hause.

Audi, Insignia, Corolla – Lateinische Autonamen auf lateinischen Straßen unterwegs

In aller Regel werden wir ja vom Supermarkt ins Auto steigen. Und auch in dieser hochmodernen Automobilwelt des 21. Jahrhunderts tummelt sich einiges Lateinische – technisch eher nicht, räumen wir ein, wohl aber sprachlich. Das weiß wohl jeder, der einen „Audi" fährt: Der Gründer der Marke hieß „Horch". Als Firmenname klang das Herrn Horch zu provinziell. Also übersetzte er seinen Namen einfach ins Lateinische. Das Ergebnis war „Audi", der Imperativ Singular von *audire*, „höre", oder eben „horch".

In der produzierten Stückzahl deutlich unterlegen, in puncto Ruhm und Augenleuchten der Fans aber noch deutlich oberhalb von „Audi" angesiedelt ist „Ferrari". Eine legendäre italienische Automobil-Schmiede. Und ebendas bedeutet der dem Lateinischen entlehnte Markenname: *ferrarius* war bei den Römern der „Schmied".

Merklich weniger Glamour strahlt „Opel" aus. Ihrem etwas betulich-provinziellen Image haben die Rüsselsheimer indes durch Anleihen aus der glamouröseren Weltsprache Latein abzuhelfen versucht, indem sie zwei Modellen original lateinische Namen gaben: Der „Opel Astra" verspricht seinen Fahrern geradezu himmlische Gefühle – *astra* sind die „Sterne" –, und der „Opel Insignia" verheißt seinen Käufern „Auffallendes", ja „Ausgezeichnetes" – Neutrum Plural von *insignis*, „beispiellos". Eine Exklusivität, die wir von „Opel" so nicht unbedingt erwartet hätten. Aber *nomen est omen*, weiß der Lateiner, „der Name ist ein Vorzeichen". Und das muss keineswegs immer etwas mit Autosuggestion zu haben.

Der „Volvo" behauptet selbstbewusst „ich rolle", während der Renault „Modus" wohl das (vernünftige) Maß, den *modus*, verkörpern soll. Der überzeugteste Lateiner unter den Automobilherstellern kommt aber überraschenderweise aus dem Fernen Osten. Es ist Toyota. Die japanischen Namenssucher wurden gleich viermal in der Sprache der alten Römer fündig. Der „Corolla" ist ein „Kranz" – aus Sicht der Römer durchaus etwas Positives, das sie mit Gastmählern und Weingenuss assoziierten (und keineswegs mit Friedhöfen und Gräbern), der „Auris" ist ein „Ohr" (und wäre streng genommen ein Femininum: „Ich fahre eine Auris!"), der „Carina" oder korrekter die Carina ist ein „Kiel", der auch metonymisch für das „Fahrzeug" schlechthin steht, der „Prius" schließlich ist einer, der einfach „früher" ankommt als die Konkurrenz. Man könnte ihn auch als „überlegen" deuten, müsste aber zumindest aus Lateinerkreisen die Kritik in Kauf nehmen, dass *prius* eigentlich ein Neutrum oder ein Adverb ist. Aber wie fair ist es, ausgerechnet fernöstliche Automobilhersteller mit solch sprachlicher Besserwisserei zu behelligen? Gilt doch hier wie so oft die schöne lateinische Sentenz: *in magnis et voluisse sat est*, „in großen Dingen reicht es auch schon aus, gewollt zu haben".

Phaeton nein danke! – VWs peinlicher Namensflop

Solche kleinen grammatischen Unvollkommenheiten fallen erst recht nicht ins Gewicht, wenn man sie mit groben mythologischen Schnitzern vergleicht, wie sie sich ein anderer Weltkonzern erlaubt hat. Ausgerechnet sein automobiles Flaggschiff hat „VW" auf den Namen „Phaeton" getauft. Mit einigen wenigen Minuten Nachschlagearbeit in einem mythologischen Handbuch – oder ein bisschen Ovid-Lektüre oder sogar nur kurzem

Stöbern in „Wikipedia" – hätte man sich diese Blamage ersparen können. Der Namenspatron der teuren Limousine ist nicht gerade als großer Held der Fahrkunst in die Annalen des Mythos eingegangen. Phaëthon war der Sohn des Sonnengottes Helios/Sol. Eines Tages bedrängte er seinen Vater, ihm für einen Tag die Lenkung des Sonnenwagens anzuvertrauen. Helios ahnte die kommende Katastrophe, leistete lange Zeit Widerstand, gab dann aber nach. Er hätte standhaft bleiben sollen. Denn kaum hatte Phaëthon die Zügel über die feurigen Pferde übernommen, da wurde er von der Situation völlig überfordert. Der Sonnenwagen schleuderte am Firmament entlang, mal zu dicht an der Erde, mal zu dicht am Himmelszelt, und hinterließ eine gigantische Spur der Verwüstung. Ganze Regionen brannten ab. Um Schlimmeres zu verhindern, sah sich Zeus zum Eingreifen gezwungen. Er schleuderte den Lenker des Unglücksgespanns mit Hilfe seines Donnerkeils aus dem Wagen. Phaëthon stürzte auf die Erde und wurde beim Aufprall zerschmettert. Und „VW" benannte die Edelkarosse ausgerechnet nach ihm.

Kein Wunder, will uns scheinen, dass sich die Verkaufserfolge dieses Modells in engen Grenzen halten. Mittlerweile hat das Management die Reißleine gezogen und die Produktion der „Unglücksmodelle" eingestellt. Hoffen wir, dass „VW" wenigstens seine anderen Modelle mit Reifen eines Herstellers ausstattet, dessen Namen geradezu identisch ist mit einer Mobilitätsgarantie: „Semperit". Oder, lateinisch geschrieben: *semper it*, „(der) geht immer". Jedenfalls auf Straßen, wo er hingehört. Denn die „Straße" ist ein Lehnwort zu lateinisch *(via) strata*, einem „gedeckten" Weg mit stabilem Belag.

Blicken wir in andere Sparten der Wirtschaft, so stellen wir auch dort eine große Wertschätzung für lateinstämmige Produktnamen fest. So dient sich uns der Computer-Händler „Vobis" ziemlich vertraut an: „Für euch", ruft er uns zu, sind alle diese Erzeugnisse der schönen neuen Digitalwelt bestimmt. Die „Securitas"-Versicherung verspricht uns das, was wir von ihr erwarten: „Sicherheit", die Finanzberatung „Fides", das, was wir nicht allen auf diesem Sektor Tätigen mehr zubilligen mögen: „Treue" und „Vertrauen". Die „Pax"-Bank geht noch ein Stück weiter, indem sie uns „Frieden" anbietet – in Zeiten der Finanzkrise mit Bad Banks und Bankenrettung ja wahrhaftig kein gering zu schätzendes Angebot.

Unter dem gleichen Label wirbt „Ikea" für ein Schranksystem. Wir sind skeptisch, ob beim Zusammenbau alles so friedlich bleibt. *virtus* war bei den Römern ein zentraler Wert: „Tüchtigkeit", „Tugend", „Tapferkeit". Da erstaunt es nicht, dass sich eine Menge Anbieter auf unterschiedlichen Gebieten diesen Vertrauen erweckenden „Virtus"-Namen zulegen – etwa eine Immobilienfirma, ein Investmentunternehmen und ein Pflegedienst. Überhaupt haben Pflegedienste eine offenkundige Affinität zum Alten und Bewährten, das sich mit Latein verbindet. Die „Caritas" verspricht „Nächstenliebe" und der „Humana"-Pflegedienst eine „menschliche" Behandlung. Wir stoßen auch auf das männliche Pendant, den „Humanus"-Pflegedienst. Spiegeln sich da Geschlechtspräferenzen bei der Behandlung des Patienten im Genus des Namens? „Humana" ist im Übrigen auch eine bekannte Firma für Babynahrung. Der Name schützt zuverlässig vor einer Verwechslung mit Futter für unsere vierbeinigen Hausgenossen. Aber auch da ist das Lateinische nicht fern. Katzenfutter – da bürgt „Felix" für Qualität und macht die Katze „glücklich". „Katzen würden Whiskas kaufen" wirbt ein anderes Unternehmen für seine Produkte. Aber höchstens Katzen, werfen wir uns für „Felix" in die Bresche, die kein Latein können.

Pro „pro" – Was freundlich klingt, kann grammatisch böse enden

Werfen wir abschließend noch einen Blick auf das Lieblingswort der Lateinfans unter den Gründern von Unternehmen, Organisationen und Interessenverbänden. Das ist eindeutig „pro". Mit „pro" spricht man sich „für" etwas aus, bekennt sich gewissermaßen positiv zu einem Anliegen. Ein sympathisches Wort, das Offenheit, Zugewandtheit und Engagement „für" etwas spiegelt. So auch in der Vorbildsprache: Wenn Cicero *Pro Balbo* oder *Pro Archia poeta* plädiert, dann tritt er als Verteidiger des Balbus oder des Dichters Archias auf.

Dieses „Etwas" kann von sehr unterschiedlicher Natur sein. Wer nicht mit zu viel Latein anecken will, kombiniert „pro" mit einem deutschen Begriff, wer es etwas nobler und bildungsbürgerlicher mag, verknüpft sein Pro-Bekenntis mit einem lateinischen Wort. Allerdings nicht immer ganz so geschickt, doch dazu später.

In der medialen Öffentlichkeit treten häufig „Pro Bahn" und „Pro Asyl" in Erscheinung. Die einen vertreten die Interessen der Bahnfahrer, die anderen die von Flüchtlingen und Asylsuchenden. „Pro Idee" ist ein Versandunternehmen, das sich auf innovative, „pfiffige" Produkte spezialisiert hat. „Pro Buch" nennt sich eine Buchhandlung äußerst glaubwürdig, „Pro Wein" ein Versand, dem unser körperliches Wohl, und „Pro Latein" eine Vereinigung, der unser geistiges Wohl am Herzen liegt.

„Pro familia" setzt sich – wir gehen zu den volllateinischen Namen über – für Familienplanung ein, „Pro planta" ist ein Informationszentrum für die Landwirtschaft („Für die Pflanze"). Alles grammatisch sauber gebildet, aber, ehrlich gesagt, kein Kunststück, weil der Nominativ des Wortes und der von *pro* geforderte Ablativ in der Schriftform identisch auf „-a" enden. Verlässt man indes das insoweit sichere Femininum, dann steigt der Schwierigkeitsgrad. Den richtigen Ablativbildungen „Prolibro", „Für das Buch", „Pro vino", „Für den Wein", „Pro Argento", „Für das Silber", zollen wir Beifall. Und erst recht dem Sozialverband für arbeitslose Frauen, der sich „Pro labore", „Für die Arbeit", nennt, sowie der Hundeschule „Procane", „Für den Hund", und dem Seniorenverband „Pro Homine", der seine schulischen Lateinkenntnisse souverän frisch gehalten hat und einen tadellosen Ablativ zu *homo*, „Mensch", hinkriegt.

Andere versagen da kläglich. Das Unternehmen „Pro argentum" rät mir, meine Ersparnisse bei ihm in Edelmetalle einzutauschen, „bevor es zu spät ist". Bei der Grammatik ist es bei denen eh schon zu spät. Das deutsche Äquivalent der falschen Namensbildung wäre „Für dem Silber". Da lassen wir mal lieber die Finger davon, aus dem gleichen Grund von „Pro aurum", „Für dem Gold". Auch die Kanzlei „Pro Ius", die angeblich „für mein Recht" eintritt, suchen wir nicht auf, solange sie sich nicht korrekt in „Pro Iure" umbenennt.

Was sollen wir mit „Profagus" machen? Aufdringlich stehen diese Holzkohle-Tüten, sobald die deutsche Grillsaison im März losbricht, vor den Supermärkten. Sie bläuen uns geradezu ein, wie „pro" sie sind: „Pro Qualität" und „pro Natur"und natürlich „Profagus", *fagus* ist lateinisch die „Buche". Mit „Profago" hätten wir deutlich weniger Bauchschmerzen, uns dieser Grillkohle anzunehmen. Obwohl ... neben dem grammatischen gibt es noch ein inhaltliches Problem. Was ist das eigentlich für eine Aktion „für die Buche" wenn sie zum Brennstoff aufbereitet wird, mit dessen Hilfe fette Würstchen und Koteletts braun besser noch schwarz gemacht werden?

Die Hundeschule „Pro canis" sehen wir ebenfalls kritisch – nicht, weil wir unserem Hund Latein beibringen lassen wollen (das machen wir dann schon selbst), sondern weil sich da jemand mit Latein adeln will, der die Regeln nicht kennt. „Pro cane" wäre in Ordnung – oder ganz einfach „Für den Hund". Bei „Pro canis" ist dagegen die Grammatik auf den Hund gekommen. So auch bei einem „Institut für Persönlichkeitsentwicklung", das sich forsch „Pro Ego" nennt. Klingt im Lateinischen so hübsch wie im Deutschen „Für Ich". Klar, eine starke Persönlichkeit hält so etwas aus.

Nicht aber ein Latein-Sensibelchen, das „Pro me" hören will. Und Augen und Ohren verschließen möchte, um all das aufgeblasene, peinliche Angeber-Latein nicht an sich herankommen zu lasen, das sich mit falschem Wissen spreizt. Was die Augen angeht, so ist das kein großes Problem. Die kann man schließen. Und für die Ohren gibt es eine geniale Erfindung, die einen kongenialen lateinisch-deutschen Markennamen trägt: „Ohropax", „Friede fürs Ohr". Wobei wir ausdrücklich die gelungene lateinische Dativendung hervorheben möchten, die das deutsche „Ohr" in unnachahmlicher Weise nobilitiert.

„CARPE DIEM!" – DAS LEBEN
GENIESSEN, ABER AUF LATEIN

Latein ist *out*? Schon lange nicht mehr, wenn's je *out* gewesen sein sollte. Das zeigt ein Blick ins Branchenverzeichnis oder, noch besser, eine Internetrecherche. Jedenfalls dann, wenn man unter dem Stichwort *carpe diem* nachschaut, „Pflücke den Tag!" Oder etwas weniger poetisch-anschaulich übersetzt: „Nutze den Tag!" Ein Motto, das offenkundig in unsere Zeit passt: Die Aufforderung zum Lebensgenuss. Auf Deutsch wirkt das ein bisschen platt und nicht ganz so originell. Lässt man den Spruch allerdings in seinem originalsprachlichen Gewand, dann „kommt" er viel edler, viel glaubwürdiger, viel bildungsaffiner. Latein ist *out*? Von wegen! Latein nobilitiert, und da es auf Sentenzen und Sprichwörter kein Copyright gibt, kann sich jeder bedienen. Das macht die Sache nicht mehr ganz so originell, aber trotzdem gilt: Mit Latein verkauft man besser.

Bevor wir das Ergebnis unserer *carpe-diem*-Recherche präsentieren, wollen wir den Schöpfer des Wortes etwas ausführlicher zu Wort kommen lassen. Es ist der römische Dichter Horaz (65–8 v. Chr.). In seiner Ode I 11 rät er dringend davon ab, sich mit Hilfe von Horoskopen über die weitere Lebenserwartung zu informieren. Klüger ist es, „sein Los zu tragen, wie es auch fällt", und nicht zu sehr auf die Zukunft zu bauen.

Auf das Heute kommt es an – „missgünstig entflieht, während du noch sprichst, die Zeit": *carpe diem quam minimum credula postero*, „pflücke den Tag und vertraue möglichst wenig dem folgenden". Grundsätzlich ist das tatsächlich als Aufforderung zum Lebensgenuss zu verstehen und zugleich als Mahnung, sich nicht zu viel von einer höchst ungewissen, jedenfalls nicht planbaren und nicht vorhersehbaren Zukunft zu erwarten. Da sich der Rat zugleich mit dem Hinweis verbindet, „den Wein zu klären", geht eine Deutung in körperlich-sinnlicher Richtung nicht an der horazischen „Message" vorbei.

Damit steht die Gastro-Szene bei der kommerziellen Nutzung der Sentenz geradezu auf der Pole-Position. Die Branche ergreift Horazens ausgestreckte Werbe-Hand denn auch nur zu gern. Zahlreiche Bistros und Restaurants, darunter auffällig viele Italiener, schmücken sich mit dem *carpe-diem*-Slogan, aber auch Sushi und Latein kommen unter diesem Dach zusammen. Caterer versprechen ihren Kunden geradezu lateinischen Häppchen-Genuss, und zwei Weltsprachen gehen auf deutschem Boden eine wunderbare Allianz ein, wenn *finest fingerfood* als *carpe-diem*-Offerte angepriesen wird. Ob man in dem Weinvertrieb, der sich des Mottos bedient, weiß, wie nah man Horaz ist? Bestimmt; man wird ja wohl davon ausgehen dürfen, dass sich die Horaz-Jünger ihr Leitthema im Kontext der gesamten Ode angeschaut und dann entschieden haben. Die „vegetarische Gourmetwoche" hätte sich allerdings, wenn sie bei Horaz eine Nutzungserlaubnis angefragt hätte, wohl eher eine Absage eingehandelt.

Schon steht die Wellness-Branche bereit, ihren zweiten Platz in der Nutzung des Slogans mindestens zu verteidigen, am besten aber auszubauen und selbst auf das Siegertreppchen intensivster *carpe-diem*-Nutzung zu hüpfen. Die Chance dazu besteht, hat man neuerdings doch mit großem numerischem Erfolg sogar das Friseurhandwerk ins gemeinsame Genießerboot holen können. Waschen, schneiden und legen war gestern, heute wird beim Friseur der Tag gepflückt – und im traditionell kommunikativen Raum der Frisierstube, den dieses Gewerbe schon bei den alten Römern darstellte, wird leidenschaftlich über die epikureische Philosophie des *carpe-diem*-Erfinders Horaz diskutiert.

Nagelstudios, Kosmetiksalons und Fitnessclubs sind ebenfalls in großer Zahl auf den *carpe-diem*-Zug aufgesprungen und fordern ihre Kunden und Kundinnen per Firmennamen zur Nutzung des Tages auf – bloß kein *beauty treatment* auf die Ungewissheit des nächsten Tages verschieben! Physiotherapeuten machen ebenfalls kräftig beim Tagpflücken mit sowie eine *Move Academy*, die unter anderem Kickboxen in ihrem lustvollen Bewegungsprogramm hat.

Eine beachtliche Genießer-Fraktion stellt auch die Tourismusbranche: Gasthäuser, Hotels, Ferienwohnungen – alle wollen sie *carpe diem* heißen. Ebenso kämpfen Eventagenturen, Reiseveranstalter und Schulreisen unter dem lateinischen Label um Marktanteile. Hoffen wir, dass ihre Kunden nicht allzu beschlagen in antiker Kulturgeschichte sind. Das Gastgewerbe im Alten Rom war qualitativ ziemlich unterentwickelt,und Reisen war alles andere als ein Genuss – nachzulesen bei eben unserem Horaz in der Satire über eine Fahrt auf der Via Appia (Hor. sat. I 5).

Die käufliche Liebe greift überraschend selten auf den *carpe-diem*-Spruch zurück – vielleicht, weil sie eingedenk ihrer traditionell soliden Lateinkenntnisse eher auf die Nacht setzt? Immerhin fordert ein Düsseldorfer Etablissement seine Kundschaft zum horazischen Genießen auf. In Rottach trägt ein Nachtclub diesen Namen – zur Überraschung auch der örtlichen Presse, der ein *carpe noctem*, „Nutze die Nacht!", eher eingeleuchtet hätte. Und weil die Journalisten nachgefragt haben, dürfen auch wir mal einen tiefen Einblick in die Beweggründe mancher Namensgeber erhaschen. Warum sie für den Rottacher Nachtclub das horazische Motto gewählt hätten? „Meine Freundin und ich haben uns für den Namen entschieden, weil er sich einfach gut anhört". Cool.

Ein bisschen mehr werden sich die Finanzdienstleister gedacht haben, als sie *carpe diem* als Firmennamen wählten. Das Schöne daran ist: Es bleibt ja offen, wer da den Tag für sich nutzt. Bei Personalberatern und Zeitarbeitsfirmen finden wir *carpe diem* als Firmennamen nicht ganz so angebracht, wenn wir an den Kontext denken: Werden da kurze Kündigungsfristen schon im Namen angedeutet? *quam mimimum credula postero (diei)*, begründet Horaz ja seine Mahnung, „trau dem nächsten Tag möglichst wenig". Ja, so ist das, liebe Personalvermittler, wenn man es mit Philologen zu tun hat! So richtig gern habt ihr die ja eh nicht.

Dass ein Kombucha-Getränkehersteller unter dem *carpe-diem*-Motto firmiert, leuchtet uns mehr ein, als es bei Herstellern anderer Konsumgüter und Dienstleistern der Fall ist: Schuhmode geht noch (wegen des Standorts Sylt), aber Floristik? Yachtdesign? Fuhrparkmanagement? Badezimmermöbel? Kirchenchor? Und sogar Natursteine? Was *Carpediem Beds of Sweden* angeht, so müssen die Gesellschafter im tiefsten schwedischen Winter auf diesen Namen verfallen sein – wenn es dort überhaupt nicht so richtig hell wird und der Tag einem vorkommt wie die Nacht und sowieso alle Schweden wochenlang nur im Bett liegen. Oder wie. Oder was. Man sollte nachfragen (oder Schüler animieren, das im Rahmen einer entsprechenden Internetrecherche zu *carpe diem* zu tun). So ganz vermögen wir auch nicht den Sinn zu erkennen, warum die Campingausrüstung für den Renault Kangoo – inklusive Jalousien – *carpe diem* heißt.

Wir gehen zum sozialen Bereich über. Es ist bestimmt nett gemeint, wenn sich Seniorenheime und Pflegedienste *Carpe diem* nennen und damit versprechen, ihren Kunden jeden Tag zu einem besonderen Erlebnis zu machen. Aber da wir auch immer ein bisschen weiterdenken – bei Horaz und allgemein –, erscheint uns die Aufforderung zum Lebensgenuss in diesem Umfeld doch eher suboptimal.

Nur begrenzt geschmackvoll geht es in einer anderen Branche zu, in der einzelne Unternehmen sich des horazischen Mottos bedienen. So stellt ein Bestattungsunternehmer in Uetersen seinen Informationstag unter das Motto „*Carpe diem* bei Hinrich". Wer so formuliert, kann auch gleich vom „Tag der offenen Tür" sprechen. Oder gar vom „Tag des offenen Sargs". Sein Kollege in Langenhagen bietet der geschätzten (späteren) Kundschaft einen Friedhofsführer mit dem Titel „Carpe diem" an und erläutert die Wahl des Titels mit der dringenden Empfehlung, „sich zu Lebzeiten Zeit zu nehmen und sich bei einem vom Handwerk geprüften Bestatter (die letzten Wörter im Fettdruck) vor Ort zu informieren". *Carpe diem* und schau bei deinem Bestatter vorbei! Klar doch, so genießen wir bewussten Tagpflücker unser Leben am allerliebsten – und das auch noch in lateinischer Begleitung.

Am erstaunlichsten fand ich, dass ich in Berlin auf ein Tattoo- und Piercing-Studio mit dem Namen *carpe diem* stieß. Irgendwie schien mir dieses Milieu doch ziemlich weit von Latein entfernt. Ein großer Irrtum, wie die weitere Recherche zeigen sollte. Zu den beliebtesten Sprüchen, mit denen Tattoo-Anhänger ihre Haut veredeln, gehört just unser *carpe diem*. Ein lateinisches Tattoo! Das stimmt optimistisch und lässt hoffen, dass *unsere* konkrete Füllung des Mottos bei vielen Menschen auf Akzeptanz stößt: *carpe diem linguae Latinae studens*, „Nutze den Tag mit Lateinlernen!"

CAESAR UND KLEOPATRA AUF PR-TOUR – LATEIN-RECYCLING IM DENGLISCH-TEST

Gaius Iulius Caesar sorgte bekanntlich nicht nur in der römischen *army* (*arma*, „Waffen") für jede Menge *power* (*potentia*, „Macht"). Sein *commitment* (*se committere*, „sich verpflichten") galt auch der lateinischen Sprache. Bei deren Verbreitung war er ein totaler *outperformer* (*performare*, „durch und durch gestalten"): Zum einen sorgte er dafür, dass die einschlägige Sprach-*community* (*communitas*, „Gemeinschaft") in Gallien *boomte* (*bombus*, „dumpfes Geräusch"); zum anderen *stylte* (*stilus*, „Schreibgriffel") er seine eigene politisch-militärische *success story* (*successus*, „Erfolg"; *historia*, „Geschichte") durch seine *comments* (*commentari*, „niederschreiben") zum Gallischen Krieg nachhaltig. Die sind in absolut *stylischem* (s. o.) Latein abgefasst und heute noch als *first class*-Lektüre (*classis*, „Klasse", „Abteilung") für den Lateinunterricht *geratet* (*reri*, Partizip Perfekt *ratus*, „meinen"; „rechnen") – klar, für manchen Latein-*underperformer* (s. o.) eine ordentliche sprachliche *challenge* (*calumnia*, „Rechtsverdrehung", insofern „Herausforderung"), aber für jedermann mit hohem *ROI-factor* zu lesen (*return on invest*; *retornare*, „zurückdrehen"; *investire*, „einkleiden"; *factor*, „Macher").

Insofern gibt es kaum einen besseren *representative* (*repraesentare*, „vergegenwärtigen") für das *potential* (*potentia*, „Macht") und das *mar-*

keting des Lateinischen (*mercatus*, „Markt") als Gaius Iulius. Wir schicken ihn mal für ein paar Seiten auf *explorer tour* (*explorare*, „erforschen"; *tornare*, „drehen") nach *Germany* (*Germania*, „Germanien") – und zwar zum *abchecken* (*scaccus* mittellateinisch beim Schachspiel der König, den es besonders zu schützen galt), welchen *level* (*libella*, „kleine Waage") die Hybridsprache Denglisch mittlerweile im Alltag der Germanen erreicht hat. Schließlich handelt es sich dabei ja zum großen Teil um *recyceltes* Latein (*re-*, „zurück"; *cyclus*, „Kreis") – sozusagen eine für Latein-*maniacs* (*mania*, „Wut", „Leidenschaft") höchst willkommene Verlängerung der *value chain* seiner Muttersprache (*valere*, „stark sein"; *catena*, „Kette"). „Denglatein" wäre, so gesehen, sprachlich die bessere *solution* (*solutio*, „Lösung").

Warum wir ihm auf dieser *mission* (*missio*, „Schicken", „Sendung") Kleopatra als *travel partner* mitgeben? (*tripalium*, „drei Pfähle", im Mittelalter ein Folterinstrument – so viel zum *traveln*!; *pars*, „Teil"). Zum einen sind wir *up to date* (*datum*, „das Gegebene"), was *political correctness* angeht (*politicus*, „den Staat betreffend"; *correctus*, „richtig"): In *gender*-Fragen (*genus*, „Geschlecht") sind wir total *committed* (s. o.). Also muss auch eine Frau her.

Außerdem bringt die Dame jede Menge *glamour* mit (*believe it or not*: *glamour* kommt von *grammar*, latein. *grammatica*: Weil nur wenige dieser „Magie" kundig waren, ging von ihr gewissermaßen glamouröse Faszination aus). Außerdem würden wir auf den *sex appeal* (*sexus*, „Geschlecht"; *appellare*, „ansprechen") der berühmten Schönheit hinweisen, wenn wir damit nicht unsere *credibility* (*credibilitas*, „Glaubwürdigkeit") in Sachen *political correctness* gefährden würden. Also verzichten wir darauf und verlegen uns lieber auf einen anderen *big point* (*punctum*, „das Gestochene", „Punkt"): Kleopatra gehört zu den absoluten *celebrities* (*celebritas*, „Berühmtheit") der Antike, die noch heute vielen ein Begriff sind. Dass die beiden eine Zeit lang eine heftige *love story* (*historia*, „Geschichte") miteinander hatten, macht unseren *approach* (*appropiare*, „sich nähern") auch historisch total *convincing* (*convincere*, „überzeugen").

Zwei VIPs „on tour"

Als *stage* (*staticum*, von *stare*, „stehen") für unseren *test* (*testa*, „Scherbe", später „Schale der Alchemisten zum Ausprobieren") wählen wir Berlin.

Das ist ja seit einiger Zeit the *place to be* (*platea*, „Platz"). Außerdem gibt es da, wenn das Denglatein wirklich mal nicht weiterhilft, einen lateinischen Stadtführer (F. Mundt/A. Wenzel, Berolinum Latinum, Berlin 2013). Unsere beiden *VIPs* (*vere*, „wirklich"; *importare*, „Eindruck machen"; *persona*, „Person") fliegen natürlich per *jet* (*iactare*, „schleudern") nach Berlin ein. An welchem *airport* (*aer*, „Luft"; *portus*, „Hafen") sie ankommen, hängt davon ab, wann Sie, verehrte *audience* (*audire*, „hören"), dieses Stück *histo-fiction* (*historia*, „Geschichte"; *fictio*, „Erfindung") in die Hand nehmen. Sollte es vor dem Jahre 2020 sein, dürfte immer noch Tegel die entsprechende *location* sein (*locus*, „Ort"); BER ist ja in Sachen *efficiency* (*efficere*, „bewirken") und *reliability* (*religare*, „festbinden") in Sachen *just-in-time-concept* (*iustus*, „gerecht", „gerade"; *conceptus*, „Entwurf") eher ein *underachiever* (*ad*, „zu"; *caput*, „Kopf"; *to achieve* also: „zum Kopf kommen").

Immerhin, der Begrüßungs-*service* (*servitium*, „(Sklaven-)Dienst") funktioniert überraschend gut – *surprise, surprise!* (*super*, „über"; *prehendere*, „packen"). Die *PR-people* (*publicus*, „öffentlich"; *relatio*, „Beziehung"; *populus*, „Volk") des Senats sind echte *professionals* (*professio*, „Bekenntnis", „Gewerbe"). Sie *briefen* (*brevis*, „kurz") Caesar und Kleopatra über Berlins *image* (*imago*, „Bild"): Als arm, aber *sexy* (*sexus*, „Geschlecht") hat das mal ein Regierender Bürgermeister auf den Punkt gebracht – und viele sehen darin eine passende *corporate identity* mit entsprechender *appearance* (*corpus*, „Körper"; *idem*, „derselbe"; *apparere*, „erscheinen"). Auch die *lifestyle scene* (*stilus*, „Griffel", „Schreibstil"; *scaena*, „Bühne") hat in der deutschen *party capital* (*pars*, „Teil"; *caput*, „Kopf") immer ordentlich was in der *pipeline* (*pipa*, „Pfeife"; *linea*, „Linie", „Strich"). *No limits!* (*limes*, „Grenze").

Ein *SUV* (*deportare*, „wegbringen"; *utilitas*, „Nutzen"; *vehiculum*, „Fahrzeug") mit abgedunkelten Scheiben steht für die beiden zum *cruisen* (*crux*, „Kreuz") durch die *city* (*civitas*, „Bürgerschaft") bereit. Natürlich mit *GPS* (*globus*, „Kugel"; *positio*, „Stellung"; *systema*, „System"). Davon erweist sich Caesar sofort als *fan* (*fanaticus*, „Schwärmer") – mit dessen Hilfe hätte sich die *acquisition* (*acquirere*, „erwerben") von Gallien in der halben Zeit erledigen lassen!

Die *tour* (s. o.) geht los. Caesar und Kleopatra sind überrascht. Wohin sie schauen – überall *advertising* in großem Stil (*advertere*, „(den Geist) auf etwas richten"). Das hatte es so in Rom nicht gegeben. Und schon gar nicht die merkwürdigen Läden, die sich *piercing studios* nennen. Schon etwas befremdlich, dass sich die Leute ihre Haut *piercen* (*pertundere*, „durchstechen") lassen, und das sogar mit „Eifer" (*studium*). Kleopatras *comment* (s. o.) erstaunt Caesar nicht: „Am Nil käme das ganz gut an – so ein paar Löcher in Nase, Augenbrauen und Lippen, aber in Rom gäb's nur *trouble* (*turba*, „Unruhe", „Trubel"). Die *hardliner* da (*linea*, „Linie") halten ja strikt am jahrhundertealten *dress code* fest (*directus*, „gerade", davon mittellateinisch *directare*, „sich ordentlich herrichten"; *codex*, „Verzeichnis"). Caesar schaut an sich herunter und sagt lieber nichts. Toga ist auch nicht gerade *das* avantgardistische *outfit* (*factura*, „Machart") mit *pep* (*piper*, „Pfeffer"). Obwohl … In mancher schrägen *scene* (s. o.) käme das vielleicht sogar gar nicht so schlecht an: Toga unten und *piercings* oben – schon ein bisschen *strange* (*extraneus*, „außen befindlich"), aber jedenfalls schwer *poppig* (*popularis*, „volkstümlich").

„special" offers, „promotion" und der Aldi-„spirit"

Erstaunt nehmen beide wahr, dass sie mit *special offers* kein Problem haben. Sprachlich schon gar nicht: *specialis*, „besonders", gibt es auch im Lateinischen, und *offerre* heißt „entgegenbringen", „anbieten". Auch *promotion*-Schilder sind keine sprachliche Hürde: Bei der *promotio* wird etwas „nach vorn bewegt" (*promovere*) – und das kann ja bei Waren nur der Absatz bzw. der Preis sein. Wenn „Preis" gelegentlich als denglischer *price* daherkommt, können Caesar und Kleopatra auch aufs Lateinische zurückgreifen. Beide Wörter stammen von *pretium* ab, eben „Preis". Gern wird auch für eine Dienstleistung oder ein Angebot mit *nonstop* geworben. Da brauchen die beiden nur an römische Klempner zu denken: Die dichteten Lecks schon vor 2000 Jahren mit *stuppa* ab, „Werg", „Flachs". „Keine *stuppa*" bedeutet demnach: Etwas läuft pausenlos weiter – zum Beispiel *special offers*.

Caesar findet diese Welt der tatsächlichen oder vermeintlichen Niedrigpreise faszinierend. Das geht vielleicht noch auf seine Vor-Gallien-Zeit zurück, als *money* (*moneta*, „Münze") bei ihm ziemlich knapp war und er dauernd *customer* (*consuetudo*, „Gewohnheit") bei Geldverleihern war. Da erschien so einiges, was die Leute ihm liehen, als regelrechtes *venture ca-*

pital (*adventura*, „Dinge, die kommen werden", davon auch das deutsche „Abenteuer"; *caput*, „Haupt", „Hauptsumme"). Daher wohl auch seine *preference* (*praeferre*, „vorziehen") für *discounter* (*dis-*, „weg"; *computare*, „rechnen"). Er besteht darauf, einen Aldi-Markt zu besuchen, obwohl Kleopatra nicht *amused* ist (*mussari*, „brummen") und bockig im Auto bleibt.

Dass der Laden-*manager* (*manus*, „Hand") keine Zeit für ihn hat – trotz Toga ist er ja praktisch *undercover* da (*cooperire*, „bedecken") –, quittiert Caesar mit einem schnell aufgeschnappten *no poblem!* (*problema*, „Problem") und bleibt total *relaxed* (*relaxare*, „wieder locker machen"). Der *spirit* (*spiritus*, „Atem") von Aldi kommt schnell bei ihm rüber: Er beobachtet, wie sich der Kampf um den letzten *computer* (*computare*, „rechnen") der *last generation* (*generatio*, „Abstammung") fast zu einer Prügelei hochschaukelt, und empfindet das als eine interessante *experience* (*experiri*, „ausprobieren"). Aber die Rentner da sind kein echter *mob* (*mobilis*, „beweglich"); sie beruhigen sich wieder, bevor die *security* (*securitas*, „Sicherheit") einschreiten muss. Allerdings: Klagloses *queuing* (*cauda*, „Schwanz") gehört offensichtlich nicht zu den *favourites* (*favere*, „begünstigen") der Germanen, *realized* Caesar rasch (*realis*, „tatsächlich"). Da stehen immer noch die Britannier auf der *pole position* (*palus*, „Pfahl"; *positio*, „Stellung").

An der Kasse registriert Caesar erstaunt, dass man nicht mehr unbedingt *cash* bezahlen muss (*capsa*, „Behältnis", auch für Geld). Aldi nimmt jetzt auch *credit cards* (*credere*, „glauben"; *charta*, „Stück Papyrus") – sozusagen eine *diversification* (*diversus*, „verschieden"; *facere*, „machen") des Bezahlvorgangs, wobei als dritte *option* (*optio*, „freie Wahl") noch *prepaid* – etwa bei Aldi Talk – hinzutritt. *pre-* kommt von lateinisch *prae* und bedeutet „vor", „voraus". Und *pay*? Auch das ein englisches Wort mit lateinischem Ursprung? Aber sicher – mit einem bildhaften dazu. *pay* leitet sich ab von *pax*, „Frieden". Das leuchtet unmittelbar ein: *pay* und du hast deinen Frieden!

Lieber „candlelight dinner" als „visit" beim Senat

Kleopatras Frieden ist allerdings ziemlich gestört. Caesar bei Aldi? Wie kommt das denn wohl in der *public opinion* an (*publicus*, „öffentlich";

opinio, „Meinung") „Das bleibt doch *top secret* (*secretus*, ‚abgesondert')",
versucht Caesar sie zu beruhigen und verspricht jetzt volle Konzentration
auf Kleopatras *special interests* (*specialis*, s. o.; *interesse*, „dazwischen sein",
„teilnehmen"). Die nächste anzusteuernde *location* (s. o.) ist klar: Ein
fashion store (*factura*, „Machart"; *staurum*, mittellateinisch „Lager") möglichst mit *super models* (*super*, „über … hinaus"; *modellus*, Verkleinerung
von *modus*, „Art und Weise") und einem *catwalk* (*catta*, „Katze"), der den
Aldi-*horror* (*horror*, „Schrecken") schnell vergessen macht.

Welcher *style* (*stilus*, s. o.) genehm ist? Ganz egal, *classic* oder *casual*
(*classicus*, „klassisch"; *casus*, „Zufall"), Hauptsache von bekannten *desig-
nern* (*designare*, „bezeichnen", „nachbilden") und einem hohen *glamour
factor* (s. o.). *outfits* (s. o.) für die *upper class* (*classis*, „Klasse"), die auch
bei hochkarätigen *charity events* was hermachen (*caritas*, „Nächstenliebe";
eventus, „Ereignis") und Kleopatra auf die *front page* (*frons*, „Stirn"; *pagina*, „Seite") angesagter *people*-Magazine (s. o.) bringen.

Was braucht es sonst noch für eine entsprechende *performance* (s. o.)?
Ein *beauty studio* (*bellitas*, „Schönheit"; *studium*, „Bemühung") zum
renicen (*re-* „zurück", „wieder"; *nescius*, „unwissend"!) mit *lotions* (*lotio*,
„Waschung"), *eyeliner* (*linea*, „Linie"), *face powder* (*facies*, „Gesicht";
pulvis, „Staub") und allen möglichen *beauty treatments* (*tractare*, „behan-
deln"). Auch ein *visit* (*visitare*, „besuchen") im *sun point* (*punctum*, s. o.)?
Um Himmels willen nein! Kleopatra bleibt dem *beauty concept* (s.o.) der
Antike treu: Blass *is beautiful*!

Das alles dauert. Der Abend rückt näher. Welches *entertainment* (*in-
ter-tenere*, „unter-halten") die Herrschaften denn gern hätten? Ein *movie*
(*movere*, „bewegen"), ein *pop concert* (*popularis*, s. o.; *concertare*, „miteinander wetteifern"), ein *festival* (*festus*, „festlich"), ein *musical* (*musica*,
„Musik") – oder doch lieber ein *candlelight dinner* (*candela*, „Kerze"; *dis-
eiunum*, „nicht hungriger Zustand"). Ganz klar das *candlelight dinner*,
entscheidet Caesar und lässt alle anderen Termine *canceln* (*cancellare*, „git-
terförmig durchstreichen").

Und das anschließende *date* (s. o.) mit dem Berliner Senat? Auch da
war ein *dinner* geplant. Caesar denkt kurz nach: „Auch *canceln*! Senat –
den kenne ich aus Rom. Und so richtig *on good terms* (*terminus*, „Grenze")
war ich mit dem ja nie. Schon gar nicht zum Schluss. Bevor das hier zum
crime dinner wird (*crimen*, „Verbrechen") – lieber *canceln*!"

Und was ist mit dem Denglisch-*test* (*testa*, s. o.). Haben die Germanen die *challenge* (*calumnia*, s.o.) bestanden? Können Sie mit der Latein-*PR* (s. o.) insofern zufrieden sein? „Absolut! Aber ehrlich gesagt, könnten sie da ruhig etwas *downgraden* (*gradus*, „Schritt"). Echtes Latein ist viel cooler. Kein *joke*! (*iocus*, „Witz") – „Cool"? – „Na ja, ein paar Denglisch-Brocken kommen nicht aus dem Lateinischen. Sie haben recht, wenn Sie so entsetzt reagieren: Wenigstens *die* sollten die Germanen schnellstens *outsourcen* (*surgere*, „sich erheben", „entspringen").

Nachbetrachtung – Briefing zur Stieftochter Englisch

Sie mögen diesen angeberischen denglischen Blöd- und Imponiersprech nicht, der häufig unüberlegt und noch häufiger einfach dämlich daherkommt? Dafür haben wir volles Verständnis. Andererseits hat er sich ins Deutsche eingenistet und fühlt sich darin pudelwohl. Besonders aus der Sprache der Wirtschaft werden sich solche vielfach überflüssigen Anglizismen kaum entfernen lassen; eher werden sie noch weiter an Boden gewinnen.

Aber wieso eigentlich Anglizismen? Ein großer Teil dieses als chic sich verstehenden Import-Deutschs ist, wir haben es auf den letzten Seiten vorgeführt, römischen Ursprungs. Recyceltes Latein, wenn man so will – wovon die meisten Denglisch-Jünger vermutlich keinen blassen Schimmer haben. Aber es zeigt die Wirkmächtigkeit des Lateinischen, seine Durchsetzungskraft und seine Aktualität auch in der scheinbar modernen lateinfreien Welt. Bezieht man alle fach- und wissenschaftssprachlichen Ausdrücke ein, so liegt der Anteil des lateinstämmigen Vokabulars im Englischen bei fast der Hälfte aller Wörter.

Ein Teil dieser Entlehnungen geht schon auf die Antike zurück, das Gros aber hat mit der normannischen Invasion nach der Schlacht von Hastings im Jahre 1066 zu tun. Damals wurde das germanische Angelsächsisch durch das normannische „Französisch" enorm erweitert und bereichert. Und dessen Mutter war das Lateinische. Englisch wurde damit sozusagen als Stieftochter in die romanische Sprachfamilie aufgenommen. Seitdem gibt es ein reiches Reservoir englischer Wörter, das jeder Latein-Lerner geradezu automatisch mitlernt (und umgekehrt!) – wobei es Aufgabe des Lehrbuches, des Unterrichts und der Unterrichtenden ist, diese Parallelen auch bewusst zu machen. Sie erweitern nicht nur den Horizont, sondern helfen auch kräftig beim Vokabellernen – im Englischen wie im Lateinischen. Das ist eine klassische *win-win*-Situation, bei der der einzige kleine Pferdefuß darin besteht, dass *to win* nicht lateinischen Ursprungs ist.

Vielleicht haben Sie den Eindruck, dass wir es in unserer kleinen Denglisch-*story* mit Caesar und Kleopatra ein wenig übertrieben haben? Immerhin haben wir keinen Denglisch-Begriff erfunden, der sich nicht irgendwo belegen ließe. Und außerdem haben wir uns strikt auf lateinstämmige Denglisch-Vokabeln beschränkt. Ließe man dieses Kriterium außer Acht, so könnte man die Zahl der kursiv gesetzten Wörter unschwer vermehren.

Jil Sanders „giving story" für Latein

Ist aber die Zusammenstellung so vieler lateinstämmiger Denglisch-Vokabeln auf engem Raum nicht doch ein hoch artifizielles – und insofern manipulatives – Sprachprodukt, das sich in der Realität so nicht findet? Wir verstehen Ihre Skepsis. Aber es geht durchaus noch schlimmer. Ein Originalzitat der Modeschöpferin Jil Sander wird Ihnen das rasch verdeutlichen. Dessen einziger Nachteil ist es, dass wir es bereits an anderen Stellen bemüht haben. Das ist ausgesprochen misslich und wir bitten um Entschuldigung für diese Reprise. Andererseits ist Frau Sanders *statement* so überzeugend, dass es jeden erfundenen Text problemlos – *sorry*: *toppt*. Urteilen Sie selbst: Jil Sanders *giving-story* für Latein:

„Mein Leben ist eine *giving-story*. Ich habe verstanden, dass man *contemporary* sein muss, das *future*-Denken haben muss (…). Und für den Erfolg war mein *coordinated concept* entscheidend, die Idee, dass man viele Teile einer *collection* miteinander *combinen* kann. Aber die *audience* hat das alles von Anfang an auch *supported*. Der problembewusste Mensch von heute kann die Sachen, die *refined* Qualitäten mit *spirit* eben auch *appreciaten*. Allerdings geht unser *voice* auch auf bestimmte Zielgruppen. Wer Ladysches haben will, *searcht* eben nicht bei Jil Sander. Man muss Sinn haben für das *effortless*, das *magic* meines Stils." (Kursivierung durch K.-W. W.)

Und hier in aller Kürze die lateinische Ursprungsversion:

story – historia, „Geschichte"
contemporary – con, „mit"; *tempus,* „Zeit"
future – futurus, „künftig"
to coordinate – coordinare, „zusammen ordnen"
concept – conceptus, „Entwurf"
collection – collectio, „Sammlung"
to combine – combinare, „verbinden"
audience – audire, „hören"
to support – supportare, „herbeitragen"
refined – re, „zurück", *finis,* „Ende", also: „vollendet"
spirit – spiritus, „Geist"
to appreciate – appretiare, „einschätzen"
voice – vox, „Stimme"
to search – circare, „herumgehen"
effort(less) – exfortiare, „stark machen"
magic – magicus, „zauberhaft"

Haben wir zu viel versprochen? Wohl kaum. Und es verwundert auch wenig, dass Jil Sander für diesen reifen Sprachen-*mix* (*miscere,* „mischen") den Sprachpanscher-Preis des Jahres 1987 vom Verein Deutsche Sprache e.V. zuerkannt bekommen hat. Mit dem Humanismus-Preis, den der Deutsche Altphilologenverband alle zwei Jahre vergibt, hat es noch nicht geklappt. Aber eine heiße Kandidatin dafür wäre sie. *Refined* Qualitäten mit *spirit* stehen bei Altsprachlern bekanntlich hoch im Kurs.

VOLL STABILE SPRACHE – JUGEND-
JARGON MIT LATEINANLEIHEN

Vor einem Jahrzehnt habe ich in „Romdeutsch" die damals aktuelle Jugendsprache auf lateinstämmige Bestandteile untersucht. Das hat den einen oder anderen Leser unangenehm berührt: Peinlich, sich mit einer so ephemeren Sprachmode abzugeben, geradezu voll *Assi* („asozial"; verneinendes „a" aus dem Griechischen; *socius,* „der Gefährte"). Mag sein. Trotzdem keine Spur von *Autocorrecten,* um die Smartphone-Diktion etwas zu verallgemeinern (*autós,* griechisch „selbst"; *corrigere,* Partizip Perfekt *correctus,* „berichtigen"). „100 Prozent Jugendsprache 2016" (Langenscheidt-Verlag) lässt wieder erkennen, dass die jungen Sprachkreativen Latein offensichtlich *super fame* finden (*super,* „über hinaus"; *fama,* „Ruf", „Ruhm"), auch wenn sich die Zahl der *absolut krassen Fanhumans,* die sich in den sozialen Netzwerken für Latein stark machen, noch in Grenzen hält (*absolutus,* „losgelöst"; *crassus,* „fett"; *fanaticus,* „schwärmerisch", *humanus,* „menschlich").

Ein gewisser Schwerpunkt der lateinstämmigen Jugendsprache 2016 liegt beim Essen. Wir treffen zum einen auf den *Flexitarier.* Das ist ein Vegetarier, der sich auch schon mal zum Fleisch „hinbiegt" (*flectere*). Oder auf den *Omni,* der, wie die Bezeichnung sehr schön deutlich macht, „alles" (*omnia*) isst. Eine Parallelform dazu ist *Omnivore*: Der „schlingt" (*vorare*) alles runter.

Wer nicht so *cashy* ist („flüssig"; von *capsa*, „Behälter auch für Geld", daher auch die deutsche „Kasse"), tut gut daran zu *mensen*. Die Mensa ist seit eh und je ein lateinischer „Tisch" (*mensa*); als Verb ist sie innovativ erweitert. Ob es da freilich *premium* schmeckt (*praemium*, „Belohnung"), darf man bezweifeln. Jedenfalls haben wir dort noch nie jemanden in *Maxikreisch* ausbrechen hören (*maximus*, „der größte"). Eher sprechen manche von *Minus food* (*minus*, „weniger"). Insgesamt ist auch bei der Quantität Vorsicht angesagt, bevor man sich einen *Konterbuckel* einfängt. Eine hübsche Bildung, wenn wir das schulmeisterhaft beurteilen dürfen, für den „Bauch" – er ist ja tatsächlich dem Rücken *contra*, „entgegengesetzt".

Ein Selfie beim *Mensen*? Eher nicht – Vorsicht beim *Egoshoot* in wenig coolen Situationen (*ego*, „ich")! Dann schon lieber *Egogoogeln* – das kriegt man diskreter hin. Und nach dem Essen? Da empfiehlt dir dein Zahnarzt dringend den Griff zum *Oralvibrator* (*os, oris*, „Mund"; *vibrare*, „schwingen"). Manche sprechen total altertümlich noch von einer elektrischen Zahnbürste.

Apropos „altertümlich". Zu den älteren Semestern ist die Jugendsprache traditionell wenig nett. *Kompostie* nennen sie die Älteren (*componere*, „zusammensetzen") – wobei sie Ältere bereits ab 50 definieren. Das habt ihr auch noch vor euch, erwidern wir ganz trocken, ohne in den *Ragemodus* zu verfallen (*rabies*, „Wut"; *modus*, „Art und Weise"). Wir lassen uns doch nicht von euch *bomben* („fertigmachen"; *bombus*, „dumpfes Geräusch"). Und *emotional flexibel* kriegt ihr uns mit eurem Spott auch nicht gemacht („launisch"; *emotio*, „Gefühl"; *flexibilis*, „biegsam"). Dazu gibt's heute viel zu wirksames *Seniorenkonfekt* („Tabletten"; *senior*, „der Ältere"; *confectum*, „vollendet"). Und auch in dem von euch neuerdings als *Rollatorgarage* titulierten Altenheim ist mancher Senior ganz schön *rebelliös*.

Zu dieser Bildung kann man als Lateiner nur gratulieren. *rebellis* ist „kriegerisch", eigentlich einer, der „Krieg zurück" führt, sich widersetzt. Und Adjektive auf *-osus*, im Deutschen zu -os oder -ös geworden, drücken eine Fülle aus: *rebelliös* ist fast ingeniös, auch wenn es vermutlich schlicht dem englischen *rebellious* nachgebildet ist. Solche Übernahmen kann man aber kaum *wikifizieren*. Erneut eine Beifall heischende Bildung, auch wenn heute alles und jedes „-fiziert", das heißt „gemacht" wird (*facere*,

„machen"). Aber *wikifizieren* für „verifizieren" hat was – zumal die Römer auch das Veri- und Falsifizieren selbst noch nicht gebildet haben.

Erschreckend seriös wird der Jugendjargon, wenn er *bildungsresistent* als Synonym für „dumm" verwendet (*resistere*, „Widerstand leisten"). Da hat der Erfinder wohl zu häufig *gemenst*. Und auch dem *Entvirginisieren* kann der Lateiner fast vorbehaltlos Beifall zollen – nur der Wortbildung, versteht sich. *virgo* ist die „Jungfrau", entvirginisieren ist demnach das, was man früher platt als „entjungfern" bezeichnet hat. Klingt heute viel besser. Irgendwie wissenschaftlicher. Noch ein Tick besser wäre – ein Tipp für 2017 – „devirginisieren" (lateinisch *de-* entspricht der deutschen Vorsilbe „ent-").

Voll die Latein-*Propa*, findet ihr? (*propagare*, „ausweiten", „verbreiten"). Ja klar. Darum geht's hier doch. Und bitte diese Liste nicht einfach so *copypasten* (*copia*, „Fülle"; *pasta*, „Gemisch von eingebrockten Speisen", „Klebemittel"), um den Lateinlehrer zu beeindrucken! Stattdessen aufs nächste Jahr warten, das neue „100 Prozent Jugendsprache 2017" holen und selbst eine Latein-Liste basteln. So gehen Latein-Referate heute. Jedenfalls manchmal. So dass Lehrer und Schüler sich wieder mal einig sind: Latein – voll *stabile* Sprache (*stabilis*, „standfest").

„AD HOC, CORPUS DELICTI, ET CETERA" –
ALLTAGSLATEIN IM TEST VON A – Z

Testen Sie Ihr Alltagslatein! Im Folgenden finden Sie geläufige lateinische Ausdrücke, Redewendungen und Abkürzungen, wie sie Ihnen jeden Tag begegnen können, und zwar nicht nur im gehobenen Feuilleton. Können Sie den Elementen des Alltagslateins die richtige Bedeutung zuordnen? Los geht's: Welche Zahl (linke Spalte) passt zu welchem Buchstaben (rechte Spalte). Die Lösungen finden Sie im Anhang.

I. A

1. A. D.	a. Mehr Studenten kann man mit dem Wort nicht erreichen
2. ad acta	b. Steht fest, bevor man sich ans Beweisen begibt
3. ad Kalendas Graecas	c. Noch anschaulicher lässt sich etwas nicht demonstrieren
4. ad hoc	d. Erstaunlich, dass das auch ohne Klonen geht

5. *ad infinitum*	e. Liebenswert arglos, bis zur Weltfremdheit
6. *ad libitum*	f. Argumentativ ist man damit auf der sicheren Seite
7. *ad litteram*	g. Wer so entscheidet, ist zumindest flexibel
8. *ad multos annos*	h. Dient z. B. der Datierung eines Hauses
9. *ad oculos*	i. Morgenstund hat Gold im Mund
10. *ad rem*	j. Aus Gläubigersicht kein guter Rückzahlungstermin
11 *advocatus diaboli*	k. Standpunkt, der vielen nicht gefällt
12. *alieni iuris*	l. Variante der christlichen Zeitzählung
13. *aliquid haeret*	m. Kommt als *a. m.* im Englischen ständig vor
14. *alma mater*	n. Zeitpunkt, der menschliche Planung übersteigt
15. *alter ego*	o. Mahnung an Gesprächspartner, die gern abschweifen
16 *anima candida*	p. Suchen Sie sich's aus!
17. *anno salutis*	q. Noch zu Lebzeiten
18. *ante meridiem*	r. Extreme vermeiden!
19. *ante mortem*	s. Beweis daraus, dass die Quellen nichts darüber sagen
20. *a posteriori*	t. Wird heute auch noch abgelegt, aber zunehmend digital
21. *a priori*	u. Buchstabengetreu
22. *argumentum e silentio*	v. Unmündig
23. *aurea mediocritas*	w. Passt zu jedem Geburtstag
24. *auditorium maximum*	x. Universität, der man viel verdankt
25. *Aurora Musis amica*	y. Verleumdung zahlt sich aus

II. B/C

1. *bellum omnium contra omnes*	a. Nicht ganz so wörtlich zu nehmen
2. *beneficium senectutis*	b. Olle Kamellen, Altbekanntes
3. *bona fide*	c. Das Leben genießen
4. *captatio benevolentiae*	d. Alles andere als privat
5. *carpe diem*	e. Ohne Argwohn und Schuldbewusstsein
6. *casus belli*	f. Einsicht, dass man auch mal zurückstehen muss
7. *cedere maiori*	g. Schwer zu lösendes Problem
8. *ceteris paribus*	h. Wider den Jugendwahn!
9. *cf*	i. Im Augenblick kein drängendes Problem
10. *CH*	j. Am Anfang einer Rede sehr hilfreich
11. *circulus vitiosus*	k. Herrschende Auffassung
12. *communis opinio*	l. Angeblicher Urzustand der Gesellschaft
13. *condicio sine qua non*	m. Aufforderung, woanders nachzuschlagen
14. *contra legem*	n. Zusammenstellung biographischer Daten
15. *consilium abeundi*	o. Punkt, an dem man sich heftig wehrt
16. *coram publico*	p. Erlaubt ist es nicht, manchmal aber sinnvoll
17. *corpus delicti*	q. Unter sonst gleichen Umständen
18. *crux*	r. Kommissare suchen intensiv danach
19. *crambe repetita*	s. Zirkelschluss; Spirale, die nicht zur Lösung führt

20. cui bono?	t. Ein bestimmter staatlicher Zusammenschluss
21. cum grano salis	u. Schulverweis
22. cum tempore	v. Eine Viertelstunde später als im Normalleben
23. cura posterior	w. Ohne das geht es nicht
24 CV	x. Irgendeiner hat den Nutzen – aber wer?

III. D

1. de facto	a. Die Hoffnung stirbt zuletzt
2. de iure	b. Nutzen auf Gegenseitigkeit
3. Deo gratias	c. Gegner sollte man vereinzeln
4. de mortuis nihil nisi bene	d. Agierende (nicht nur im Schauspiel)
5. de profundis	e. Das wär's!
6. diem perdidi	f. Wie es sich tatsächlich verhält
7. dies diem docet	g. Oft verflacht zu „glücklicherweise"
8. differentia specifica	h. Man lernt nicht aus
9. divide et impera	i. Aufschrei aus tiefer Not
10. dixi	j. Klares Unterscheidungsmerkmal
11. do, ut des	k. Nach dem Buchstaben des Gesetzes
12. docendo discimus	l. Keine bösen Worte über das Grab hinaus!
13. dominus vobiscum	m. Fortbildung für Lehrer
14. dramatis personae	n. Nichts Wichtiges oder Sinnvolles heute getan
15. dum spiro, spero	o. Liturgischer Wunsch und Gruß

IV. E

1. ecce homo	a. Wirksamkeit von jetzt an
2. eo ipso	b. Immer weiter so!
3. e pluribus unum	c. Von Amts wegen
4. errare humanum est	d. Im Englischen *e. g.*, *for example* gesprochen
5. etc.	e. im Nachhinein
6. etc. pp.	f. Einheit in der Vielfalt
7. ex cathedra	g. Der Bezug oder Beweis liegt in sich selbst
8. ex eventu	h. Ausdrücklich
9. ex nunc	i. Aufschrift auf Weihgeschenken
10. ex officio	j. Diese „Prophezeiung" ist einfach
11. ex post	k. Unfehlbar, wenn es daher kommt
12. ex tempore	l. Nicht nur im eigenen Bereich
13. ex voto	m. Ich hab's ausprobiert!
14. exempli gratia	n. Vorgesehen war es eigentlich nicht
15. experto credite	o. Kann doch mal passieren!
16. expressis verbis	p. Aus dem Stegreif
17. extra muros	q. Weiteres von ähnlicher Art, Folgendes
18. extra ordinem	r. Darstellung Christi mit Dornenkrone

V. F/H

1. fecit	a. Gottes Schöpfungswort
2. festina lente	b. Das sollte man eigentlich nicht aussprechen

3. fiat lux	c. Ehrenhalber
4. finis coronat opus	d. Zeige direkt, was du kannst!
5. fortes fortuna adiuvat	e. Urheber-Signatur auf Kunst-werken
6. fortiter in re, suaviter in modo	f. Es herrscht größte Gefahr Alarm!
7. genius loci	g. Bloß keine Freiflächen
8. gloria in excelsis Deo	h. Lobgesang der Engel bei Christi Geburt
9. gutta cavat lapidem	i. Auch ein Haus oder eine Stadt atmet einen Geist
10. Hannibal ad portas	j. auf Dauer gewinnt, wer es verdient hat
11. h.c.	k. Ende gut, alles gut
12. hic et nunc	l. Hartnäckig bleiben!
13. hic Rhodus, hic salta	m. Vorsicht Mitmensch!
14. homo homini lupus	n. Eile mit Weile
15 homo novus	o. Diplomatisch im Ton, inhaltlich knallhart
16. horribile dictu	p. Ohne Aufschub, jetzt gleich
17. horror vacui	q. Aufsteiger, Emporkömmling

VI. I

1. ib.	a. Druckerlaubnis
2. i. e.	b. Nichts für Freunde knapper Ausdrucksweise
3. ignoramus, ignorabimus	c. Ausnahmesituation Krieg
4. imprimatur	d. Auf frischer Tat
5. in absentia	e. Das heißt
6. in aeternum	f. Ohne zeitliche Begrenzung
7. in extenso	g. Da sind dem menschlichen Geist Grenzen gesetzt

8. *in flagranti*	h. Ohne lange Vorrede auf den Punkt kommen
9. *in honorem*	i. An der ursprünglichen Stelle
10. *in medias res*	j. Versuch im Reagenzglas
11. *in memoriam*	k. Ohne Verhör und Verfahren
12. *in nuce*	l. Ebendort
13. *in perpetuum*	m. Ein Ende ist nicht in Sicht
14. *in puncto*	n. Im Kreise Eingeweihter
15. *in puncto puncti*	o. Wenn man einen Strich darunter zieht
16. *in situ*	p. In knapper Form
17. *in spe*	q. Was das sechste Gebot angeht
18. *in statu nascendi*	r. Hinsichtlich
19. *in summa*	s. Künftig
20. *in vitro*	t. In Abwesenheit
21. *indicta causa*	u. Bei der Entstehung
22. *inter arma silent leges*	v. Ehrenhalber
23. *intra muros*	w. Zur Erinnerung
24. *iucundi acti labores*	x. Ein befriedigender Rückblick auf das Geleistete

VII. L/M

1. *lapsus linguae*	a. Erträgliches Miteinander
2. *laudator temporis acti*	b. Unter Berücksichtigung der Verschiedenheiten
3. *l. c.*	c. Versprecher
4. *lege artis*	d. Buntes Gemisch
5. *locus amoenus*	e. Verfahrensweise
6. *locus communis*	f. Arglistig
7. *locus classicus*	g. Kirchliche (katholische) Lehrerlaubnis

8. *magna cum laude*	h. Das Gericht nimmt sich keiner Bagatellsachen an
9. *mala fide*	i. Liebliche Landschaft; literarischer Topos
10. *manu propria*	j. Emanzipationsfeindliche Vorschrift
11. *mea culpa*	k. Dabei ist die Verfasserschaft schwer zu leugnen
12. *minima non curat praetor*	l. Gemeinplatz
13. *missio canonica*	m. Erzkonservativer
14. *mixtum compositum*	o. Qualität statt Quantität
15. *modus procedendi*	p. Berühmte Belegstelle
16. *modus vivendi*	q. Professionell vorschriftsmäßig
17. *mors certa, hora incerta*	r. Zweitbeste akademische Note
18. *mulier taceat in ecclesia*	s. Wie angegeben
19. *multum, non multa*	t. Der unsichere Teilaspekt sicheren Wissens
20. *mutatis mutandis*	u. Klare Übernahme der Verantwortung

VIII. N/O

1. *natura non facit saltus*	a. Lass mich in Ruhe!
2. *naturalia non sunt turpia*	b. Früher war alles besser
3. *ne quid nimis*	c. Regel des Benediktinerordens
4. *nervus rerum*	d. Das lässt sich nicht klären
5. *nihil humani alienum a me puto*	e. Obergrenze
6. *nihil novi sub sole*	f. Der Name sagt alles
7. *NN*	g. Zwangsläufig
8. *nolens volens*	h. Geeigneter Zeitpunkt, um ordentlich zu feiern
9. *noli turbare circulos meos*	i. Die Macht der Liebe
10. *nomen est omen*	j. Kein Grund sich zu schämen

11. *non liquet*	k. Nicht zu übertreffen
12. *non plus ultra*	l. Prinzip der Evolution
13. *non scholae, sed vitae discimus*	m. Geld
14. *numerus clausus*	n. Wahrer geistiger Besitz braucht nicht viel Platz
15. *nunc est bibendum*	o. Wird in Lehrplänen nicht immer beachtet
16. *omnia mea mecum porto*	p. Kennen wir alles schon
17. *omnia vincit amor*	q. Wer die Stelle übernimmt, ist noch unklar
18. *ora et labora*	r. Maß halten!
19. *o tempora, o mores*	s. Verständnisvolle Toleranz

IX. P

1. *pacta sunt servanda*	a. Im Zeitalter der DNA überholter Grundsatz
2. *panem et circenses*	b. Gegenteil einer geheimen Wahl
3. *pars pro toto*	c. Lateinische Version des hebräischen „Schalom"
4. *passim*	d. Was ich noch sagen wollte
5. *pater patriae*	e. Wenn einer doch etwas gleicher ist
6. *pater semper incertus est*	f. Jemand ist in Ungnade gefallen
7. *pax vobiscum*	g. Eigentliche Ursache
8. *per acclamationem*	h. Hinterher, zu spät
9. *per aspera ad astra*	i. Ehrentitel für einen verdienten Staatsmann
10. *per pedes apostolorum*	j. Ungefähr
11. *per se*	k. Es ist Eile geboten
12. *periculum in mora*	l. Damit lässt sich das Volk angeblich zufriedenstellen

13. *persona non grata*	m. Bekenntnis zur Bündnistreue
14. *pinxit*	n. Bloß zum Schein
15. *pluralis maiestatis*	o. Ein Herrscher schreibt „wir", wenn er „ich" meint
16. *pluralis modestiae*	p. Im eigenen Interesse
17. *post festum*	q. Unheilvollen Entwicklungen früh vorbeugen
18. *praeter propter*	r. z. B. „Herd" statt „Heim"
19. *prima causa*	s. Worauf es ankommt
20. *primus inter pares*	t. Signatur eines Malers
21. *principiis obsta*	u. Hinweis auf wiederholte Erwähnung eines Begriffs
22. *pro anno*	v. Ohne Mühe kein Erfolg
23. *pro domo*	w. „Wie wir zeigen konnten" – obwohl ich es gezeigt habe
24. *pro forma*	x. Zeitraum z. B. für eine Gehaltsangabe
25. *prosit*	y. Mal nicht mit dem Auto
26. *P. S.*	z. Wohl bekomm's
27. *punctum saliens*	aa. Von selbst

X. Q/R

1. *quae nocent, docent*	a. Wunsch auf einer Grabinschrift
2. *qui tacet, consentire videtur*	b. Dabei bleibt es
3. *quod Deus avertat*	c. Herrenloses Gut
4. *quod erat demonstrandum*	d. Unter diesen Umständen
5. *quod licet Iovi, non licet bovi*	e. Eine Stadt für die Ewigkeit
6. *quod scripsi, scripsi*	f. Der Staat
7. *quousque tandem?*	g. Aus Schaden wird man klug
8. *rebus sic stantibus*	h. Es gibt Unterschiede im Erlaubten

9. relata refero	i. Mitteilung unverbürgten Wissens
10. res nullius	j. Eine höhere Instanz muss helfen
11. res publica	k. Ende der Diskussion!
12. RIP	l. Mit der Geduld am Ende
13. reservatio mentalis	m. Unbequemes mit freundlicher Miene sagen
14. ridentem dicere verum	n. Den Mund aufmachen!
15. Roma aeterna	o. Unausgesprochener gedanklicher Vorbehalt
16. Roma locuta, causa finita	p. Die Sache ist argumentativ schlüssig dargelegt

XI. S

1. sacrificium intellectus	a. Keine Änderung
2. sancta simplicitas	b. Treibende Kraft einer Unternehmung
3. sapere aude	c. Beste Beurteilung im akademischen Bereich
4. sapienti sat	d. Fünfe auch mal gerade sein lassen!
5. scilicet	e. 18 Uhr heißt 18 Uhr und nicht 18.15 Uhr
6. semper aliquid haeret	f. Der Eingeweihte braucht keine weitere Erläuterung
7. semper et ubique	g. Eine weitere Begründung wird nicht geliefert
8. si tacuisses, philosophus mansisses	h. Nachzuschauen unter dem Stichwort
9. sic	i. Verleumder setzen darauf
10. sic transit gloria mundi	j. Unverzüglich
11. sic volo, sic iubeo	k. Ohne Ausnahme

12. sine ira et studio	l. Schutzmechanismus gegen Fachidiotentum
13. spiritus rector	m. Einzigartig
14. s. t.	n. Wider besseres Wissen eine Lehre vertreten
15. stante pede	o. Vorurteilsfrei
16. status quo	p. Zum Klugsein gehört Mut
17. studium generale	q. Hinweis auf einen Irrtum im zitierten Werk
18. sui generis	r. Wie begriffsstutzig!
19. summa cum laude	s. Von einst Prächtigem blättert irgendwann die Farbe ab
20. summum ius summa iniuria	t. Wer nichts sagt, sagt zumindest nichts Falsches
21. s. v.	u. Natürlich, zu ergänzen

XII. T/U

1. tabula rasa (machen)	a. Macht der Gewohnheit
2. tempora mutantur	b. Es gibt Grenzen der Beanspruchung
3. tempus fugit	c. Neuland
4. terminus ante quem	d. Geographisch differenzierter Segen
5. terminus post quem	e. Es gibt nur eine Wahl zwischen zwei Alternativen
6. terminus technicus	f. Kosmopolitismus des Wohlgefühls
7. terra incognita	g. Wenn zwei sich streiten …
8. tertium comparationis	h. Es liegt in deinem Interesse
9. tertium non datur	i. Äußerste Möglichkeit
10. tertius gaudet	j. Wenig ökumenischer Anspruch der katholischen Kirche
11. tua res agitur	k. Geschichte ist dynamisch

12. ubi bene, ibi patria	l. Frühestmöglicher Zeitpunkt
13. ultima ratio	m. Das Jahr ist schon wieder um?
14. ultra posse nemo obligatur	n. Ganz von Neuem beginnen
15. una sancta	o. Hinsicht eines Vergleichs, Vergleichspunkt
16. urbi et orbi	p. Spätestmöglicher Zeitpunkt
17. usus tyrannus	q. Fachbegriff

XIII. V

1. Vademecum	a. Allerbeste Wünsche
2. vae victis	b. Ein Hoch auf ihn/sie!
3. variatio delectat	c. Umgekehrt
4. vaticinium ex eventu	d. Nachschlagewerk
5. venia legendi	e. Erlaubnis, Vorlesungen zu halten
6. veni, vidi, vici	f. *The winner takes it all*
7. vis maior	g. Demokratie hat göttlichen Segen
8. vivat	h. Wider die Eintönigkeit!
9. vivat crescat floreat	i. Ihr muss man sich beugen
10. v. v.	j. Schnell und erfolgreich
11. vivos voco, mortuos plango, fulgura frango	k. Prophezeiung ohne Risiko
12. vox populi vox Dei	l. Glockeninschrift

Literaturverzeichnis

Grundlegende Literatur

G.S./A. Aldrete, The long shadow of Antiquity. What have the Greeks and Romans done for us?, London/New York 2012

K. Büchner (Hg.), Latein und Europa, Stuttgart 1978

M. Fuhrmann, Latein und Europa. Geschichte des gelehrten Unterrichts in Deutschland, Köln 2001

H.-J. Glücklich, Lateinunterricht. Didaktik und Methodik, Göttingen 3. A. 2008

St. Kipf, Altsprachlicher Unterricht in der Bundesrepublik Deutschland. Historische Entwicklung, didaktische Konzepte und methodische Grundlagen, Bamberg 2006

B. Kytzler/L. Redemund, Unser tägliches Latein. Lexikon des lateinischen Spracherbes, Mainz 1992, spätere Auflagen und Ausgaben

J. Leonhardt, Latein. Geschichte einer Weltsprache, München 2009

F. Maier, Warum Latein? Zehn gute Gründe, Stuttgart 2008

N. Ostler, Ad infinitum. A biography of Latin, London 2007

R. Nickel, Altsprachlicher Unterricht, Darmstadt 1973

R. Nickel, Lexikon zum Lateinunterricht, Bamberg 2001

W. Stroh, Latein ist tot, es lebe Latein! Kleine Geschichte einer großen Sprache, Berlin 2007

K.-W. Weeber, Romdeutsch. Warum wir alle Lateinisch reden, ohne es zu wissen, Berlin 4. A. 2014

K.-W. Weeber, Rom sei Dank! Warum wir alle Caesars Erben sind, Frankfurt/M. 2010

K. Westphalen, Basissprache Latein, Bamberg 1992

Zum Lachen in den Keller?

P. Barié, Martial. Gespiegelte Wirklichkeit im römischen Epigramm, Annweiler 2004

M. Beard, Das Lachen im alten Rom. Eine Kulturgeschichte, Darmstadt 2016

C. J. Classen, Martial, Gymnasium 92, 1985, 329ff.

F. Grewing (Hg.), Toto natus in orbe: Perspektiven einer Martial-Interpretation, Stuttgart 1998

N. Holzberg, Martial und das antike Epigramm. Eine Einführung, Darmstadt 2. A. 2002

F. Stephan-Kühn, Aspekte der Martial-Interpretation, Altsprachlicher Unterricht 26/4, 1983, 2ff.

K.-W. Weeber, Humor in der Antike, Stuttgart 2006

M. Wenzel, Beziehungskisten und Bettgeschichten. Sexualität bei Martial in der Oberstufe, Pegasus Online-Zeitschrift VI/2+3, 2006, 62ff.

Zu Gast beim König der Angeber

M. Brütsch/Th. Fuhrer, Annäherung an eine fremde Welt: *Fellini-Satyricon* im Spannungsfeld von klassischem Antikenfilm und literarischer Vorlage, in: U. Eigler (Hg.), Bewegte Antike, Stuttgart 2002, 41ff.

L. Callebat, Pourquoi lire les *Satyrica?*, in: J. Herman/H. Rosén (Hgg.), Petroniana. Gedenkschrift für Hubert Petersmann, Heidelberg 2003, 83ff.

E. Castagna/E. Lefèvre (Hgg.), Studien zu Petron und seiner Rezeption, Berlin 2007

E. Olshausen, Soziokulturelle Betrachtungen zur *Cena Trimalchionis*, in: Castagna/Lefèvre 9ff.

J. R. Prag/I. Repath (Hgg.), Petronius. A handbook, Malden/Oxford 2009

K. Rosen, Römische Freigelassene als Aufsteiger und Petrons *Cena Trimalchionis*, Gymnasium 102, 1995, 79ff.

P. Veyne, Das Leben des Trimalchio, in: ders., Die römische Gesellschaft, München 1995, 9ff.

„Liebeskunst" als Schullektüre

G. Fink/K. H. Niemann, Ovids *ars amatoria* im Unterricht, Auxilia 5, Göttingen 2. A. 1997

R. Henneböhl, Lehrerkommentar zu Ovids *ars amatoria*, Bad Driburg 2012

M. Janka, Ovid lesen heute: Der *doctor amoris* im Multimediazeitalter, Pegasus Online-Zeitschrift IV/3, 2004, 8ff.

U. Schmitzer, Ovid, Hildesheim 2. A. 2011

K.-W. Weeber, Flirten wie die alten Römer, Mannheim 2. A. 2010

J. Wildberger, Ovids Schule der „elegischen" Liebe, Frankfurt/M. 1998

Kriegsreport aus Gallien?

H. Cancik, Rationalität und Militär. Caesars Siege gegen Mensch und Natur, in: H.-J. Glücklich (Hg.), Lateinische Literatur, heute wirkend, II, Göttingen 1987, 7ff.

Der Altsprachliche Unterricht, Heft 33/5, 1990 (Caesar-Heft)

F. Maier, Caesar im Unterricht, Bamberg 3. A. 1992

M. Schauer, Der Gallische Krieg. Geschichte und Täuschung in Caesars Meisterwerk, München 2016

P. Seiffert, *celeritas Caesaris* als Darstellungsprinzip im *Bellum Gallicum*, Pegasus Online-Zeitschrift XII/2, 2012, 88ff.

K. Welch/A. Powell (Hgg.), Julius Caesar as artful reporter, London 1998

W. Will, Veni, vidi, vici. Caesar und die Kunst der Selbstdarstellung, Darmstadt 2008

P. Wülfing, Caesars *Bellum Gallicum*. Ein Grundtext europäischen Selbstverständnisses, Der Altsprachliche Unterricht 34/4, 1991, 68ff.

„Petere", „populus", „pietas"

Der Altsprachliche Unterricht 58/5, 2015 (Thema Übersetzen)

Th. Doepner/M. Keip, Interaktive Fachdidaktik Latein, Göttingen 3. A. 2014

L. Florian, Heimliche Strategien. Wie übersetzen Schülerinnen und Schüler?, Göttingen 2015

H.-J. Glücklich, Lateinunterricht. Didaktik und Methodik, Göttingen 3. A. 2008

R. Nickel, Lexikon zum Lateinunterricht, Bamberg 2001

B.-J. Schröder, Römische *pietas* – kein universelles Postulat, Gymnasium 119, 2012, 335ff.

Salve, Mehmet!

St. Jeuk, Deutsch als Zweitsprache in der Schule, Stuttgart 2010

St. Kipf (Hg.), Integration durch Sprache. Schüler nichtdeutscher Herkunftssprache lernen Latein, Bamberg 2014

„Re"- und „ex"-, „con"- und „pro"-

Duden 7. Das Herkunftswörterbuch. Etymologie der deutschen Sprache, Mannheim 5. A. 2013

B. Kytzler/L. Redemund, Unser tägliches Latein. Lexikon des lateinischen Spracherbes, Mainz 1992, spätere Auflagen

M. Lohde, Wortbildung des modernen Deutschen, Tübingen 2006

J. Lüdke, Romanische Wortbildung, Tübingen 2005

H. H. Munske/A. Kirkness (Hgg.), Eurolatein. Das griechische und lateinische Erbe in den europäischen Sprachen, Tübingen 1996, 82ff.

K.-W. Weeber, Romdeutsch, 4. A. 2014, 85ff.

Von A wie Amulett bis Z wie Zensur

K. Bartels, 5 Bände „Wortgeschichten":
– Wie der Steuermann im Cyperspace landete, Darmstadt 1998
– Wie die Murmeltiere murmeln lernten, Mainz 2001
– Trüffelschweine im Kartoffelacker, Mainz 2003
– Wie Berenike auf die Vernissage kam, Mainz 2004
– Die Sau im Porzellanladen, Mainz 2008

Chr. Francese, Ancient Rome in so many words, New York 2007

A. u. R. Pohlke, Alle Wege führen nach Rom. Deutsche Redewendungen aus dem Lateinischen, Düsseldorf 2006

K.-W. Weeber, Von Achillesfersen und Trojanern. Wie die Antike im Deutschen fortlebt, Stuttgart 2012

Bestens integriert

Duden 7. Das Herkunftswörterbuch. Etymologie der deutschen Sprache, Mannheim 5. A. 2013

P. Eisenberg, Das Fremdwort im Deutschen, Berlin 2. A. 2012

F. Kluge, Etymologisches Wörterbuch der deutschen Sprache, Berlin 25. A. 2012

W. Pfeifer, Etymologisches Wörterbuch des Deutschen, München 2. A. 1993

K.-W. Weeber, Super. Griechische und lateinische Wörter im Deutschen, Stuttgart 2015

Mitgelernte Sprachen

Der Altsprachliche Unterricht, Themenhefte 48/4, 2005 (darin u. a. der Aufsatz von Schobersth), und 59/1, 2016 (darin u. a. der Aufsatz von Frühwald)

G. A. Kaiser, Romanische Sprachgeschichte, Stuttgart 2014

J. Müller-Lancé, Latein für Romanisten, Tübingen 2006

W. Nagel (Hg.), Latein – Brücke zu den romanischen Sprachen, Bamberg 1997

W. Nagel, Latinitas fons. Fortwirken des Lateinischen im Spektrum moderner Sprachen, Wien 2006

K. Siebel, Lateinischer Wortschatz als Brücke zur Mehrsprachigkeit, Pegasus Online-Zeitschrift XI/1, 2011, 102ff.

D. Stratenwerth, Lateinische Vokabeln in heutiger Gestalt, Pegasus Online-Zeitschrift VI 2/3, 2006, 13ff.

C. Vossen, Mutter Latein und ihre Töchter, Düsseldorf 11. A. 1999

Glamouröse Deponentien

H.-J. Glücklich, Lateinunterricht. Didaktik und Methodik, Göttingen 3. A. 2008

St. Kipf, Altsprachlicher Unterricht in der Bundesrepublik Deutschland, Bamberg 2006

P. Kuhlmann, Lateinischer Grammatikunterricht. Didaktik des lateinischen Grammatikunterrichts, Göttingen 2014

R. Pfister, Lateinische Grammatik in Geschichte und Gegenwart, Bamberg 1988

K. Westphalen (Hg.), Lateinischer Sprachunterricht auf neuen Grundlagen, 2 Bde, Bamberg 2008

Wenn die Klassik ritzt

N. Hunink, Glücklich ist dieser Ort! 1000 Graffiti aus Pompeji, Stuttgart 2011

P. Keegan, Graffiti in Antiquity, London/New York 2014

M. Langner, Antike Graffitizeichnungen, Wiesbaden 2001

K.-W. Weeber, Decius war hier. Das Beste aus der römischen Graffiti-Szene, Mannheim 5. A. 2012

Schimpfen, fluchen, verwünschen

A. Audollent, Defixionum tabellae, Paris 1904

G. Fink, Schimpf und Schande. Eine vergnügliche Schimpfwortkunde des Lateinischen, Zürich/München 1991

A. Fritsch, Latein sprechen im Unterricht, Bamberg 1990, 104ff.

A. Krupp, Defixiones. Ein aktuelles Corpus lateinischer Fluchtafeln, Speyer 2009

I. Opelt, Die lateinischen Schimpfwörter und verwandte sprachliche Erscheinungen, Heidelberg 1965

M. Schelenz, Schimpfen und Flirten auf Latein, Frankfurt/M. 2008

Küchenchef Apicius

B. Cech, Lukullische Genüsse. Die Küche der alten Römer, Darmstadt 2013

G. Gerlach, Zu Tisch bei den alten Römern, Stuttgart 2001

L.-M. Günther, Kochen mit den Römern. Rezepte und Geschichten, München 2015

M. Junkelmann, Aus dem Füllhorn Roms: 34 Originalrezepte aus der römischen Küche, Mainz 3. A. 2000

R. Maier, Apicius, De re coquinaria, Stuttgart 1991

R. Maier, Römisches Kochbuch. Rezepte für die moderne Küche, Stuttgart 2015

J. Meurers-Balke/T. Kaszab-Olschewski (Hgg.), Grenzenlose Gaumenfreuden. Römische Küche in einer germanischen Provinz, Mainz 2010

E. Stein-Hölkeskamp, Das römische Gastmahl, München 2. A. 2011

Warum 12=10 ist

W. Geerlings (Hg.), Der Kalender. Aspekte seiner Geschichte, Paderborn 2002

J. Rüpke, Zeit und Fest. Eine Kulturgeschichte des Kalenders, München 2006

Zahnpasta und Hooligans

P. Erdkamp (Hg.), The Cambridge companion to ancient Rome, Cambridge 2013

F. Kolb, Rom. Die Geschichte der Stadt in der Antike, München 2. A. 2002

J. C. McKeown, A cabinet of Roman curiosities, Oxford 2010

R. Knapp, Römer im Schatten der Geschichte, Stuttgart 4. A. 2012

J. Marquardt, Das Privatleben der Römer, 2. A. 1886, ND Darmstadt 2016

K.-W. Weeber, Alltag im Alten Rom, I: Das Leben in der Stadt, Mannheim 10. A. 2011; II: Landleben, Darmstadt 3. A. 2012

K.-W. Weeber, Neues über die Alten Römer. Von A wie Aftershave bis Z wie Zocker, Darmstadt 2015

Faszination und Irritation

P. Connolly, Colosseum. Arena der Gladiatoren, Stuttgart 2005

M. Junkelmann, Das Spiel mit dem Tod. So kämpften Roms Gladiatoren, Mainz 2. A. 2008

Chr. Mann, Die Gladiatoren, München 2013

U. Sinn, Das Colosseum – der Tod des Gladiators, in: E. Stein-Hölkeskamp/K.-J. Hölkeskamp (Hgg.), Erinnerungsorte der Antike. Die römische Welt, München 2006, 419ff.

E. Wegerhoff, Das Kolosseum. Bewundert, bewohnt, ramponiert, Berlin 2012

Th. Wiedemann, Kaiser und Gladiatoren. Die Macht der Spiele im antiken Rom, Darmstadt 2001

Lustvolle Lernorte

T. Bechert, Römische Archäologie in Deutschland, Stuttgart 2003

W. Drack/R. Fellmann, Die Römer in der Schweiz, Stuttgart 1988

Th. Fischer, Die Römer in Deutschland, Darmstadt 2. A. 2001

F. Humer, Carmuntum. Wiedergeborene Stadt der Römer, Darmstadt 2014

M. Klee, Germania Superior. Eine römische Provinz in Frankreich, Deutschland und der Schweiz, Regensburg 2013

M. Reuter/A. Thiel, Der Limes. Auf den Spuren der Römer, Darmstadt 2015

V. Rupp/H. Birley (Hgg.), Landleben im römischen Deutschland, Stuttgart 2012

A. Thiel, Die Römer in Deutschland, Stuttgart 2008

Ch.-M. Ternes, Römisches Deutschland. Aspekte seiner Geschichte und Kultur, Stuttgart 1986

Wenn Hollywood Sandalen trägt

M.S. Cyrino, Big screen Rome, Malden/Oxford 2005

Der Altsprachliche Unterricht 48/1, 2005 Themenheft "Antike im Film"

M. Junkelmann, Hollywoods Traum von Rom, Mainz 2004

U. Eigler (Hg.), Bewegte Antike, Stuttgart/Weimar 2002

H.-J. Glücklich, Pompeji lebt. 2000 Jahre Texte, Bilder, Opern und Filme, Göttingen 2008

M. Korenjak/K. Töchterle (Hgg.), Pontes II. Antike im Film, Innsbruck 2002

J. Solomon, The ancient world in the cinema, New Haven/London 2. A. 2001

A. Wieber-Scariot, Art. „Film", Der Neue Pauly 13, Stuttgart 2000, 1133ff.

Eine Sprache, die nicht gesprochen wird?

Der Altsprachliche Unterricht, Hefte 5/1994 (Latein sprechen), 2/2009 (Latein und Musik), 2/2013 (Antike im Ohr)

A. Fritsch, Latein sprechen im Unterricht, Bamberg 1990

A. Fritsch/U. Wagner, Latein auch sprechen!, in: F. Maier (Hg.), Latein auf neuen Wegen, Bamberg 1999

W. Stroh, Latein ist tot. Es lebe Latein!, Berlin 2007, spätere Auflagen, 290ff.

W. Stroh, Art. „Lebendiges Latein", Der Neue Pauly 15, Stuttgart 2001, 92ff.

Hamburger, Hosenträger, Handy

H. Beard, X-Treme Latin. All the Latin you need to know for surviving the 21st century, London 2004

C. Egger (Hg.), Lexicon recentis Latinitatis, 2 Bde, Vatikanstadt 1992/97; dt. Ausgabe Neues Latein-Lexikon, Darmstadt 1998, spätere Auflagen

A. Fritsch, Index sententiarum et locutionum, Saarbrücken 1996

Zeitschriften: Vox Latina, Saarbrücken; Online-Zeitschrift Ephemeris

Vicipaedia, Index verborum neolatinorum

Das Reich der „regina linguarum"

T. Janson, Latein. Die Erfolgsgeschichte einer Sprache, Hamburg 2006

M. Korenjak, Geschichte der neulateinischen Literatur, München 2016

J. Leonhardt, Latein. Geschichte einer Weltsprache, München 2009

N. Ostler, Ad infinitum. A biography of Latin and the world it created, London 2007

P. Poccetti/D. Poli/ C. Santini, Eine Geschichte der lateinischen Sprache, Tübingen 2005

W. Stroh, Latein ist tot. Es lebe Latein!, Berlin 2007, spätere Auflagen

„In dubio pro reo"

J. Filip-Fröschl/P. Mader, Latein in der Rechtssprache, Wien 4. A. 2014

R. Lieberwirth, Latein im Recht, Berlin 5. A. 2007

D. Liebs, Lateinische Rechtsregeln und Rechtssprichwörter, München 7. A. 2007

P. G. Stein, Römisches Recht und Europa. Die Geschichte einer Rechtskultur, Frankfurt/M. 1966

F. Wieacker, Vom Lebenswert des römischen Rechts, in: K. Büchner (Hg.), Latein und Europa, Stuttgart 1978, 84ff.

Bio-Latein

G. Ahrens, Naturwissenschaftliches und medizinisches Latein, Leipzig 5. A. 1975, Neudrucke

Th. C. H. Cole, Wörterbuch der Tiernamen, Berlin ND 2015

Duden-Wörterbuch medizinischer Fachbegriffe, Berlin 9. A. 2011

L. Harrison, Latein für Gärtner, Köln 2. A. 2014

C. Meier-Brook, Latein für Biologen, Mediziner und Pharmazeuten, Wiebelsheim 3. A. 2008

W.T. Steam, Botanical Latin, New Abbot 4. A. 1992

J. Wright, The naming of the shrew. A curious history of Latin names, London 2014

Latein im Supermarkt

M. Ferber/A. Gruber (Hgg.), Deliziöse Variationen: Facettenreicher lateinischer Kultur-wortschatz unserer deutschen Sprache, Speyer 2016

„Carpe diem"

Allgemeine Sammlungen lateinischer Sentenzen, Sprichwörter und Redewendungen:

K. Bartels, *veni vidi vici*. Geflügelte Worte aus dem Griechischen und Lateinischen, Darmstadt 15. A. 2016

K. Bayer, Nota bene! Das lateinische Zitatenlexikon, Düsseldorf 4. A. 1999

M. Kasper, Reclams lateinisches Zitaten-Lexikon, Neuauflage Stuttgart 2014

H. Kudla, Lexikon der lateinischen Zitate, München 3. A. 2007

L. de Mauri, 5000 proverbi e motti latini, Mailand 1983

R. Tosi, Dizionario delle sentenze latine e greche, Mailand 13. A. 2000

Caesar und Kleopatra auf PR-Tour

S. Doff/A. Lenz, Englisch und Latein: Ziele und Voraussetzungen eines fachübergreifen-den Fremdsprachenunterrichts, Pegasus Online-Zeitschrift XI/1, 2011, 31ff.

S. Doff/St. Kipf, English meets Latin. Unterricht entwickeln und Schulfremdsprachen vernetzen, Bamberg 2013

T. Green, The Greek and Latin roots of English, Lanham/London 5. A. 2014

C. T. Onions, The Oxford dictionary of English etymology, Oxford 1966

K.-W. Weeber, Latin reloaded. Von wegen Denglisch – alles nur Latein, Darmstadt 2011

Voll stabile Sprache

100 % Jugendsprache 2016, München 2016

K.-W. Weeber, Romdeutsch, 4. A. 2014, 303ff. („Sprachsituation" von 2006)

Lösungen zum Kapitel „Alltagslatein im Test von A – Z"

I. A

Auflösung:

1h *anno Domini*, „im Jahre des Herrn"

2t Zu den Akten (legen)

3j Auf die griechischen Kalenden (verschieben), den Sankt Nimmerleinstag

4g „Zu diesem (Zweck)"; unmittelbar, aus dem Stegreif

5n „Bis ins Unendliche"

6p „Nach Belieben"

7u „Gemäß dem Buchstaben" (zitieren)

8w „Auf viele Jahre!"

9c „Vor Augen" (führen); meist als *„ad oculos* demonstrieren" gebraucht

10o „Zur Sache!"

11k „Anwalt des Teufels". Man nimmt zum Schein eine Gegenposition ein

12v „Fremden Rechts"; unter der Rechtsgewalt eines anderen

13y „Irgendetwas bleibt hängen"

14x „Die nährende Mutter"

15d „Das andere Ich", z. B. ein sehr enger Freund

16e „Eine reine Seele"

17l „Im Jahre des Heils"

18m *ante meridiem*, „vor Mittag"

19q „Vor dem Tod"

20f „Vom späteren her"; nachträglich, aus Erfahrung

21b „Von vornherein"; aus der Vernunft gewonnene logische Feststellung

22s „Beweis aus dem Schweigen". Die Quellen sagen nichts, das dient als „Beweis"

23r „Goldener Mittelweg"; hat nicht die abfällige Konnotation von „Mediokrität"

24a Größter Hörsaal einer Universität

25i „Die Morgenröte ist den Musen lieb"

II. B/C

Auflösung:

1l Nach Hobbes herrschte ursprünglich ein „Krieg aller gegen alle"

2h „Vorrecht des Alters"

3e „In gutem Glauben"

4j „Erheischung des Wohlwollens", Werben um freundliche Aufnahme

5c „Pflücke, das heißt nutze den Tag!"

6o „Kriegsfall"; auch im übertragenen Sinne des Konflikts

7f „Dem Stärkeren nachgeben", auch im Sinne des „Besseren" (dann besser *cedere meliori*)

8q „Wenn das Übrige gleich ist"

9m *confer*, „vergleiche"

10t *Confoederatio Helvetica*, die Schweiz

11s „Fehlerhafter Schluss", Teufelskreis

12k „Allgemeine Meinung"

13w „Bedingung, ohne die nicht"

14p „Gegen das Gesetz"

15u „Rat abzugehen"

16d „Vor der Öffentlichkeit", in aller Öffentlichkeit, vor allen

17r „Beweisstück des Vergehens", z. B. Tatwerkzeug

18g Ein „Kreuz"; die Crux besteht darin, dass …

19b „Wieder aufgetischter (aufgewärmter) Kohl"

20x „Wem zum Guten?"; wer hat einen Vorteil davon?

21a „Mit einem Körnchen Salz"

22v „Mit der Zeit"; akademisches Viertel

23i „Eine spätere Sorge"

24n *curriculum vitae,* „Lebenslauf"

III. D
Auflösung:
1f „Von der Tat her"
2k „Vom Recht her"
3g „Gott (sei) Dank!"
4l „Über die Toten (werde) nur gut (gesprochen)!"
5i „Von den Tiefen"; Anfangsworte des 129. Psalms
6n „Ich habe einen Tag verloren"
7h „Ein Tag lehrt den anderen"
8j „Spezifischer Unterschied"
9c „Teile und herrsche"
10e „Ich habe gesprochen!"
11b „Ich gebe, damit du gibst"
12m „Durch Lehren lernen wir"
13o „Der Herr (sei) mit euch!"
14d „Die Personen des Schauspiels"
15a „Solange ich atme, hoffe ich"

IV. E
Auflösung
1r „Siehe, ein Mensch!"
2g „Eben dadurch"
3f „Aus mehreren eines"; Motto der USA
4o „Irren ist menschlich"
5q *et cetera,* „und das Übrige"
6b *et cetera perge, perge* „und das Übrige, fahre fort, fahre fort!"
7k „Vom Lehrsessel" des Papstes aus, aus päpstlicher Vollmacht
8j „Vom Ausgang, Ergebnis her"
9a „Von jetzt an" (in Kraft)
10c „Aus der Pflicht heraus"
11e „Von später aus (gesehen)"
12p „Aus dem Zeitpunkt heraus"
13i „Gemäß einem Gelübde"
14d „Des Beispiels wegen", zum Beispiel
15m „Glaubt es einem, der die Erfahrung gemacht hat!"
16h „Mit ausgedrückten, ausgesprochenen Worten"
17l „Außerhalb der Mauern"

18n „Außerhalb der Ordnung"

V. F/H
Auflösung
1e „Er oder sie hat (es) gemacht"
2n „Eile langsam!"
3a „Es werde Licht!"
4k „Das Ende krönt das Werk"
5j „Das Glück hilft den Tapferen"
6o „Unnachgiebig in der Sache, milde in der Form"
7i „Schutzgeist des Ortes"
8h „Ruhm (sei) Gott in den Höhen!"
9l „(Steter) Tropfen höhlt den Stein"
10f „Hannibal vor den Toren!"
11c *honoris causa,* „ehrenhalber"
12p „Hier und jetzt"
13d „Hier (ist) Rhodos, hier springe!"
14m „Der Mensch (ist) dem Menschen ein Wolf"
15q „Ein neuer Mann"
16b „Schrecklich zu sagen"
17g „Scheu vor dem Leeren"

VI. I
Auflösung:
1l *ibidem,* „ebendort"
2e *id est,* „das heißt"
3g „Wir wissen es nicht, wir werden es nicht wissen"
4a „Es soll gedruckt werden"
5t „In Abwesenheit"
6f. „Auf ewig"
7b „In ausgedehnter (Weise)", ausführlich, langatmig
8d „Im brennenden (Zustand)"
9v „Zur Ehre"
10h „Mitten in die Dinge"
11w „Zur Erinnerung"
12p „In der Nuss"
13m „Auf Dauer"
14r „Im Punkt", was den Punkt … angeht
15q „Im Punkt des Punktes" (Keuschheit)
16i „In der (ursprünglichen) Lage"

17s „In Hoffnung"
18u „Im Zustand des Entstehens"
19o „In der Gesamtheit"
20j „Im Glas"
21k „Wobei kein Prozess angesetzt ist"
22c „Inmitten der Waffen schweigen die Gesetze"
23n „Innerhalb der Mauern"
24x „Angenehm (sind) die erledigten Arbeiten"

VII. L/M
Auflösung:

1c „Ein Entgleiten der Zunge"
2m „Lobredner der alten Zeit"
3s *loco citato*, „am angegebenen Ort"
4q „Nach dem Gesetz der Kunst/des Handwerks"
5i „Schöner Ort"
6l „Allgemeiner Ort"
7p „Klassische Stelle"
8r „Mit großem Lob"
9f „Mit böser Treue"
10k „Mit eigener Hand"
11u „Meine Schuld"
12h „Um Kleinigkeiten kümmert sich der Prätor nicht"
13g „Kanonische Beauftragung"
14d „Gemischtes Durcheinander"
15e „Art und Weise des Vorgehens"
16a „Art und Weise (miteinander) zu leben"
17t „Der Tod (ist) sicher, seine Stunde unsicher"
18j „Die Frau schweige in der Kirche"
19o „Vieles, nicht vielerlei"
20b „Nachdem das zu Verändernde verändert worden ist"

VIII. N/O
Auflösung:

1l „Die Natur macht keine Sprünge"
2j „Natürliches ist nicht schimpflich"
3r „Nichts im Übermaß!"
4m „Der Nerv der Dinge"
5s „Nichts Menschliches, glaube ich, ist mir fremd"
6p „Nichts Neues unter der Sonne"
7q *nomen nescio*, „ich kenne den Namen (noch) nicht"
8g „Nicht wollend wollend"
9a „Störe meine Kreise nicht!"
10f „Der Name (ist) ein Vorzeichen"
11d „Es ist nicht klar"
12k „Nicht mehr darüber hinaus"
13o „Nicht für die Schule, sondern für das Leben lernen wir"
14e „Geschlossene Zahl"
15h „Jetzt muss man trinken"
16n „Ich trage alle meine Dinge bei mir"
17i „Alles besiegt die Liebe"
18c „Bete und arbeite!"
19b „O Zeiten, o Sitten!"

IX. P
Auflösung

1m „Verträge müssen eingehalten werden"
2l „Brot und Spiele"
3r „Teil statt des Ganzen" oder „für das Ganze"
4u „Überall"
5i „Vater des Vaterlandes"
6a „Der Vater (ist) stets unsicher"
7c „Friede (sei) mit euch"
8b „Durch Zuruf"
9v „Durch Raues zu den Sternen"
10y „Zu Fuß wie die Apostel"
11aa „Durch sich selbst"
12k „Gefahr im Verzug"
13f „Nicht willkommene Person"
14t „Er hat (es) gemalt"
15o „Plural der Majestät"
16w „Plural der Bescheidenheit"
17h „Nach dem Fest"
18j „Vorbei in der Nähe"
19g „Der erste Grund" (einer Kausalkette)
20e „Der erste unter Gleichen"
21q „Stelle dich den Anfängen entgegen"
22x „Im Jahr", „aufs Jahr (gerechnet)"

23p „Für das (eigene) Haus"
24n „Für die Form"
25z „Es möge nützen" (zusammen-
    gezogen zu „Prost")
26d *post scriptum*, „nach dem
    Geschriebenen"
27s „Der springende Punkt"

X. Q/R
Auflösung:
1g „Was schadet, lehrt"
2n „Wer schweigt, scheint
    zuzustimmen"
3j „Was Gott abwenden möge!"
4p „Was bewiesen werden musste"
5h „Was Jupiter erlaubt ist, ist einem
    Rindvieh nicht erlaubt"
6b „Was ich geschrieben habe, habe
    ich geschrieben"
7l „Bis wohin noch?"
8d „Da die Dinge so stehen"
9 i „Ich berichte Berichtetes"
10c „Niemandes Sache"
11f „Die öffentliche Sache", der
    „Staat"
12a *requiescat in pace*, „er/sie ruhe in
    Frieden!"
13o „Innerer Vorbehalt"
14m „Lächelnd die Wahrheit sagen"
15e „Ewiges Rom"
16k „Rom hat gesprochen, der Fall
    (ist) erledigt"

XI. S
Auflösung:
1n „Opfer des Geistes"
2r „Heilige Einfalt!"
3p „Wage es, dich seines Verstandes
    zu bedienen!"
4f „Dem Wissenden (ist es) genug"
5u „Versteht sich"
6i „Irgendetwas bleibt immer
    hängen"
7k „Immer und überall"
8t „Wenn du geschwiegen hättest,
    wärest du Philosoph geblieben"
9q „So"

10s „So vergeht der Ruhm der Welt"
11g „So will ich es, so befehle ich es"
12o „Ohne Zorn und Leidenschaft"
13b „Lenker des Geistes"
14e *sine tempore*, „ohne Zeit"
    (ohne akademisches Viertel)
15j „Stehenden Fußes", auf der Stelle
16a „Der Zustand, in dem"
17l „Allgemeines Studium"
18m „Seiner/ihrer eigenen Art"
19c „Mit höchstem Lob"
20d „Größtes Recht (ist) größtes
    Unrecht" im Sinne von:
    „Rechtsanwendung mit
    äußerster Konsequenz"
20h *sub voce*, „unter dem Stichwort"

XII. T/U
Auflösung:
1n „Ausradierte Tafel"
2k „Die Zeiten ändern sich"
3m „Die Zeit flieht"
4p „Termin, vor dem"
5l „Termin, nach dem"
6q „Fachbegriff"
7c „Unbekanntes Land"
8o „Das Dritte des Vergleichs"
9e „Ein Drittes wird nicht
    gegeben"
10g „Der Dritte freut sich",
    der lachende Dritte
11h „Deine Sache wird betrieben"
12f „Wo es gut (ist), dort (ist mein)
    Vaterland"
13 i „Äußerste Vernunft"
14b „Über sein Können hinaus wird
    niemand verpflichtet"
15j „Die einzige heilige"
16d „Für die Stadt (Rom) und den
    Erdkreis"
17a „Die Erfahrung (ist ein) Tyrann"

XIII. V
Auflösung:
1d „Geh mit mir"
2f „Wehe den Besiegten!"

3h „Abwechslung erfreut"
4k „Prophezeiung nach dem Ausgang/Ergebnis", im Nachhinein
5e „Erlaubnis zu lesen"
6j „Ich kam, ich sah, ich siegte"
7i „Höhere Gewalt"
8b „Er/sie soll leben"
9a „Er/sie soll leben, wachsen, blühen"
10c *vice versa*, „umgekehrt"
11l „Ich rufe die Lebenden, ich beweine die Toten, ich breche die Blitze"
12g „Die Stimme des Volkes (ist) die Stimme Gottes"